GANHANDO MEU PÃO

TRADUÇÃO, PREFÁCIO E POSFÁCIO
Boris Schnaiderman

COSACNAIFY

MAKSIM GÓRKI

GANHANDO MEU PÃO

PREFÁCIO

Boris Schnaiderman

O título original deste livro, *V liúdiakh*, significa: "entre as pessoas", "no mundo", "sendo gente", "ganhando o próprio sustento". Na realidade, o autor criou assim uma réplica a uma frase feita, *Víiti v liúdi*, isto é, "tornar-se gente", "sair para o mundo". A tradução desse título como *Ganhando meu pão* se consagrou nos países de língua latina graças, segundo parece, à tradução da obra para o francês por Serge Persky (*En Gagnant mon Pain*. Paris: Calmann-Lévy), que em 1923 já estava na nona edição.

O vasto painel que é a trilogia autobiográfica tem neste livro momentos de particular intensidade. Vejam-se nesse sentido as páginas em que se refere a seu convívio com a avó e às mudanças com ela pelo campo russo. Pássaros, flores, árvores parecem adquirir aí vida própria. Górki obtém assim certamente alguns dos momentos máximos de sua capacidade de reproduzir algo plasticamente. Cores, flores, sons, cheiros passam a impregnar as páginas do relato.

Embora a ação se passe em fins do século XIX, o que surge aí é a velha Rússia patriarcal. Tudo parece estruturado como nos velhos tempos. Realmente, a par da irrupção violenta do cotidiano de uma cidade capitalista, que se sentia particularmente nos grandes centros, o modo de vida arcaico persistia com muita força no interior.

É bem característica, nesse sentido, a descrição que Górki faz das equipes de trabalhadores organizadas numa espécie de cooperativa de produção, a *artiel*, que atuava por meio de empreitadas. Aliás, falei em "descrição", mas, na verdade, todas as descrições do livro estão ligadas a vivências. E toda a realidade aparece em termos de convívio.

Tratando da vida na região do Volga, Górki não podia deixar de reservar muito espaço à presença dos "velhos crentes", que se opunham às inovações introduzidas na liturgia da Igreja Russa no século XVII pelo patriarca Níkon. Pois, naquela região, todo o cotidiano estava marcado por essa oposição. É assim muito interessante a narração de seu emprego numa oficina de produção de ícones, a partir do capítulo 12.

Na verdade, eles eram produzidos num sistema que tinha muito em comum com as futuras linhas de montagem da indústria de automóveis. Na arte sacra russa, o período áureo corresponde aos séculos XII a XV. Se no século XIX, sobretudo nos anos finais, houve grandes artistas que se inspiraram nos ícones medievais (vejam-se, a propósito, principalmente certas obras de Mikhail Vrúbiel), a produção corrente dos santeiros estava completamente comercializada e decadente, e essa comercialização e decadência foram captadas admiravelmente no livro.

O mergulho na Rússia patriarcal e retrógrada traz à tona vivências que se acrescentam às que foram expressas por Dostoiévski, com o velho Múrin da novela *A senhoria* e em certas passagens dos *Irmãos Karamazov*, bem como por Nikolai Lieskóv em boa parte de seus textos.

Os anos que passou em Níjni-Nóvgorod foram decisivos para toda a estruturação da obra de Górki. Nesse sentido, pensemos um pouco em seu primeiro romance, *Foma Gordiéiev*, onde aparece o que havia de opressivo no ambiente dos comerciantes daquela cidade e como isso pesou sobre um jovem arrebatado e vigoroso.

A vivência de Górki na casa daquele parente que tinha um escritório de arquitetura, o mundo familiar estreito que o caracterizava, parece que repercutiu em toda a sua obra e é praticamente um *leitmotiv*.

O público brasileiro que assistiu à encenação de peças de Górki pelo Teatro Oficina conheceu bem as transposições cênicas dessa vivência do jovem em casa de seus parentes. Tanto o ambiente opressivo em casa de Biessiemienov, em *Os pequenos-burgueses*, como o clima de tragédia que acaba predominando em *Vassa Jeleznova*, certamente um dos pontos altos da dramaturgia gorkiana, são outros tantos desdobramentos daquela vivência.

Aliás, no Brasil, tivemos a vantagem de uma transposição teatral com a ajuda de um ator russo, que se estabelecera no país, Eugênio Kusnet (abreviatura do sobrenome Kuznietzóv), e que deixou sua marca vigorosa em todas aquelas encenações.

A partir de experiências em casa de seus parentes, Górki passou a ter verdadeira obsessão pelo tema do pequeno-burguês e sua presença em toda a vida russa. Aliás, chegou a apontar as obras de Tolstói e Dostoiévski, com sua exaltação do sofrimento e da humildade, como expressão do espírito pequeno-burguês.

Em contraposição a isso, exaltava as personalidades fortes e vencedoras. Típica neste sentido me parece uma peça de teatro, *O velho*, que não tem sido apontada, a meu ver injustamente, entre as mais importantes de sua obra. Nela, um homem vítima de erro judicial consegue fugir dos trabalhos forçados na Sibéria e adaptar-se inteiramente à sociedade. É dono de uma empresa de construção, há uma mulher que o ama, tem todos os elementos para ser feliz. Mas, de repente, aparece um velho de alforje às costas, seguido de uma mocinha abobada. O velho foi companheiro de trabalhos forçados do personagem e não tolera que o outro tenha escapado ao castigo. "Eu cumpri minha pena, você não. Ninguém pode fugir ao castigo, ao sofrimento, cada um tem de pagar pelo que fez." E atormenta o outro a tal ponto que este acaba suicidando-se.

Essa peça mostra bem a admiração de Górki pelos indivíduos fortes e valentes, o que se percebe também em *Ganhando meu pão*. Aliás, isso levou críticos a apontar nele uma influência de Nietzsche, o que parece um exagero. Seu culto à força e à beleza liga-se diretamente àquela oposição ao espírito pequeno-burguês.

Aliás, trabalhando com o livro, aceitei a tradução de *mieschanin* por "pequeno-burguês", como se faz geralmente. Haja vista, por exemplo, que a peça *Mieschânie* foi traduzida, com razão, como *Os pequenos-burgueses*. No entanto, a faixa semântica abrangida pelo primeiro nome não corresponde exatamente à do segundo. *Mieschanin* era o homem que não pertencia à nobreza, ao clero ou às forças armadas. No entanto, se ele adquiria maior soma de bens e se tornava dono de um empreendimento comercial, passava a ser designado como *kupiétz* (embora houvesse também a tendência de considerar a condição social como algo inerente à pessoa). Isso, de fato, pode dar margem a confusão, e eu tive dificuldades na tradução, quando a avó chama o jovem para levar esmolas a *mieschânie*. Como ocorre nesses casos, recorri a uma nota de rodapé, um procedimento muito criticado, mas que nós outros, tradutores, não podemos evitar totalmente.

Lidando com o texto, fiquei fascinado pela pujança da prosa gorkiana e por sua capacidade de reproduzir a fala do povo. Os provérbios, uns existentes, outros inventados, os torneios de linguagem, mas sem nada de livresco e postiço, as falas em borbotão, o fluxo contínuo da narração tornam este livro um exemplo, que me é muito caro, de obra plenamente realizada.

Uma parte importante foi dedicada às leituras de juventude. A par das obras consideradas como literatura "séria", surgem aí publicações tipicamente populares, que foram muito importantes na Rússia. Trata-se do famoso *lubók*, que tem muita semelhança com nossa "literatura de cordel". Aliás, nos últimos anos de vida, Tolstói escreveu textos para serem divulgados por esse meio, pois queria que eles chegassem mais facilmente ao povo.

O conjunto das leituras relatadas por Górki nos dá um quadro vivo dessa realidade.

Em relação à mesma época, parece surpreendente o modo como o autor relata a sua relação com o sexo. Ele não evita esse tema, chega a apresentar-se como alguém sadio e em plena força de seus atributos masculinos, mas, ao mesmo tempo, não diz nada sobre as angústias e sofrimentos típicos de um adolescente. Embora trate um pouco de seu convívio com o sexo feminino, parece sugerir que não teve maiores intimidades. Certamente, não convence muito a sua afirmativa (sem nenhuma referência ao conceito freudiano de "sublimação") de que as leituras chegaram a substituí-las. Pelo menos, o comum dos mortais, na época, vivia esse problema de modo muito mais sofrido.

Outra questão bem intrigante que surge com este livro é a relação do autor com as vanguardas. Muito marcado pela ficção do século XIX, ele se opôs frontalmente à arte e à literatura modernas. Seus ataques a Proust e Hemingway, sua incompreensão do "hiperbolismo" de Maiakóvski (a expressão é sua), a exaltação de uma poesia cotidiana e singela, as impressões sobre artes plásticas e cinema estão aí para atestá-lo. E, ao mesmo tempo, certas passagens de *Ganhando meu pão* parecem marcar um tom diferente.

Por exemplo, uma freguesa, que estava experimentando sapatos na loja em que o jovem trabalhava, tinha pernas grossas, cada um das quais parecia "uma garrafa de ombros caídos e gargalo virado para baixo". E lembremos a descrição de outra mulher: "Ela parece uma pequena casa, seu peito destaca-se como uma varanda; o rosto rubicundo, coberto e recortado por um lenço verde, lembra uma claraboia, quando os vidros refletem o sol". Apesar do "parece", que sublinha tratar-se de um símile, não temos nesse flagrante algo da deformação expressionista? E não se tem essa deformação também no navio "velho e ruivo" em que o rapaz trabalhou?

Múltiplo, variegado, pleno de sugestões, além do que relata explicitamente, *Ganhando meu pão* é certamente um desses livros pelos quais não se pode passar imune ou indiferente.

GANHANDO MEU PÃO

"Tenho a impressão de que aqui, sobre este rio vivo, sei tudo, tudo me é próximo e sou capaz de compreender tudo. Enquanto a cidade, alagada atrás de mim, é um pesadelo, uma invenção do meu patrão, difícil de compreender como ele próprio."

III

Estou ganhando meu pão, sou "o menino" numa loja de "calçados da moda", na rua principal da cidade.

O meu patrão é um homenzinho pequeno, redondo; tem rosto pardacento, apagado, dentes verdes, olhos de um aguado sujo. Para mim, ele parece cego e, querendo me certificar disso, faço caretas.

– Não torça esse carão – me diz baixinho, mas com severidade.

É desagradável que aqueles olhos turvos me vejam, e custa crer que de fato estejam me vendo... talvez o patrão apenas adivinhe que eu careteio?

– Eu já disse: não torça o carão – recomenda ele, ainda mais baixo, quase sem mover os lábios grossos.

– Não coce os braços – o seu murmúrio seco insinua-se até mim. – Você está trabalhando numa loja de primeira, na rua principal da cidade, não esqueça! O menino deve ficar à porta, como um estátuo...

Eu não sei o que é um estátuo, e não posso deixar de coçar os braços: estão cobertos, até os cotovelos, de manchas vermelhas e ulcerações, e intoleravelmente corroídos pelo parasita da sarna.

– O que você fazia em casa? – pergunta o patrão, examinando meus braços.

Conto para ele, que balança a cabeça redonda, densamente povoada de cabelos cinzentos, e me diz de modo ofensivo:

– A coleta de trapos é pior que a mendicância, pior que o roubo.

Não sem orgulho, declaro:

– Mas eu roubei também.

Apoiando então os braços no balcão, como se fossem patas, ele fixa assustado os olhos vazios no meu rosto e exclama num silvo:

– O quê-ê? Como assim, roubou?

Explico para ele como foi e o que foi.

– Bem, vamos considerar que isso é insignificante. Mas se você me roubar sapatos ou dinheiro vou dar um jeito de te deixarem numa prisão até alcançar a maioridade...

Disse isso calmamente, eu me assustei, e passei a gostar dele menos ainda.

Além do patrão, trabalhavam na loja o meu primo Sacha,[1] filho do Iákov, e o primeiro caixeiro, um homem ágil, pegajoso, de faces coradas. O Sacha usava paletozinho avermelhado, peitilho, gravata, calças largas na barra, era orgulhoso e não me notava.

Quando meu avô me trouxe à presença do patrão e pediu ao Sacha que me ajudasse e me ensinasse, ele franziu o sobrolho com ar importante, avisando:

– Ele tem que me obedecer!

Pondo a mão na minha cabeça, o vovô entortou o meu pescoço.

– Obedeça, ele é mais velho que você e ocupa um cargo superior...

O Sacha, por sua vez, me recomendou, os olhos arregalados:

– Lembra do que o vovô disse!

E, desde o primeiro dia, pôs-se a utilizar com afinco sua primazia.

1 Diminutivo de Aleksandr. [N.T.]

– Kachírin, não arregale os olhos assim – aconselhava o patrão.

– Não é nada – respondia o Sacha, inclinando a cabeça, mas o patrão não o deixava em paz:

– Pare de cabecear, senão os fregueses vão pensar que você é um bode...

O caixeiro soltava um risinho respeitoso, o patrão distendia os lábios de modo disforme; então, o Sacha desaparecia atrás do balcão, o rosto purpúreo.

Aquelas conversas não me agradavam, escapava-me o sentido de inúmeras palavras, às vezes parecia-me que aqueles homens falavam uma língua estranha.

Quando entrava uma freguesa, o patrão tirava a mão do bolso, tocava o bigode e pregava um doce sorriso no rosto; este cobria suas faces de rugas e não alterava os olhos cegos. O caixeiro ficava imóvel, os cotovelos apoiados com força ao corpo e as mãos suspensas no ar, respeitosas; o Sacha piscava assustado, esforçando-se para esconder os olhos arregalados; eu me mantinha na porta, coçando imperceptivelmente os braços, e observava a cerimônia da venda.

Ajoelhado diante da freguesa, o caixeiro coloca o sapato nos pés dela, os dedos surpreendentemente afastados entre si. As mãos tremem, ele toca a perna da mulher com enorme cuidado, como se temesse quebrá-la, e essa perna é grossa, parece uma garrafa de ombros caídos e gargalo virado para baixo.

Um dia, certa senhora disse, esperneando e encolhendo-se:

– Ah, como o senhor faz cócegas...

– É por delicadeza – explicou o caixeiro, depressa e com ardor.

Era engraçado ver como ele se tornava viscoso com a freguesa, e, procurando não rir, eu me virava para o vidro da porta. Mas algo me impelia irresistivelmente a observar a venda: eu me divertia ao extremo com as maneiras do caixeiro, e, ao mesmo tempo, pensava que nunca saberia deixar com tanta delicadeza os dedos afastados entre si, nem calçar sapatos em pés alheios com tamanha habilidade.

Frequentemente, o patrão deixava a loja, indo para um quartinho atrás do balcão, e chamava o Sacha; o caixeiro ficava a sós com a freguesa. Uma vez, depois de tocar o pé de uma mulher ruiva, ele juntou os dedos e os beijou.

– Ah – suspirou a mulher –, como o senhor é brincalhão!

Ele então inflou as faces e proferiu pesadamente:

– Mm-uh!

Nesse momento, dei uma gargalhada e, com medo de cair de tanto dar risada, me pendurei na maçaneta da porta, ela se abriu, eu me choquei com a cabeça contra o vidro e o quebrei. O caixeiro bateu os pés, o patrão espancou minha cabeça com seu pesado anel de ouro, o Sacha tentou puxar minhas orelhas e, à noitinha, quando íamos para casa, me disse com severidade:

– Vão te mandar embora por coisas assim! Que graça você vê nisso?

E explicou: se um caixeiro agrada às senhoras, o comércio vai melhor.

– Uma senhora pode nem precisar de sapatos, ela vai até a loja, compra um par supérfluo, apenas para ver um caixeiro agradável. E você não compreende! Só dá trabalho...

Isso me ofendeu: eu não dava trabalho para ninguém, muito menos para o Sacha.

De manhã, a cozinheira, mulher doente e zangada, me acordava uma hora antes dele; eu engraxava os sapatos e escovava a roupa dos patrões, do caixeiro, do Sacha, punha o samovar, trazia lenha para todas as estufas, limpava as marmitas para o jantar. Chegando à loja, varria o chão, tirava a poeira, preparava o chá, levava as compras para os fregueses, ia até a casa buscar o jantar; nesses momentos, o Sacha substituía-me à porta e, achando que isso atentava contra a sua dignidade, me xingava:

– Moleirão! Lá vamos nós, trabalhar por você...

Eu me aborrecia e me enfadava, pois tinha me acostumado a viver com independência, de manhã até a noite, nas ruas arenosas de Kunávino, à margem do turvo Oká, no campo e na floresta. A vovó e os companheiros me faziam falta, não havia com quem falar, e a vida me irritava, mostrando o seu reverso falso, pouco atraente.

Não raro, acontecia ir embora a freguesa, sem ter comprado nada; então, os três sentiam-se ofendidos. O patrão escondia o doce sorriso no bolso e comandava:

– Kachírin, guarde a mercadoria!

E xingava:

– Como desarrumou tudo, a porca. A imbecil se aborrece em casa, por isso fica vadiando pelas lojas. Se fosse minha mulher, eu te...

A sua mulher, seca, de olhos negros, com um grande nariz, batia os pés e gritava com ele como se fosse um criado.

Muitas vezes, depois de acompanhar a freguesa conhecida com delicadas inclinações de cabeça e palavras amáveis, falavam dela de maneira suja, desavergonhada, provocando em mim o desejo de sair correndo para a rua, alcançar a mulher e contar o que diziam a seu respeito.

Naturalmente, eu sabia que em geral as pessoas falavam mal umas das outras, pelas costas, mas eles falavam de todos, de modo ainda mais revoltante, como se alguém os tivesse reconhecido como as melhores pessoas e os nomeado juízes do mundo. Invejando a muitos, nunca elogiavam ninguém, e sabiam algo ruim a respeito de cada um.

Certo dia, foi à loja uma jovem mulher, com um vermelho vivo nas faces e olhos brilhantes, usava um casaco de veludo, com pele preta na gola, e seu rosto erguia-se sobre aquela pele feito uma flor estranha. Quando tirou o casaco e o deixou nos braços do Sacha, tornou-se ainda mais bonita: um vestido justo de seda cinzento-azulada cobria seu vulto esbelto, diamantes brilhavam em suas orelhas: me fez lembrar Vassilissa, a Bela,[1] e eu estava certo de que era a própria esposa do governador. Foi tratada de modo particularmente respeitoso; todos se curvaram diante dela, como diante de fogo, afogando-se em palavras amáveis. Os três corriam pela loja que nem demônios; suas imagens deslizavam sobre os vidros dos armários, tinha-se a impressão de que tudo em volta se incendiava, derretia-se e, mais um instante, assumiria um outro aspecto, novas formas.

Depois que ela escolheu depressa um par de sapatos caros e saiu, o patrão estalou os lábios e disse, com um assobio:

– Ca-a-de-e-ela...

– Numa palavra: atriz – disse, com desprezo, o caixeiro.

E eles passaram a fazer comentários sobre os amantes daquela senhora, sobre as suas farras.

Depois do jantar, o patrão foi dormir no quartinho anexo à loja, eu abri o seu relógio de ouro e pinguei vinagre no mecanismo. Senti grande prazer vendo-o aparecer na loja, depois de acordar, o relógio nas mãos, murmurando, perplexo:

– O que foi que aconteceu? De repente, o relógio ficou... isso nunca aconteceu... ficou suado! Não será coisa ruim?

Apesar das muitas correrias na loja e dos trabalhos em casa, eu como que adormecia num profundo enfado e, cada vez com maior frequência, pensava: o que fazer para ser expulso da loja?

Homens de neve perpassam em silêncio à porta: tem-se a impressão de que acompanham um enterro, e que, tendo se atrasado para a saída do cortejo, se apressam para alcançar o caixão. Trepidam os cavalos, vencendo a custo os montões de neve. No campanário atrás da loja, ressoa todos os dias um repicar dolente: estamos na Quaresma; os sons do sino batem

1 Personagem de um conto popular russo. [N.T.]

sobre a cabeça, como um travesseiro: não dói, mas a pessoa torna-se estúpida e surda.

Um dia, quando eu estava no pátio, à porta da loja, esvaziando um caixote de mercadoria recém-chegado, acercou-se de mim o vigia da igreja, um velhote torto, macio, como que feito de trapos, despenteado como se tivesse sido atacado por cachorros.

– Você, homem de Deus, poderia roubar umas galochas para mim, hein? – propôs.

Fiquei calado. Sentando-se num caixote vazio, ele bocejou, fez o sinal-da-cruz sobre a boca e tornou à carga:

– Rouba, hein?

– Não se pode roubar! – comuniquei.

– E assim mesmo roubam. Respeite a minha velhice!

Ele se diferenciava agradavelmente das pessoas entre as quais eu vivia: senti que ele estava plenamente convicto da minha disposição para roubar, e concordei em passar-lhe as galochas pelo postigo da janela.

– Isso está bem – disse ele, tranquilamente, sem demonstrar alegria. – Não vai me enganar? Ora, ora, vejo bem que não vai me enganar...

Passou uns instantes em silêncio, espalhando a neve suja, molhada, com a sola da bota, acendeu o cachimbo de barro e, de repente, me assustou:

– E se eu te enganar? Se apanhar essas mesmas galochas e levar para o patrão, dizendo que você me vendeu por meio rublo? Hein? Valem mais de dois, e você vendeu por meio rublo! Para comprar doces, hein?

Eu o olhava emudecido, como se ele já tivesse feito o que prometia, e o velho não parava de falar baixinho, pelo nariz, olhando sua bota e soltando uma fumaça azulada.

– E se, na verdade, foi o patrão que me disse: "Vai tentar o menino, verifique a que ponto ele é ladrão"? Nesse caso, o que vai ser agora?

– Não vou dar as galochas para você – disse eu, zangado.

– Agora não pode mais, já prometeu!

Segurou a minha mão, atraiu-me para si e, batendo com o dedo frio na minha testa, continuou, preguiçoso:

– Como foi que você concordou assim, sem mais nem menos, toma, leva?!

– Foi você mesmo quem pediu!

– E quantas coisas eu posso pedir! Se eu te pedir para assaltar a igreja, vai fazer isso? Por acaso pode-se acreditar numa pessoa? Ah, você, bobinho...

E, repelindo-me, levantou-se.

– Não preciso de galochas roubadas, não sou um senhor para usar galochas. Eu só brinquei um pouco... E, para premiar a sua simplicidade, quando chegar a Páscoa, vou deixar você subir ao campanário, vai tocar o sino, verá a cidade...

– Eu conheço a cidade.

– Do alto do campanário, é mais bonita...

Enterrando as pontas das botas na neve, ele caminhou vagarosamente, dobrou a esquina da igreja, e eu, acompanhando-o com o olhar, pensava, triste e assustado: o velhote realmente tinha brincado, ou fora enviado pelo patrão, para me testar? Tive medo de ir à loja.

Sacha correu para o pátio e gritou:

– Que diabo está fazendo aí?!

Subitamente enfurecido, agitei uma torquês na direção dele.

Eu sabia que ele e o caixeiro roubavam o patrão: escondiam um par de sapatos de homem ou de mulher na chaminé da estufa e, ao sair da loja, ocultavam-no nas mangas do sobretudo. Isso me desagradava e me assustava: eu lembrava da ameaça do patrão.

– Você rouba? – perguntei ao Sacha.

– Eu não, o outro – explicou-me severamente –, eu apenas ajudo. Ele diz: me presta um serviço! Eu tenho que obedecer, senão ele me prejudica. O patrão! Ele também já foi caixeiro e sabe tudo. Mas não diga nada!

Falando, olhava-se no espelho e consertava a gravata, com os mesmos movimentos dos dedos desmesuradamente abertos que fazia o primeiro caixeiro. Exibia-me incansável a sua primazia e autoridade sobre mim, gritava com voz de baixo, e, ao me dar uma ordem, estendia a mão para a frente, como quem repele. Eu era mais alto e mais forte, mas ossudo e desengonçado, e ele, encorpado, macio, untuoso. De paletó e calças largas embaixo, parecia-me importante, sério, mas também havia nele algo desagradável, ridículo. Odiava a cozinheira, uma estranha mulher, da qual não se saberia dizer se era bondosa ou má.

– O que eu mais gosto no mundo são as brigas – ela dizia, arregalando os olhos negros, incendiados. – Pra mim, tanto faz quem briga: cachorros, galos, mujiques, pra mim tanto faz!

E, se no quintal havia galos ou pombos brigando, ela deixava de lado o serviço e, tornando-se surda e muda, passava a observar a briga até o fim, pela janela. À noitinha, dizia a mim e ao Sacha:

– Por que vocês, rapazinhos, estão aí sentados à toa? Bem que podiam brigar!

O Sacha se irritava:

– Eu não sou um rapazinho, sua imbecil, sou segundo caixeiro!

– Ora, isso eu não vejo. Para mim, quem não é casado, é criança ainda!

– Imbecil, cabeça de imbecil...

– O diabo é inteligente, mas Deus não gosta dele.

Os seus provérbios irritavam particularmente o Sacha, que ficava caçoando dela, que dizia então, entortando desdenhosamente os olhos:

– Eh, você, barata, engano de Deus!

Mais de uma vez, ele procurou me convencer a untar o rosto da mulher com graxa de sapato ou fuligem, quando ela estivesse dormindo, espetar alfinetes no travesseiro dela, ou de algum outro modo "brincar" à sua custa, mas eu temia a cozinheira, que, ademais, tinha o sono leve e acordava com frequência; nessas ocasiões, acendia o lampião e ficava sentada na cama, olhando para um canto. Às vezes, ia até onde eu dormia, atrás do fogão e, me acordando, pedia com voz rouca:

– Não consigo dormir, Leksiéika,[1] tenho medo não sei do quê, conversa comigo um pouco.

Meio adormecido, eu contava algo, e ela ficava sentada em silêncio, balançando o corpo. Eu tinha a impressão de que o seu corpo quente cheirava a cera e incenso, e que ela não tardaria a morrer. Naquele mesmo instante, talvez, bateria com o rosto no chão e morreria. Assustado, passava a falar alto, mas ela me detinha:

– Shhh! Senão, os canalhas vão acordar e pensar que você é meu amante...

Ficava sentada junto de mim, sempre na mesma posição: dobrada, as mãos enfiadas entre os joelhos, apertando-as contra os ossos pontudos das pernas. Não tinha seios, e mesmo através do pano grosso da camisola apareciam-lhe as costelas, como aros num barril ressecado. Ficava sentada muito tempo, em silêncio, e de repente murmurava:

– Dá até vontade de morrer de angústia...

Ou então perguntava a alguém:

– Já vivi bastante, não?

– Durma! – dizia de repente, interrompendo-me em meio a uma palavra, distendia-se e, cinzenta, derretia sem ruído na treva da cozinha.

– Bruxa! – dizia o Sacha, na ausência dela.

Propus:

– Diga isso na cara dela!

1 Diminutivo de Aleksiei. [N.T.]

– Pensa que tenho medo?

Mas, no mesmo instante, fez uma careta e falou:

– Não, eu não vou dizer isso na cara! Vai que é mesmo uma bruxa...

Tratando a todos com desdém e braveza, ela também não me poupava em nada; puxava-me pela perna, às seis da manhã, gritando:

– Chega de dormir! Vá carregar lenha! Ponha o samovar! Descasque as batatas!...

O Sacha acordava, choramingando:

– Por que você grita? Vou dizer ao patrão que não se pode dormir...

Transportando rapidamente pela cozinha os seus ossos secos, ela fazia brilhar na direção dele os olhos inflamados de insônia:

– Uh, engano de Deus! Se você fosse meu genro, eu lhe daria uns beliscões.

– Maldita – Sacha xingava e, a caminho da loja, procurava me convencer:

– É preciso fazer com que mandem ela embora. É preciso pôr sal na comida às escondidas; se tudo estiver salgado, vai ser despedida. Ou então querosene? Por que você não faz nada?

– E você?

Ele fungava zangado:

– Covarde!

A cozinheira morreu diante dos nossos olhos: inclinou-se para erguer o samovar e de repente sentou-se no chão, como se alguém tivesse dado um empurrão no seu peito; em seguida, deixou-se cair de lado, em silêncio, estendendo os braços para a frente, e o sangue jorrou-lhe da boca.

Compreendemos imediatamente que ela morrera, mas, esmagados de susto, passamos muito tempo olhando para ela, sem forças para dizer palavra. Finalmente, Sacha saiu correndo da cozinha, e eu, não sabendo o que fazer, apertei-me contra a parede, na parte iluminada junto da janela. Chegou o patrão, pôs-se de cócoras, com ar preocupado, apalpou o rosto da cozinheira e disse:

– De fato, morreu... O que foi?

Começou a se persignar na direção do canto em que estava um pequeno ícone de São Nicolau, o Milagreiro, e, depois de rezar, gritou para a antessala:

– Kachírin, vá correndo fazer declaração na polícia!

Chegou um policial, ficou um pouco ali, recebeu gorjeta, foi embora; depois, voltou acompanhado de um carreteiro; pegaram a cozinheira pelos pés e pela cabeça e a carregaram para fora da casa. A patroa veio da antessala e me ordenou:

– Lave o chão!

O patrão falou:

– Foi bom ela ter morrido à noitinha...

Não compreendi o que havia de bom nisso. Quando nos deitamos para dormir, o Sacha me disse com severidade incomum:

– Não apaga a luz!

– Tem medo?

Ele enrolou a cabeça no cobertor e passou muito tempo deitado em silêncio. A noite estava plácida, parecia prestar atenção em algo, esperar algo, e eu tinha a impressão de que no momento seguinte alguém bateria o sino e, de repente, todos na cidade sairiam correndo e gritando, possuídos de grande medo e confusão.

Sacha pôs o nariz para fora do cobertor e sugeriu baixinho:

– Vamos deitar por cima do fogão, um do lado do outro?

– Faz muito calor ali.

Depois de uma pausa, ele disse:

– Ela foi... assim de repente, hein? Isso é que é uma bruxa... Não consigo dormir...

– Eu também não consigo.

Pôs-se a falar de defuntos que, saindo dos túmulos, ficam vagueando pela cidade até meia-noite, procurando os lugares em que moraram e onde ainda têm parentes.

– Os defuntos se lembram apenas da cidade – disse ele, baixinho – mas não se lembram mais das ruas, das casas...

O silêncio se tornava cada vez mais profundo, a treva como que se adensava também. O Sacha soergueu a cabeça e perguntou:

– Vamos olhar o meu baú, quer?

Havia muito que eu queria saber o que ele escondia naquele baú. Fechava-o com cadeado, abria-o sempre com certas precauções especiais, e se eu tentava espiar para dentro, perguntava-me rudemente:

– O que você quer? Hein?

Quando eu concordei, sentou-se na cama, sem colocar os pés no chão, e, já num tom autoritário, mandou que eu pusesse o baú na cama, a seus pés. Trazia a chave pendurada em um cordão, ao lado do crucifixo. Depois de olhar para os cantos escuros da cozinha, franziu o cenho, com ar importante, abriu o cadeado, soprou sobre a tampa do baú, como se ela estivesse quente, e, ao suspendê-la finalmente, tirou algumas peças de roupa.

O baú estava cheio até a metade de caixinhas de farmácia, embrulhos de papel brilhante de várias cores, latas grandes de sardinha e de graxa para sapato.

– Que é isso?

– Você vai ver...

Rodeou o baú com as pernas e, abaixando-se sobre ele, cantarolou baixinho:

– Ao Deus do céu...

Eu esperava ver brinquedos: nunca os tivera e manifestava por eles um aparente desdém, não sem inveja por aqueles que os possuíam. Me agradou muito descobrir que o Sacha, tão sério, tivesse brinquedos; ocultava-os envergonhado, mas eu compreendia aquela vergonha.

Abrindo a primeira caixinha, tirou dela um aro de óculos, colocou-o sobre o nariz e, me olhando com severidade, disse:

– Não faz mal que não tenham vidros, são óculos mesmo assim!

– Deixe-me olhar!

– Não servem para a sua vista. São para olhos escuros, e você tem uns olhos claros – explicou e fungou com ares de patrão, mas no mesmo instante examinou, assustado, toda a cozinha.

Numa caixinha de graxa para sapatos, havia muitos e variados botões; explicou, com orgulho:

– Apanhei tudo isso na rua! Sozinho... Já tenho trinta e sete...

Na terceira caixinha, havia grandes alfinetes de cobre, também apanhados na rua; apareceram ainda ferrinhos de botas, gastos, uns quebrados, outros inteiros, fivelas de calçado de homem e de senhora, maçaneta de porta, de cobre, um castão de bengala, de osso, um pente de cabeça, de moça, um *Oráculo e intérprete dos sonhos* e muitos outros objetos de igual valor.

Na minha procura por trapos e ossos, eu poderia facilmente juntar num mês dez vezes mais coisinhas assim insignificantes. Os objetos de Sacha despertaram em mim um sentimento de desilusão, perplexidade, e uma comiseração penosa por ele. Examinava cada coisinha com atenção, afagava-a amorosamente com os dedos, os seus lábios grossos inflaram-se com importância, os olhos arregalados tinham expressão comovida e preocupada, mas os óculos tornavam ridículo seu rosto infantil.

– Para que precisa disso?

Ele me lançou um olhar rápido, através do aro, e perguntou, com frágil voz de soprano:

– Quer que eu te dê alguma coisa de presente?

– Não, não precisa...

Pareceu ofendido com a minha recusa e a falta de atenção com o seu tesouro. Permaneceu calado uns instantes e em seguida propôs baixinho:

– Apanhe uma toalha, vamos esfregar tudo, ficou empoeirado...

Depois que esfregamos e arrumamos os objetos, deu uma cambalhota e caiu na cama, o rosto contra a parede. Começou a chover, pingava água do telhado, o vento empurrava as janelas.

Sacha disse, sem se voltar para mim:

– Espere um pouco... quando o jardim ficar mais seco, vou te mostrar uma coisa que vai te deixar admirado!

Fiquei quieto, deitando-me para dormir.

Decorreram mais alguns segundos, ele se ergueu num salto e, arranhando a parede com as mãos, disse num tom impressionante, convincente:

– Tenho medo... tenho medo, meu Deus! Perdoa-me, Senhor! Mas o que é isso?

Nesse momento, eu também me assustei, a ponto de emudecer: tive a impressão de que a cozinheira estava junto à janela do pátio, de costas para mim, a cabeça inclinada e a testa apoiada à vidraça, tal como costumava ficar, quando viva, olhando uma briga de galos.

Sacha soluçava, arranhando a parede e esperneando. Atravessei a cozinha com dificuldade, como se pisasse carvões em brasa, sem olhar para trás, e deitei-me ao seu lado.

Depois de chorar até nos extenuarmos, adormecemos.

Alguns dias mais tarde, era não sei que feriado, a loja foi fechada depois do meio-dia, jantamos em casa e, quando os patrões se deitaram para dormir, após o jantar, Sacha me disse misteriosamente:

– Vamos!

Adivinhei que ia ver uma coisa que me obrigaria a ficar espantado.

Saímos para o jardim. Sobre uma faixa estreita de terra, entre duas casas, havia cerca de quinze velhas tílias, os troncos vigorosos estavam cobertos do algodão verde dos liquens, os galhos negros e nus, que nem mortos, se destacavam. Não havia sobre elas um ninho de corvo sequer. As árvores lembravam monumentos tumulares. Além dessas tílias, não existia no jardim nenhum arbusto, nenhuma erva, nada; a terra dos atalhos estava fortemente pisoteada e preta, lembrava ferro fundido; nos lugares em que, sob a folhagem esmaecida do ano anterior, apareciam algumas calvas, elas estavam salpicadas de mofo, como água parada coberta de lentilhas-d'água.

Sacha dobrou a esquina, foi até o muro da rua, parou sob uma tília e, arregalando os olhos, dirigiu-os para as janelas turvas da casa vizinha. Pôs-se de cócoras, afastou um monte de folhas com as mãos: apareceram uma grossa raiz e, ao lado, dois tijolos profundamente fincados na terra. Soergueu-os; surgiu um pedaço de lata, sob este havia uma tabuleta quadrada, e, finalmente, apareceu aos meus olhos um grande vazio, que se estendia sob a raiz.

Sacha acendeu um fósforo, depois um toco de vela de cera, enfiou-o naquele buraco e me disse:

– Olha! Mas não tenha medo...

Ele mesmo parecia assustado: o toco de vela tremia em sua mão, ficara pálido, distendera os lábios de modo desagradável, seus olhos ficaram umedecidos, e ele foi pondo devagarinho o braço livre atrás das costas. O seu medo se transmitiu a mim, espiei muito cautelosamente o escavado sob a raiz (ela servia de teto à caverna); no fundo, Sacha acendeu três chamas, que a encheram de uma luz azul. Ela era bastante espaçosa, com a profundidade de um balde e mais larga, os lados estavam densamente forrados de fragmentos de vidro colorido e cacos de louça de chá. No centro, numa proeminência coberta com um pedaço de fustão vermelho, havia um pequeno caixão de defunto, envolvido em papel de bombom e coberto até a metade com algo que parecia uma colcha de brocado, sob a qual apareciam patinhas cinzentas de pássaro e a cabecinha de bico pontudo de um pardal. Atrás do caixão, erguia-se uma estante de coro, tendo em cima um crucifixo de cobre, de usar no pescoço, e em volta da estante ardiam três tocos de vela de cera, fixados em castiçais, forrados de papel prateado e dourado de bombom.

As pontas das chamas inclinavam-se para a abertura da caverna; dentro, havia um brilho mortiço de fagulhas e manchas multicores. O cheiro da cera, de uma cálida podridão e de terra batia-me no rosto e um arco-íris fragmentado saltitava-me nos olhos. Tudo isso me provocou uma surpresa penosa e abafou o meu medo.

– Está bem ? – perguntou o Sacha.

– Para que serve isso?

– É uma capela – explicou. – Está parecido?

– Não sei.

– O pardal é que é o defunto! Talvez os seus restos se transformem em relíquia, pois ele é um mártir supliciado inocentemente.[1]

– Você encontrou ele morto?

– Não, ele entrou voando no barracão, eu cobri ele com o chapéu e asfixiei.

– Para quê?

– Assim...

Olhou-me nos olhos e tornou a perguntar:

– Está bem?

– Não!

Inclinou-se então sobre a caverna, cobriu-a rapidamente com a tábua, com a lata, comprimiu os tijolos contra a terra, pôs-se de pé e me perguntou severamente, limpando a lama dos joelhos:

– Por que não te agrada?

– Tenho pena do pardal.

1 Alusão aos restos mortais não decompostos de monges, venerados pelas populações religiosas da Rússia, que viam nisso um milagre. [N.T.]

Olhou-me estaticamente, como um cego, me deu um empurrão no peito e gritou:

– Imbecil! É de inveja que você diz assim, "não me agrada"! Pensa que lá no seu jardim, na rua Kanátnaia, tudo estava mais bem-feito?

Lembrei-me do meu caramanchão e respondi convicto:

– Claro que lá era melhor!

Sacha tirou o paletozinho, atirou-o ao chão, arregaçou as mangas, cuspiu nas palmas das mãos e propôs:

– Se é assim, vamos lutar!

Eu não queria brigar, acabrunhava-me um enfado enfraquecedor, sentia vexame vendo o rosto enfurecido de meu primo.

Ele se lançou contra mim, bateu com a cabeça no meu peito, me derrubou, ficou a cavalo e gritou:

– A vida ou a morte?

Mas eu era mais forte e fiquei muito zangado; um instante depois, ele estava prostrado, o rosto contra o chão, as mãos atrás da nuca, rouquejando. Assustado, quis erguê-lo, mas ele me repelia com braços e pernas, assustando-me cada vez mais. Sem saber o que fazer, afastei-me para o lado, e ele ergueu a cabeça, dizendo:

– Que tal? Ganhou? Eu vou ficar deitado assim, até que os patrões me vejam; então, vou me queixar de você e eles vão te mandar embora!

Xingava, ameaçava; as suas palavras me irritavam, corri para a caverna, retirei as pedras, atirei para a rua, por cima do muro, o caixão com o pardal, revolvi tudo no interior da caverna e pisoteei-a bem.

– Então, você viu?

Sacha reagiu aos meus desatinos de modo estranho: sentado no chão, abriu um pouco a boca e, aproximando as sobrancelhas, acompanhou os meus movimentos, sem dizer nada, e, quando terminei, ergueu-se sem se apressar, sacudiu a roupa, atirou o paletozinho nas costas e disse, tranquila e sinistramente:

– Agora, você vai ver o que vai acontecer, espera um pouco! Eu fiz tudo aquilo, de propósito, para você; é feitiçaria! Que tal?...

Até me agachei, como que machucado pelas suas palavras, um frio perpassou-me as entranhas. Ele se afastou, sem se voltar, me esmagando ainda mais com a sua tranquilidade.

Decidi fugir, no dia seguinte mesmo, da cidade, do patrão, do Sacha com as feitiçarias dele, de toda aquela vida enfadonha, imbecil.

Na manhã seguinte, a nova cozinheira me acordou e gritou:

– Meu Deus! O que aconteceu com a sua cara?...

"Começou a feitiçaria!", pensei, abatido.

Mas a cozinheira dava gargalhadas tão sonoras que eu também sorri sem querer e me olhei no espelho dela: tinha o rosto densamente untado de fuligem.

– Foi o Sacha?

– Eu, talvez! – gritou, risonha, a cozinheira.

Pus-me a engraxar sapatos, enfiei a mão num deles: um alfinete penetrou-me no dedo.

"Aí está a feitiçaria!"

Em todas as botas havia alfinetes e agulhas, arrumados tão habilmente que penetravam nas palmas das minhas mãos. Apanhei então um cântaro de água fria e com grande prazer despejei-a sobre a cabeça do feiticeiro, que ainda não acordara ou fingia dormir.

Mas, apesar de tudo, eu me sentia mal: apareciam-me a todo momento o caixão do pardal, as patinhas cinzentas, torcidas, o bico de cera, dirigido lastimosamente para cima, e ao redor, o incessante fulgir de fagulhas multicores, como se um arco-íris quisesse se acender e não conseguisse. O caixão ampliava-se, as garras do pássaro cresciam, estendiam-se para cima e tremiam, voltando à vida.

Decidi fugir à noitinha, mas, antes do jantar, aquecendo uma marmita com *schi*[1] num fogareiro de querosene, me distraí pensa-

1 Sopa de repolho. [N.T.]

tivo, acabei fervendo-o e, quando me pus a apagar o fogo, derrubei a marmita sobre os meus braços e fui mandado para um hospital.

Lembro-me dele como de um pesadelo horrível: vultos cinzentos e brancos, envoltos em sudários, movimentavam-se cegamente no vazio amarelo, vacilante, um homem comprido, com sobrancelhas que pareciam bigodes, andava de muletas, sacudia a barba negra e rosnava, assobiando:

– Vou me queixar a Sua Eminência!

Os leitos pareciam caixões, e os doentes, de nariz para cima, lembravam pardais mortos. As paredes amarelas balançavam, o teto se torcia como uma vela de navio, o chão se movia, aproximando e afastando as fileiras das camas, tudo era sem esperança, dava medo, e, além das janelas, alongavam-se os galhos das árvores, feito açoites, e alguém os sacudia.

À porta, dançava um defunto ruivo, magricela, que puxava com as mãos curtinhas o seu sudário e dizia esganiçadamente:

– Eu não preciso de gente louca!

E o homem das muletas gritava bem no seu ouvido:

– A S-uu-a E-e-mi-ne-ência...

Meu avô, minha avó, todos sempre disseram que no hospital faziam as pessoas morrer, e eu já considerava a minha vida liquidada. Acercou-se de mim uma mulher de óculos que também usava sudário, escreveu algo sobre uma tabuleta preta à minha cabeceira; o giz quebrou-se, esfarelando-se sobre a minha cabeça.

– Como se chama? – perguntou.

– De maneira nenhuma.

– Mas você tem um nome?

– Não.

– Não se faça de bobo, senão vai apanhar!

Mesmo antes disso, eu já estava certo de apanhar, e por isso não lhe respondi. Ela fungou como uma gata e, feito uma gata, afastou-se sem ruído.

Acenderam-se dois lampiões. As luzes amarelas penderam sob o teto, como se os olhos perdidos de alguém estivessem pendurados e piscassem, cegando-nos tristemente e procurando aproximar-se um do outro.

Num canto, alguém disse:

– Vamos jogar baralho?

– Mas como? Não tenho braço.

– Aí, hein! Quer dizer que lhe cortaram o braço!

Logo percebi: tinham cortado o braço dele porque jogara baralho. E o que fariam comigo, antes de me matar?

Meus braços ardiam e repuxavam-se como se alguém estivesse arrastando os ossos para fora deles. Pus-me a chorar baixinho, de medo e dor, e fechei os olhos para que não se vissem as lágrimas, mas estas soerguiam as pálpebras e deslizavam sobre as têmporas, indo parar nas orelhas.

Chegou a noite, todos os homens se deixavam cair sobre os leitos, escondendo-se sob os cobertores cinzentos, o silêncio crescia a cada momento, apenas num canto alguém balbuciava:

– Não vai dar nenhum resultado: ele é porcaria, ela é porcaria também...

Seria bom escrever uma carta à vovó, para que viesse e me raptasse do hospital enquanto eu estava vivo; mas não havia jeito de escrever: as mãos não funcionavam e não havia papel. Valia a pena tentar fugir.

A noite tornava-se cada vez mais profunda, parecia firmar-se para sempre. Descendo devagarinho os pés para o chão, me aproximei da porta, uma metade estava aberta: uma cabeça de ouriço, grisalha, sobressaía no corredor, sobre um banco de madeira com encosto, fumegava e me olhava com as reentrâncias escuras dos olhos. Não tive tempo de me esconder.

– Quem está vagueando aí? Venha cá!

A voz era suave, não infundia temor. Acerquei-me, olhei o rosto redondo, de cabelos curtos eriçados; sobre a cabeça, eles eram mais compridos, e apontavam em todas as direções, envolvendo-a com raiozinhos prateados, um molho de chaves pendia no cinto do homem. Se tivesse barba e cabelos mais compridos, seria parecido com São Pedro.

– Você cozinhou os braços? Mas por que está vagueando aí de noite? De acordo com que lei?

Soprou-me muita fumaça no peito e no rosto, envolveu-me a nuca com a mão cálida e me atraiu para si.

– Tem medo?

– Tenho, sim!

– Aqui, todos têm medo no começo. Mas não há motivo. Principalmente estando comigo, pois eu não deixo ninguém ofender ninguém... Quer fumar? Ora, não fume. Ainda é cedo para você, espere uns dois anos... Onde estão seu pai, sua mãe? Não tem pai nem mãe! Não faz mal, não precisa, vive-se também sem eles, apenas não tenha medo, compreendeu?

Já havia muito tempo que eu não encontrava gente capaz de falar com simplicidade e com amizade, com palavras compreensíveis; ouvi-lo era indescritivelmente agradável.

Quando me conduziu para meu leito, pedi:

– Pode sentar comigo um pouco?

– Posso – concordou ele.

– Quem é você?

– Eu? Um soldado, um soldado de verdade, caucasiano. Estive também na guerra, como não? Soldado existe para fazer guerra. Lutei com húngaros, com circassianos, com polacos, à vontade![1] A guerra é uma grande maroteira, meu irmão!

Fechei os olhos por um instante e, quando os abri, em lugar do soldado, estava sentada a minha avó, de roupa escura, e ele, em pé, ao lado, dizia:

1 Alusão à luta do exército russo contra os revoltosos húngaros (1849), às operações para o domínio do Cáucaso e à rebelião polonesa de 1863-64. [N.T.]

– E então? Morreram todos, não?

O sol brilhava na enfermaria, dourava tudo nela e se escondia, depois tornava a olhar vivamente para todos, que nem criança travessa.

A vovó inclinou-se para mim, perguntando:

– Que foi, querido? Aleijaram você? Eu dizia a ele, ao diabo ruivo...

– Vou já arranjar tudo, de acordo com a lei – disse o soldado, afastando-se, e vovó enxugou as lágrimas, dizendo:

– Este soldado de capotão é dos nossos...

Eu ainda acreditava estar vendo um sonho, e por isso me calava. Veio o médico, me fez um curativo, e eis-me com a vovó, andando de carro pelas ruas da cidade. Ela conta:

– E o nosso avô está perdendo de uma vez o juízo, ficou tão louco por dinheiro que dá até nojo de olhar! Ainda mais que, faz pouco tempo, o peleteiro Khlist, seu novo amigo, roubou-lhe uma nota de cem rublos que estava guardada no saltério. Quanta coisa aconteceu, irra!

O sol fulge vivamente, as nuvens deslizam pelo céu como aves brancas, atravessamos o Volga sobre uns pranchões, há rugidos, infla-se o gelo; a água espadana sob os pranchões, cruzes de ouro ardem sobre a catedral vermelho-carne junto à feira.[1] Encontramos uma mulher de carantonha larga, carregando um feixe de ramos acetinados de salgueiro: estávamos na primavera, logo viria a Páscoa!

O coração estremeceu, parecia uma calhandra.

– Gosto muito de você, vovó!

Não se admirou e me disse, com voz tranquila:

– É porque você é da família, e não seja para me louvar, mas até estranhos gostam de mim, graças à Virgem Santíssima!

E acrescentou, sorrindo:

1 Em Níjni-Nóvgorod, realizava-se uma famosa feira anual. [N.T.]

– Ela vai alegrar-se, em breve, o Seu filho ressuscitará![1] E a Variucha,[2] minha filha...

E calou-se...

1 Entre as pessoas religiosas, a Ressurreição era festejada como um acontecimento da época, sendo corrente a saudação: "Cristo ressuscitou!". [N.T.]

2 Diminutivo de Varvara. [N.T.]

7

Encontrei vovô no pátio: estava ajoelhado, talhando a machado não sei que pau. Levantou um pouco a ferramenta, como que se preparando para jogá-la à minha cabeça, tirou o chapéu e disse com mofa:

– Bom dia, eminente personagem, Vossa Excelência! Já acabou os trabalhos? Ora, agora viva como quiser, está bem! Eh, vo-o-cês...

– Sabemos, sabemos – disse apressadamente minha avó, repelindo-o, entrou em casa, pôs o samovar e foi contando:

– Agora, o vovô está simplesmente arruinado; todo o dinheiro que tinha foi emprestado a juros ao afilhado Nikolai, mas, ao que parece, não lhe pedia recibo; nem sei direito o que foi que aconteceu, mas o fato é que se arruinou, perdeu o dinheiro. E tudo isso porque não ajudamos os pobres, não tivemos pena dos infelizes, e o Senhor pensou a nosso respeito: para que foi que eu provi os Kachírin de bens? Pensou e nos tirou tudo...

Lançando um olhar ao redor, comunicou:

– Eu me esforço o tempo todo para agradar um pouco ao Senhor, para que não persiga muito o velho; agora, comecei a dar de noite umas esmolas quietas, poupadas do que eu ganho com os meus trabalhos. Se você quiser, podemos ir hoje, tenho dinheiro...

Chegou o vovô, franziu o cenho e perguntou:

– Preparam-se para comer?

– Não é do seu – replicou a vovó. – Mas, se quer, sente-se conosco, dará para você também.

Sentou-se à mesa, dizendo baixinho:

– Despeje aí...

Tudo no quarto permanecia no mesmo lugar, apenas o canto de minha mãe estava tristemente vazio e, sobre a cama de vovô, pendia uma folha de papel, com dizeres em letra graúda, de forma:

"Cristo Redentor, único e eterno! Que o Teu santo nome esteja comigo em todos os dias e horas da minha existência".

– Quem foi que escreveu isso?

O vovô não respondeu; a vovó disse com um sorriso, após uma pausa:

– Este papel vale cem rublos!

– Não é da sua conta! – gritou ele. – Vou distribuir tudo entre estranhos!

– Não há o que distribuir, e, quando havia, não se lembrou de fazer isso – disse, tranquilamente, a vovó.

– Silêncio! – esganiçou-se ele.

Ali, tudo estava em ordem, como de costume.

A um canto, deitado na cesta de roupa, sobre o baú, o Kólia[1] acordou e nos olhava; os tracinhos azuis dos olhos mal apareciam sob as pálpebras. Tornara-se ainda mais cinzento, flácido, derretido; não me reconheceu, virou-se em silêncio e fechou os olhos.

Notícias tristes me esperavam na rua: o Viakhir morrera na Semana Santa, "sufocado por uma corrente de ar"; o Khabi fora morar na cidade; o Iaz tinha as pernas paralisadas, não passeava mais. Comunicando-me tudo isso, o Kostromá, de olhos negros, disse, zangado:

– Os moleques morrem muito depressa!

1 Diminutivo de Nikolai. [N.T.]

– Mas não foi somente o Viakhir que morreu?

– Dá na mesma: quem deixou a rua é o mesmo que ter morrido. É só a gente fazer amizade, acostumar-se a alguém, que o companheiro ou é mandado para fora, para trabalhar, ou então morre. Aí no pátio de vocês, na casa de Tchesnokóv, está morando gente nova, os Evsiéiev; o rapazinho, Niuschka,[1] não é mau, é esperto! Tem duas irmãs; uma ainda é pequena, a outra é coxa, anda de muleta, bonita.

Pensou um pouco e acrescentou:

– Eu e o Lingote nos apaixonamos por ela, meu irmão, estamos sempre brigando!

– Com ela?

– Para quê? Um com o outro. Com ela, raramente!

Eu sabia, é claro, que os rapazes mais velhos e mesmo os adultos se apaixonavam, conhecia até o sentido grosseiro disso. Fiquei vexado, com pena de Kostromá, envergonhava-me de ver o seu corpo anguloso, os olhos negros, zangados.

No mesmo dia, à noitinha, vi a moça manca. Ao descer para o pátio, ela deixou cair a muleta e deteve-se, impotente, nos degraus, agarrando-se à corda do corrimão, fina, fraquinha, as mãos transparentes. Eu quis levantar a muleta, mas as minhas mãos amarradas com gaze não se moviam bem, fiquei muito tempo afanando-me, aborrecido, e ela, parada acima de mim, ria baixinho.

– O que foi que aconteceu com os seus braços?

– Cozinhei.

– E eu sou manca. Você é daqui do pátio? Ficou muito tempo no hospital? Passei mu-u-u-i-i-ito tempo lá!

Soltou um suspiro e acrescentou:

– Muito mesmo!

Usava um vestido branco, com ferraduras azul-claras, velhinho mas limpo, os cabelos alisados caíam sobre o peito numa trança

1 Diminutivo de Nikifor. [N.T.].

curta e grossa. Tinha os olhos grandes e sérios, em sua tranquila profundeza ardia uma chamazinha azul-celeste, iluminando seu rostinho magro, de nariz pontudo. Sorria agradavelmente, mas... não gostei dela. Todo o vultozinho doentio parecia dizer:
– Não me toquem, por favor!

Como os meus companheiros podiam se apaixonar por ela?

– Faz muito tempo que estou doente – contava animada, como que se vangloriando. – Foi uma vizinha que me enfeitiçou, brigou com mamãe e me enfeitiçou, para fazer pirraça... Teve medo no hospital?

– Sim...

Não me sentia à vontade com ela e entrei em casa.

Cerca de meia-noite, a vovó me acordou carinhosamente.

– Vamos, não? Se você se esforçar pelos outros, os braços vão sarar mais depressa...

Tomou-me a mão e me conduziu na treva, como a um cego. Era uma noite negra, úmida, o vento soprava incessante, parecia um rio de corrente rápida, a areia fria agarrava os pés. A vovó se acercava, cautelosa, das janelas escuras de umas casinholas de pobres,[1] persignava-se três vezes, deixava sobre o ressalto de cada janela uma moeda de cinco copeques e três pães doces, persignava-se novamente, olhando o céu sem nuvens, e murmurava:

– Santíssima Rainha do Céu, ajuda as pessoas! Todos são pecadores diante de Ti, mãezinha!

Quanto mais nos afastávamos de casa, mais deserto e perdido era tudo o que surgia ao redor. O céu noturno, que a treva fazia alongar-se sem fundo, parecia ter ocultado para sempre a lua e as estrelas. Um cachorro acorreu de alguma parte, deteve-se na nossa frente e se pôs a rosnar, os olhos brilhantes na treva; assustado, apertei-me contra vovó.

1 No original, "pequenos-burgueses". No entanto, na Rússia, o termo tinha acepção muito ampla, podendo abranger gente bem pobre. [N.T.]

– Não é nada – disse ela –, é apenas um cachorro, não é hora do diabo, já está tarde para ele, os galos já cantaram!

Chamou o cachorro, acariciou-o, aconselhando:

– Olha, cachorrinho, não assustes o meu netinho!

O cão esfregou-se contra as minhas pernas e nós três prosseguimos caminho. Doze vezes vovó acercou-se das janelas, deixando nos ressaltos a "quieta esmola"; começava a clarear, casas cinzentas cresciam da treva, erguia-se o campanário da igreja Napólnaia,[1] branco feito açúcar; o muro de alvenaria do cemitério tornara-se mais ralo, lembrava uma esteira ordinária.

– A velha está cansada – disse a vovó –, é hora de ir para casa! Amanhã, ao acordar, as mulheres vão ver que a Mãe de Deus lhes reservou alguma coisa para os garotinhos! Quando falta tudo, mesmo um pouco serve! Oho, ho, Olecha,[2] o povo vive na pobreza e ninguém se preocupa com ele:

O rico não pensa em Nosso Senhor,
Não cuida, não pensa no Juízo Final,
Não vê no pobre um amigo, um irmão,
Só trata mesmo é de juntar seu ouro,
E este ouro será carvões acesos no inferno.[3]

– Assim é que é! Precisamos viver bem unidos, e Deus por todos! E eu estou contente de ver você novamente comigo...

Eu também estou contente e tranquilo, sentindo confusamente que comunguei com algo que jamais vou esquecer. Junto a mim, o cão ruivo com cara de raposa e olhos bondosos tremia, com expressão de culpa.

– Ele vai viver com a gente?

1 Nome que significa "campestre". [N.T.]
2 Diminutivo de Aleksiei. [N.T.]
3 Forma antiga de canção russa, sem rima ou apenas com assonância. [N.T.]

– Como não? Que viva, se quiser. Vou lhe dar um pão doce, sobraram dois. Vamos nos sentar no banquinho, fiquei cansada não sei por quê...

Sentamos num banco, junto a um portão, o cão se deitou aos nossos pés, roendo o pão seco, e a vovó contou:

– Vive aqui uma judia, ela tem nove filhos, um menor que o outro. Perguntei-lhe: "Como é que vives, Mossievna?". E ela me respondeu: "Vivo com o meu Deus, com quem mais se vai viver?".

Eu me apoiei no quadril tépido de vovó e adormeci.

•••

A vida fluiu de novo, rápida e densa. A volumosa torrente de impressões trazia cada dia algo novo ao espírito, que deslumbrava e perturbava, ofendia, obrigava a pensar.

Em breve, passei também a me esforçar em ver com maior frequência a menina manca, conversar com ela, ou ficar sentado em silêncio ao seu lado, sobre o banquinho do portão; em sua companhia, mesmo calar-se era agradável. Limpinha como uma toutinegra, contava admiravelmente como viviam os cossacos do Don: passara muito tempo lá, na casa do tio, mecânico de uma fábrica de manteiga, depois, seu pai, que era serralheiro, mudara-se para Níjni-Nóvgorod.

– E eu tenho mais um tio, que presta serviços ao próprio tsar.

Ao anoitecer, nos feriados, toda a população da rua ia para "além do portão", rapazes e moças partiam para além do cemitério, para cantar em roda, os homens espalhavam-se pelas tavernas, ficavam na rua somente as mulheres e as crianças. As mulheres sentavam-se ao portão, diretamente na areia ou num banquinho, e faziam algazarra, brigando e falando da vida alheia; os garotos punham-se a brincar de pela, de varetas, de "bola-manteiga"; as mães acompanhavam os jogos, animando os que eram ágeis e caçoando dos que falhavam. Havia um ruído ensurdecedor e uma alegria inesquecível; a presença e a atenção dos "grandes" nos excitavam, insignificantes que éramos, traziam para todos os jogos uma particular animação, uma apaixonada rivalidade. Mas, por mais que nos absorvêssemos no jogo, todos os três, o Kostromá, o Lingote e eu, íamos, ora um, ora outro, correndo para nos vangloriar ante a moça manca.

– Viu, Liudmila, como eu joguei as cinco varas fora do quadrado?[1]

Ela sorria com ternura, acenando várias vezes com a cabeça.

Antes, o nosso grupo sempre procurara participar de todos os jogos em bloco, mas agora eu via que o Lingote e o Kostromá jogavam sempre em turmas diferentes, rivalizando entre si de todos os modos, em agilidade e força, chegando muitas vezes à briga franca e às lágrimas. Uma vez, brigaram com tanto encarniçamento que os adultos tiveram que intervir e separar os inimigos com baldes de água, que nem cachorros.

Sentada no banquinho, Liudmila pisava a terra com a perna sadia e, quando os lutadores rolavam até ela, empurrava-os com a muleta, exclamando assustada:

– Parem com isso!

Tinha o rosto pálido, passando a azulado, os olhos apagados e fundos, como os de uma histérica.

Outra vez, Kostromá, depois de perder vergonhosamente para o Lingote uma partida de varetas, escondeu-se atrás de uma arca cheia de aveia, junto ao armazém de secos e molhados, acocorou-se ali e começou a chorar baixinho; era quase assustador: apertara os dentes com força, saltaram-lhe as maçãs do rosto ossudo, que se petrificara, e os olhos negros, taciturnos, deixavam escorrer lágrimas graúdas e pesadas. Quando comecei a consolá-lo, murmurou, sufocando em lágrimas:

– Espera um pouco... vou dar com um tijolo na cabeça dele... ele vai ver!

1 Alusão ao jogo popular russo *gorodki*. [N.T.]

Lingote tornou-se arrogante, passou a caminhar no meio da rua, como os rapazes noivos, o quepe de lado e as mãos nos bolsos; galhardo, aprendera a cuspir entre os dentes e prometia:

– Logo, vou aprender a fumar. Já tentei duas vezes, mas dá vômito.

Tudo isso me desagradava. Via que estava perdendo o amigo e tinha a impressão de que a culpa cabia a Liudmila.

Certa vez, à noitinha, quando eu estava no pátio arrumando ossos, trapos e outras miudezas coletadas, ela se aproximou de mim, balançando o copo e agitando o braço direito.

– Boa tarde – disse, acenando três vezes com a cabeça. – O Kostromá estava com você?

– Sim.

– E o Lingote?

– O Lingote não se dá mais conosco. Você é que é culpada de tudo, apaixonaram-se por você, e agora brigam...

Corou, mas respondeu com mofa:

– Não diga! E que culpa eu tenho?

– Mas, por que faz com que se apaixonem?

– Não pedi a eles que se apaixonassem! – disse, zangada, e afastou-se. – Tudo isso é tolice! Sou mais velha que eles, tenho quatorze anos. Ninguém se apaixona por meninas mais velhas...

– Você sabe muita coisa! – gritei, querendo ofendê-la. – Aí tem a vendeira, irmã do Khlistóv, é bem velha, e como tem casos com os rapazes!

Liudmila voltou até onde eu estava e cravou profundamente a muleta na areia do pátio.

– Você mesmo é que não sabe de nada – pôs-se a falar apressada, com lágrimas na voz, e os seus olhos simpáticos arderam lindamente. – A vendeira não é direita, e eu sou assim, por acaso? Ainda sou pequena, ninguém deve tocar em mim, nem me beliscar, e tudo... você deveria ler o romance *A Kamtchatkiana*, segunda parte, e só depois falar!

Afastou-se, soluçando. Tive pena dela: ressoava-lhe nas palavras certa verdade que eu ainda ignorava. Para que os meus companheiros a beliscavam? E ainda diziam que estavam apaixonados...

No dia seguinte, querendo apagar a minha culpa perante a Liudmila, comprei para ela dois copeques em rebuçados de "açúcar de cevada", de que ela gostava, conforme eu sabia.

– Você quer?

Ela respondeu, esforçando-se para parecer zangada:

– Vá embora, eu não me dou com você!

Mas, no mesmo instante, apanhou os rebuçados, observando:

– Você devia ao menos embrulhar num papel; veja como as suas mãos estão sujas.

– Eu lavei, mas não ficam limpas.

Pegou a minha mão; a sua era seca e quente, e olhou.

– Como você a estragou...

– E você tem os dedos todos picados...

– É da agulha, eu costuro muito...

Instantes depois, ela me propôs, olhando em volta:

– Escuta, vamos nos esconder em algum lugar, para ler *A Kamtchatkiana*, quer?

Passamos muito tempo procurando um lugar para nos esconder, todos eram incômodos. Decidimos finalmente que o melhor seria irmos para a saleta de entrada da casa de banho: era escura, mas podíamos sentar à janela, que dava para a esquina suja entre um barracão e o matadouro, raramente alguém ia lá.

E ei-la, sentada, de lado para a janela, a perna doente estendida sobre o banco, a sadia descida para o chão, e, cobrindo o rosto com o livro esfrangalhado, pronuncia perturbada uma infinidade de palavras incompreensíveis e enfadonhas. Mas eu estou perturbado. Sentado no chão, vejo seus olhos sérios moverem-se que nem duas chamazinhas azul-claras sobre as páginas do livro, por vezes umedecidos por uma lágrima, a voz da menina estremece, pronunciando apressadamente palavras desconhecidas, em construções incompreensíveis. Todavia, apanho essas palavras e, procurando arrumá-las em verso, inverto-as de todas as maneiras, e isso me impede de vez de compreender do que trata o livro.

Sobre os meus joelhos cochila um cão, chamo-o de Vento, porque é felpudo, comprido, corre depressa e rosna como o vento de outono na chaminé.

– Está ouvindo? – pergunta a menina.

Aceno em silêncio com a cabeça. A barafunda das palavras excita-me cada vez mais, torna-se cada vez mais inquieto o meu desejo de dispô-las de outro modo, como elas ficam nas canções, em que cada palavra vive e arde como uma estrela no céu.

Depois que escureceu, Liudmila baixou o braço exangue que segurava o livro e perguntou:

– Está bom agora, não? Você vê...

A partir de então, íamos com frequência àquela saleta. Para minha alegria, Liudmila logo se recusou a ler *A Kamtchatkiana*. Eu não sabia responder a ela do que tratava esse livro infindável, pois, lida a segunda parte, apareceu uma terceira; e a menina dizia existir uma quarta.

Era particularmente agradável nos dias de mau tempo, com exceção dos sábados, quando se preparava o banho quente.

Com a chuva, ninguém iria para o pátio nem espiaria nossa escura mansão. Liudmila tinha muito medo de sermos "surpreendidos".

– Sabe o que vão pensar? – perguntava baixinho.

Eu sabia e também tinha medo de que nos "surpreendessem". Passávamos horas inteiras conversando, eu lhe contava às vezes as histórias da vovó, e Liudmila, fatos da vida dos cossacos, junto ao rio Miedviéditza.[1]

1 Rio da Ursa. [N.T.]

– Ah, como é bom por lá! – suspirava ela. – E aqui? Aqui só mendigos é que podem viver...

Decidi que, depois de grande, iria sem falta ver o rio Miedviéditza.

Logo, passamos a não precisar mais da saleta dos banhos: a mãe da Liudmila arrumou um emprego com o peleteiro e saía de casa de manhã, a irmãzinha estava na escola, o irmão trabalhava na fábrica de ladrilhos. Quando fazia mau tempo, eu ia à casa da menina, ajudando-a a cozinhar, a arrumar o quarto e a cozinha, ela ria:

– Eu e você vivemos que nem marido e mulher, só dormimos separados. Vivemos até melhor: os maridos não ajudam as mulheres...

Se eu tinha dinheiro, comprava doces, nós tomávamos chá, depois esfriávamos o samovar com água, para que a rabugenta mãe da Liudmila não adivinhasse que fora aquecido. Às vezes, a vovó vinha nos ver, ficava sentada, fazendo renda ou bordados, contava histórias maravilhosas e, quando vovô ia à cidade, a Liudmila esgueirava-se para nossa casa e tínhamos então um festim isento de preocupações.

A vovó dizia:

– Ih, como vivemos bem! Se o dinheiro é teu, constrói nem que seja o céu! Só não se deve "brincar".

E explicava-nos, com as palavras mais simples, o que significava "brincar". Falava bonito, inspirada, e eu compreendia bem que não se devia tocar flores ainda não desabrochadas, senão elas não dariam aroma nem frutos.

Não dava vontade de "brincar", mas isso não nos impedia de falar daquilo que se costuma falar. Falávamos, é claro, por necessidade, pois as relações entre os sexos, com seu jeito grosseiro, entravam pelos nossos olhos com demasiada repetição e insistência, nos ofendiam por demais.

O pai da Liudmila, homem bonito, quarentão, tinha cabelo crespo, bigodes, e movia as densas sobrancelhas de modo particularmente triunfal. Era estranhamente silencioso: não me lembro de uma palavra que tivesse proferido. Acariciando os filhos, mugia como um mudo e até batia na mulher em silêncio.

Nos feriados, à noitinha vestia uma camisa azul-clara, calças largas de pelúcia e botas bem lustradas, saía ao portão com uma grande sanfona, presa por uma correia a tiracolo, e ficava como uma sentinela em posição de sentido. No mesmo instante, começava a "passeata" junto ao nosso portão: moças e mulheres vinham em fila indiana, como patas, espiando o Evsiéienko, ora às escondidas, por baixo das pestanas, ora sem rebuços, com olhos ávidos, e ele ficava ali em pé, destacando o lábio inferior, e também fitava a todas, com o olhar selecionador dos seus olhos escuros. Havia algo desagradável e canino naquela conversa muda com os olhos, no movimento vagaroso, incoercível, das mulheres junto ao homem: tinha-se a impressão de que qualquer delas, se ele apenas lhe piscassse, indicando uma ordem, cairia obedientemente, que nem morta, sobre a areia suja da rua.

– O bode desembestou, cara de sem-vergonha! – resmunga a mãe da Liudmila. Magra e alta, o rosto comprido, não muito limpo, com cabelos cortados curtos depois do tifo, ela parecia uma vassoura gasta.

A seu lado, está sentada Liudmila e ela se esforça em vão para desviar-lhe a atenção da rua, fazendo perguntas com insistência.

– Deixe-me, sua chata, aleijão infeliz! – balbucia a mãe, piscando inquieta; os seus olhos estreitos, mongólicos, estão estranhamente claros e imóveis: esbarraram em algo e detiveram-se para sempre.

– Não fique brava, mamãezinha, agora não tem mais importância – diz a Liudmila. – Veja, melhor, como a mulher das esteiras se vestiu vistosa!

– Eu me vestiria ainda melhor, se não existissem vocês três, vocês me comeram, me devoraram – responde a mãe, impiedosamente, e como que entre lágrimas, grudando os olhos na corpulenta, larga, viúva do fazedor de esteiras.

Ela parece uma pequena casa, seu peito destaca-se como uma varanda; o rosto rubicundo, coberto e recortado por um lenço verde, lembra uma claraboia, quando os vidros refletem o sol.

Evsiéienko pôs a sanfona sobre o peito e toca. O instrumento tem numerosas teclas, os sons nos arrastam inexoravelmente para alguma parte, garotos acorrem da rua inteira, caem aos pés do sanfoneiro e imobilizam-se, deslumbrados, na areia.

– Espere, vão torcer o seu pescoço – promete a Evsiéienko.

Ele a espia de viés, calado.

Enquanto isso, a mulher das esteiras sentou-se como uma pedra nas proximidades, no banco da venda do Khlistóv, e escuta, inflamada, a cabeça caída sobre o ombro.

Um poente rubro aparece sobre o campo, além do cemitério, grandes pedaços de corpo, com vestidos de cores vivas, deslizam pela rua como num rio, crianças turbilhonam, o ar morno é carinhoso, inebriante. A areia aquecida durante o dia emite um hálito apimentado, percebe-se especialmente o cheiro gordo, adocidado, do matadouro – cheiro de sangue; um odor salgado e corrosivo de couro curtido vem dos pátios dos peleteiros. A fala das mulheres, os gritos bêbados dos mujiques, os gritos sonoros das crianças, o canto de baixo da sanfona – tudo se funde num denso retumbar, a terra, incansável criadora, emite um suspiro vigoroso. Tudo é rude, desnudo, e inspira um grande e forte sentimento de confiança nessa vida negra, desavergonhadamente animal. Vangloriando-se das suas energias, ela procura, com angústia e esforço, onde aplicá-las.

E, através do ruído, chegam por vezes ao coração, fixando-se para sempre na memória, certas palavras sobremaneira assustadoras:

– Não se pode bater ao mesmo tempo, todos contra um; devese fazer revezamento...

– Quem se compadecerá de nós, se não temos pena de nós mesmos...

– Foi por caçoada que Deus gerou a mulher?...

Aproxima-se a noite; o ar está mais fresco, amainou aquele retumbar, as casas de madeira inflam-se, crescem, vestem-se de sombras. As crianças foram arrastadas para casa, a fim de dormir, algumas adormeceram ali mesmo, sob os muros, aos pés ou sobre os joelhos das mães. Os meninos maiores tornam-se a esta hora mais quietos e suaves. Evsiéienko desapareceu imperceptivelmente, como que se derreteu, a mulher das esteiras também não está, a voz de baixo da sanfona ressoa ao longe, além do cemitério. A mãe de Liudmila fica torcida sobre o banco, parece uma gata.

A vovó foi tomar chá na casa de uma vizinha, parteira e alcoviteira, mulher corpulenta e musculosa, de nariz de pato, e que tem sobre o peito liso, masculino, uma medalha de ouro "pelo salvamento de sinistrados". Toda a rua tem medo dela, a considera uma feiticeira; contam que, durante um incêndio, ela carregou através do fogo três filhos de certo coronel e sua mulher doente. A vovó tem com ela relações de amizade; encontrando-se na rua, elas sorriem de longe uma para a outra, de modo particularmente simpático.

Kostromá, Liudmila e eu estamos sentados no banco ao portão; Lingote desafiou o irmão da Liudmila para uma luta: abraçados, pisoteiam a areia, levantando-a.

– Parem com isso! – pede Liudmila, assustada.

Espiando-a de viés com os olhos negros, Kostromá fala do caçador Kalínin, velhote grisalho de olhar esperto, homem de má fama, conhecido em todo o arrabalde. Morreu há pouco, mas não foi enterrado na areia do cemitério: colocaram o seu caixão sobre a terra, afastado dos outros túmulos. O caixão era negro, de pés compridos, a tampa foi pintada de branco, representando-se sobre ela uma cruz, uma lança, uma bengala e dois ossos.

Todas as noites, apenas escurece, o velho ergue-se do caixão e passeia pelo cemitério, procurando continuamente algo, até cantarem os primeiros galos.

– Não fale de coisas que assustam! – pede Liudmila.

– Me deixa! – grita Lingote, livrando-se dos abraços do irmão dela, e diz, zombeteiro, a Kostromá – Por que você está mentindo? Eu mesmo vi enterrarem o caixão e deixarem um espaço vazio em cima, para o monumento... E, essa história de defunto passeando, foram os ferreiros bêbados que inventaram...

Kostromá propôs irritado, sem olhar para ele:

– Se é assim, vai dormir no cemitério!

Puseram-se a discutir e Liudmila perguntou, balançando com enfado a cabeça:

– Mamãezinha, é verdade que, de noite, os defuntos se levantam?

– Se levantam – repetiu a mãe, como um eco vindo de longe.

Aproximou-se o Valiók,[1] o filho da vendeira, rapaz gordo, corado, de uns vinte anos. Ouviu a nossa discussão e disse:

– Se um de vocês três ficar deitado sobre um caixão até clarear o dia, vou dar vinte copeques e dez cigarros e, a quem ficar com medo, vou puxar as orelhas à vontade, feito?

Ficamos todos calados, perplexos, e a mãe de Ludmila disse:

– Que bobagem! Pode-se instigar crianças a uma coisa dessas?...

– Me dê um rublo, e eu irei! – propôs Lingote, sombrio.

Kostromá perguntou no mesmo instante, maldoso:

– E por vinte copeques, tem medo?

E, dirigindo-se a Valiók:

– Mesmo que você dê um rublo para ele, não vai, está contando vantagem...

– Ora, pago um rublo!

1 Diminutivo de Valéri (Valério). [N.T.]

Lingote ergueu-se do chão e foi embora, calado, sem se apressar, mantendo-se junto ao muro. Kostromá enfiou os dedos na boca, acompanhou-o com um assobio penetrante e Liudmila pôs-se a falar, em sobressalto:

– Ah, meu Deus, que sujeitinho prosa... mas que é isso?!

– Qual, não é para vocês, medrosos! – Valiók zombava de nós. – E são considerados os primeiros lutadores da rua, uns gatinhos...

Era vexatório ouvir as suas zombarias; não gostávamos daquele rapaz bem-nutrido, ele sempre incitava os garotinhos a fazer maldades, contava para eles fatos escandalosos sobre moças e mulheres, ensinava como caçoar delas; os garotinhos obedeciam e acabavam pagando caro. Não sei por quê, ele odiava o meu cão, atirava-lhe pedras; certa vez, deu-lhe pão com uma agulha dentro.

Mas ainda mais vexatório era ver Lingote se afastar encolhido, envergonhado.

Eu disse a Valiók:

– Me dê um rublo, que eu irei...

Rindo um pouco e me ameaçando, deu um rublo à mulher de Evsiéienko, mas ela disse com severidade:

– Não quero, não levarei!

E afastou-se zangada. Liudmila também não ousava apanhar a nota, isso aumentou ainda as zombarias de Valiók. Eu já me decidira a ir, sem exigir dinheiro do rapaz, quando vovó se acercou e, ao saber do que se tratava, recebeu o rublo e me disse tranquilamente:

– Vista o casaco e leve um cobertor, senão de manhãzinha vai ficar com frio...

As palavras dela infundiram-me a esperança de que nada de terrível me aconteceria.

Valiók estabeleceu a condição de que eu deveria ficar deitado ou sentado sobre o caixão, até o amanhecer, mesmo que ele começasse a balançar, quando o velho Kalínin estivesse saindo do túmulo. Se eu pulasse para o chão, perderia a aposta.

– Veja bem – preveniu –, vou vigiar você a noite inteira.

Quando fui ao cemitério, vovó fez sobre mim o sinal-da-cruz e aconselhou:

– Se vir alguma coisa, não se mexa e reze o "Alegra-Te, Virgem Mãe de Deus"...

Eu caminhava depressa, queria acabar com aquilo o quanto antes. Valiók, Kostromá e não sei que rapazes mais me acompanhavam. Trepando por cima do muro de alvenaria, me embaracei no cobertor, caí, e no mesmo instante me pus de pé, como se a areia me repelisse. Do outro lado do muro, deram gargalhada. Algo estremeceu no meu peito, um frio desagradável percorreu a pele dos meus ombros.

Tropeçando, fui até o caixão preto. De um lado, estava coberto de areia; de outro, seus pés curtinhos e grossos estavam expostos, como se alguém o tivesse abalado, ao tentar soerguê-lo. Sentei-me na beirada do caixão, no lugar dos pés, olhei ao redor: o terreno ondulado do cemitério estava densamente coberto de cruzes cinzentas, as sombras espraiando-se, deitadas sobre os túmulos, abraçavam os montículos cerdosos. Aqui e ali, perdidas entre as cruzes, apareciam betulazinhas finas, mirradas, unindo com seus galhos os túmulos separados; em meio à renda das suas sombras, viam-se algumas ervas; estas cerdas cinzentas é que infundiam mais temor! A igreja erguia-se para o céu, feito um monte nevado, uma lua miúda, derretida, brilhava em meio às nuvens paradas.

Mujique Ruim, pai de Iaz, tange preguiçosamente o sino de guarda; cada vez que puxa a corda, ela esbarra na folha-de-flandres do telhado, range tristemente, depois ressoa o repicar seco do pequeno sino, um som curto, enfadonho.

"Deus nos livre da insônia", lembro o provérbio do guarda.

Dá medo. E não sei por quê, cubro-me de suor, embora a noite esteja fresca. Terei eu tempo de correr, até a guarita, se o velho Kalínin começar a sair do túmulo?

Conheço bem o cemitério, brinquei dezenas de vezes entre os túmulos, em companhia de Iaz e de outros amigos. Ali, junto à igreja, está enterrada minha mãe...

Ainda não adormeceu tudo, um espocar de riso e trechos de canções chegam do arrabalde. Uma sanfona chia, perdendo o fôlego, no corte da estrada de ferro, onde retiram areia e há montículos esparsos, ou em alguma parte na aldeia de Katízovka, além do muro caminha o ferreiro Miatchóv, sempre bêbado, e canta; reconheço-o pela canção:

Até os pecadinhos
De nossa mamãezinha.
São bem pequenininhos:
Só gosta de papai...

É agradável ouvir os derradeiros suspiros de vida, mas, após cada golpe do sino, tudo se aquieta, o silêncio derrama-se, como um rio sobre os campos, afoga e esconde tudo. A alma boia no vazio ilimitado, sem fundo, e se apaga como um fósforo na treva, diluindo sem vestígio no oceano deste vazio, em que vivem, fulgindo, apenas as inacessíveis estrelas, e tudo na terra desaparece, desnecessário e sem vida.

Enrolado no cobertor, eu estava sentado sobre o túmulo, pés encolhidos e cabeça voltada para a igreja, quando me mexia, o túmulo rangia, a areia embaixo dele estalava.

Algo bateu duas vezes no chão, atrás de mim, depois um pedaço de tijolo caiu perto: dava medo, mas eu entendi no mesmo instante que Valiók e os seus companheiros estavam atirando aquilo detrás do muro, para me assustar. Todavia, me fez bem aquela proximidade de gente.

Sem querer, pensava em minha mãe... Certa vez, me surpreendera tentando fumar um cigarro, pôs-se a bater em mim, e eu disse:

– Não me toque; mesmo sem isso, já estou mal, com muita náusea...

Depois, fiquei sentado, de castigo, atrás do fogão, e ela disse a vovó:

– Este garoto não tem sentimentos, não gosta de ninguém...

Era ofensivo ouvir aquilo. Quando minha mãe me castigava, inspirava-me comiseração, certo vexame por ela: raramente castigava com justiça, conforme o merecido.

E, de modo geral, havia muito de ofensivo na vida; por exemplo, aquela gente além do muro: bem que eles sabiam que eu tinha medo de estar assim sozinho no cemitério, mas queriam me assustar ainda mais. Para quê?

Dava vontade de gritar:

– Vão para o diabo!

Mas era perigoso: quem sabia como o diabo reagiria àquilo? E ele, certamente, devia estar nas proximidades.

Entre a areia, havia muitos pedacinhos de mica, ela brilhava fracamente ao luar, e isto me lembrou como, certa vez, eu estava deitado numa jangada, no rio Oká, olhando a água, quando uma solha subiu quase até o meu rosto, virou-se de lado, parecendo uma face humana, olhou-me com o seu olho redondo, como o de um passarinho, mergulhou e afundou, oscilando que nem a folha de um bordo, caindo da árvore.

A memória estava cada vez mais tensa, ressuscitando diferentes casos ocorridos comigo, como que se defendendo com eles contra a imaginação, que teimava em criar visões aterradoras.

Eis um ouriço rolando e batendo na areia com as patas duras: lembra o *domovói*,[1] é igualmente pequeno e desgrenhado.

Lembro-me de como a vovó, acocorada junto ao fogão, repetia:

– Meu bom patrãozinho, acaba com as baratas...

1 Nos contos populares russos, o espírito tutelar da casa, que se acreditava viver geralmente embaixo do fogão. [N.T.]

Estava clareando ao longe, sobre a cidade invisível para mim, o friozinho matinal comprimia as faces, os olhos se colavam. Enrolei-me feito uma rosquinha, envolvendo a cabeça com o cobertor: não importa o que aconteça!

Vovó me acordou; parada ao lado, puxava o cobertor de cima de mim, dizendo:

– Levante-se! Não ficou gelado? E então, muito medo?

– Muito, mas não diga nada a ninguém, principalmente aos garotinhos!

– Mas, para que calar? – surpreendeu-se ela. – Não se tendo medo, nem há motivo para contar vantagem...

Fomos para casa e, pelo caminho, ela disse carinhosamente:

– Deve-se experimentar tudo por si, querido da minha alma, saber sozinho de tudo... Se não aprender por si, ninguém lhe ensinará...

À noitinha, eu já era o "herói" da rua, todos me perguntavam:

– Será possível que não teve medo?

E, quando eu dizia: "Tive, sim!", exclamavam, balançando a cabeça:

– Que tal? Está vendo?

A vendeira declarou alto, convicta:

– Isto quer dizer que eles mentiam, dizendo que o Kalínin se levanta do túmulo. Se ele se levantasse, ia se assustar com o menino? Ele o carregaria do cemitério sei lá para onde.

Liudmila me olhava com uma surpresa carinhosa, até vovô parecia satisfeito comigo, não cessava de sorrir com malícia. Somente Lingote disse, taciturno:

– Para ele é fácil, a avó é bruxa!

Meu irmão Kólia apagou-se imperceptivelmente, feito uma estrela pequena, com a aurora matinal. Vovó, ele e eu dormíamos num pequeno galpão, sobre a lenha, coberta com toda espécie de trapos; ao lado, atrás da parede cheia de fendas, feita de ramos em ponta, ficava o galinheiro do senhorio; à noitinha, ouvíamos como as galinhas nutridas estremeciam e cacarejavam, adormecendo; de manhã, o galo barulhento e dourado nos acordava.

– Oh, arrebente de uma vez! – resmungava vovó, acordando.

A essa hora, eu não dormia mais, observando se esgueirarem até o meu leito, pelas fendas do depósito de lenha, raios de sol, em meio aos quais bailava certa poeira de prata: os seus grãozinhos pareciam palavras num conto de fadas. Ouvia-se entre a lenha o frufru dos camundongos, por ali corriam bichinhos vermelhos com pontos pretos nas asas.

Por vezes, afastando-me das emanações sufocantes do esterco de galinha, eu me arrastava para fora do depósito de lenha, trepava no telhado e ficava observando como dentro da casa acordava gente sem olhos, enorme, inflada de sono.

Eis que apareceu fora da janela a cabeçorra cabeluda do barqueiro Fiermanov, um bêbado taciturno; olha para o sol com as fendas minúsculas dos olhos empapuçados e grunhe como um porco. Vovó correu para o pátio, alisando com ambas as mãos os cabelos ruivinhos: apressava-se para a casa de banho, a fim de despejar água fria sobre si. A cozinheira tagarela do senhorio, de nariz pontudo, densamente borrifada de sardas, parecia um cuco, e o próprio senhorio, um pombo velho, obeso, e toda aquela gente lembrava pássaros, bichos, feras.

A manhã é tão agradável, luminosa, mas eu estou um pouco triste e tenho vontade de ir para o campo, onde não há ninguém: sei que as pessoas, como de costume, hão de sujar o dia luminoso.

Numa ocasião, quando eu estava deitado no telhado, vovó me chamou e me disse baixo, acenando com a cabeça para o seu leito:

– Morreu o Kólia...

O menino deslizara do travesseiro de fustão vermelho e estava deitado no colchão de crina, nuzinho, azulado, a camisola amarfanhara-se junto ao pescoço, descobrindo a barriga inflada, as perninhas tortas, cobertas de feridas, as mãos colocadas estranhamente sob os quadris, como se ele quisesse erguer-se. A cabeça estava ligeiramente inclinada para o lado.

– Foi-se, graças a Deus – disse vovó, penteando-se. – Como ia viver, assim aleijado?

Apareceu vovô, batendo os pés, como se dançasse, passou cautelosamente o dedo nos olhos fechados do menino. Vovó disse, zangada:

– Por que toca nele sem ter lavado as mãos?

Ele murmurou:

– Pois é: nasceu de nós... viveu, comia... nem pra lá, nem pra cá...

– Acorde – interrompeu-o vovó.

Olhou-a sem ver e foi para o pátio, dizendo:

– Não tenho com que enterrar, faça você mesma como quiser...

– Pfff, que infeliz!

Saí de casa e não voltei até o anoitecer.

Enterraram o Kólia na manhã seguinte; não fui à igreja e, enquanto durou a missa, fiquei sentado junto à fossa revolvida do túmulo de minha mãe, em companhia de meu cão e do pai do Iaz. Ele cobrou barato para abrir o túmulo e não parava de se vangloriar disso comigo:

– Foi por amizade, senão seria um rublo...

Espiando para a fossa amarela, de onde vinha um cheiro pesado, eu via junto à parede umas tábuas pretas, úmidas. Ao meu menor movimento, montinhos de areia caíam para o fundo, e filetes esguios de água escorriam também para lá, deixando rugas no terreno. Eu me mexia de propósito, para que a areia escondesse aquelas tábuas.

– Não brinque – disse o pai de Iaz, fumando.

Vovó trouxe nos braços o caixãozinho branco, o Mujique Ruim saltou dentro da fossa, recebeu o caixão, colocou-o ao lado das tábuas pretas e, pulando para fora, pôs-se a empurrar para lá a areia, com os pés e com a pá. Seu cachimbo fumegava como um turíbulo. O vovô e a vovó o ajudavam em silêncio. Não havia popes nem mendigos, estávamos sós, os quatro, em meio à densa multidão das cruzes.

Dando dinheiro ao vigia, vovó disse num tom de censura:

– E você, apesar de tudo, mexeu na casa de Vária...[1]

– E como fazer diferente? Mesmo assim, avancei no terreno vizinho. Não faz mal!

Vovó fez uma saudação ao túmulo, inclinando-se até o chão, chorou um pouco, soltou uns uis e saiu dali; vovô ia atrás, os olhos ocultos sob a aba do quepe, puxando para baixo o paletó puído.

– Lançamos semente numa terra não lavrada – disse ele de súbito, correndo na nossa frente como um corvo em campo arado.

Perguntei a vovó:

1 Diminutivo de Varvara. [N.T.]

– O que há com ele?

– Que vá com Deus! Tem lá os seus pensamentos.

Fazia calor, vovó caminhava pesadamente, os pés afundavam na areia tépida, ela se detinha com frequência, enxugando com um lenço o rosto suado.

Perguntei, fazendo um esforço:

– Aquilo preto no túmulo é o caixão de minha mãe?

– Sim – disse ela, zangada. – O burro daquele cão... Ainda não tem um ano, e apodreceu a Vária! E tudo por causa da areia: ela deixa passar água. Se fosse barro, seria melhor...

– Todos apodrecem?

– Todos. Só os santos é que estão livres disso...

– Você não vai apodrecer!

Ela se interrompeu, ajeitou o meu boné e aconselhou, séria:

– Não pense nisso, não precisa. Está ouvindo?

Mas eu pensava: "Como a morte é ofensiva e repugnante. Coisa horrível!".

Sentia-me muito mal.

Quando chegamos em casa, vovô já preparara o samovar e pusera a mesa.

– Vamos tomar chá, porque faz calor – disse ele. – Vou fazer do meu. Para todos.

Acercou-se de vovó e bateu-lhe nas costas.

– O que foi, mãe, hein?

Vovó sacudiu o braço.

– Ora, o que há?!

– Aí é que está! Deus zangou-se conosco, tira-nos um pedaço depois do outro... Se as famílias vivessem unidas, que nem os dedos da mão...

Fazia muito tempo que ele não falava de modo tão suave e pacífico. Eu o ouvia e esperava que o velho apagasse a minha mágoa, que me ajudasse a esquecer a fossa amarela, com aqueles punhados pretos, úmidos, na parede.

Mas vovó interrompeu-o com severidade.

– Pare com isso, pai! Toda a vida, diz essas coisas, e a quem elas aliviam? Toda a vida, você comeu a todos, como a ferrugem come o ferro...

Vovô fungou, olhou para ela e calou-se.

À noitinha, ao portão, comuniquei angustiado a Liudmila o que vira de manhã, mas isto não pareceu impressioná-la.

– É melhor ser órfão. Se meu pai e minha mãe morressem, eu deixaria meu irmão tomando conta de minha irmã e iria para um mosteiro, para o resto da vida. Aonde mais poderia ir? Não sirvo para casar, nem para me empregar. E ainda sou capaz de ter filhos mancos como eu...

Falava com bom senso, como todas as mulheres da nossa rua, e, provavelmente a partir dessa noite, perdi todo interesse por ela; ademais, a vida correu de tal modo que eu via a minha amiga cada vez mais raramente.

Alguns dias depois da morte de meu irmão, vovô me disse:

– Deite-se hoje mais cedo, vou acordá-lo ao amanhecer, vamos ao mato buscar lenha...

– E eu vou catar umas ervinhas – disse vovó.

A mata de abetos e bétulas ficava junto ao pântano, a umas três verstas[1] do arrabalde. Abundavam ali árvores secas e ramos caídos. De um lado, estendia-se até o Oká; do outro, ia até a estrada de rodagem para Moscou e, mesmo, mais longe. Sobre a sua penugem macia erguia-se alto, que nem uma tenda negra, o bosque de pinheiros "Crina de Savielov".

Toda essa riqueza pertencia ao conde Chuvalov e estava mal vigiada; os pobres de Kunávino a consideravam sua propriedade; iam apanhar ali galhos soltos, cortavam árvores secas e, em certos casos, não se privavam também de aproveitar plantas vivas. No outono, dezenas de pessoas iam para a mata, a fim

1 Em russo, *verstá*: medida equivalente a 1,06 quilômetro. [N.T.]

de se prover de lenha para o inverno, armadas de machados e cordas amarradas na cintura.

E eis-nos, os três, caminhando de madrugada pelo campo verde-prateado, coberto de orvalho; à nossa esquerda, além do Oká, sobre os flancos ruivos dos montes Diátel, sobre a alva Níjni-Nóvgorod, por entre as elevações dos verdes jardins, refletido nas cúpulas de ouro das igrejas, ergue-se, sem se apressar, o indolente solzinho russo. Uma aragem branda, sonolenta, vem do quieto e turvo Oká, e ranúnculos de ouro balançam, pesados de rocio; as campânulas lilases baixaram mudas para o chão, as sempre-vivas multicores aparecem secamente sobre as saxífragas escassas em frutos, o cravo-do-mato – "rainha da noite" – abre as suas estrelas encarnadas.

A mata desloca-se ao nosso encontro, como uma coorte sombria. As asas dos abetos lembram aves corpulentas; as bétulas parecem donzelas. Escorre sobre o campo o cheiro ácido do pântano. O cachorro caminha ao meu lado, com sua língua rósea de fora, detém-se de vez em quando, cheira e balança perplexo a cabeça de raposa.

Vovô está com o casaquinho da vovó e com um velho boné sem aba, ele semicerra os olhos e sorri para algo, deslocando cautelosamente as pernas finas, como que se esgueirando sobre o terreno. Vovó está de casaco azul, saia preta e um lenço branco na cabeça, e avança como que rolando sobre a terra; é difícil alcançá-la.

Vovô anima-se à medida que nos aproximamos da mata; aspirando o ar com o nariz, fungando, diz a princípio com voz interrompida, indistintamente, depois de modo alegre, bonito, parecendo embriagado:

– As matas são jardins do Senhor. Ninguém as semeou, apenas o vento de Deus, o santo sopro dos Seus lábios... Aconteceu-me na mocidade, em Jigúli, quando eu trabalhava puxando barcos... Eh, Leksiei, você não chegará a ver e a viver o que vivi! Sobre o Oká, as matas vão de Kassimov a Múrom e, além do Volga, vão até os Urais, sim! Tudo isso não tem limite, é maravilhoso...

Vovó olha para ele de viés e me pisca o olho, e vovô vai tropeçando nos cômoros, esparze miudamente as palavras sequinhas, semeando com elas a minha memória.

– Estávamos levando de Saratov uma *rachiva*[1] carregada de manteiga para o Macar, na feira, e tínhamos por capataz Kirilo, de Purekh, e por aguadeiro um tártaro de Kassimov, Assaf, se não me engano... Chegamos a Jigúli, quando o vento começou a soprar nos nossos olhos, perdíamos as forças, parecíamos defuntos, balançamos o corpo, e fomos para a margem preparar *kacha*.[2] E o mês de maio tinha chegado, o Volga parecia um mar, as ondas passeavam sobre ele em bandos, aos milhares, que nem cisnes, indo para o Cáspio. As montanhas de Jigúli estavam verdes, como ficam na primavera, levantando-se para o céu, nuvens brancas pastavam, o sol derretia-se sobre a terra que nem ouro. Descansamos admirando a vista, nos tornamos mais bondosos uns com os outros; sobre o rio, faz frio, e na margem está quente, cheira bem! À noitinha, o nosso Kirilo – que era um homem severo, de idade – pôs-se de pé, tirou o chapéu e disse: "Bem, rapazes, não sou mais chefe de vocês, nem estou para servi-los mais, continuem o caminho sozinhos, que eu vou para o mato!". Ficamos sobressaltados: como foi, o que era aquilo? Não podíamos ir sem um homem responsável perante o patrão: as pessoas não andam sem cabeça! Verdade que íamos pelo Volga, mas a gente pode se perder, mesmo num caminho reto. O povo é um bicho sem juízo, ele tem pena do quê? Ficamos assustados. Mas ele insistiu: "Não

1 As *rachivas* eram barcos de madeira, a vela, que navegavam o Volga e outros rios da bacia do Cáspio. [N.T.]

2 Espécie de mingau de cereais. [N.T.]

quero mais viver assim, ser pastor de vocês, vou para a mata!". Alguns de nós já se preparavam para bater nele e prendê-lo com cordas, mas outros ficaram pensativos e gritaram: "Esperem!". O tártaro aguadeiro gritou: "Eu também vou embora!". Uma verdadeira desgraça. O patrão devia àquele tártaro duas viagens e ainda a metade da terceira: era muito dinheiro naquele tempo! Gritamos, gritamos até altas horas da noite, mas então sete de nós foram embora, ficamos não sei se em dezesseis, não sei se em quatorze. Aí tem a mata!

– Eles foram ser bandidos?

– Talvez para ser bandidos, talvez anacoretas; naquele tempo, não fazia muita diferença...

Vovó faz o sinal-da-cruz.

– Santíssima Mãe de Deus! Quando a gente pensa nas pessoas, dá uma pena de todos!

– Todos recebem a mesma inteligência. Deve-se, pois, saber para onde o diabo nos arrasta...

Entramos na mata por um atalho molhado, em meio a cômoros no pântano e abetos mirrados. Tenho a impressão de que seria muito bom sumir na mata para sempre, como fez Kirilo de Púrekh. Na mata, não existe gente tagarela, brigas, bebedeira, ali eu esqueceria a avidez repugnante de vovô, o túmulo de areia de minha mãe e tudo o mais que, ofendendo-me, comprimia o meu coração com denso enfado.

Quando chegamos a um lugar seco, vovó disse:

– Temos que comer, vamos sentar!

Trazia no cesto de tília pão de centeio, cebolinha verde, pepinos, sal e queijo fresco envolvido em trapos; vovô olhava confuso para tudo aquilo, piscando os olhos.

– E eu que não trouxe nenhuma comida, mãe...

– Dá para todos...

Estamos sentados, nos apoiando ao tronco brônzeo de um pinheiro em mastro. O ar está impregnado de um cheiro de resina, vem do campo uma aragem branda, balançam-se as cavalinhas, vovó arranca ervas com a mão escura, e me conta sobre as propriedades curativas do hipericão, da betônica, da tanchagem, sobre a força misteriosa da samambaia, do pegajoso epilóbio, da poeirenta erva-de-febre.

Vovô corta os ramos secos com machado e eu devo amontoá-los, mas imperceptivelmente me embrenho no bosque, seguindo vovó, ela desliza com suavidade entre os troncos vigorosos e, como que mergulhando, abaixa-se cada vez mais sobre a terra, semeada de agulheiras. Andando, fala consigo mesma:

– As manchas apareceram cedo, vai haver poucos cogumelos! Cuidas mal dos pobres. Senhor, para o pobre até cogumelo é gulodice!

Acompanho-a calado, cauteloso, procurando fazer com que não me veja: não quero estorvar a sua conversa com Deus, com as ervas, as rãs...

Mas ela me percebe.

– Fugiu do vovô, não?

E, inclinando-se em saudação à terra negra, luxuosamente vestida com a casula enfeitada das ervas, ela conta como, um dia, Deus, irado com os homens, cobriu a terra de água e afogou tudo o que vivia.

– Mas a Sua Mãe queridíssima juntou todas as sementes num cesto de tílias e escondeu, e depois pediu ao solzinho: seca a terra de ponta a ponta, e os homens vão celebrar a tua glória! O solzinho secou a terra, e ela a semeou com as sementes escondidas. E o Senhor vê: a terra novamente se cobre de tudo o que é vivo: ervas, gado, gente!... Quem foi, diz Ele, que agiu contra a minha vontade? Então, ela confessou o que tinha feito, e o Senhor, também com pena de ver a terra vazia, disse: Fizeste bem!

A história me agrada, mas fico surpreendido e digo, muito sério:

– Mas foi assim que aconteceu? A Mãe de Deus nasceu muito depois do Dilúvio.

Agora, é a vez da vovó ficar surpreendida.

– Quem foi que contou isto a você?

– Na escola, está nos livros...

Isso a acalma, e ela me aconselha:

– Deixe – disse –, esqueça os livros todos. Eles mentem!

E ri baixinho, alegre:

– Inventaram, os bobinhos! Deus existia, e não tinha mãe, que coisa! De quem foi que Ele nasceu, então?

– Não sei.

– Isso é que está bem! Estudou tanto para chegar ao "não sei"!

– O pope disse que a Mãe de Deus nasceu de Joaquim e Ana.

– Quer dizer que era Maria Iakímovna?[1]

Vovó já está zangada; parada na minha frente, encara-me com severidade, bem nos olhos:

– Se você pensar assim, vou lhe dar uma surra daquelas!

Um instante depois, no entanto, explica:

– A Mãe de Deus existiu sempre, antes de tudo o mais! Foi dela que nasceu Deus, e depois...

– E Cristo, então... ?

Vovó cala-se, encabulada, os olhos cerrados.

– E Cristo... sim, sim, sim?

Vejo que venci, que a emaranhei nos mistérios divinos, e isto é desagradável para mim.

Nós nos embrenhamos cada vez mais na mata, na névoa azulada, sulcada pelos raios de ouro do sol. Na tepidez e aconchego da floresta, sopra devagarinho certo ruído peculiar, um ruído de sonho, que suscita devaneios. Rangem os bicos-cruzados, ressoa o tinir dos abelharucos, ri o cuco, o verdelhão assobia, ouve-se ininterruptamente o canto enciumado do ten-

1 Em russo, o uso deste patronímico significa: "Maria, filha de Joaquim". [N.T.]

tilhão, canta pensativo o estranho pássaro bico-duro. Rãzinhas esmeraldinas pulam-nos sob os pés; erguendo a cabecinha de ouro, espreita-as uma cobra deitada entre as raízes. Um esquilo emite estalidos, e a sua cauda felpuda aparece na ramagem dos pinheiros; o que se vê é incrivelmente numeroso, mas deseja-se ver ainda mais, ir cada vez mais longe.

Entre os troncos dos pinheiros, surgem vultos humanos transparentes, aéreos, enormes, que desaparecem na verde espessura; através dela percebe-se o céu azul-claro, prateado. A nossos pés estende-se um tapete magnífico de musgo, bordado de murta e dos rios secos do arando, a silva-das-fragas fulge entre as ervas feito gotas de sangue, cogumelos nos provocam com seu cheiro forte.

– Santíssima Mãe de Deus, clara luz sobre a terra – reza, suspirando, vovó.

Na mata, ela é como que patroa e parenta de tudo ao redor; caminha como uma ursa, vê tudo, e a tudo louva e agradece. Parece fluir dela uma tepidez que se espalha pela floresta, e me agrada particularmente ver desdobrar-se e erguer-se novamente o musgo pisado pelo seu pé.

Caminhando, pensa-se: seria bom tornar-se salteador, roubar os ávidos de dinheiro, os ricos, e distribuir tudo entre os pobres; que todos fiquem nutridos, alegres não invejem e não injuriem uns aos outros, como cães raivosos. Seria bom igualmente chegar até o Deus da vovó, até a sua Mãe de Deus, e dizer a eles toda a verdade sobre como as pessoas vivem mal, de que modo ruim, ofensivo, enterram uns aos outros na areia ordinária. E, em geral, quanta coisa existe sobre a terra, que ofende e que é absolutamente desnecessária. Se a Mãe de Deus acreditar em mim, que me dê inteligência para melhorar tudo. Que os homens me ouçam e confiem em mim: bem que eu procuraria um modo melhor de vida! Não faz mal que eu seja criança: Cristo tinha apenas um ano mais e já era ouvido pelos sábios...

Certa vez, obcecado pelos meus pensamentos, caí numa fossa profunda, um galho me descosturou a calça junto ao quadril, e ainda fiquei com a pele esfolada sobre a nuca. Sentado no fundo, na lama fria, pegajosa como alcatrão, e muito envergonhado, senti que não conseguiria sair dali sozinho, e ao mesmo tempo me encabulava ter de gritar por vovó. Mesmo assim, chamei-a.

Ela me puxou depressa para fora e disse, persignando-se:

– Graças a Deus! Ainda bem que a toca estava vazia, e o que seria se o dono estivesse deitado nela?

E chorou, em meio ao riso. Em seguida, me conduziu até um riacho, me lavou, fez curativo com um pedaço de sua blusa, aplicou às feridas não sei que folhas, que atenuaram a dor, e me levou até a guarita da estrada de ferro: eu enfraquecera tanto que não estava em condições de caminhar até nossa casa.

Depois disso, eu pedia quase todos os dias à vovó:

– Vamos para a mata?

Ela assentia de bom grado, e assim passamos todo o verão e os meses de outono colhendo ervas, frutas do mato, cogumelos, nozes. Vovó vendia o resultado de nossas colheitas, e assim nos mantínhamos.

– Parasitas! – rangia vovô, embora não fosse dele, de nenhum modo, o pão que nós comíamos.

A floresta despertava em mim um sentimento de aconchego e paz de espírito; nesse sentimento, desapareciam todos os meus pesares, esquecia tudo o que era desagradável, e, ao mesmo tempo, aguçavam-se em mim, particularmente, os sentidos em expectativa: o ouvido e a visão tornavam-se mais penetrantes; a memória, mais sensível; o campo das impressões, mais profundo.

E vovó me deixava cada vez mais espantado, me acostumei a considerá-la uma criatura superior a todas as demais pessoas, a mais bondosa e sábia sobre a terra, e ela fortalecia incessantemente essa minha convicção. Uma vez, à noitinha, tendo colhido cogumelos brancos e já de volta para casa, saímos para uma clareira da floresta; vovó sentou-se para descansar, e eu fui para trás de umas árvores, à procura de mais cogumelos.

De repente, ouço a sua voz e vejo: sentada no atalho, ela corta calmamente as raízes dos cogumelos, e a seu lado está um cão esquálido, cinzento, de língua de fora.

– Anda, vai embora! – diz vovó. – Vai com Deus!

Pouco antes, Valiók envenenara o meu cão, e tive muita vontade de atrair esse outro. Corri para o atalho, o cão torceu-se de maneira estranha, o pescoço imóvel, lançou-me o olhar verde dos seus olhos famintos e pulou para dentro da mata, encolhendo o rabo. Não tinha jeito de cão e, quando assobiei, ele se atirou violentamente dentro de uns arbustos.

– Você viu? – vovó me perguntou sorrindo. – No começo, eu me enganei, pensei que fosse um cachorro, mas olhei e vi que as presas eram de lobo e o pescoço também! Até me assustei: Ora, disse, se és lobo, vai embora! Ainda bem que no verão os lobos ficam mansos...

Nunca se perdia na floresta e sempre determinava com precisão o caminho de casa. Pelo cheiro das ervas, sabia o tipo de cogumelo que devia haver em cada local, e muitas vezes me sujeitava a exame.

– Que árvore o cogumelo-de-leite aprecia? Como se diferencia a rússula boa da venenosa? E qual é o cogumelo que gosta da samambaia?

Guiando-se por uns arranhões invisíveis nas cascas das árvores, me indicava tocas de esquilo, eu trepava sobre os troncos e esvaziava o ninho do bicho, separando as nozes armazenadas para o inverno; às vezes, havia até umas dez libras,[1] num só ninho...

1 A libra russa tem aproximadamente quatrocentos gramas. [N.T.]

Um dia, quando eu estava entretido nessa tarefa, um caçador pespegou no lado direito do meu corpo vinte e sete chumbinhos de caçar galinhola; vovó retirou onze, esgaravatando-os com uma agulha, e os restantes permaneceram muitos anos em minha pele, saindo pouco a pouco.

Vovó gostou da minha tolerância à dor.

– Aí, bichão – me elogiou – tens paciência, terás também eficiência!

Cada vez que acumulava um pouco de dinheiro com a venda de nozes e cogumelos, distribuía-o sob umas janelas, como "quieta esmola", e, mesmo nos feriados, usava roupas esfarrapadas e com remendos.

– Você anda pior que uma mendiga, me dá vergonha – resmungava vovô.

– Não faz mal, não sou sua filha, nem estou para casar...

Brigavam cada vez com maior frequência.

– Não sou mais pecador que os outros – gritava vovô, ofendido –, mas estou mais castigado!

Vovó caçoava dele:

– Os diabos sabem o que vale cada um.

E dizia-me, quando estávamos a sós:

– O meu velho tem medo dos diabinhos! Veja como envelhece depressa, de tanto medo... Eh, pobre homem...

Enrijei muito durante o verão, fiquei mais selvagem de andar na floresta, perdendo o interesse pelos da minha idade, pela Liudmila; ela me parecia chata, de tão inteligente...

Um dia, o vovô chegou da cidade completamente molhado: era outono e chovia; sacudiu-se na soleira, como um pardal, e disse, solene:

– Bem, vagabundo, para o emprego amanhã!

– Para onde, agora? – perguntou vovó, zangada.

– Para a casa da tua irmã Matriona, trabalhar com o filho dela...

– Oh, pai, não foi coisa boa que você inventou!

– Fique quieta, boba! Pode ser que façam dele um desenhista.

Vovó baixou a cabeça, em silêncio.

À noitinha, eu disse a Liudmila que ia morar na cidade.

– Eu também logo vou ser levada para lá – comunicou-me, pensativa. – Papai quer que me cortem de uma vez a perna, sem a perna vou ficar boa.

Emagrecera durante o verão, a pele de seu rosto ficara azulada, e os olhos se dilataram.

– Tem medo? – perguntei.

– Tenho – disse, chorando em surdina.

Não havia jeito de consolá-la: eu mesmo temia a vida na cidade. Ficamos muito tempo sentados, num silêncio tristonho, apertados um contra o outro.

Se fosse verão, eu teria convencido vovó a sair pelo mundo, como ela fizera quando menina. Poderíamos levar também a Liudmila, eu a conduziria num carrinho...

Mas já chegara o outono, um vento úmido varria a rua, o céu estava envolto em nuvens infindáveis, a terra enrugara-se, tornando-se suja, infeliz...

4

Estou novamente na cidade, numa casa branca, de dois andares, que lembra um caixão de defunto comum a muitas pessoas. A casa é nova, mas parece caquética, inchada, feito um mendigo que tivesse enriquecido de repente, alimentando-se até a obesidade. Situa-se de lado para a rua, tem oito janelas em cada andar, e lá onde deveria ficar a fachada há quatro janelas por andar; as inferiores dão para uma passagem estreita, que termina no pátio; as superiores permitem ver, por cima do muro, a casinhola da lavadeira e um barranco sujo

Não há uma rua, na acepção com que me acostumei; diante da casa, estende-se o sujo barranco, cortado em dois lugares por estreitas valas empedradas. À esquerda, o barranco vai até a prisão, jogam nele o lixo das casas, e há no seu fundo uma poça de lama densa, verde-escura; à direita, na extremidade do barranco, fermenta o limoso açude Zviézdin;[1] o centro do barranco fica bem defronte do prédio; metade está coberta de lixo, crescendo ali urtigas, bardanas, azedinha-de-cavalo, e, na outra metade, o padre Dorimedont Pokróvski plantou um jardim; neste, há um caramanchão de ripas finas, pintadas de verde. Quando pedras são jogadas nele, as ripas estalam ruidosamente.

1 Açude da Estrela. [N.T.]

O lugar é dos mais enfadonhos, insolentemente sujo; o outono deformou cruelmente a terra barrenta, mesclada de lixo, transformando-a num betume ruivo, que se agarra aos pés com força. Eu nunca tinha visto tanta sujeira num espaço tão pequeno, e, tendo me acostumado à limpeza do campo, da mata, esse canto da cidade me provocava angústia.

Para além do barranco, velhos muros cinzentos se estendem, e, ao longe, entre eles, vejo uma casinha parda, em que morei no inverno, como menino de loja. A proximidade dessa casa acabrunha-me ainda mais. Por que me coube morar mais uma vez nessa rua?

Conheço o meu patrão, ele vinha visitar minha mãe, em companhia do irmão, que piava de modo engraçado:

– Andréi, papá, Andréi, papá.

Nenhum dos dois havia mudado: o mais velho, de nariz em corcova e cabelos compridos, é agradável e parece bondoso; o mais novo, Víktor, tem o mesmo rosto cavalar e as mesmas sardas. A mãe deles, irmã de vovó, muito brava, gosta de gritar. O mais velho é casado, a mulher dele é rechonchuda, alva como pão de trigo, tem olhos grandes, muito escuros.

Já nos primeiros dias, ela me disse umas duas vezes:

– Eu presenteei a sua mãe com um cabeção de seda, enfeitado de miçangas...

Não sei por quê, eu não queria acreditar que ela presenteara minha mãe e que ela aceitara o presente. E quando ela me lembrou novamente daquele cabeção, aconselhei:

– Se fez o presente, então não se vanglorie.

Ela se afastou de mim bruscamente, assustada.

– O quê-ê? Sabe com quem está falando?

O seu rosto cobriu-se de manchas vermelhas, os olhos se arregalaram e ela chamou o marido.

Ele veio à cozinha, segurando um compasso e com um lápis atrás da orelha, ouviu a mulher e me disse:

– Você deve tratá-la de "senhora", e às outras pessoas também. E não deve dizer insolências!

Depois disse à mulher, impaciente:

– Não me incomode com bobagens!

– Como, bobagens? Se é tua parentela...

– O diabo que carregue a parentela! – gritou o patrão, fugindo.

Eu também achava desagradável que aquela gente fosse aparentada com vovó; observara que os parentes se tratavam pior entre si do que entre gente estranha: sabendo uns dos outros mais coisas ruins e ridículas, eles mexericavam com mais maldade e discutiam e brigavam com maior frequência.

Gostei do patrão, ele sacudia bonito os cabelos, arrumando-os para trás das orelhas, e por algum motivo lembrava-me o Coisa Boa.[1] Muitas vezes, ria prazenteiro, os olhos cinzentos tinham uma expressão bonachona, rugas engraçadas saltitavam junto ao seu nariz de abutre.

– Parem de se insultar, galinhas-feras! – dizia à mulher e à mãe, descobrindo com um sorriso suave os dentes miúdos e cerrados.

Sogra e nora insultavam-se todos os dias; surpreendia-me ao extremo a facilidade e rapidez com que brigavam. Desde a manhã, ambas despenteadas, desabotoadas, começavam a agitar-se pelos quartos, como se a casa tivesse pegado fogo; afanavam-se o dia todo, descansando somente à mesa, durante o jantar, o chá da noite e a ceia. Comiam e bebiam em abundância, até a embriaguez, o cansaço, ao jantar falavam de comidas e insultavam-se aos poucos, preguiçosamente, preparando-se para a grande briga. Qualquer prato que a sogra preparasse provocava a seguinte observação da nora:

1 Personagem que aparece no primeiro volume da trilogia autobiográfica de Górki: *Infância* (São Paulo: Cosac Naify, 2007). Em algumas passagens, o autor alude ligeiramente a fatos ali narrados. [N.T.]

– Minha mãe prepara isto diferente.

– Diferente, quer dizer pior!

– Não, melhor!

– Neste caso, vá para a casa de sua mãe. Sou a dona da casa aqui!

– E eu, quem sou?

O patrão se intrometia:

– Basta, galinhas-feras! Estão loucas?

Em casa, tudo era inexplicavelmente estranho e ridículo: o caminho da cozinha para a sala de jantar passava pela privada pequena e estreita, a única do apartamento; através dela, carregavam-se para a sala o samovar e a comida, isso dava lugar a brincadeiras engraçadas e, frequentemente, fazia surgir equívocos ridículos. Era minha obrigação encher de água a caixa da privada, e eu dormia em frente da sua porta, na cozinha, junto à passagem para a entrada principal do apartamento: a cabeça recebia o calor do fogão, enquanto os pés acolhiam o vento da entrada; deitando-me para dormir, eu juntava todos os capachos, pondo-os sobre os pés.

A sala grande, com dois espelhos nos vãos entre as janelas, quadros, brindes de assinatura de *A Seara*[1] em molduras douradas, um par de mesas de jogo e uma dúzia de cadeiras de palhinha, dava uma sensação de vazio e de enfado. A pequena sala de visitas estava atravancada de móveis macios e coloridos e de montículos de "enxoval": prataria e louça de chá; era enfeitada por três abajures, um maior que o outro. No quarto de dormir, escuro, desprovido de janelas, havia, além da ampla cama, baús, armários, e deles se desprendia um cheiro de fumo em corda e de camomila-persa. Esses três cômodos estavam sempre vazios, e os donos da casa comprimiam-se na pequena sala de jantar, incomodando uns aos outros. Logo após o chá da manhã, às

1 *Niva*, revista da época. [N.T.]

oito, o dono e seu irmão desdobravam a mesa, dispunham sobre ela folhas de papel branco, estojos de desenho, lápis, pires com nanquim, e punham-se ao trabalho, um numa extremidade da mesa, o outro em outra. A mesa balançava. Ela atravancava o cômodo e, quando a patroa e a babá saíam do quarto das crianças, esbarravam nos cantos do móvel.

– Parem de circular por aqui! – gritava Víktor.

A patroa pedia ao marido, ofendida:

– Vássia,[1] diga a ele para não gritar comigo!

– E você, não balance a mesa – aconselhava o patrão, apaziguador.

– Estou grávida, e aqui é apertado...

– Está bem, vamos trabalhar na sala...

Mas a patroa gritava, indignada:

– Meu Deus, quem é que trabalha na sala?

À porta da privada, espreita o rosto mau, abrasado pelo fogão, da velha Matriona Ivanovna, e ela grita:

– Veja uma coisa, Vássia: você trabalha, e para ela quatro cômodos são insuficientes para dar cria. Fidalga de Grebiechók, juízo, nem um *vierchók*...[2]

Víktor ri, maldoso, e o patrão grita:

– Basta!

Mas a sogra, depois de cobrir a nora de torrentes da mais pérfida eloquência, desaba sobre uma cadeira e geme:

– Eu vou embora! Eu morro!

– Não estorvem o meu trabalho, diabo que as carregue! – berra o patrão, pálido de esforço. – É uma casa de loucos; bem que é para vocês mesmas que estou quebrando a espinha, para sustentá-las! Oh, galinhas-feras...

1 Diminutivo de Vassíli (Basílio). [N.T.]

2 Medida russa antiga, correspondente a cerca de quatro centímetros. Grebiechók era o nome do lugar, decerto pouco aristocrático, de onde vinha a mulher. [N.T.]

A princípio, essas brigas me atemorizavam, e me assustei sobretudo quando a patroa apanhou uma faca de cozinha, fugiu para a privada e, trancando ambas as portas, se pôs a rosnar selvagemente. Por um instante, fez-se silêncio, depois o patrão apoiou os braços na porta, dobrou-se e gritou para mim:

– Trepe aqui, quebre a vidraça, suspenda o gancho!

Num triz, pulei para as suas costas, rebentei o vidro sobre a porta, mas, quando me dobrei para baixo, a patroa pôs-se a bater diligentemente na minha cabeça com o cabo da faca. Apesar de tudo, consegui abrir a porta, e o patrão arrastou a esposa aos trambolhões para a sala de jantar e tirou-lhe a faca. Sentado na cozinha e esfregando a cabeça espancada, logo compreendi que sofrera à toa: a faca era cega, mal dava para cortar uma fatia de pão, e de maneira alguma poderia furar a pele; eu não precisava ter subido para as costas do patrão, poderia ter quebrado a vidraça de cima de uma cadeira; e, finalmente, um adulto levantaria com mais facilidade o gancho, por ter braços mais compridos. Depois desse incidente, as brigas em casa não me assustaram mais.

Os irmãos cantavam no coro da igreja; às vezes, trabalhando, começavam a cantarolar baixinho. O mais velho tinha voz de barítono:

O anel da rapariga
Deixei ca-ir no ma-ar...

O mais moço entrava de tenor:

A minha ventura
Eu deixei estragar.

Vinha do quarto das crianças a exclamação abafada da patroa:

– Vocês estão loucos? A criança dorme!

Ou então:

– Você é homem casado, Vássia, pode deixar de cantar sobre raparigas, para que isto? Além do mais, daqui a pouco vão tocar as vésperas...

– Bem, neste caso, vamos cantar uma de igreja...

Mas a patroa explicava que é inconveniente entoar os cantos de igreja em qualquer parte, e ademais, ali... – e apontava eloquentemente a porta pequena.

– Será preciso mudar de residência, senão diabo sabe o que vai acontecer! – retrucava o patrão.

Dizia com igual frequência que era preciso trocar a mesa, mas dizia-o no decorrer de três anos.

Ouvindo as conversas dos patrões sobre as pessoas, eu me lembrava sempre da loja de calçados: ali falavam da mesma maneira. Para mim, era evidente que os patrões também se consideravam a melhor gente da cidade, eles conheciam as regras mais exatas de conduta e, baseados nessas regras, obscuras para mim, julgavam todas as pessoas impiedosa e implacavelmente. Tais julgamentos despertavam-me uma feroz angústia e um ressentimento contra as leis de meus patrões, e infringi-las tornou-se fonte de prazeres para mim.

Eu tinha muito trabalho: desempenhava as funções de arrumadeira, às quartas lavava o chão da cozinha, limpava o samovar e os pratos de cobre, aos sábados lavava o chão de todo o apartamento e ambas as escadas. Rachava e carregava a lenha para as estufas e o fogão, limpava os legumes, acompanhava a patroa à feira, carregando atrás dela o cesto das compras, corria para a venda, para a farmácia.

A autoridade mais imediata sobre mim, a irmã de vovó, era uma velha barulhenta, indomável e furibunda, que levantava cedo, lá pelas seis horas; depois de se lavar às carreiras, ajoelhava-se, de camisola apenas, diante de um ícone, e passava muito tempo queixando-se a Deus da sua vida, dos filhos, da nora.

– Senhor! – exclamava com lágrimas na voz, apertando contra a fronte os dedos, unidos pelas pontas. – Senhor, não peço nada, não preciso de nada; deixa-me apenas descansar, tranquiliza-me, Senhor, com a Tua força!

As suas lamentações me acordavam; tendo despertado, eu espiava debaixo do cobertor e ouvia assustado a ardente oração.

A manhã de outono nos espreitava com matizes turvos pela janela da cozinha, através das vidraças molhadas de chuva; no chão, no lusco-fusco frio, balançava-se um vulto cinzento, agitando, em sobressaltos, a mão; cabelos claros e ralos despencaram da sua cabeça pequena, sobre o pescoço e as costas, escapando do lenço afrouxado, o lenço não parava na cabeça; a velha consertava-o bruscamente com a mão esquerda, murmurando:

– Ah, arrebenta de uma vez!

Bate com toda a força em sua própria testa, na barriga, nas costas, sibilando:

– E castiga a minha nora, Senhor, eu Te peço; põe-lhe na conta todas as ofensas que me causou. E abre os olhos de meu filho, para que veja quem ela é, quem é Víktoruchka.[1] Ajuda Víktoruchka, Senhor, dá-lhe a Tua graça...

Víktoruchka também dorme na cozinha, sobre um estrado;[2] acordando com os gemidos da mãe, grita, sonolento:

– Mãe, a senhora está gritando assim cedo de novo! É simplesmente uma desgraça!

– Ora, ora, durma – murmura a velha, arrependida.

Passa um instante, dois, balançando-se em silêncio, e, de repente, torna a proferir, vingativa:

– E que um tiro lhes entre nos ossos e que não tenham chão nem teto, Senhor...

Mesmo vovô não rezava de modo tão terrível.

1 Diminutivo de Víktor. [N.T.]

2 Estrado especial, graças ao qual se aproveitava o calor do fogão. [N.T.]

Depois de rezar, me acordava:

– Levante-se, chega de dormir, não é para isso que se vive!...

– Ponha o samovar, traga lenha; não preparou umas aparas de véspera? Uh!

Esforço-me para fazer tudo depressa, contanto que não ouça o murmúrio sibilante da velha, mas é impossível satisfazê-la; ela se desloca pela cozinha, feito uma tempestade de inverno, e vai silvando, uivando:

– Mais quieto, demônio. Vai acordar Víktoruchka, eu te mostro uma coisa! Corra para a venda...

Nos dias de semana, compravam-se para o chá matinal duas libras de pão de trigo, e dois copeques de pãezinhos para a mulher do patrão. Quando eu trazia o pão, as mulheres o examinavam desconfiadas, o pesavam na palma da mão, perguntando:

– E não deram nada de quebra? Não? Ora, abra a boca! – e gritavam, triunfantes: – Comeu a sobra, aí estão as migalhas nos seus dentes!

Eu trabalhava com boa vontade: agradava-me acabar com a sujeira da casa, lavar o chão, limpar os pratos de cobre, os respiradouros, as maçanetas das portas; ouvi, mais de uma vez, as mulheres dizerem de mim, nos momentos de trégua:

– Esforçado.

– Limpo.

– Só que é muito insolente.

– Ora, mamãezinha, quem o educou?!

E ambas se esforçavam em educar em mim o respeito por elas, mas eu as considerava pouco inteligentes, não as apreciava, não lhes obedecia e respondia de igual para igual. A patroa mais nova provavelmente notou como eu reagia mal a certas perorações, e por isso dizia, cada vez com maior frequência:

– Você deve lembrar que foi trazido de uma família de mendigos! Eu presenteei a tua mãe com um cabeção de seda. Com miçangas!

Um dia, eu lhe disse:

– Então, eu tenho que dar a vocês o meu couro, por causa desse cabeção?

– Meu Deus, ele é capaz de incendiar a casa! – gritou assustada a patroa.

Fiquei extremamente surpreendido: por que incendiar?

Ambas não cessavam de se queixar de mim ao patrão, que me dizia, severo:

– Tome cuidado, irmão!

Uma vez, porém, ele disse com indiferença à mulher e à mãe:

– Vocês também são boas biscas! Sobrecarregam esse garoto como um animal de carga; qualquer outro já teria fugido há muito ou morrido de tanto trabalho...

Isso irritou as mulheres até as lágrimas; a patroa bateu o pé e gritou, fora de si:

– Mas como pode falar assim, na presença dele, seu imbecil de cabelo comprido?! O que sou eu para ele, depois dessas palavras? Sou uma mulher grávida!

A mãe chorava aos uivos:

– Que Deus perdoe a você, Vassíli, mas lembre as minhas palavras: vai estragar esse moleque!

Depois que elas foram embora, enfurecidas, o patrão me disse severo:

– Está vendo, diabinho, o barulho que se levantou por sua causa? Eu vou devolver você à casa do avô, e será trapeiro de novo!

Não tolerando a ofensa, eu disse:

– É melhor ser trapeiro que viver em casa de vocês! Me aceitaram como aprendiz, e o que é que me ensinam? Carregar água de lavagem...

O patrão me apanhou pelos cabelos, sem dor, cuidadosamente, e, olhando-me nos olhos, disse surpreendido:

– Você é um bicho bravo! Isto não me serve, irmão, na-ã-o-o...

Pensei que ele fosse me mandar embora, mas no dia seguinte ele foi à cozinha com um rolo de papel grosso, um lápis, esquadro e régua.

– Quando acabar de limpar as facas, desenhe isto aqui!

Na folha de papel, estava representada a fachada de uma casa de dois andares, com numerosas janelas e figuras de cerâmica.

– Aí tem o compasso! Meça todas as linhas, marque as extremidades sobre o papel, por meio de pontos, depois una essas pontas com linhas traçadas a lápis, com régua. Em primeiro lugar, de comprido, serão as linhas horizontais, depois, atravessado, serão as verticais. Toque em frente!

Eu me alegrei muito com aquele trabalho limpo e com o início da aprendizagem, mas fiquei olhando para o papel e os petrechos numa veneração assustada, sem compreender.

Todavia, lavei imediatamente as mãos e me sentei para estudar. Tracei no papel todas as horizontais, conferi: estavam boas! Mesmo assim, três eram supérfluas. Tracei então todas as verticais e vi com espanto que a frente da casa se deformara absurdamente: as janelas deslocaram-se para os espaços intermediários, e uma delas saiu da parede, ficando suspensa nas proximidades da casa. A entrada principal também se erguera no ar, até a altura do segundo andar, a cornija fora parar no meio do telhado, a claraboia sobre a chaminé...

Passei muito tempo olhando, quase com lágrimas nos olhos, essas maravilhas impossíveis de modificar, tentando compreender como elas aconteceram. E, não conseguindo entender, resolvi corrigir aquilo com a ajuda da imaginação: desenhei sobre a fachada da casa, em todas as cornijas e na crista do telhado, corvos, pombos, pardais, e no chão, frente às janelas, gente de pernas tortas, de guarda-chuvas abertos, que não cobriam de todo a sua monstruosidade. Em seguida, enchi tudo de tracinhos transversais e fui levar o trabalho ao professor.

Ele ergueu as sobrancelhas alto, sacudiu a cabeleira e perguntou, sombrio:

– Mas o que é isso?

– Está chovendo – expliquei. – Com chuva, todas as casas parecem tortas, porque a própria chuva é torta. As aves (tudo isso são aves) esconderam-se sobre as cornijas. Isso que sempre acontece quando chove. E aqui é gente correndo para casa, aí tem uma senhora que levou um tombo, e este aqui é um entregador com limões...

– Eu lhe agradeço muito – disse o patrão, inclinou-se sobre a mesa e, varrendo o papel com os cabelos, deu gargalhadas e gritou:

– Oh, você devia ser feito em pedaços, seu pardal-fera!

Chegou a patroa, balançando a barriga, como um barrilzinho, olhou o meu trabalho e disse ao marido:

– Dê-lhe uma surra!

Mas o patrão observou, apaziguador:

– Não faz mal, eu mesmo, quando comecei, não fazia melhor...

Marcando com lápis vermelho as destruições na fachada, me deu mais papel.

– Faça mais uma vez! Você vai desenhar até que acerte...

A segunda cópia me saiu melhor, apenas uma janela ficou sobre a porta de entrada. Não me agradou, porém, deixar a casa vazia, e eu a povoei com toda espécie de habitantes: senhoras de leque e cavalheiros fumando estavam sentados à janela, e um deles, que não fumava, mostrava a todos o nariz comprido.[1] À entrada da casa, havia um carro de aluguel e um cachorro deitado.

– Por que você fez sujeira de novo? – perguntou, zangado, o patrão.

Expliquei que, sem gente, era muito aborrecido, mas ele se pôs a me xingar.

1 Gesto de zombaria, que se faz com a mão diante do nariz. [N.T.]

– Ao diabo tudo isso! Se você quer estudar, estude! Mas isto aqui é molecagem...

Quando, finalmente, consegui fazer uma cópia de fachada parecida com o original, isso lhe agradou.

– Está vendo, conseguiu! Assim, é possível que em breve a gente possa trabalhar com você...

E passou uma lição:

– Faça-me a planta do apartamento: indique a distribuição dos quartos, as portas, as janelas, tudo. Não vou mostrar nada, faça sozinho!

Fui para a cozinha e fiquei pensativo: por onde começar?

Mas justamente nesse ponto parou a minha aprendizagem da arte de desenhar plantas.

A velha patroa acercou-se de mim e me perguntou ameaçadora:

– Você quer desenhar?

Agarrando-me pelos cabelos, empurrou a minha cara contra a mesa, de modo que machuquei o nariz e os lábios, e ela foi dando pulinhos, rasgou o desenho, jogou no chão os petrechos e, apoiando as mãos nos quadris, gritou em triunfo:

– Tome aí, desenhe! Não, isso não vai acontecer! Deixar que um estranho trabalhe, e mandar embora o único irmão, do mesmo sangue?

Acorreu o patrão, a mulher dele chegou deslizando, e começou um prolongado tumulto: os três saltavam um sobre o outro, cuspiam, uivavam, e por fim, quando as mulheres se dispersaram para chorar, o patrão me disse:

– Por enquanto, deixe de lado tudo isso, não estude; você mesmo está vendo o resultado!

Eu tinha pena dele: estava tão amassado, indefeso, e para sempre ensurdecido pelos gritos das mulheres.

Mesmo antes, eu compreendia que a velha não queria que eu estudasse, e intencionalmente me estorvava nisso. Antes de me sentar para desenhar, eu sempre lhe perguntava:

– Tem algum serviço?

Ela respondia, com ar sombrio:

– Quando tiver, vou avisar, e por enquanto fique aí junto à mesa, brincando...

Algum tempo depois, me mandava para alguma parte ou dizia:

– Como foi que você varreu a escada principal? Ficou lixo, poeira nos cantos! Vá pra lá varrer...

Eu ia e olhava: não havia poeira.

– Você vai discutir comigo? – gritava ela.

Uma vez, derramou *kvás*[1] sobre todos os meus desenhos, outra vez deixou cair sobre eles o candeeiro de óleo dos ícones: fazia molecagens, como uma garotinha, com esperteza infantil e com uma incapacidade, igualmente infantil, de ocultar as suas espertezas. Nem antes nem depois eu vi uma pessoa que se irritasse tão rápida e facilmente como ela, e que amasse com tamanho ardor queixar-se de tudo e de todos. As pessoas em geral gostam de se queixar, mas ela fazia isso com particular delícia, como se entoasse uma canção.

O seu amor pelo filho se assemelhava à demência, me fazia rir e me assustava com a sua força, que não posso definir de outro modo senão como uma força feroz. Às vezes, após a oração matinal, parava no degrau junto ao fogão sobre o qual ele dormia e, colocando os cotovelos sobre a tábua externa do estrado, ciciava com ardor:

– Minha criatura do acaso, de Deus, meu sangue ardente, puro, meu diamante, minha peninha leve de anjo! Está dormindo; durma, criança, que um sonho alegre cubra a sua alma, sonhe com uma noivinha, a mais linda das moças, uma rainha, ricaça, filha de comerciantes! E que seus inimigos morram sem ter nascido, que os amigos vivam até cem anos e as moças sigam você aos bandos, que nem patas atrás de um macho!

1 Bebida fermentada, muito popular na Rússia. [N.T.]

Vinha-me uma vontade incoercível de rir: o rude e vadio Víktor parecia um picanço: igualmente colorido, narigudo, igualmente teimoso e néscio.

O murmúrio da mãe às vezes o despertava, e ele balbuciava sonolento:

– Vá para o diabo, mãe, por que fica aí fungando bem nas minhas fuças?... Não se pode mais viver!

Algumas vezes, ela descia, obediente, do degrau, sorrindo:

– Ora, durma, durma... seu malcriado!

Mas também acontecia o seguinte: as suas pernas se dobravam, ela se sentava com força junto à quina da estufa, e, boquiaberta, respirando alto, como se tivesse queimado a língua, emitia palavras abrasadoras num jorro:

– Ah, é assim? Você mandou ao diabo a própria mãe, seu filho de uma cachorra? Ah, você, minha vergonha da meia-noite, espinho maldito, foi o demônio que empurrou você para dentro da minha alma, você devia ter apodrecido antes de nascer!

Dizia palavras imundas, palavras de bêbados da rua; dava medo ouvi-las.

Dormia pouco, intranquila, pulando de cima do fogão algumas vezes durante a noite, jogava-se sobre o meu sofá e me acordava.

– Que é isso, senhora?

– Quieto – murmurava ela, persignando-se e prestando atenção em algo na treva. – Senhor... Profeta Elias... Protomártir Varvara... protege da morte repentina...

Acendia a vela com mão trêmula. Seu rosto redondo, narigudo, inflava-se com o esforço, os olhos cinzentos piscavam em sobressalto, fixando-se nas coisas, num lusco-fusco alterado.

A cozinha é grande, mas está atravancada de armários e baús; de noite, parece pequena. Moram nela, em silêncio, as noites de luar, estremece a chamazinha perpétua do candeeiro junto aos ícones, brilhavam facas sobre a parede, como cristais de gelo, e as frigideiras pretas sobre as prateleiras parecem carantonhas sem olhos.

A velha descia do fogão, cuidadosa, como da escarpa de um rio para junto da água, e, batendo os pés descalços, ia para um canto em que estava pendurado sobre a tina das águas de lavagem um lavatório orelhudo, que lembrava uma cabeça cortada; junto, havia uma cuba d'água.

Ela bebia, engasgando e soltando suspiros, depois olhava pela janela, através dos desenhos azul-claros da geada sobre as vidraças.

– Perdoa-me, meu Deus, perdoa-me – pedia, num murmúrio.

Às vezes, depois de apagar a vela, ajoelhava-se e silvava, com despeito:

– Quem me ama, Senhor, quem precisa de mim?

Trepando novamente em cima do fogão e tendo feito o sinal-da-cruz sobre a portinhola da chaminé, apalpava o lugar, a fim de verificar se as chapas estavam bem pregadas, sujando as mãos de fuligem, soltava desesperados impropérios e adormecia no mesmo instante, como se uma força invisível a tivesse imprensado. Quando ela me ofendia, eu pensava: "Pena que não foi com ela que o vovô se casou – como haveria de aborrecê-lo!". E ela também receberia a sua parte. Me ofendia com frequência, mas havia dias em que seu rosto inchado, de algodão, se tornava triste, os olhos ficavam marejados de lágrimas e ela dizia, muito convicta:

– Você pensa que é fácil para mim? Dei à luz crianças, banquei ama-seca, fiz deles gente grande, e para quê? Sou cozinheira na casa deles, isso é agradável? O filho trouxe para casa uma mulher estranha e trocou por ela o seu próprio sangue, é bom isso? Então?

– Não é bom – dizia eu, com sinceridade.

– Hein? Aí é que está...

E ela se punha a falar desavergonhadamente da nora:

– Estive com ela nos banhos, eu a vi! O que foi que o tentou? Isto se chama beleza?

Falava sempre com surpreendente indecência das relações entre homens e mulheres; a princípio, essas falas me provocavam repulsa, mas logo me acostumei a ouvi-las atentamente, com grande interesse, pressentindo nelas não sei que verdade penosa.

– A mulher é uma força, ela enganou o próprio Deus, aí é que está! – zunia ela, batendo na mesa com a palma da mão. – Por causa de Eva, todas as pessoas vão parar no inferno, assim é que são as coisas!

Ela podia falar sem parar sobre a força da mulher, e eu tinha sempre a impressão de que procurava assustar alguém com aquelas conversas. Eu gravei particularmente na memória que "Eva enganou Deus".

No pátio de nosso prédio, havia um pavilhão tão grande como o próprio edifício; as duas construções tinham oito apartamentos, em quatro deles viviam oficiais, no quinto, um capelão militar. Todo o pátio estava repleto de ordenanças, de estafetas, lavadeiras, arrumadeiras, cozinheiras iam visitá-lo; em todas as cozinhas desenrolavam-se romances e dramas, com lágrimas, censuras, brigas. Os soldados brigavam entre si ou com cavouqueiros a serviço do dono da casa; batiam nas mulheres. Fervia continuamente no pátio aquilo que se chama devassidão, deboche: uma fome insaciável, ferina, de rapazes sadios. Essa vida, repleta de uma sensualidade cruel, de um torturar insensato, da fanfarronice imunda dos vitoriosos, era comentada minuciosa e cinicamente pelos meus patrões ao jantar, ao chá da noite e à ceia. A velha sempre conhecia todas as histórias que se passavam no pátio e contava-as com ardor e maldade.

A patroa moça ouvia aqueles relatos sorrindo em silêncio, os lábios inflados. Víktor dava gargalhadas, e o patrão dizia, com uma careta:

– Chega, mãe...

– Meu Deus, não posso mais dizer uma palavra! – queixava-se a contadora de histórias.

Víktor a estimulava:

– Toque em frente, mãe, encabular-se por quê? Estamos em família...

O filho mais velho tratava a mãe com uma comiseração imbuída de repugnância, evitava ficar com ela a sós, e se isso acontecia, a mãe atacava-o com queixas infindáveis contra a sua mulher e, indefectivelmente, pedia dinheiro. Ele metia nas mãos dela, às pressas, um rublo, três, algumas moedas de prata.

– Mãe, a senhora faz mal de aceitar dinheiro, não tenho pena dele, mas faz mal!

– É para os mendigos, para as velas na igreja...

– Ora, não se trata de mendigos! Vai acabar estragando o Víktor.

– Você não gosta de seu irmão, é um grande pecado!

Ele se afastava, sacudindo a mão.

Víktor tratava a mãe rudemente, com zombaria. Era muito voraz, e estava sempre com fome. Aos domingos, ela assava *oládi*[1] e sempre escondia algumas num pote, que punha sob o sofá em que dormia; ao voltar da missa, Víktor apanhava o pote, resmungando:

– Não podia fazer mais, que raio!

– Devore isso mais depressa, para que ninguém veja...

– Vou contar, de propósito, como você rouba para mim!

Certa vez, apanhei o pote e comi umas poucas *oládi*; o Víktor me bateu por isso. Ele não gostava de mim, do mesmo modo que eu dele, caçoava de mim, me obrigava a limpar suas botas umas três vezes por dia, e, deitando-se para dormir sobre o estrado, cuspia pelas fendas, procurando acertar a minha cabeça.

1 Espécie de bolo doce, semelhante ao sonho. [N.T.]

Provavelmente imitando o irmão, que falava com frequência em "galinhas-feras", Víktor também usava expressões populares, mas eram todas surpreendentemente absurdas e sem sentido.

– Mãe, à direita e ao redor! Onde estão as minhas meias?

Ele me perseguia com perguntas estúpidas:

– Aliochka,[1] responda: por que se escreve azul e se diz sul? Por que dizemos minhocas e não nas tocas?

Desagradava-me a maneira com que todos eles falavam: educado com o bonito linguajar de vovó e vovô, eu a princípio não compreendia tais combinações incompatíveis, como: "horrivelmente engraçado", "quero comer até a morte", "terrivelmente alegre"; parecia-me que o engraçado não podia ser horrível, o que é alegre não aterroriza, e que todas as pessoas comiam até o dia da morte.

Perguntava-lhes:

– Mas pode-se falar assim?

Zangavam-se:

– Que professor arranjamos agora, veja só! Vamos arrancar as orelhas deles...

Mas "arrancar as orelhas" também me parecia incorreto: pode-se arrancar ervas, flores, nozes.

Tentavam me demonstrar que se pode também arrancar as orelhas, mas isto não me convencia, e eu lhes dizia em triunfo:

– E assim mesmo não me arrancaram as orelhas!

Em volta, havia tanta molecagem cruel, tanta imundície e falta de vergonha: muito mais que nas ruas de Kunávino, onde eram abundantes as "casas públicas" e raparigas "alegres". Em Kunávino, percebia-se por trás da imundície e da molecagem algo que explicava o inevitável de uma e outra: uma vida difícil, quase fome, um trabalho pesado. Mas ali se vivia em fartura, facilmente, o trabalho era substituído por um vaivém incompreensível e desnecessário. E tudo estava coberto de certo enfado corrosivo, irritante.

1 Diminutivo de Aleksiei. [N.T.]

Eu vivia mal, mas me sentia ainda pior quando a vovó vinha me visitar. Surgia pela porta de serviço; entrando na cozinha, persignava-se ante os ícones, depois se inclinava até a cintura ante a irmã mais moça, e essa saudação me comprimia e sufocava, como um grande peso.

– Ah, é você, Akulina – dizia a patroa, recebendo a vovó, com displicência e frieza.

Eu não podia mais reconhecer a vovó: apertando modestamente os lábios, alterando de maneira que não lhe conhecia todo o rosto, ela se sentava devagarinho no banco à porta, junto à tina com as águas de despejo, e ficava calada, como se tivesse culpa de alguma coisa, respondendo humilde e tranquilamente às perguntas da irmã.

Isso me atormentava, e eu lhe dizia, zangado:

– Por que você se sentou aí?

Piscando-me com carinho o olho, ela replicava com seriedade:

– Não fale tanto, você não é patrão aqui!

– Ele sempre se mete no que não é da sua conta; não adianta bater nele nem xingá-lo – a dona da casa começava a desfiar suas queixas.

Não raro, ela perguntava à irmã, com maldade:

– Então, Akulina, você vive de mendiga?

– Ora, não é uma desgraça...

– Nada é desgraça, quando não se tem vergonha.

– Dizem que Jesus Cristo também viveu de esmolas...

– Quem diz isso são os imbecis, os hereges, e você, velha estúpida, os escuta! Jesus Cristo não é um mendigo, mas filho de Deus, ele virá em glória, está escrito, julgar os vivos e os mortos; os mortos também, não esqueça. Não há meio de se esconder dele, mãezinha, nem que uma pessoa arda e se transforme em cinza... Ele vai castigar você e o Vassíli pelo orgulho de vocês dois, e por mim, pela maneira como me trataram quando eu lhes pedi ajuda, quando eram ricos...

– Mas eu ajudei você na medida de minhas forças – dizia a vovó, com indiferença. – E Nosso Senhor já nos castigou, você sabe...

– É pouco para vocês! É pouco...

A velha passava muito tempo azucrinando a vovó com a sua língua insaciável, e, ouvindo a sua fala cruel e esganiçada, eu ficava perplexo, angustiado: como a vovó podia suportar? Eu não gostava dela em tais momentos.

A patroa mais jovem vinha à cozinha e fazia com a cabeça um aceno benévolo para a vovó.

– Venha à sala de jantar, não faz mal, venha!

A outra gritava:

– Enxugue os pés, sua aldeã, criatura do brejo!

O patrão recebia a vovó com alegria:

– Ah, como vai, sábia Akulina? E o velhote Kachírin, ainda respira?

A vovó mostrava o seu sorriso do fundo da alma.

– Você está sempre dobrando a espinha, trabalhando?

– Trabalho sempre! Como um presidiário.

A vovó conversava com ele carinhosa e bondosamente, mas como uma pessoa mais velha. Às vezes, ele recordava minha mãe:

– Si-i-m, a Varvara Vassílievna... Que mulher que era: uma fortaleza, hein?

A mulher dele dirigia-se a vovó:

– Lembra-se? Eu a presenteei com um cabeção preto de seda, com miçangas.

– De fato...

– Era um cabeção ainda muito bom...

– Sim, sim – murmurava o patrão –, cabeção, palmeirão, este mundo malandrão!

– O que você está dizendo aí? – perguntava-lhe, desconfiada, a mulher.

– Eu? É à toa... Vão-se os dias alegres, vão-se as pessoas de bem...

– Não compreendo o que você quer dizer – inquietava-se a patroa.

Em seguida, leva a vovó a ver o recém-nascido, eu recolho sobre a mesa a louça de chá usada, e o patrão me diz a meia-voz, pensativo:

– Boa velha, essa sua avó...

Fico profundamente agradecido por essas palavras e, a sós com a vovó, digo-lhe, a alma dolorida:

– Para que você vem aqui, para quê? Bem que você está vendo como eles são...

– Eh, Oliocha, estou vendo tudo – responde ela, olhando-me com um sorriso bondoso no semblante magnífico, e eu fico envergonhado: naturalmente, ela vê tudo, sabe tudo, mesmo aquilo que mora em minha alma nesse instante.

Tendo espiado cautelosamente ao redor, para ver se não vem alguém, ela me abraça, dizendo com ternura:

– Eu não viria aqui, se não fosse você. Para que preciso deles? O vovô ficou doente, deu-me o que fazer, não pude trabalhar, e estou sem dinheiro... E o filho, o Mikhaila, mandou embora o Sacha, é preciso mantê-lo também. Eles prometeram pagar por você seis rublos por ano, por isto pensei: não darão agora ao menos um? Você já passou aqui perto de meio ano...

Murmurou-me ao ouvido:

– Eles mandaram xingar você, dizem que você não obedece a ninguém. Você, minha vida, deveria viver com eles um pouco mais, suportar uns dois anos ainda, até ficar mais forte! Vai suportar, hein?

Prometi suportá-lo. Era muito difícil. Esmagava-me aquela vida, miserável, enfadonha, repleta de trabalheira em troca de comida, e eu vivia como que em sonho.

Às vezes, pensava: tenho que fugir! Mas era um inverno maldito, as tempestades de neve uivavam noite após noite, o vento remoinhava no sótão, os caibros estalavam, comprimidos pelo frio: fugir para onde?

Não me deixavam ir passear, e ademais não sobrava tempo para isso: os curtos dias de inverno extinguiam-se com incoercível rapidez, no vaivém do trabalho caseiro.

Mas eu era obrigado a ir à igreja; aos sábados assistia às vésperas; nos feriados, à missa tardia.

Gostava de frequentar igrejas; parado em algum canto, onde havia mais espaço e era mais escuro, gostava de olhar de longe para a iconóstase: ela parecia derreter-se ao fogo das velas, escorrendo em riachos densos, de ouro, para o chão cinzento, de pedra, junto ao púlpito; moviam-se docemente os vultos escuros dos ícones; tremelicava alegre a renda de ouro da Porta Real,[1] as chamas das velas estavam suspensas no ar azulado, feito abelhas de ouro, e as cabeças das mulheres e moças lembravam flores.

•••

Tudo em volta fundia-se harmoniosamente com o canto do coro, tudo vivia uma existência de conto de fadas, toda a igreja balançava-se lentamente, como um berço, balançava-se num vazio de treva, denso como piche.

Às vezes tinha a impressão de que a igreja estava profundamente imersa na água de um lago e que se escondeu de tudo sobre a terra, a fim de levar uma vida peculiar, que não se assemelhava a nada. Provavelmente, essa sensação era despertada em mim pelo relato da vovó sobre a cidade de Kitej, e muitas vezes, balançando-me, cochilando, com tudo o que me cercava, embalado pelo coro, pelo balbuciar de rezas, pelos

1 Nas igrejas russas, a porta no meio da iconóstase [N.T.]

suspiros das pessoas, eu repetia comigo mesmo um relato cantante, dolorido:

Os malditos tártaros cercaram,
Com a sua grande força imunda,
A nossa gloriosa cidade de Kitej,
Cercaram-na em clara hora matinal...

Ai, Senhor, nosso Deus,
Nossa Virgem Santíssima!

Ai, em ajuda de vossos escravos,
Fazei com que possam terminar as matinas,
Ouvir até o fim as Sagradas Escrituras!

Ai, não permitais que o tártaro
Cubra de irrisão a Santa Igreja,
De vergonha, a essas mulheres e donzelas,
Que apanhe qual brinquedo as criancinhas,
E dê morte cruel aos anciãos!

E ouviu então o Senhor Sabaoth,
E ouviu também a Virgem, Mãe de Deus,
Aqueles suspiros humanos,
Aquelas tristezas de cristãos.

E disse o Senhor Sabaoth
Ao luminoso arcanjo Miguel:
Vai, Miguel,
Abala a terra sob a cidade de Kitej
E mergulha-a no lago;
Que os homens nela rezem,
Sem cessar, e sem cansaço,

Das matinas às vésperas,
E das vésperas às matinas,
Todos os ofícios divinos da Igreja,
Pelos séculos dos séculos![1]

Naqueles anos, eu estava repleto dos versos da vovó como um favo fica repleto de mel: parece que até pensava na forma dos seus versos.

Na igreja, eu não rezava: envergonhava-me de repetir, perante o Deus da vovó, as zangadas orações do vovô e os chorosos salmos; estava certo de que o Deus da vovó não podia gostar daquilo, tal como eu não gostava; ademais, estavam impressas em livros e, por conseguinte, Deus as conhecia de cor, a exemplo de todas as pessoas alfabetizadas.

Por isso, na igreja, nos momentos em que o coração se apertava por algo com a doce tristeza, ou quando o mordiam e arranhavam as miúdas ofensas do dia que passara, eu procurava compor minhas próprias orações; bastava-me pensar no meu infausto destino, e as palavras se juntavam por si, sem esforço, em queixas:

Senhor, senhor, eu me aborreço!
Quero crescer bem depressa!

Não tenho mais paciência de viver,
Dá vontade de me enforcar – perdão, Senhor!

Meu estudo não dá resultado,
Aquela boneca do diabo, vovó Matriona,
Rosna comigo como um lobo,
Minha vida é muito amarga!

1 Na tradição popular russa são frequentes as lembranças do período de dominação pelos tártaros (séculos XIII a XV). [N.T.]

Lembro até hoje muitas das minhas "orações"; o trabalho do cérebro na infância deposita-se sobre a alma por meio de cicatrizes demasiado profundas; muitas vezes, elas não se fecham a vida inteira.

Era bom na igreja, eu descansava ali do mesmo modo que na floresta e no campo. O pequeno coração, que já conhecia inúmeras ofensas e que estava sujo da cruel rudeza da existência, banhava-se em devaneios imprecisos, ardentes.

Mas eu ia à igreja somente por ocasião dos grandes frios ou quando uma tempestade de neve varria furiosa a cidade, quando se tinha a impressão de que o céu se congelara, que o vento o pulverizara em nuvens de neve e que a terra, congelando-se também sob os montões nevados, nunca mais ressuscitaria.

Nas noites quietas, eu gostava mais de andar pela cidade de rua em rua, indo parar nos cantos mais afastados. Às vezes, caminhando, tinha a impressão de possuir asas e voar; sozinho, como a lua no céu; diante de mim, arrastava-se a minha sombra, apagava sobre a neve as fagulhas de luz, fincava-se de modo engraçado nos marcos de pedra, nos muros. No meio da rua, caminhava o guarda-noturno, de matraca nas mãos, vestido com um pesado *tulup*;[1] a seu lado, ia um cachorro trêmulo.

O homem desengonçado parece uma casinha de cachorro, que tenha se largado do pátio, movendo-se pela rua, com rumo ignorado, seguida do cachorro entristecido.

Encontram-se, às vezes, senhoritas alegres e cavalheiros: tenho a impressão de que eles também fugiram da missa noturna.

Por vezes, fluem pelos postigos das janelas iluminadas certos cheiros peculiares: finos, desconhecidos, que aludem a uma vida diferente, ignorada por mim; fica-se sob a janela e, prestando atenção aos ruídos, cheirando, procura-se adivinhar: que vida é esta, que espécie de gente vive nesta casa? Está em curso

1 Casaco de pele de carneiro, com a lã voltada para dentro. [N.T.]

a missa, mas eles fazem uma alegre algazarra, riem, tocam certas guitarras especiais, o ressoar das cordas metálicas escorre densamente pelo postigo.

Interessava-me particularmente uma casa térrea, acachapada, no cruzamento das duas ruas desertas: a Tikhónovskaia e a Martínovskaia. Topei com ela numa noite de lua, por ocasião do degelo, antes da *Máslienitza*;[1] pelo postigo quadrado da janela, deslizava para a rua, juntamente com um vapor morno, um som admirável, como se alguém muito forte e bondoso estivesse cantando de boca fechada; não se distinguiam palavras, mas a canção me pareceu admiravelmente conhecida e compreensível, embora o ressoar das cordas do instrumento me impedisse de ouvi-la, interrompendo de modo enfadonho a fluência do canto. Sentei-me sobre um marco de pedra, compreendendo que estavam tocando certo violino, de maravilhosa força, e, ao mesmo tempo, um violino intolerável pois ouvi-lo quase causava dor. Às vezes, ele cantava com tamanha força que, tinha-se a impressão, toda a casa tremia e zuniam as vidraças da janela. Algo pingava do telhado e lágrimas pingavam também dos meus olhos.

Um guarda-noturno se aproximou imperceptivelmente e, me empurrando do marco de pedra, perguntou:

– Por que você fica aí?

– É a música – expliquei.

– Ora, que importa! Vá embora...

Dei volta ao quarteirão, correndo, voltei para junto da janela, mas dentro da casa não estavam mais tocando, irrompia tempestuosamente na rua, pelo postigo, uma algazarra jovial, que parecia tão diversa da música dolente, como se eu a tivesse ouvido num sonho.

Passei a correr para junto daquela casa quase todos os sábados, mas apenas uma vez, na primavera, ouvi ali um violoncelo:

1 Festa popular que corresponde aproximadamente ao carnaval. [N.T.]

ele tocou quase sem interrupção, até meia-noite; voltando para casa, fui espancado.

Enriqueciam-me sobremaneira aqueles passeios noturnos, sob as estrelas de inverno, pelas ruas desertas da cidade. Eu escolhia deliberadamente as ruas mais afastadas do centro: as centrais tinham muitos lampiões, eu poderia ser visto ali por conhecidos dos meus patrões, e assim eles ficariam sabendo que eu passeava na hora da missa. Ah, me estorvavam também os bêbados, guardas-civis e raparigas "airadas"; e, nas ruas longínquas, podia-se olhar pelas janelas dos andares térreos, quando elas não estavam muito cobertas de geada e não eram providas de cortina.

Essas janelas me mostraram quadros inúmeros e diversos: vi como as pessoas rezam, beijam-se, brigam, jogam baralho e como conversam preocupadas, a meia-voz: estendia-se diante de mim, como num panorama exibido por um copeque, uma existência muda, uma vida de peixes.

Certa vez, vi num porão duas mulheres à mesa: uma era jovem, a outra um tanto mais velha; em frente, estava sentado um ginasiano de cabelo comprido, que balançava um braço e lia um livro para elas. A jovem ouvia, as sobrancelhas severamente franzidas, o corpo inclinado para trás, sobre o espaldar da cadeira; a mais velha, que era fininha e de viçosa cabeleira, escondeu de repente o rosto nas mãos, os seus ombros tremeram, o ginasiano atirou de lado o livro, e quando a jovem se pôs de pé e saiu correndo, ele se lançou de joelhos diante da outra e pôs-se a beijar as suas mãos.

Por uma outra janela, consegui ver como um homem grande, barbudo, fez sentar-se em seus joelhos uma mulher de casaquinho vermelho, embalando-a como uma criança, e, segundo parecia, cantava algo, abrindo muito a boca e arregalando os olhos. Ela estremecia toda de riso, caía de costas, balançando as pernas, ele a endireitava e tornava a cantar, e novamente ela ria.

Passei muito tempo a olhá-los e me afastei quando compreendi que aqueles dois tinham se munido de alegria para toda a noite.

Muitos quadros nesse gênero ficaram para sempre na minha memória, e com frequência, empolgado por eles, eu chegava atrasado em casa. Isso provocava a desconfiança dos meus patrões, que me interrogavam:

– Em que igreja você esteve? Que pope oficiou?

Conheciam todos os popes da cidade, sabiam o evangelho que se lia em cada ocasião, eram completamente versados no assunto, sendo, portanto, fácil me apanhar na mentira.

Ambas as mulheres veneravam o Deus zangado de meu avô: um Deus que exigia que se acercasse dele com temor; tinham continuamente nos lábios o seu nome e, mesmo brigando, elas ameaçavam uma à outra:

– Espere um pouco! Deus há de castigar você, ele vai torcer você toda, infame criatura!...

No domingo da primeira semana da Quaresma, a velha estava assando *oládi*, que não cessavam de se chamuscar; enrubescida pelo fogo, ela gritava furiosa:

– Ah, diabos que as carreguem...

E, de repente, cheirando a frigideira, tornou-se sombria, atirou-a para o chão e se pôs a uivar:

– Me-e-u Deus, a frigideira não foi abençoada, é imunda, não a queimei na Segunda-Feira Santa, ah, Senhor!

Ajoelhou-se e pôs-se a pedir, lágrimas nos olhos:

– Senhor meu Deus, perdoa-me, amaldiçoada que sou, em nome da Tua Paixão! Não castigues, Senhor, esta velha estúpida...

As *oládi* já prontas foram dadas aos cachorros, queimaram a frigideira, e a nora, nas brigas, passou a censurar a sogra:

– A senhora até usa frigideiras não abençoadas, em plena Quaresma...

Eles faziam com que o seu Deus participasse de todos os assuntos caseiros e penetrasse em todos os desvãos da sua vida miúda: devido a isso, semelhante vida indigente adquiria uma significação e importância exteriores, parecia um serviço constante à força superior. Essa convocação de Deus para participar em maçantes insignificâncias me acabrunhava, e involuntariamente eu sempre espiava pelos cantos, me sentindo sob a vigilância invisível de alguém, e à noite o medo me envolvia numa nuvem fria: ele vinha do canto da cozinha, onde, diante dos ícones escuros, ardia uma chama perpétua.

Ao lado da prateleira, havia uma grande janela, com dois caixilhos separados por uma viga: o vazio azul, sem fundo, espiava pela janela; parecia que o prédio, a cozinha, eu, tudo estava suspenso bem na beirada desse vazio, e que bastaria fazer um movimento abrupto para que tudo se despencasse no buraco azul, frígido, e voasse para alguma parte, passando pelas estrelas, voasse dentro de um silêncio mortal, como uma pedra que afunda, lançada na água. Passei muito tempo deitado imóvel, com medo de me virar de lado e esperando o fim terrível da existência.

Não lembro como foi que me curei desse medo, mas sei que me curei depressa: naturalmente, fui ajudado nisso pelo bondoso Deus da vovó, e eu penso que já então senti esta simples verdade: ainda não fizera nada de ruim, não era justo me castigar sem culpa, e não era a minha função responder por pecados alheios.

Eu faltava também às vésperas, sobretudo na primavera: as suas forças invencíveis decididamente não me deixavam entrar na igreja. E se me davam dois copeques para comprar uma vela, isso definitivamente causava a minha perdição – eu comprava fichas para o jogo de malha, passava todo o tempo das vésperas jogando e inevitavelmente aparecia atrasado em casa. E um dia cheguei a perder dez copeques, que me foram dados para as almas e para a hóstia, de modo que foi preciso roubar uma da travessa que o sacristão trouxe de trás do altar.

Dava uma vontade louca de jogar, e eu me deixava empolgar pelos jogos até o frenesi. Era bastante ágil e forte e em pouco tempo consegui nas ruas da vizinhança uma fama de grande jogador de malha, de bola e de varetas.

Fui obrigado a comungar na Quaresma, e eis-me indo para a confissão com o nosso vizinho, o pope Dorimedont Pokróvski. Eu o considerava um homem severo e era pessoalmente culpado de muita coisa perante ele: mais de uma vez quebrei a pedradas o caramanchão do seu jardim, brigava com os seus filhos e, em geral, ele podia me lembrar muitos atos desagradáveis. Isso me deixava muito confuso e, enquanto eu estava parado na pobre igrejinha, esperando a vez de me confessar, meu coração batia nervoso.

Mas o padre Dorimedont me recebeu de modo bonachão, com uma exclamação resmungona:

– Oh, vizinho... Bem, ajoelhe-se aí! Quais são os seus pecados?

Cobriu a minha cabeça com um veludo pesado, eu sufocava com o cheiro de cera e de incenso, falar era difícil, não dava vontade.

– Obedece aos mais velhos?

– Não.

– Diga: sou pecador!

Inesperadamente para mim mesmo, deixei escapar:

– Roubei hóstias.

– Como foi isso? Onde? – perguntou o sacerdote, depois de pensar um pouco e sem se apressar.

– Na porta da igreja da Santíssima Trindade, na do Sudário, na de São Nicolau...

– Ora, ora, em todas as igrejas! Isso, meu irmão, não está bem, é um pecado; compreende?

– Compreendo.

– Diga: sou pecador! Coisa absurda. Roubou para comer?

– Umas vezes, comi; outras vezes, eu perdi o dinheiro no jogo de malha e era preciso levar a hóstia para casa, por isso eu roubava...

Padre Dorimedont se pôs a murmurar algo, de modo imperceptível e com ar cansado, em seguida formulou mais algumas perguntas e, de repente, perguntou com severidade:

– Você não leu livros de edição ilegal?

Naturalmente, não compreendi e perguntei:

– O quê?

– Não leu livros proibidos?

– Não, nenhum...

– Os seus pecados foram perdoados... Levante-se!

Espiei, pensativo, o seu rosto: parecia pensativo e bondoso. Eu me sentia constrangido, envergonhado: me mandando para a confissão, meus patrões disseram horrores dela, me convencendo a confessar honestamente todos os meus pecados.

– Eu joguei pedras no caramanchão da sua casa – declarei.

O pope levantou a cabeça e disse:

– Isso também não está bem! Vá embora...

– Joguei pedras também no cachorro...

– O seguinte! – chamou padre Dorimedont, sem fixar o olhar em mim.

Fui embora, me sentindo enganado e ofendido: ficara tão tenso, com medo da confissão, mas aquilo saíra nada terrível e era até pouco interessante! A única coisa interessante fora a pergunta sobre livros, que me eram desconhecidos; me lembrei do ginasiano, que lia para aquelas mulheres um livro no porão; e me lembrei igualmente do Coisa Boa; ele também tinha muitos livros pretos, grossos, com ilustrações incompreensíveis.

No dia seguinte, me deram uma moeda de quinze copeques e me mandaram comungar. A Páscoa nesse ano era tardia, a neve derretera havia muito, as ruas secaram, havia poeira pairando sobre as estradas; fazia um dia alegre, de sol.

Junto ao gradil da igreja, um grupo numeroso de operários estava empolgado no jogo de malha; decidi que haveria tempo para comungar, e pedi aos jogadores:

– Posso tomar parte?

– Um copeque para entrar no jogo – declarou-me altivo um homem ruivo, picado de varíola.

Mas eu respondi, não com menor altivez:

– Três para o segundo par à esquerda!

– Dinheiro para a aposta!

E começou o jogo!

Troquei os meus quinze copeques, pus três sob o par de fitos, sobre o comprido marcador das apostas; quem derrubasse aquele par receberia dinheiro; se errasse, teria que me pagar três copeques. Tive sorte: dois fizeram pontaria sobre o meu dinheiro e falharam: ganhei seis copeques de gente adulta, de mujiques. Isso levantou muito o meu ânimo...

Mas um dos jogadores disse:

– Prestem atenção nele, rapazes, senão é capaz de fugir com o ganho...

Fiquei ofendido e declarei exaltado, como quem bate num pandeiro:

– Nove copeques para o par da esquerda, na ponta!

Mas isso não causou aos jogadores qualquer impressão perceptível, somente um meninão da minha idade gritou, prevenindo:

– Cuidado, ele tem sorte, é desenhista na Zviézdinka, eu o conheço!

Um operário magricela, peleiro, a julgar pelo odor, disse com ar malicioso:

– Diabinho? Está be-e-e-m...

Fazendo pontaria com a ferradura, derrubou habilmente a minha aposta e perguntou, inclinando-se para mim:

– Vai chorar?

Respondi:

– Três na ponta à direita!

– Vou derrubar – vangloriou-se o peleiro, mas perdeu.

É proibido pôr o dinheiro no marcador mais de três vezes seguidas, e eu passei a bater em apostas alheias: ganhei mais uns quatro copeques e um monte de malhas. Mas, quando chegou novamente a minha vez, apostei três vezes e perdi todo o dinheiro, e isso na hora exata: terminara a missa, dobravam os sinos, o povo estava saindo da igreja.

– É casado? – perguntou o peleiro, procurando me agarrar pelo cabelo, mas eu me safei, fugi e, alcançando um rapazinho em traje festivo, perguntei com delicadeza:

– O senhor comungou?

– Bem, e então? – retrucou ele, me examinando desconfiado.

Pedi que ele me contasse como se processa a comunhão, o que diz o padre e o que eu deveria ter feito.

O rapaz fez um ar importante e severo e rosnou, com voz assustadora:

– Faltou à comunhão, herege? Pois bem, não contarei nada a você, e o seu pai vai arrancar o seu couro!

Corri para casa, certo de que me interrogariam e inevitavelmente ficariam sabendo que eu não comungara.

Mas, depois de me dar os parabéns, a velha só me perguntou:

– Você deu muito ao sacristão?

– Cinco copeques – disse eu, sem pensar.

– Bastariam três, e dois podia deixar para você, estafermo!

•••

... Primavera. Cada dia se veste de modo diferente, cada dia é mais brilhante e simpático; há um cheiro inebriante de ervas tenras, do verde recente das bétulas, sente-se uma vontade invencível de ir para o campo ouvir a cotovia, de costas sobre a terra morna. E, enquanto isso, eu estou limpando as roupas de inverno, ajudo a arrumá-las num baú, pico fumo de corda, bato a poeira dos móveis, afano-me da manhã à noite com coisas que para mim são desagradáveis, desnecessárias.

Nas horas vagas, não tenho absolutamente o que fazer; a nossa pobre rua está vazia, e não me permitem ir mais longe; no pátio, há cavouqueiros zangados, cansados, desgrenhadas cozinheiras e lavadeiras, uma devassidão canina todas as noites; isso me enoja e ofende a tal ponto que dá vontade de ficar cego.

Vou para a água-furtada, munido de tesoura e papel colorido, recorto nele desenhos de renda e adorno dessa maneira os caibros... De todo modo, é um alimento para a minha angústia. Sobressaltado, tenho vontade de ir para alguma parte onde se durma menos, não haja tantas brigas, não se importune tanto Deus com as queixas e não se ofenda tanto as pessoas com o julgamento zangado.

... No sábado de Aleluia, trazem do mosteiro de Oran para a cidade a imagem milagrosa de Nossa Senhora de Vladímir; ela se hospeda na cidade até meados de junho e visita todos os prédios, todos os apartamentos de cada paróquia.

Na casa dos meus patrões ela apareceu num dia de semana, de manhã; eu estava na cozinha limpando os tachos de cobre, quando a patroa mais jovem gritou do seu quarto, assustada:

– Abra a porta da entrada: estão trazendo a de Oran!

Corri para baixo, sujo, as mãos ensebadas e cobertas de pó de tijolo; abri a porta; um jovem monge, com lanterna numa das mãos e um turíbulo na outra, resmungou baixinho:

– Está dormindo? Ajude aí...

Dois homens estavam carregando o pesado oratório pela escada estreita, eu os ajudei, segurando a beirada com as mãos sujas e com os ombros; vinham atrás monges corpulentos, cantando a contragosto, as vozes cheias:

– Santíssima Mãe de Deus, intercede por nó-ó-ó-s...

Pensei, com uma triste convicção:

– Vai se ofender comigo, porque eu a carrego estando sujo, e por isso os meus braços vão secar.

O ícone foi depositado a um canto da antessala, sobre duas cadeiras, cobertas com um lençol limpo, postaram-se, de cada lado do oratório, sustentando-o, dois monges moços e bonitos, semelhantes a anjos: alegres, de olhos claros e cabelos magníficos.

Celebrou-se o ofício.

– Ó mãe, por todos exaltada – entoava alto um pope corpulento, e não cessava de apalpar com o dedo purpúreo o lobo inchado da orelha, escondida em sua basta cabeleira.

– Santa Mãe de Deus, perdoa-nos – cantavam com voz cansada os monges.

Eu amava a Mãe de Deus; segundo os relatos da vovó, era ela quem semeava sobre a terra, para consolo da gente pobre, todas as flores, todas as alegrias, tudo o que era bom e belo. E, quando se devia beijar a sua mão, não notei como o faziam os adultos e, tremendo, beijei o ícone no semblante, nos lábios.

A mão vigorosa de alguém me atirou para um canto, junto à porta de entrada. Não me lembro como partiram os monges, levando o ícone, mas me lembro muito bem do seguinte: fiquei sentado no chão e, ao meu redor, os meus patrões discutiam com profundo medo e preocupação o que seria de mim.

– É preciso falar com algum pope mais sábio – disse o patrão, e ralhou comigo, sem rancor – Como é que você não compreende, seu ignorante, que não se pode beijar os lábios? E ainda... estudou na escola...

Passei alguns dias esperando, como um condenado: o que ia acontecer? Agarrara o oratório com as mãos sujas, beijara o ícone de maneira ilegal: isso não me sairia de graça, certamente!

Mas, ao que parece, a Mãe de Deus perdoou-me aquele pecado involuntário, consequência de um amor sincero. Ou talvez o castigo que me atribuiu tenha sido tão leve que eu não o notei entre os frequentes castigos que me eram infligidos pela boa gente.

Às vezes, para irritar a velha patroa, eu dizia com ar de aflito:

– Nossa Senhora, provavelmente, se esqueceu de me castigar...

– Mas espere – a velha me prometia com maldade. – Vamos ver...

... Enfeitando os caibros do sótão com recortes de papel brilhante, com papel de bombom, folhas de árvore e outras miuçalhas, eu cantava com a música de rezas de igreja tudo o que me vinha à cabeça, como fazem os calmucos[1] em viagem:

Estou sentado neste sótão
Com a tesoura em minha mão,
Cortando este papel, cortando...
E me aborreço, ó ignorantão!
Se fosse um cachorrinho,
Eu correria em liberdade,
E agora cada um grita comigo:
Fica quieto aí, ruindade,
Quieto enquanto estás inteiro!

Examinando o meu trabalho, a velha sorria, balançando a cabeça.

– Você deveria enfeitar assim a cozinha...

Uma vez o patrão foi ao sótão, examinou as minhas obras, suspirou e disse:

– Você é engraçado, Piechkóv,[2] com os diabos... Você vai dar um mágico, não? É até difícil adivinhar...

Ele me deu uma grande moeda de cinco copeques, do tempo de Nicolau I.

Reforcei a moeda com umas alças de arame fino e a pendurei, como uma medalha, no lugar mais visível, entre os meus coloridos trabalhos.

Mas, um dia depois, a moeda desapareceu juntamente com as alças; tenho certeza que foi a velha quem roubou!

1 Povo mongólico do sul da Rússia europeia e de algumas partes da Rússia asiática. [N.T.]

2 O nome verdadeiro de Górki era Aleksiei Maksímovitch Piechkóv. [N.T.]

Apesar de tudo, fugi na primavera: fui de manhã à venda, para comprar pão para o chá, e o vendeiro, continuando na minha presença uma briga com a mulher, bateu na testa dela com a tara da balança; ela saiu correndo para a rua e ali caiu; no mesmo instante, aglomerou-se gente, puseram a mulher num carro de aluguel, levaram-na para o hospital; eu corri atrás do carro, e depois, sem saber como, parei na margem do Volga, tendo na mão uma moeda de vinte copeques.

O dia de primavera brilhava com carinho, o Volga se alargara amplamente, havia ruídos e muito espaço sobre a terra; e eu vivera até esse dia como um ratinho numa adega. Decidi então que não voltaria para a casa de meus patrões, nem iria encontrar a vovó em Kunávino: não cumprira a minha promessa, ia me envergonhar na sua presença, e o vovô haveria de manifestar uma alegria maldosa em relação a mim.

Vagueei uns dois ou três dias pela margem, alimentado por uns estivadores bonachões, dormindo com eles no cais; depois, um deles me disse:

– Você, garoto, faz mal de ficar por aí à toa! Vá para O Bondoso, eles estão precisando de um lavador de pratos...

Segui o conselho; o gerente do restaurante, alto, barbudo, com uma pequena boina preta de seda, me espiou através dos óculos com seus olhos turvos e me disse placidamente:

– Dois rublos por mês. O passaporte.

Eu não tinha passaporte, o gerente pensou um pouco e propôs:

– Venha com sua mãe.

Corri para a vovó, ela aprovou o meu ato, convenceu o vovô a ir à delegacia de trabalho, para me arranjar um passaporte, e ela mesma foi comigo ao navio.

– Está bem – disse o gerente, depois de lançar um olhar para nós. – Vamos.

Ele me conduziu à popa do navio, onde estava sentado a uma mesa, tomando chá e fumando ao mesmo tempo um grosso cigarro, um cozinheiro enorme, de paletó e gorro branco. O gerente me empurrou na sua direção.

– O lavador de pratos.

Afastou-se no mesmo instante, e o cozinheiro fungou, eriçou os bigodes negros e disse:

– Vocês contratam o primeiro diabo que aparece, contanto que seja mais barato...

Sacudiu zangado a cabeçorra, de cabelos negros, cortados rente, arregalou os olhos escuros, inflou com esforço as bochechas e gritou com voz sonora:

– Quem é você?

Aquele homem me desagradou profundamente: todo de branco, assim mesmo parecia escuro, crescia uma lanugem sobre os seus dedos, cabelos apareciam dentro das orelhas graúdas.

– Quero comer – disse para ele.

Piscou os olhos e, de repente, o seu rosto furibundo modificou-se num largo sorriso, as bochechas gordas, abrasadas, refluíram como uma onda em direção às orelhas, deixando aparecer grandes dentes cavalares; os bigodes desceram suavemente, e ele se tornou parecido com uma mulher gorda e bondosa.

Lançou ao rio o chá do seu copo, encheu-o de outro, fresco, empurrou para junto de mim um pão francês inteiro e um grande pedaço de salame.

– Coma! Tem pai e mãe? Sabe roubar? Ora, não tenha medo, aqui todos são ladrões, vão acabar ensinando!

Falando, parecia latir. Seu rosto imenso, azul de tão escanhoado, estava coberto, próximo do nariz, de uma densa rede de veias vermelhas, o nariz inflado e purpúreo descia sobre os bigodes, o lábio inferior pendera pesadamente, com expressão de repugnância; no canto da boca um cigarro colara-se, fumegando. Parecia ter acabado de chegar da casa de banho: cheirava a vassoura de bétula e vodca com pimenta,[1] um suor abundante brilhava sobre as têmporas e o pescoço dele.

Depois que acabei de tomar chá, enfiou na minha mão uma notinha de rublo.

– Vá comprar para você dois aventais de peitilho. Ou, espere: eu mesmo vou!

Ajeitou a touca e saiu caminhando, balançando pesadamente, apalpando o convés com os pés, como um urso.

... É noite, brilha intensamente a lua, fugindo à esquerda do navio, para os campos. O navio velho e ruivo, com uma faixa branca sobre a chaminé, bate sem se apressar e irregularmente com as palhetas das rodas sobre a água de prata, deslizam docemente ao seu encontro as margens escuras, que deitam sombra sobre a água, brilham bonitas sobre elas as janelas das isbás, há cantos numa aldeia: as moças dançam em roda e o estribilho "ai-liúli"[2] ressoa como uma aleluia...

Atrás do navio, preso a um cabo, se arrasta um lanchão igualmente ruivo; ele está coberto, no convés, com uma jaula de ferro, dentro da qual viajam presidiários, uns condenados a povoar terras distantes, outros a trabalhos forçados. A baioneta de uma sentinela brilha como uma vela sobre a proa do

1 É tradicional, nos banhos russos, o uso de vassourinhas de bétula, com as quais os clientes batem no próprio corpo. [N.T.]

2 Som comum nas canções. [N.T.]

lanchão; as estrelas miúdas brilham igualmente como velas no céu azul. Tudo está quieto sobre o lanchão, ele está profundamente inundado de luar, manchas redondas e cinzentas aparecem confusamente atrás da rede negra da grade de ferro: são presidiários olhando o Volga. A água soluça, talvez chorando, talvez rindo com timidez. Ao redor, tudo parece ter um caráter religioso, e há um cheiro de óleo tão intenso como na igreja.

Olhando o lanchão, lembro a minha primeira infância, a viagem de Astracã para Níjni-Nóvgorod, o rosto férreo da minha mãe, e a vovó, que me introduziu nessa vida interessante, ainda que difícil, em meio às pessoas. E, quando me lembro da vovó, tudo o que é ruim e ofensivo se afasta de mim, se transforma, tudo se torna mais interessante e agradável, e as pessoas, melhores, mais queridas...

A beleza noturna me perturba quase até as lágrimas, me perturba esse lanchão: se assemelha a um túmulo e é tão supérfluo na amplidão do rio largo, na quietude pensativa da noite tépida. A linha irregular da margem, ora se levantando, ora descendo, confunde agradavelmente o coração: vem uma vontade de ser bom, necessário às pessoas.

As pessoas do nosso navio são peculiares; todas elas, velhos e moços, homens e mulheres, me parecem iguais. Nosso navio se move devagar, gente de negócios viaja de diligência, e nele vão parar somente uns desocupados mansos. De manhã à noite, eles bebem, comem e sujam uma infinidade de pratos e talheres; meu trabalho consiste em lavar os pratos e limpar os garfos e facas, me ocupo disso das seis da manhã até quase meia-noite. Tenho menos trabalho entre as duas e as seis da tarde e entre as dez e meia-noite: descansando então das refeições, os passageiros apenas tomam chá, cerveja, vodca. Nessas horas, ficam livres todos os criados do restaurante, meus superiores. À mesa, junto à calha de esgoto, tomam chá o cozinheiro Smúri, seu ajudante Iákov Ivânitch,[1] o lavador de pratos da cozinha Maksim e o garçom dos passageiros do convés Sierguéi, um corcunda com rosto de maçãs salientes, picado de varíola, os olhos amanteigados. O Iákov Ivânitch conta toda espécie de porcarias, com um risinho que parece soluçar, mostrando os dentes verdes e apodrecidos. O Sierguéi distende a boca de sapo até as orelhas, o sombrio Maksim permanece calado, olhando-os com seus olhos severos, de cor indefinida.

– A-si-áticos! Mor-r-duínos![2] – diz, às vezes, com sua voz sonora, o primeiro cozinheiro.

Essa gente não me agrada. O gordo e careca Iákov Ivânitch só fala de mulheres e sempre de modo porco. Tem um rosto insignificante, coberto de manchas azuladas, numa das faces aparece uma verruga com moitinha de cabelos ruivos, ele os enrola até parecerem uma agulha. Quando surge no navio alguma passageira tratável, desembaraçada, ele passa a caminhar ao seu lado de modo particularmente tímido e assustado, como um mendigo, falando com voz adocicada e queixosa, aparece sobre os seus lábios uma espuma de sabão, e ele a cada momento a lambe com um movimento rápido da sua língua suja. Não sei por quê, tenho a impressão de que os carrascos devem ser assim, gordinhos.

– É preciso saber abrasar uma mulher – ensina ele ao Sierguéi e ao Maksim; eles o escutam com atenção e ficam amuados, vermelhos.

– Asiáticos! – grita, enojado, o Smúri, ergue-se pesadamente e ordena para mim:

– Piechkóv, fora daqui!

Chegando ao seu camarote, enfia nas minhas mãos um livro de capa de couro e deita em seu beliche, encostado à geladeira.

– Leia!

1 Corruptela de Ivânovitch. [N.T.]

2 População da região do Volga. [N.T.]

Sento sobre um caixote de macarrão e leio conscienciosamente:

– "O umbráculo marchetado de estrelas significa uma comunicação adequada com o céu, da qual eles dispõem, libertando-se dos profanos e de todos os vícios"...

Smúri acende um cigarro, funga expulsando a fumaça e resmunga:

– Camelos! Escrevem cada uma...

– "O desnudamento do seio esquerdo significa um coração inocente"...

– Quem é que se desnuda?

– Não está escrito.

– Quer dizer que são as mulheres... Eh, devassos.

Fecha os olhos e fica deitado, as mãos atrás da nuca, o cigarro fumega ligeiramente, agarrado ao canto dos lábios, ele o corrige com a língua, dá uma tragada tal que algo lhe assobia no peito e seu rosto imenso afunda numa nuvem de fumaça. Tenho às vezes a impressão de que está dormindo, paro de ler e examino o livro maldito, do qual estou enjoado até a náusea.

Mas ele diz com voz rouquenha:

– Leia!

– "O venerável responde: veja bem, meu querido *frère* Suverian"...

– Severian...

– Está escrito: Suverian...

– É? Coisa dos demônios! Aí no fim, há uns versos, embrulha e manda alguma coisa daí...

Eu embrulho e mando:

Profanos que procurais conhecer nossas obras,
Vossos fracos olhos jamais hão de vê-las.
Não sabereis sequer como cantam os frères.

– Espere um pouco – diz Smúri – mas isto não são versos! Dá cá o livro...

Folheia zangado as páginas grossas, azuis, e empurra o volume para debaixo do colchão.

– Apanhe outro...

Para minha desgraça, em seu baú preto, rodeado de ferros, há muitos livros: *Os preceitos de Omir*, *Memórias da artilharia*, *Cartas de Lorde Sedengali*, *Sobre o percevejo, inseto nocivo, e a sua destruição, seguido de conselhos contra outros insetos que o acompanham*; havia livros sem começo nem fim. Às vezes, o cozinheiro me obrigava a remexer em todos e dizer os títulos para ele; eu lia, enquanto ele resmungava zangado:

– Como escrevem, os pilantras... Parece até que dão na cara da gente, sem se saber por quê. Guervássi! E para que preciso desse Guervássi? Umbráculo...

As palavras estranhas, os nomes desconhecidos, penetravam insistentemente na memória, faziam cócegas na língua, vinha uma vontade de repeti-los a todo instante: talvez o sentido aparecesse por meio daqueles sons? E, além da claraboia, a água batia, cantando sem cessar. Seria bom ir para a popa: ali, entre as caixas de mercadoria, os marinheiros e foguistas se reúnem, ganham dos passageiros no carteado, entoam canções, contam casos interessantes. Faz bem ficar sentado em sua companhia e, ouvindo o que é simples e compreensível, olhar as margens do Kama,[1] os pinheiros, esticados feito cordas de bronze, os campos, onde o degelo deixou pequenos lagos, que permanecem ali, como fragmentos de um espelho quebrado, refletindo o céu azul. Nosso navio está separado da terra, fugindo dela, enquanto chega da margem, na quietude do dia cansado, um dobrar de sinos num campanário invisível, lembrando povoados, gente. O barco de um pescador balança sobre as ondas que nem uma côdea de pão;

1 O maior afluente do Volga. [N.T.]

eis que apareceu na margem uma aldeola, um magote de moleques se lava no rio, um mujique de camisa vermelha caminha sobre a fita amarela de areia. De longe, do rio, tudo parece agradável, tudo é como que de brinquedo, divertidamente miúdo e colorido. Dá vontade de gritar para a margem certas palavras boas, carinhosas, gritá-las também para o lanchão.

Esse lanchão ruivo chamava muito a minha atenção, eu podia passar uma hora inteira olhando sem interrupção como ele furava a água turva com a proa embotada. O navio o arrastava como a um porco; afrouxando, o cabo fustigava a água, depois novamente se retesava, deixando cair gotas abundantes, puxando o lanchão pela proa. Eu tinha muita vontade de ver os rostos dos homens, sentados como bichos na jaula de ferro. Quando os conduziram para a margem, em Perm, me esgueirei pelo portaló do lanchão; passaram por mim dezenas de homenzinhos cinzentos, que batiam os pés ruidosamente, fazendo tinir os anéis das correntes, dobrados ao peso dos alforjes; iam ali homens e mulheres, velhos e moços, bonitos e feios, mas absolutamente iguais a toda a gente, apenas vestidos de outro modo e deformados pela raspagem da cabeça. Naturalmente, eram bandidos, mas a vovó me dissera tanto de bom a respeito de bandidos.

O Smúri, que mais do que todos parecia um feroz bandido, lançava olhares sombrios para o lanchão, resmungando:

– Deus nos livre desse destino!

Um dia, perguntei para ele:

– Por que o senhor cozinha, e outros matam e roubam?

– Eu não cozinho, mas preparo comida, quem cozinha são as mulheres. – disse, sorrindo; depois de pensar um pouco, acrescentou: – A diferença entre as pessoas está na estupidez. Um é inteligente, outro menos, um terceiro é imbecil de vez. E, para ficar mais inteligente, é preciso ler os livros certos, magia negra e... que mais? É preciso ler todos os livros, então se conseguirá encontrar os certos...

Ele me aconselhava constantemente:

– Você deve ler! Se não compreender um livro, leia-o sete vezes; se ainda não compreender, leia doze vezes...

O Smúri falava de modo brusco a todos a bordo, sem excetuar o silencioso gerente do restaurante, e distendia com repugnância o lábio inferior, eriçando os bigodes: parecia apedrejar as pessoas. Me tratava suave e atenciosamente, mas nessa atenção havia algo que me assustava um pouco; às vezes, o cozinheiro me parecia aluado, como a irmã da vovó.

Acontecia me dizer:

– Não leia agora...

E passava então muito tempo deitado, os olhos cerrados, fungando de vez em quando; a sua grande barriga palpitava, moviam-se ligeiramente os dedos cabeludos das mãos, chamuscados, cruzados sobre o peito como os de um defunto: tricotavam com agulhas invisíveis certa meia igualmente invisível.

De repente, ele se punha a resmungar:

– Sim. Tens aí a inteligência, anda e vive! Mas a inteligência que foi dada é pouca, e foi distribuída de maneira desigual. Se todos fossem igualmente inteligentes, vá lá, mas não é assim... Um compreende, outro não compreende, e há gente que não quer compreender de uma vez, aí é que está!

Tropeçando nas palavras, contava episódios do seu serviço militar; eu não conseguia apanhar o sentido desses episódios, me pareciam sem graça, e ademais ele não contava desde o início, mas o que vinha à sua mente.

– O comandante do regimento chama um soldado e pergunta para ele: "O que foi que o tenente disse a você?". E ele então responde tudo como foi – um soldado tem obrigação de dizer a verdade. O tenente então olhou para ele como para uma parede e se virou, baixou a cabeça. Sim...

O cozinheiro fica zangado, expele fumaça e resmunga:

– Sei lá o que se pode e o que não se pode dizer? O tenente foi então condenado à prisão na fortaleza, e a mãe dele diz: ah..., meu Deus! E eu que não estudei nada...

Faz calor. Tudo em volta estremece aos pouquinhos, tudo brame, a água vai marulhando além da parede de ferro do camarote, lançada pela roda barulhenta do navio, pela abertura de iluminação vê-se deslizar o rio numa larga faixa e, ao longe, a fita da margem em campinas, perfilam-se as árvores. O ouvido se acostumou a todos os ruídos; tem-se a impressão de que tudo está quieto ao redor, embora um marinheiro uive com som dolente, na proa do navio:

– Se-e-te, se-e-te...

Não se tem vontade de participar de nada, não se quer ouvir nem trabalhar, mas apenas ficar sentado em alguma parte, na sombra, onde não exista o bafo gorduroso e quente da cozinha, ficar sentado e ver meio adormecido como desliza sobre a água essa vida quieta, cansada.

– Leia! – ordena o cozinheiro, zangado.

Ele é temido mesmo pelos garçons de primeira, e até pelo pacato gerente, tão avaro de palavras, e que parece uma perca.

– Eh, porco! – grita ele com um garçom do restaurante. – Vem cá, ladrão! Asiáticos... Umbráculo...

Os marinheiros e foguistas o tratavam com respeito, procuravam agradá-lo: dava carne cozida na sopa, fazia perguntas sobre sua aldeia natal, sobre a família. Os foguistas russos brancos,[1] ensebados e cobertos de fuligem, eram considerados no navio gente inferior, davam a todos eles o mesmo nome de jagutos e caçoavam deles:

– Jaguto, baguto...

Quando o Smúri ouvia isto, se arrepiava todo, o sangue afluía à sua cabeça, e ele gritava ao foguista:

1 Aqui, naturais da Rússia Branca ou Bielo-Rússia. [N.T.]

– Por que deixa que caçoem de você, cabeçorra de cebola? Dá na cara desse aldeão!

Um dia, o mestre, mujique bonito e mau, disse a ele:

– Jaguto e ucraniano têm a mesma religião!

O cozinheiro o agarrou pelo cangote, depois pela cintura, o ergueu no ar e pôs-se a sacudi-lo, perguntando:

– Quer apanhar de verdade?

Brigava-se com frequência, às vezes a ponto de se atracarem, mas ninguém batia no Smúri: ele possuía uma força inumana e, além disso, com ele conversava frequente e carinhosamente a mulher do capitão, que era alta e corpulenta, de rosto masculino e cabelos cortados rente, como os de um menino.

Ele bebia vodca furiosamente, mas nunca ficava bêbado. Começava a beber de manhã, esvaziando uma garrafa em quatro vezes, e depois, até a noite, mamava cerveja. Seu rosto ficava pouco a pouco pardo, os olhos escuros dilatados de perplexidade.

Às vezes, à noitinha, sentava-se sobre o cano de esgoto, enorme, branco, e passava horas em silêncio, olhando taciturno os longes do rio. Nesses momentos, todos o temiam especialmente, e eu tinha pena dele.

Ao sair da cozinha, o Iákov Ivânitch estava sempre abrasado, coberto de suor; ficava parado, coçando o crânio nu e, fazendo um gesto vago com a mão, desaparecia ou dizia de longe:

– O esturjão passou do ponto...

– Ora, pode usá-lo para *solianka*...[1]

– E se encomendarem sopa de peixe ou alguma coisa em banho-maria?

– Prepare assim mesmo. Vão comer.

Às vezes, eu decidia me acercar dele, que movia então pesadamente os olhos na minha direção.

– O quê?

1 Sopa de carne ou peixe, muito grossa e temperada. [N.T.]

– Nada.

– Está bem...

Apesar de tudo, num desses momentos, perguntei a ele:

– Por que o senhor assusta a todos? O senhor é bom.

Ao contrário da expectativa, ele não se zangou.

– É só com você que eu sou bom.

Mas acrescentou no mesmo instante, com simplicidade e pensativo:

– Ou talvez esteja certo e eu seja bom com todo mundo. Só que eu não deixo ver isso, não se pode deixar que os homens o vejam, senão eles vão fazer das suas. Cada um procura se agarrar a quem é bom como a um toco de árvore no pântano... E desse jeito esmagam a gente. Ande, traga cerveja...

Depois de esvaziar a garrafa, copo após copo, chupou os cabelos do bigode e disse:

– Se você, seu bicho, fosse maior, eu te ensinaria muita coisa. Tenho o que dizer para as pessoas, não sou nenhum imbecil... Quanto a você, leia livros, neles deve haver tudo o que precisa. Não são coisa à-toa os livros! Quer cerveja?

– Não gosto.

– É bom. Não beba mesmo. A bebedeira é uma desgraça. A vodca é obra do demônio. Se eu fosse rico, mandaria você estudar. Um homem sem estudos é igual a um boi: pode-se colocar o jugo nele, mandar para o matadouro, e ele apenas abana o rabo.

A mulher do capitão deu um volume de Gógol para ele; li "A vingança terrível",[1] que me agradou muito, mas o Smúri gritou zangado:

– Bobagem, conto de fadas! Eu sei que existem outros livros...

Tirou-me o volume, apanhou com a mulher do capitão um outro e ordenou para mim, sombrio:

1 Conto fantástico inspirado no folclore ucraniano. [N.T.]

– Leia o *Tarás*...[1] não é assim que se chama? Procura aí. Ela diz que é bom... Mas, bom para quem? Para ela é, mas para mim talvez não seja. Ela cortou curto o cabelo,[2] aí está! Mas por que não cortou as orelhas?

No trecho em que Tarás desafia Ostáp para lutar com ele, o cozinheiro riu com estrépito.

– É isso mesmo. E então? Você é instruído, e eu sou forte! Cada coisa que publicam! Os camelos...

Ouvia com atenção, mas frequentemente resmungava:

– Bobagem! É impossível cortar um homem dos ombros ao traseiro, é impossível! E não se pode levantá-lo sobre uma lança: a lança se quebraria! Eu já fui soldado...

A vingança de Andrii provocou-lhe asco.

– Uma tonteira nojenta, hein? Por causa de uma mulher! Pff...

Mas, no ponto em que Tarás mata o filho com um tiro, o cozinheiro deixou as pernas penderem da cama, apoiou-se nela com os braços, torceu o corpo e chorou; lágrimas escorreram devagar pelas suas faces, pingando sobre o convés; fungava, murmurando:

– Ah, meu Deus... meu Deus...

E, de repente, gritou para mim:

– Mas leia, osso do demônio!

Tornou a chorar, e ainda mais forte e amargamente, no momento em que Ostáp grita, antes de morrer: "Pai! Estás me ouvindo?".

– Está tudo perdido – soluçava o Smúri. – Tudo, hein? Já é o fim? Eh, coisa maldita! E existiu essa gente, esse Tarás? Hein? Si-i-im, isto é que era gente...

Tomou o livro das minhas mãos e o examinou atentamente, cobrindo de lágrimas a encadernação.

– É um livro bom! Uma verdadeira festa!

1 O romance de Gógol *Tarás Bulba*. [N T.]

2 Tratava-se, por parte da mulher, de um desafio à tradição. [N.T.]

Lemos depois *Ivanhoé*.[1] Smúri gostou muito de Ricardo Plantageneta.

– É um rei de verdade! – disse, com ar significativo. Mas o livro me pareceu aborrecido.

Em geral, nossos gostos não concordavam; fiquei muito entusiasmado com a *Novela de Tomás Jonas*, tradução antiga de *A história de Tom Jones, um enjeitado*,[2] mas o Smúri resmungou:

– Tolice! O que tenho eu a ver com esse *Tomás*? Pra que preciso dele? Devem existir outros livros...

Certa vez, disse a ele que sabia existirem outros livros, uns proibidos, clandestinos; podia-se lê-los apenas de noite, no porão.

Arregalou os olhos, ficou arrepiado.

– O quê-ê? Que mentiras são essas?

– Não estou mentindo, o pope me perguntou sobre eles na confissão, e antes eu também vi gente lendo e chorando...

O cozinheiro me encarou com expressão sombria e perguntou:

– Quem é que chora?

– A senhora que estava ouvindo. E a outra até fugiu de medo...

– Acorde, você está delirando! – disse o Smúri, cobrindo lentamente os olhos e, depois de uma pausa, balbuciou:

– Naturalmente, em alguma parte existe... alguma coisa escondida. Não pode deixar de existir... Eu estou fora da idade, e também meu gênio não dá para isso... Bem, assim mesmo...

Podia passar uma hora inteira falando com semelhante eloquência...

Sem saber como, me acostumei a ler e apanhava o livro com gosto; aquilo de que tratavam os livros se distinguia agradavelmente da vida, cada vez mais pesada.

Smúri, que também se entusiasmava cada vez mais com a leitura, interrompia frequentemente o meu trabalho.

1 Romance de Walter Scott. [N.T.]
2 Romance de Fielding. [N.T.]

– Piechkóv, venha ler.

– Tenho muitos pratos para lavar.

– Maksim vai lavar.

Mandava com rudeza o primeiro lavador de pratos fazer o meu trabalho, e de raiva ele quebrava copos, e o gerente me avisava tranquilamente:

– Vou mandar você descer do navio.

Uma vez, o Maksim pôs de propósito alguns copos no tacho de água suja e restos de chá, eu atirei a água no rio e os copos voaram junto.

– A culpa foi minha! – disse o Smúri ao gerente. – Ponha na minha conta.

A criadagem do restaurante passou a me olhar de soslaio, diziam-me:

– Eh, você, leitor de livros! Por que recebe ordenado?

E procuravam me dar trabalho o mais que podiam, sujando os pratos sem necessidade. Eu compreendia que tudo aquilo ia acabar mal para mim, e não me enganei.

À noitinha, tomou o navio, num pequeno cais, uma mulheraça de carão vermelho, acompanhada de uma moça com lenço amarelo e casaquinho novo, cor-de-rosa. Ambas tinham bebido; a mulher sorria, cumprimentava todos e falava com ênfase sobre o "o", como um diácono:

– Perdo-o-e-me, minha gente, bebi um po-o-uco-o! Fui julgada e abso-o-lvida, e de alegria bebi...

A moça ria também, olhando as pessoas com olhos turvos, e empurrava a mulher:

– Anda, peste, anda, é preciso...

Acomodaram-se junto ao compartimento da segunda classe, frente ao camarote em que dormiam o Iákov Ivânovitch e o Sierguéi. A mulher pouco depois desapareceu, e o Sierguéi sentou-se ao lado da moça, distendendo avidamente a boca de sapo.

De noite, quando, terminado o trabalho, eu estava me deitando para dormir sobre a mesa, o Sierguéi se aproximou de mim e agarrou a minha mão.

– Anda, vamos casar você...

Estava bêbado. Tentei retirar num arranco a minha mão, mas ele bateu em mim.

– Anda-a!

Chegou correndo o Maksim, também bêbado, e ambos me arrastaram pelo convés, para o camarote deles, passando junto aos passageiros adormecidos. Mas ao lado da porta do camarote estava o Smúri, e à porta, segurando as ombreiras, o Iákov Ivânovitch, e a moça batia nos ombros dele com os punhos, gritando com uma voz de bêbada:

– Me larga...

O Smúri me arrancou das mãos do Sierguéi e do Maksim, os agarrou pelos cabelos, e, fazendo um bater com a cabeça no outro, os jogou para o lado: ambos caíram.

– Asiático! – disse ele ao Iákov, batendo com a porta na sua cara, e rugiu, me empurrando:

– Vai embora!

Fugi para a popa. Era uma noite de nuvens, o rio estava negro; além da popa, referviam dois caminhos pequenos e cinzentos, afastando-se em direção das margens invisíveis; o lanchão se arrastava entre aqueles caminhos. Ora à direita, ora à esquerda, apareciam as manchas vermelhas dos lampiões e, não tendo iluminado nada, desapareciam atrás das curvas inesperadas da margem; depois, tudo se tornava ainda mais escuro, sentia-se mágoa ainda maior.

Chegou o cozinheiro, sentou-se ao meu lado, soltou um suspiro pesado e acendeu um cigarro.

– Eles estavam arrastando você para junto dessa aí? Eh, porcos! Eu ouvi como eles tentaram...

– O senhor tirou-a deles?

– Ela? – xingou cruamente a moça e continuou com voz pesada: – Aqui, são todos uns porcos. Esse naviozinho é pior que uma aldeia. Você já viveu em aldeia?

– Não.

– Na aldeia, é tudo uma desgraça! Principalmente no inverno...

Atirando o toco de cigarro por cima do bordo, ficou algum tempo calado e tornou a falar:

– Você vai se perder nessa vara de porcos, tenho pena de você, gatinho. Tenho pena de todos. Às vezes, nem sei o que faria... seria capaz de me ajoelhar e perguntar: "O que é que vocês fazem, filhos da mãe, hein? Vocês são cegos?". Os camelos...

O navio soltou um apito prolongado, o cabo bateu na água; a luz de um lampião vacilou na treva densa, indicando a direção do cais, outras luzes desciam também da treva.

– Piáni Bor – murmurava o cozinheiro. – E há também um rio chamado Piánaia. Havia uma sentinela de arsenal: o Piankóv... E um escrevente: o Zapivókhin...[1] Vou para a margem.

Corpulentas mulheres e moças carregavam madeira da margem, sobre macas compridas. Curvando-se sob os cintos passados a tiracolo, dando uns passos firmes de dança, iam aos pares até o porão do navio, deixavam cair meia sajene[2] de lenha na fossa escura, gritando sonoramente:

– Carga!

Quando elas passavam com a lenha, os embarcadiços as agarravam pelos peitos, pelas pernas, as mulheres soltavam gritos esganiçados, cuspiam nos homens; na volta, se defendiam dos beliscões e empurrões com golpes das macas. Vi isto dezenas de vezes; o mesmo ocorria em cada viagem, em todos os cais onde se carregava lenha.

1 Aqui, há um trocadilho. Trata-se de uma "floresta bêbada", um "rio bêbado", um soldado e um escrevente cujos nomes também se relacionam com bebida. [N.T.]

2 Antiga medida russa, correspondente a aproximadamente dois metros. [N.T.]

Eu tinha a impressão de ser um velho, de estar vivendo havia muitos anos naquele navio e saber tudo o que podia acontecer nele no dia seguinte, dentro de uma semana, no outono, um ano depois.

Amanhecia. Uma vigorosa floresta de pinheiros se delineou sobre a escarpa arenosa, acima do embarcadouro. Mulheres caminhavam montanha acima, em direção da mata, riam e cantavam, uivando um pouco: armadas de longas macas, pareciam soldados.

Dava vontade de chorar, lágrimas ferviam no meu peito, o coração como que se cozinhava nelas; isso doía.

Mas é vergonhoso chorar, e eu me pus a ajudar o embarcadiço Bliákhin a lavar o convés.

Esse Bliákhin era um homenzinho imperceptível. Todo desbotado, pálido, sempre se escondia pelos cantos, e dali fazia brilhar os olhos pequenos.

– Meu nome verdadeiro não é Bliákhin e sim...[1] É que, você sabe, minha mãe era da vida alegre. Tenho uma irmã, e está no mesmo caminho. Quer dizer que esse destino foi atribuído às duas. O destino, irmão, é uma âncora para todos nós. Você deveria sair daqui, ou melhor, espere...

E, arrastando o lambaz sobre o convés, me disse baixinho:

– Viu como ofendem as mulheres? Aí é que está! Até uma acha de lenha seca, se a gente aquece muito tempo, acaba pegando fogo! Não gosto disso, irmão, não tolero. E se eu tivesse nascido mulher, ia me afogar num rodamoinho escuro, Jesus Cristo é testemunha!... Ninguém vive à sua vontade, e eles ainda vêm provocar. Os *skoptzi*,[2] vou dizer a você, não são gente

1 Este apelido vinha de *bliad*, um dos modos populares de se referir às prostitutas. [N.T.]

2 Membros de uma seita russa, surgida em fins do século XVIII, que acreditavam na necessidade de uma renúncia completa à "vida profana" e se submetiam à castração. [N.T.]

tola. Você ouviu falar dos *skoptzi*? Pessoas inteligentes, que adivinharam bem certo: deixam-se de lado todas as coisas miúdas e serve-se a Deus com pureza...

Passou por nós a mulher do capitão, pisando as poças d'água e erguendo alto as saias; ela sempre se levantava cedo. Era alta, esbelta, e tinha um rosto tão singelo, tão luminoso... Deu vontade de segui-la correndo e pedir com toda a alma:

– Me diz alguma coisa, me diz...

O navio se afastou lentamente do cais, e o Bliákhin disse, persignando-se:

– Partimos...

Em Sarápul, o Maksim deixou o navio; deixou-o em silêncio, sem se despedir de ninguém, sério e tranquilo. Sorrindo, desceu atrás dele a mulher de ar alegre, seguida pela moça, toda amassada, os olhos inchados. Quanto ao Sierguéi, passou muito tempo ajoelhado diante do camarote do capitão, beijava a almofada da porta, batia nela com a testa e clamava por justiça:

– Perdoem-me, não tenho culpa! Foi o Maksimka.[1]

Os embarcadiços, a criadagem do restaurante, mesmo alguns passageiros, sabiam que ele mentia, mas o animavam com conselhos:

– Toca, toca com isto, que ele vai perdoar!

O capitão ficou enxotando-o, empurrou-o até com o pé, de modo que o Sierguéi caiu, mas, apesar de tudo, perdoou-o. E, no mesmo instante, o rapaz se pôs a correr pelo convés, carregando bandejas com a louça para o chá, espiando de modo canino, servil, nos olhos das pessoas.

Em substituição ao Maksim, apanharam na margem um soldadinho de Viatka, ossudo, de cabeça pequena e olhos ruivos. O ajudante de cozinheiro logo o mandou matar galinhas; o soldadinho matou umas duas e soltou as restantes sobre o con-

1 Diminutivo de Maksim. [N.T.]

vés; os passageiros começaram a caçá-las; três galinhas voaram para fora do navio. Então, o soldadinho sentou-se sobre achas de lenha, junto à cozinha, e chorou amargamente.

– Que é isso, bobalhão? – perguntou o Smúri, espantado. – Soldado chora?

– Sou de uma companhia irregular – disse ele, baixinho.

Foi a sua perdição: meia hora depois, todos no navio davam gargalhadas, zombando dele; chegavam muito rente, fixavam os olhos bem em seu rosto e perguntavam:

– Este aqui?

E tremiam nas convulsões de um riso ofensivo, absurdo.

O soldado a princípio não via as pessoas, nem ouvia o riso; recolhendo sobre o rosto as lágrimas, com a sua velha camisa de chita, parecia escondê-las dentro da manga. Mas logo os seus olhinhos ruivos se acenderam de ira, e ele disse com a fala rápida, de gralha, típica de Viatka:

– Por que arregalam sobre mim esses olhos de balão? Ai, queria ver vocês em pedacinhos...

Isso alegrou ainda mais o público, passaram a mexer no soldado com os dedos, a puxar a camisa dele, o avental, brincando com ele como se brinca com um bode, e assim o provocaram até o jantar, depois alguém pregou no cabo de uma colher de pau um pedaço de limão espremido e o amarrou às costas do soldado, nas alças do avental; quando ele caminhava, a colher balançava atrás, todos davam gargalhadas, e o rapaz se agitava, como um ratinho preso, sem compreender que era ele quem provocava aquele riso.

O Smúri observava-o em silêncio, com seriedade, o rosto do cozinheiro parecia de mulher.

Tive pena do soldado e perguntei ao cozinheiro:

– Posso avisá-lo sobre a colher?

Ele fez um aceno mudo com a cabeça.

Quando expliquei ao soldado a razão dos risos, apalpou rapidamente a colher, arrancou-a, jogou-a ao chão, esmagou-a com o pé e agarrou os meus cabelos com ambas as mãos; começamos a brigar, para grande contentamento da assistência, que imediatamente nos rodeou.

O Smúri espalhou os espectadores para os lados, nos separou, puxou as minhas orelhas e, em seguida, agarrou o soldado também pela orelha. Quando os demais viram como aquele homem pequeno sacudia a cabeça e dançava sob a mão do cozinheiro, gritaram furiosamente, assobiaram, bateram os pés, desmanchando-se em gargalhadas.

– Urra, guarnição! Dá com a cabeça na barriga do cozinheiro!

Essa alegria selvagem do rebanho humano provocava em mim uma vontade de me atirar sobre eles e bater com uma acha de lenha nas cabeçorras sujas.

O Smúri soltou o soldado e, escondendo as mãos atrás das costas, foi em direção do público que nem um javali, arrepiado, arreganhando os dentes com expressão terrível.

– Aos seus lugares, marchem! A-a-asiáticos...

O soldado tornou a se atirar sobre mim, mas o Smúri passou um braço pelo corpo dele, conduziu-o para junto de um cano, acionou a bomba, regando a cabeça dele e fazendo o corpo débil girar como se fosse uma boneca de pano.

Acorreram os embarcadiços, o mestre, o ajudante do capitão, tornou a juntar gente; o gerente do restaurante, uma cabeça acima de todos, estava mudo e plácido como sempre.

Sentando-se sobre a lenha junto à cozinha, o soldado tirou as botas com mãos trêmulas e pôs-se a espremer as perneiras, mas elas estavam secas, enquanto dos seus cabelos ralos pingava água; isto fez o público rir novamente.

– Dá tudo na mesma – disse o soldado, alto e com voz fina –, vou matar o moleque!

Segurando o meu ombro, o Smúri dizia algo ao ajudante do capitão, os embarcadiços dispersavam a assistência e, depois que todos se afastaram, o cozinheiro perguntou ao soldado:

– O que fazer com você?

O outro ficou calado, me lançando olhares selvagens e repuxando todo o corpo de modo estranho.

– Quie-to, mulher histérica! – disse o Smúri.

O soldado respondeu:

– Nada disso, não estamos no exército.

Vi o cozinheiro ficar confuso, as suas faces inflamadas descaíram flácidas, ele cuspiu e se afastou, me levando consigo; atordoado, caminhei atrás dele, sempre olhando para o soldado, e o Smúri balbuciava perplexo:

– Eta bicho esquisito, hein? Veja só...

O Sierguéi nos alcançou no corredor e disse num murmúrio:

– Ele está querendo se suicidar!

– Onde? – vociferou o Smúri e saiu correndo.

O soldado estava à porta do camarote da criadagem, tendo nas mãos uma grande faca; com ela se decepavam as cabeças das galinhas, tiravam-se aparas de lenha, para acender fogo, e estava cega e corroída, como uma serra. Havia gente parada diante do camarote, examinando o homenzinho ridículo, de cabeça molhada; seu rosto de nariz arrebitado tremia como gelatina, a boca se abrira com expressão de cansaço, os lábios pulavam. Balia:

– Meus carrascos... me-e-us carrascos...

Tendo pulado em cima de não sei quê, eu olhava, por entre as cabeças das pessoas, para os seus rostos; sorriam, davam risadinhas, diziam um ao outro:

– Veja, veja...

Quando ele começou a enfiar dentro da calça, com a sua seca mãozinha de criança, a camisa que dela saltara, um homem de ar respeitável, a meu lado, disse com um suspiro:

– Resolveu morrer, e está ajeitando as calças...

Os assistentes riram mais alto. Era evidente: ninguém acreditava que o soldado pudesse se suicidar; eu também não acreditava, e o Smúri, depois de lançar um olhar rápido para ele, pôs-se a empurrar as pessoas com a barriga, dizendo:

– Vai embora, bobalhão!

Chamava muitos de bobalhão simultaneamente; acercava-se, por exemplo, de todo um grupinho de gente e gritava:

– Para os seus lugares, bobalhão!

Era também ridículo, mas parecia exato: naquele dia, desde a manhã, todas as pessoas constituíam um só grande bobalhão.

Depois de dispersar a assistência, se aproximou do soldado e estendeu a mão.

– A faca...

– Dá tudo na mesma – disse o outro, estendendo a faca com o lado cortante; o cozinheiro passou-a para mim e empurrou o soldado para dentro do camarote.

– Deite-se e durma! O que foi que você arranjou, hein?

O soldado sentou-se quieto sobre o leito.

– Ele vai trazer a você comida e vodca. Você bebe vodca?

– Um pouco...

– Veja bem, cuidado, não toque nele, não foi ele quem riu de você, está ouvindo? Repito: não foi ele...

– Mas por que judiaram de mim? – perguntou, baixinho, o soldado.

O Smúri replicou depois de algum tempo, taciturno:

– Ora, sei lá!

Indo comigo para a cozinha, murmurou:

– Aí está... realmente, azucrinam este infeliz! Você vê como são as coisas? Aí é que está! As pessoas, meu irmão, são capazes de levar alguém à loucura, podem sim... Agarram num homem como percevejos, e pronto! Mas que digo! São piores que percevejos...

Quando levei para o soldado pão, carne e vodca, ele estava sentado no leito, se balançando para a frente e para trás, e chorava baixinho, soluçando de vez em quando, como uma mulher. Pondo o prato sobre a mesinha, eu disse:

– Coma...

– Fecha a porta.

– Vai ficar escuro.

– Fecha a porta, senão eles virão me amolar de novo...

Saí dali. O soldado me era desagradável, não despertava em mim compaixão nem piedade. Isto me deixava envergonhado, a vovó muitas vezes me ensinara:

– É preciso ter pena das pessoas, todos são infelizes, todos têm vida difícil...

– Levou a comida? – me perguntou o cozinheiro. – Bem, como é que ele está?

– Está chorando.

– Eh... paspalhão! Que espécie de soldado ele é?

– Tenho pena dele.

– Ora, que é isso?

– É preciso ter pena das pessoas...

O Smúri segurou o meu braço, me puxou para perto de si e me disse, de modo significativo:

– Não se pode ter pena à força, e não se deve mentir, compreende? Não se acostume a maricagens, conheça-se você mesmo...

E, me empurrando, acrescentou sombrio:

– Aqui não é lugar para você! Tome, fume um pouco...

Eu estava profundamente emocionado, muito magoado com o comportamento dos passageiros, sentindo algo indescritivelmente ofensivo e penoso na maneira como eles judiaram do soldado e como riram alegres, quando o Smúri puxou a orelha dele. Como podia agradar tudo o que havia nisso de repulsivo e lastimoso, o que dava tamanha alegria a eles?

Ei-los que tornaram a sentar-se e a deitar-se sob o toldo baixo: bebem, mastigam, jogam baralho, conversam tranquilamente e com ar sério, olham o rio, como se não tivessem sido eles que assobiaram e vaiaram uma hora antes. Todos estão pacíficos e preguiçosos como sempre; de manhã à noite, acotovelam-se vagarosamente sobre o navio, feito mosquitos ou grãos de poeira entre raios de sol. Eis uma dezena de pessoas que se acotovelam junto ao portaló, persignam-se e descem do navio para o embarcadouro, enquanto, em direção contrária, avançam bem sobre eles outros homens iguais, que da mesma maneira curvaram as costas ao peso dos alforjes e baús, que estão trajados igualmente...

Esse contínuo revezamento de gente não muda nada na vida do navio; os novos passageiros falarão dos mesmos assuntos que os outros: da terra, do trabalho, de Deus, das mulheres, e com as mesmas palavras.

– Foi Deus, Nosso Senhor, quem mandou suportar tudo, pois suporta, homem! Não se tem nada a fazer, é nosso destino...

É enfadonho e irritante ouvir essas palavras: não suporto a sujeira, não quero suportar um tratamento mau, injusto, ofensivo; eu sei bem, eu sinto que não mereci semelhante tratamento. Também o soldado não o mereceu. É possível que ele mesmo queira ser ridículo...

O Maksim foi expulso do navio; era bom rapaz, um moço sério, deixaram o Sierguéi, um homem indigno. Isso tudo não está certo. E por que essa gente, capaz de acuar uma pessoa, levá-la quase à loucura, sempre se submete docilmente aos gritos zangados dos embarcadiços e ouve sem se ofender os seus insultos?

– Por que se juntaram na beirada? – grita o mestre, semicerrando os olhos bonitos e maus. – O navio até se inclinou; se dispersem, diabos de uma figa...

Os diabos vão bamboleando para o outro lado, mas de lá são novamente enxotados, como carneiros.

– Ah, excomungados...

Nas noites quentes, o ambiente fica abafado, sob o toldo com partes de ferro, que se abrasaram durante o dia; os passageiros se espalham como baratas por todo o convés, deitam em qualquer lugar; antes de chegar a um ponto de atracação, os embarcadiços nos acordam aos pontapés.

– Eh, por que se estenderam aqui no caminho?! Vão para os seus lugares...

Eles se levantam e se movem com sonolência para onde os empurram.

Os embarcadiços são gente igual a eles, apenas estão vestidos diferente, mas mandam neles como policiais.

Nota-se antes de tudo nas pessoas algo quieto, tímido, tristemente dócil, e é tão estranho, tão terrível, quando através dessa casca de docilidade irrompe de repente uma molecagem cruel, sem sentido e quase sempre triste. Tenho a impressão de que as pessoas não sabem para onde as levam, e que lhes é indiferente em que ponto vão fazê-las descer do navio. Seja qual for o ponto em que se transferirem para a margem, vão ficar lá sentadas algum tempo e depois subirão novamente para este ou para outro navio, mais uma vez viajarão para alguma parte. Todos eles parecem perdidos, sem família, a terra inteira lhes é estranha. E todos são medrosos até a demência.

Certa vez, depois de meia-noite, algo estourou nas máquinas, parecendo um tiro de canhão. O convés logo se toldou de uma nuvem branca de fumaça, que se erguia densamente do porão das máquinas e fumegava em todas as fendas; alguém, invisível, fazia um alarido ensurdecedor:

– Gavrilo, passa cá a estopa, mínio...

Eu dormia ao lado do porão das máquinas, em cima da mesa sobre a qual lavava pratos, e, quando acordei com o tiro e o tremor, tudo estava quieto sobre o convés, o vapor chiava, cálido, dentro da máquina martelos batiam com frequência. Mas, um instante depois, todos os passageiros uivaram em diferentes vozes, gritaram e imediatamente veio uma sensação de medo.

Na névoa branca, que se diluía depressa, agitavam-se, derrubando uns aos outros, mulheres de cabeça descoberta, mujiques desgrenhados, com olhos redondos de peixe, todos arrastavam para alguma parte amarrados, sacos, baús, tropeçavam e caíam, invocavam os nomes de Deus e de São Nicolau, batiam uns nos outros; isso dava muito medo, mas, ao mesmo tempo, era interessante; eu corria atrás das pessoas, não cessando de olhar o que faziam.

Era a primeira vez que eu via um alarme noturno e no mesmo instante compreendi que as pessoas faziam isso por engano: o navio avançava, sem se retardar, fogueiras de ceifeiros ardiam, além do bordo direito, muito perto, a noite estava clara, a lua cheia bem alta.

E os homens corriam cada vez mais depressa sobre o convés; os passageiros de primeira pularam fora dos camarotes, alguém saltou do navio, depois dele um segundo, outros mais; dois mujiques e um monge estavam arrancando com achas de lenha o banco pregado ao convés; da popa jogaram na água uma grande gaiola com galinhas; no meio do convés, junto à escada para o passadiço do comandante, estava ajoelhado um mujique, e, inclinando-se para os que passavam por ele correndo, uivava como um lobo:

– Sou pecador, gente ortodoxa...

– O barco, diabos! – gritava um senhor gordo, sem camisa, e batia no peito com o punho.

Os embarcadiços corriam, apanhando os homens pelo cangote, batiam na cabeça deles, os atiravam sobre o convés. O Smúri caminhava pesadamente, de sobretudo por cima da roupa de dormir, e procurava convencer a todos com a sua voz estrondosa:

– Tenham vergonha! O que estão fazendo, ficaram loucos? O navio está parado! Aí têm a margem! Os bobalhões que saltaram na água foram apanhados pelos ceifeiros, ali estão eles, vocês estão vendo? Aí chegam dois barcos.

Batia com os punhos na cabeça dos passageiros de terceira de cima para baixo, e eles despencavam silenciosamente sobre o convés, como sacos.

A confusão ainda não cessara, quando uma senhora de cabeção investiu sobre o Smúri, segurando uma colher de mesa e, balançando-a sob o seu nariz, gritou:

– Como se atreve?

Um cavalheiro encharcado procurava contê-la e, sugando os fios do bigode, dizia despeitado:

– Deixe esse imbecil...

O Smúri fez um gesto vago com as mãos, piscou os olhos confuso e me perguntou:

– O que é isso, hein? Por que ela grita comigo? Que coisa! É a primeira vez que a vejo!...

Um mujiquezinho assoava-se com sangue, exclamando:

– Que gente! Que bandidos!...

Naquele verão, vi duas vezes pânico no navio, e em ambas as ocasiões o que o provocou não foi um perigo direto, mas o medo da sua possibilidade. Numa outra ocasião, os passageiros pilharam dois ladrões, um dos quais estava disfarçado de romeiro; bateram neles quase uma hora inteira, às escondidas dos tripulantes, e quando eles tiraram os ladrões, os homens passaram a xingá-los:

– Ladrão protege ladrão, já se sabe!

– Vocês mesmos são gatunos, por isso são bons com os colegas...

Espancaram os larápios até eles perderem os sentidos, não podiam se manter de pé quando os entregaram à polícia, num embarcadouro...

E havia muitas outras coisas que, me deixando ardentemente perturbado, não me permitiam compreender os homens: eram bons ou maus? Dóceis ou desbragados? E por que eram tão cruéis, tão avidamente malvados, tão vergonhosamente dóceis?

Interroguei o cozinheiro sobre isso, mas ele dizia, não raro amargo, envolvendo o rosto com a fumaça do cigarro:

– Eh, que diabo te faz cócegas?! É gente, ora, gente... Uns inteligentes, outros tolos. Você deve ler livros e não murmurar. Nos livros, quando são os certos, tudo deve estar dito...

Não gostava dos livros de igreja, nem das vidas de santos.

– Isso é para os popes e os filhos de pope...

Tive vontade de agradá-lo: presenteá-lo com um livro. Em Kazan, comprei sobre o cais, por cinco copeques, a *Lenda de como um soldado salvou Pedro, o Grande*, mas naquela hora o cozinheiro estava bêbado, zangado, não ousei dar o presente e primeiro li sozinho a *Lenda*. Ela me agradou muito: era tudo tão simples, compreensível, interessante e conciso. Estava certo de que o livro daria prazer ao meu professor.

Mas, quando entreguei o presente, ele o amassou em silêncio numa bolota redonda e atirou-o na água.

– Aí está o que faço com o seu livro, bobalhão! – disse, taciturno. – Eu ensino você como a um cachorro, e você está sempre querendo comer a caça, hein?

Bateu o pé e vociferou:

– Que livro é esse? Já li todas as tolices! O que está escrito nele é verdade? Fala de uma vez!

– Não sei.

– Mas eu sei! Cortando-se a cabeça de um homem, ele cairá escada abaixo, e os outros não subirão mais para o feneiro; os soldados não são tolos! Eles incendiaram o feno, e pronto! Compreendeu?

– Compreendi.

– Aí é que está! Eu sei coisas sobre o tsar Piotr, isto não aconteceu com ele. Vá embora...

Compreendi que o cozinheiro tinha razão, mas o livro, apesar de tudo, me agradava; comprei mais uma vez a *Lenda*, li novamente e me convenci, surpreendido, de que o livro de fato era ruim. Isso me deixou confuso, e passei a tratar o cozinheiro ainda mais atenta e confiantemente, e ele, por alguma razão, dizia cada vez com maior frequência e tristeza:

– Eh, como se deveria instruir você! Aqui não é lugar para você...

Eu também sentia que não era lugar apropriado. O Sierguéi me tratava de modo abjeto; percebi que algumas vezes ele roubava da minha mesa talheres de chá e os entregava a passageiros, às escondidas do gerente. Eu sabia que isso se considerava roubo; mais de uma vez, o Smúri me prevenira:

– Cuidado, não dê aos garçons louça de chá da sua mesa!

Havia ainda muitas outras coisas ruins, muitas vezes tinha vontade de fugir do navio no primeiro embarcadouro, ir para a mata. Mas o Smúri me detinha: ele me tratava de modo cada vez mais brando, e me encantava extremamente o movimento incessante do navio. Era desagradável quando ele parava junto a um embarcadouro, e eu ficava esperando que algo acontecesse e nós passássemos do Kama para a Biélaia,[1] em direção a Viatka, ou então viajássemos pelo Volga e eu visse novas margens e cidades, gente nova.

Mas isso não aconteceu: minha vida sobre o navio se interrompeu de modo inesperado e vergonhoso para mim. À noitinha, quando estávamos viajando de Kazan para Níjni-Nóvgorod, o gerente me chamou para o seu camarote, fechou a porta atrás de mim e disse ao Smúri, sentado com ar taciturno sobre um tamborete forrado:

– Está aqui.

O Smúri me perguntou rudemente:

– Você dá talheres ao Sieriojka?[2]

– Ele mesmo apanha, quando não estou vendo.

1 Rio Branco. [N.T.]

2 Diminutivo de Sierguéi. [N.T.]

O gerente disse baixinho:

– Não vê, mas sabe.

O Smúri deu um soco no joelho, coçou-o em seguida, dizendo:

– Espera um pouco...

E ficou pensativo. Eu olhava para o gerente, ele para mim, mas parecia não ter olhos atrás dos óculos.

Ele vivia quietamente, andava sem fazer barulho, falava em voz baixa. Às vezes, a sua barba descorada e seus olhos vazios espreitavam de algum canto e logo desapareciam. Antes de dormir, passava muito tempo no restaurante, ajoelhado junto a um ícone com velador; eu via-o pelo olho da porta, que parecia um ás de copas, mas não consegui ver o gerente rezando; ele ficava simplesmente parado, olhando para o ícone e para o velador, suspirando e cofiando a barba.

Depois de um silêncio, o Smúri perguntou:

– O Sieriojka deu dinheiro a você?

– Não.

– Nunca?

– Nunca.

– Ele não mente – disse o Smúri ao gerente, que respondeu a meia voz:

– Tanto faz. Por favor...

– Vamos! – o cozinheiro gritou para mim, aproximou-se da minha mesa e me deu um leve piparote sobre as têmporas. – Bobalhão! E eu também sou bobalhão! Eu devia vigiar você...

Em Níjni-Nóvgorod, o gerente me dispensou: recebi perto de oito rublos, o primeiro dinheiro considerável que eu ganhava.

Despedindo-se de mim, o Smúri disse, taciturno:

– Ora, aí está... Agora, seja muito cauteloso, compreende? Não se pode ficar de queixo caído...

Meteu na minha mão uma bolsinha de tabaco, de miçangas coloridas.

– Toma para você! É um bonito trabalho, foi minha madrinha que bordou para mim... Bem, adeus! Leia livros – é o melhor que pode fazer!

Apanhou-me pelas axilas, soergueu-me, me beijou e me colocou com força sobre as tábuas do embarcadouro. Eu tinha tanta pena dele como de mim; por pouco não rompi em pranto, vendo-o voltar para bordo, empurrando os carregadores, grande, pesado, solitário...

Encontrei depois tanta gente semelhante a ele, gente bondosa, solitária, arrancada da vida!...

7

Meus avós se mudaram novamente para a cidade. Cheguei à casa deles numa disposição de ânimo irritada e belicosa, sentia um peso no coração: por que me tomaram por larápio?

A vovó me recebeu carinhosamente e logo foi preparar chá no samovar; o vovô, zombeteiro como sempre, me perguntou:

– Juntou muito ouro?

– O que tenho é tudo meu – respondi, sentando-me à janela. Tirei do bolso, com ar triunfante, um maço de cigarros e pus-me a fumar com importância.

– Está be-e-em – disse o vovô, prestando muita atenção em meus movimentos. – Então, é isso. Está fumando o veneno do demônio? Não será cedo?

– Até me deram de presente esta bolsinha – me vangloriei.

– A bolsinha! – esganiçou-se o vovô. – Você quer me provocar?

Atirou-se na minha direção, estendendo os braços finos, robustos, fazendo faiscar os olhos verdes; eu pulei, golpeei a barriga dele com a cabeça; o velho sentou-se no chão e, durante alguns penosos segundos, ficou me olhando, piscando surpreendido os olhos, a boca escura bem aberta, depois me perguntou, tranquilo:

– Você me empurrou, o seu avô? O pai da sua mãe?

– O senhor já me bateu bastante – murmurei, compreendendo que agira de modo horrível.

Sequinho, leve, o vovô se levantou, sentou-se ao meu lado, arrancou-me agilmente o cigarro, atirou-o pela janela e disse, a voz assustada:

– Cabeça de brutamontes, você não compreende que Deus não lhe vai perdoar isto, enquanto você viver? Mãe – dirigiu-se a vovó. – Veja bem, ele me bateu, não é verdade? Ele. Bateu. Pergunte a ele!

Ela não fez perguntas, mas simplesmente se aproximou de mim, me agarrou pelos cabelos, pôs-se a me sacudir, dizendo:

– E, por isso, faço assim, assim...

Aquilo não doía, mas era intoleravelmente ofensivo, e o riso mau do vovô ofendia particularmente; dava pulinhos sobre a cadeira, batendo nos joelhos com as palmas das mãos, e grasnava em meio ao riso:

– Dá nele, dá nele...

Eu me libertei, corri para o quarto de entrada, deitei ali num canto, abatido, vazio, ouvindo o apito de samovar.

A vovó se aproximou, inclinou-se sobre mim e murmurou quase imperceptivelmente:

– Desculpe, eu não bati em você com força, foi de propósito! Não podia fazer outra coisa; o vovô é velho, deve-se respeitá-lo, tem também os ossos machucados, também ele teve uma vida cheia de desgostos. Não se deve ofendê-lo. Você não é mais neném, vai compreender... É preciso compreender, Oliocha! Ele é uma criança, não mais que isso...

As suas palavras me banhavam como água quente, esse murmúrio amigo dava ao mesmo tempo uma sensação de vergonha e leveza, abracei-a fortemente e nos beijamos.

– Vá para junto dele, vá, não faz mal! Só não fume por enquanto na presença dele, deixe que se acostume...

Entrei no quarto, lancei um olhar ao vovô e mal pude conter o riso: ele estava de fato contente como uma criança, irradiava alegria, retorcia os pés e batia na mesa com as suas patas cobertas de lanugem ruiva.

– E então, seu bode? Veio de novo dar chifradas? Ah, bandido! Igualzinho ao pai! Entrou em casa feito um herege: nem fez o sinal-da-cruz, e logo se pôs a fumar, ah, você, Bonaparte que vale vintém!

Fiquei calado. Ele deixou fluir as palavras de dentro de si e também se calou, cansado, mas, ao chá, pôs-se a me doutrinar:

– O temor a Deus é necessário ao homem, como a rédea ao cavalo. Não temos nenhum amigo, fora o Senhor! Cada homem é inimigo feroz de todos os demais!

Que os homens eram inimigos, nisso eu sentia certa verdade, mas tudo o mais não me atingia.

– Agora, vá de novo para casa da tia Matriona, e, na primavera, para um navio. Passe o inverno em casa deles. E não diga a eles que vai deixá-los na primavera...

– Ora, para que enganar as pessoas? – disse a vovó, que acabava de enganar o vovô com a surra fingida aplicada em mim.

– Não se pode viver sem mentira – insistiu o vovô. – Diga-me, por favor: quem é que vive sem mentir?

À noitinha, quando o vovô se sentou para ler os salmos, saí com a vovó para fora do portão, para o campo; a choupana pequena, de duas janelas, em que morava o vovô, situava-se nos arredores da cidade, "nos fundos" da rua Kanátnaia, onde outrora ele tivera casa própria.

– Veja onde fomos parar! – dizia a vovó, rindo. – O velho não consegue encontrar um lugar que lhe agrade, está sempre mudando. Também aqui não se sente bem, mas eu sim!

À nossa frente, estendia-se por umas três verstas um campo de ervas mirradas, cortado de ravinas, limitado pela ourela da mata e pela linha de bétulas da estrada de Kazan. Ramos de arvoredo, em forma de vergastas, espiavam para fora das ravinas, tingidos de uma cor de sangue pelos raios frios do poente. A suave brisa do anoitecer balançava as hastes cinzentas das ervas; além da ravina mais próxima, balançavam-se também, a exemplo daquelas hastes, os vultos escuros de rapazes e moças da pequena burguesia. Ao longe, à direita, ficava o muro vermelho de um cemitério de velhos crentes[1] – denominavam-no o "mosteiro da colina" –, à esquerda, erguia-se no campo, sobre a ravina, um grupo escuro de árvores: ali ficava o cemitério israelita. Tudo em volta era pobre, tudo se comprimia em silêncio contra a terra ferida. As casinholas do arrabalde espiavam tímidas com as suas janelas para a estrada empoeirada, sobre a qual vagavam galinhas miúdas, mal alimentadas. Um rebanho, com vacas mugindo, passava pelo mosteiro Diévitchi;[2] música militar vem de um acampamento nas proximidades, reboam e ululam instrumentos de sopro. Um bêbado caminha, distendendo ferozmente a sanfona, vai tropeçando e murmura:

– Vou chegar até você... custe o que custar...

– Bobinho – diz a vovó, franzindo o sobrolho, em direção ao sol vermelho – aonde é que você pode chegar? Logo vai é cair e adormecer e, enquanto dormir, vão roubá-lo... E a sanfona, o seu divertimento, desaparecerá também...

Conto a ela sobre a minha vida de bordo e olho em volta. Depois do que vi, sinto tristeza nesse lugar, estou como um peixe na frigideira. A vovó me ouve em silêncio e com atenção, assim como eu gosto de ouvi-la, e, tendo falado do Smúri, ela se persigna com entusiasmo e diz:

– É uma boa pessoa, que a Virgem Santíssima o proteja, ele é bom mesmo! Cuidado, não o esqueça! Você deve sempre lembrar bem tudo o que for bom, e simplesmente esquecer o ruim...

Era muito difícil dizer para ela por que me despediram, mas, de coração confrangido, contei. Não lhe causou nenhuma impressão, apenas observou, com indiferença:

1 Seita dos que não aceitavam as reformas introduzidas na Igreja Russa, no século XVII, pelo patriarca Níkon. [N.T.]

2 Mosteiro feminino. [N.T.]

– Você ainda é criança, não sabe viver...

– Mas todos dizem uns aos outros: você não sabe viver; dizem isso os mujiques, os embarcadiços, tia Matriona ao filho; mas o que se deve saber?

Apertando os lábios, ela balançou a cabeça.

– Isto eu já não sei!

– Mas fala também!

– E por que não dizer? – retrucou ela, tranquilamente. – Não se ofenda, você é criança ainda, nem deve saber viver. E quem é que sabe? Só os vigaristas. O teu avô, por exemplo, é inteligente, alfabetizado, e também não soube nada...

– E você mesma, viveu bem?

– Eu? Vivi bem. E mal também, de todas as maneiras...

Gente passava por nós sem se apressar, arrastando atrás de si sombras compridas, a poeira se erguia sob os pés que nem fumaça, enterrando essas sombras. A dolência do anoitecer se tornava cada vez mais pesada, fluía das janelas a voz resmungona do vovô:

– "Senhor, não me acuses com a Tua ira, não me castigues com a Tua indignação... "

A vovó disse, com um sorriso:

– Ele já enjoou a Deus, palavra! Choraminga toda noite, e sobre o quê? Já é bem velhinho, não precisa de nada, mas sempre se queixa, sempre se arrepia... Deus, com certeza, ao prestar atenção às vozes do anoitecer, sorri: novamente, esse Vassíli Kachírin desfia lenga-lengas!... Vamos dormir...

•••

Resolvi me ocupar da apanha de pássaros canoros; tinha a impressão de que era um bom meio de vida: eu me ocuparia da caça, e a vovó, das vendas. Comprei uma rede, uma roda, armadilhas, confeccionei gaiolas, e eis-me sentado ao amanhecer numa ravina, entre o arvoredo, enquanto a vovó caminha pela mata, com um cesto e um saco, recolhendo os derradeiros cogumelos, ramos de sabugueiros, nozes.

O cansado sol de setembro acaba de se levantar; seus raios brancos ora se apagam nas nuvens, ora caem, como um leque prateado, dentro da ravina onde estou. No fundo desta, ainda há um lusco-fusco, ergue-se dali uma névoa brancacenta; a encosta íngreme e argilosa está escura e desnuda, e a outra vertente, de inclinação mais suave, aparece coberta de erva úmida e de um arvoredo denso, com folhas amarelas, arruivadas e vermelhas; o vento fresco as derruba e tange pela ravina.

No fundo, em meio às bardanas, gritam pintassilgos, eu vejo entre os farrapos do capim as pequenas toucas vermelhas sobre as cabecinhas vivas dos pássaros. Ao redor, abelharucos curiosos emitem estalidos; inflando de modo engraçado as bochechas brancas, eles se afanam ruidosamente, como as jovens pequenas burguesas de Kunávino, em feriado; ligeiros, inteligentezinhos, maus, eles querem saber e apalpar tudo, e assim caem nas armadilhas um após outro. Dá pena vê-los se debatendo, mas a minha ocupação é severa, comercial; transfiro os pássaros para gaiolas de reserva e os escondo no saco; no escuro, eles ficam sossegados.

Um bando de canários pousou sobre a moita de espinheiro, a moita está inundada de sol, os canários alegram-se com ele, chilreiam ainda mais contentes; assemelham-se, pelas maneiras, a moleques escolares. O ganancioso e caseiro picanço se atrasou e não foi para as terras quentes, está sentado sobre um ramo flexível de roseira-brava, limpa com o bico as penas da asa e espreita a presa com o olhar agudo dos seus olhos negros. Bateu as asas e foi para o alto, como uma calhandra, apanhou um moscardo, espetou-o com ar preocupado num espinho e ficou novamente pousado, movendo a cabecinha cinzenta, marota. Passou voando sem ruído o fatídico bico-duro, objeto dos meus sonhos gananciosos: como seria bom apanhá-lo! Um pisco, que se perdeu do bando, está pousado num amieiro, vermelho, importante como um general, e vai soltando uns rangidos irritados, balançando o bico negro.

Quanto mais alto está o sol, mais numerosas são as aves e mais alegre o seu gorjear. Toda a ravina fica repleta de música, seu tom básico é o incessante farfalhar do arvoredo sob o vento; as vozes ardentes dos pássaros não podem abafar esse ruído suave, de uma doce tristeza; percebo nele o cântico de adeus do verão, ele murmura para mim certas palavras especiais, que se agrupam por si numa canção. E, ao mesmo tempo, a memória, contra a minha vontade, restabelece quadros do passado.

A vovó grita alhures, em cima:

– Onde é que você está?

Sentada na beira da ravina, distendeu um lenço e colocou sobre ele pão, pepinos, um nabo, maçãs; em meio a toda essa fartura, brilhando ao sol, está um pequeno frasco facetado, muito bonito, com tampa de cristal, uma cabeça de Napoleão; dentro do frasco, há um pouco de vodca, com infusão de hipericão.

– Como é bom, Senhor! – diz agradecida, a vovó.

– E eu fiz uma canção!

– E então?

Digo-lhe algo que parece verso:

O inverno, já se percebe, está chegando,
Adeus, meu solzinho de verão!...

Mas ela me interrompe:

– Existe uma canção parecida, só que é melhor!

E diz, com voz arrastada:

Ai, já se vai o sol de verão,
Para as noites escuras, para além das

florestas distantes!
Ah, fiquei eu, moça,
Sem minha alegria primaveril, sozinha...

Se vou, de manhã, para além do tapume,
Lembro os meus passeios de maio;
O campo tão puro parece sem alegria:
Foi nele que perdi a mocidade.

Ai, queridas amiguinhas!
Quando cair a primeira neve tão ligeira,
Tirem do meu peito branco o coração,
Enterrem o meu coração na neve!...

Meu amor-próprio de autor não sofre nem um pouco, me agrada muito aquela canção e tenho muita pena da moça.

A vovó diz:

– Aí tem você como se canta a aflição! Veja bem, foi certa moça que fez a canção: ela folgou desde a primavera, e, quando chegou o inverno, o amante querido a deixou, passou talvez para uma outra, e ela chorou, profundamente ofendida... Não se pode falar direito, de verdade, sobre aquilo que não se experimentou, e ela, veja você, compôs tão bem essa canção!

Quando a vovó vendeu os primeiros pássaros, por quarenta copeques, ficou muito admirada.

– Veja só! Pensei que fosse uma bobagem, um divertimento de moleque, e aí está o que resultou disso!

– Ainda vendeu barato...

– Será possível?

Em dias de feira, ela vendia por um rublo e mais, e não parava de se admirar: quanto se pode ganhar com bobagens!

– E uma mulher passa o dia inteiro lavando roupa ou limpando o chão, para ganhar um quarto de rublo, compreenda-se isso! Mas não é boa coisa! Não é bom também manter pássaros em gaiola. Deixe disso, Oliocha!

Mas eu estava muito entusiasmado com a apanha de pássaros, ela me tornava independente e, ao mesmo tempo, não incomodava ninguém, a não ser os pássaros. Adquiri boas redes; aprendi muito conversando com velhos caçadores; ia sozinho caçar quase a trinta verstas de distância, na floresta de Kstovsk, à margem do Volga, onde, num bosque de pinheiros que nem mastros, viviam bicos-cruzados e abelharucos-de-apolo, tão apreciados, passarinhos brancos de rabo comprido e de rara beleza.

Acontecia-me sair ao entardecer e passar a noite inteira chapinhando na estrada de Kazan, às vezes sob a chuva de outono, na lama profunda. Tinha às costas um saco forrado de linóleo, em que havia armadilhas e gaiolas com aves de isca. Trazia na mão um imponente pau de nogueira. Fazia um pouco de frio e dava medo andar na treva outoniça, dava muito medo... De ambos os lados do caminho, erguem-se bétulas velhas, batidas pelos raios, estendendo sobre a minha cabeça os ramos molhados; à esquerda, ao pé da montanha, sobre o negro Volga, deslizam, como que partindo para um abismo sem fundo, raras luzinhas sobre os mastros dos últimos navios e barcaças, as rodas batem na água com estrépito, as sirenes ressoam.

As isbás das aldeias junto à estrada erguem-se da terra cor de ferro, cães zangados e famintos vão parar aos meus pés, um guarda bate no metal, gritando assustado:

– Quem vem aí? Quem é que os diabos empurram? Se não é pecado dizer isso de noite...

Eu tinha muito medo de que me tirassem as redes e levava comigo moedas de cinco copeques, para dar aos guardas. Na aldeia de Fókino, um guarda fez amizade comigo e não cessava de se admirar:

– Está caminhando aí de novo? Ah, você, criatura sem medo, inquieto morador da noite, hein?

Chamava-se Nifont, era pequeno, de cabelos brancos, parecia um santo, muitas vezes tirava de cima do peito um nabo, uma maçã, um punhado de ervilha e metia na minha mão, dizendo:

– Tome, amigo, preparei para você umas gulodices, que lhe seja agradável.

Ele me acompanhava até um tapume.

– Vá com Deus!

Eu chegava à mata ao alvorecer, dispunha as redes, pendurava as varas de visco, me deitava na clareira do bosque e esperava chegar o dia. Silêncio. Ao redor, tudo se imobilizou num profundo sono outoniço; através da névoa acinzentada, mal aparecem as grandes campinas ao pé da montanha; elas foram cortadas pelo Volga, lançaram-se por cima do rio e esparramaram-se, fundiram-se na bruma. Ao longe, além das matas que bordejam os campos, desponta, sem se apressar, um sol que clareou, acendem-se chamas sobre a negra crina das matas, e inicia-se um movimento estranho, que comove a alma: a névoa se levanta, cada vez mais rápida, das campinas, prateando-se aos raios do sol, e atrás dela erguem-se da terra arbustos, árvores, medas de feno, as campinas como que se fundem ao sol e deslizam, ruivo-douradas, para todos os lados. Eis que o sol tocou a água tranquila junto à margem: parece que todo o rio avançou, transferindo-se para o local onde o sol deu um mergulho. Erguendo-se cada vez mais alto, ele abençoa com alegria e aquece a terra desnuda, enregelada, que emite doces cheiros de outono. O ar transparente faz com que a terra pareça imensa, alarga-a infinitamente. Tudo desliza para a distância e atrai para as bordas azuis da terra. Eu vi, dezenas de vezes, o nascer do sol nesse local, e sempre nascia diante de mim um mundo novo, de nova beleza...

Eu amo o sol de certo modo peculiar, agrada-me o próprio nome, os doces sons desse nome, o retinir que eles encerram;

gosto de fechar os olhos e oferecer o rosto ao raio cálido, apanhá-lo na palma da mão, quando ele passa feito uma espada por uma fenda de muro ou entre uns ramos. O vovô respeita muito "o Príncipe Mikhail Tchernígovski e o boiardo Fiódor, que se recusaram a prestar culto ao sol"; essa gente me parece negra,[1] como ciganos, taciturna, má, e de olhos sempre doentes como os morduínos pobres. Quando o sol se levanta sobre os campos, eu involuntariamente sorrio de alegria.

A mata de pinheiros ressoa sobre mim, sacudindo da ramagem verde as gotas de orvalho; à sombra, sob as árvores, sobre as folhas rendadas de samambaia, a geada matinal brilha como um brocado de prata. O capim ruivo foi amassado pelas chuvas, estão imóveis as hastes dobradas para o chão, mas, quando incide sobre elas um raio claro, percebe-se um movimento ligeiro entre as ervas, talvez o derradeiro esforço da vida.

Acordaram os pássaros; as moscovitas cinzentas se despencam de ramo em ramo, feito bolinhas de pena, os afogueados bicos-cruzados esfarelam com seus bicos tortos as pinhas no alto das árvores, um branco abelharuco-de-apolo se balança na ponta de um ramo, sacudindo as compridas rêmiges, o seu olho de miçanga negra espia de viés, com desconfiança, para a rede que estendi. E de repente se ouve que toda a floresta, grave e pensativa apenas um instante atrás, ficou repleta de centenas de vozes canoras, está repassada da azáfama de criaturas vivas, as mais puras sobre a terra: à sua semelhança, o homem, pai da beleza terrena, criou para seu consolo elfos, querubins, serafins e todas as categorias angelicais

Tenho um pouco de pena de apanhar os passarinhos, me envergonho de prendê-los em gaiolas, agrada-me mais olhá-los, mas a paixão de caçador e o desejo de ganhar dinheiro vencem a comiseração.

1 O nome Tchernígovski tem relação com *tchórni,* negro. [N.T.]

As aves se divertem com as suas espertezas: um abelharuco azul examinou atenta e minuciosamente a armadilha, compreendeu a ameaça que ela encerra e, avançando por um lado, puxa as sementes para fora, agilmente, sem perigo, por entre os pauzinhos da armadilha. Os abelharucos são muito inteligentes, mas demasiado curiosos, e isso os desgraça. Os piscos, de ar imponente, são um tanto estúpidos: avançam em bando para a rede, que nem burgueses nutridos para a igreja; quando os cobrimos, ficam muito admirados, arregalam os olhos e nos beliscam os dedos com seus bicos grossos. O bico-cruzado vai para a armadilha tranquilo e grave; o piriz, pássaro misterioso, que não se parece com nenhum outro, fica muito tempo frente à rede, apoiando-se sobre a cauda grossa e movendo o longo bico; ele corre sobre os troncos das árvores, como o pica-pau, sempre acompanhando os abelharucos. Existe algo de sinistro nesse passarinho esfumado, parece solitário, ninguém o ama e ele não ama ninguém. A exemplo da gralha, gosta de roubar e esconder pequenos objetos brilhantes.

Cerca do meio-dia, terminada a apanha, vou para casa, através da mata e dos campos: se fosse pela estrada principal, passando pelas aldeias, moleques e rapazes tirariam as minhas gaiolas e rasgariam as minhas redes; isso já me aconteceu.

Chego à noitinha, cansado, faminto, mas tenho a impressão de que, durante o dia, eu cresci, conheci algo novo, me tornei mais forte. Essa força nova me proporciona a possibilidade de ouvir tranquilamente, sem raiva, as cruéis zombarias do vovô; percebendo isso, ele se põe a falar sensata e seriamente:

– Deixe de lado as ocupações bobas! Ninguém se fez gente apanhando passarinhos, isso não aconteceu até hoje, ouça o que digo! Escolha uma ocupação com a qual você possa fazer crescer o seu juízo. O homem não vive para insignificâncias, ele é a semente de Deus, e deve dar uma espiga de bonitos grãos! O homem é como o rublo: aplicado bem, dá dois de lucro! Pensa que é fácil viver? Não, é bem difícil! O mundo é para o homem uma noite escura, cada um deve iluminar o caminho para si mesmo. A cada um foram dados dez dedos, mas cada qual quer apanhar mais com as mãos. É preciso fazer aparecer a força, e, não se tendo força, a malícia; quem é pequeno e fraco não vai para o paraíso nem para o inferno! Viva como que entre todo mundo, mas lembre-se de que está só; ouça a todos, não acredite em ninguém; se acreditar logo nos demais, há de prejudicar-se, meu rapaz. Não fale muito: casas e cidades não se constroem com a língua, mas com o rublo e o machado. Não és um *bachkir*[1] nem um calmuco, que têm por única riqueza ovelhas e piolhos...

Ele podia passar todo o serão falando assim, e eu sabia aquelas palavras de cor. Elas me agradavam, mas desconfiava do seu sentido. Tornava-se claro que duas forças impediam o homem de viver como ele queria: Deus e os outros homens.

Sentada à janela, a vovó torcia fios para renda; o fuso zunia em suas mãos ágeis, ela passava muito tempo em silêncio, ouvindo as palavras do vovô, e de repente dizia:

– Tudo será da maneira como Nossa Senhora indicar com um sorriso.

– Para que isto? – gritava o vovô. – Deus! Eu sei de Deus, eu conheço Deus! Velha imbecil, pensa que Deus semeou os imbecis sobre a terra?

•••

... Parecia-me que os cossacos e os soldados viviam sobre a terra melhor que todos; levavam uma vida simples, alegre. Com bom tempo, surgiam de manhã cedinho na frente de casa, além da ravina, semeando o campo desnudo feito cogumelos brancos, e iniciavam um jogo complicado, interessante: ágeis, fortes,

1 Povo que habita a parte meridional da região dos Urais. [N.T.]

usando camisa branca, corriam alegremente pelo campo, de fuzil na mão, desapareciam na ravina e, de repente, ao toque do clarim, tornavam a semear o campo, aos gritos de "urra", ao toque sinistro do tambor, corriam diretamente contra a nossa casa, eriçando as baionetas, e, tinha-se a impressão, mais um instante e eles pulariam do barranco, para desmanchar a casa como a uma meda de feno.

Eu também gritava "urra" e corria com eles, esquecido de tudo; o bater mau do tambor despertava em mim um desejo tumultuoso de destruir algo, derrubar o muro, bater nos garotos.

Durante o descanso, os soldados me ofereciam fumo ordinário, me mostravam os pesados fuzis, às vezes um ou outro apontava a baioneta para a minha barriga, gritando com um furor fingido:

– Fura essa barata!

A baioneta brilhava, tinha-se a impressão de que era viva, e que se torcia feito uma cobra, querendo dar o bote; assustava um pouco, mas a sensação agradável era mais forte.

O tamborileiro morduíno me ensinava a bater com as varetas sobre a pele do tambor; começou por apanhar as minhas mãos e, depois de torcê-las até doerem, ficou empurrando as varetas para os meus dedos amassados.

– Bata: um-do-o-is, um-do-o-is! Tram-ta-ta-tam! Bata, a esquerda de leve, a direita com força, tram-ta-ta-tam! – gritava ameaçador, arregalando os olhos de pássaro.

Eu corria com os soldados pelo campo, até o término da instrução, e depois os acompanhava através de toda a cidade, até o quartel, ouvindo as canções sonoras, examinando os rostos bondosos, todos novinhos, feito moedas de cinco copeques acabadas de cunhar.

A massa densa daquelas pessoas iguais entre si jorrava alegremente pela rua, numa força única, que provocava um sentimento de afeição, uma vontade de afundar nela como num rio, penetrá-la como uma floresta. Esses homens não temem nada, encaram tudo com valentia, podem tudo vencer, conseguirão o que quiserem e, sobretudo, todos eles são simples e bondosos.

Certa vez, porém, durante o descanso, um jovem suboficial me deu um grosso cigarro.

– Fume! Esse meu cigarro é de qualidade, eu não o daria a ninguém, mas você é um rapaz tão bom!

Acendi o cigarro. Ele se afastou um passo, e de repente uma chama vermelha me cegou, queimou os meus dedos, o nariz, as sobrancelhas; a fumaça cinzenta, salgada, me fez espirrar e tossir; cego, assustado, fiquei pulando no mesmo lugar, enquanto os soldados, que me rodearam num anel compacto, davam sonoras e alegres gargalhadas. Fui para casa; os risos e assobios rolavam atrás de mim, algo dava estalidos, como o chicote de um pastor. Os meus dedos queimados doíam, o rosto ardia, lágrimas escorriam dos meus olhos, mas o que me oprimia não era a dor e sim um espanto penoso, embotado: para que fizeram aquilo comigo? Por que aquilo divertia os bons rapazes?

Em casa, trepei para o sótão e passei ali muito tempo, lembrando tudo o que havia de inexplicavelmente cruel, e que eu encontrara com tamanha abundância em meu caminho. Lembrei com particular nitidez e vivacidade o soldadinho de Sarápul; parado diante de mim, parecia vivo e perguntava:

– E então? Compreendeu?

Logo, coube-me sofrer algo ainda mais penoso e surpreendente.

Passei a correr ao quartel dos cossacos, junto ao arrabalde Pietchérski. Os cossacos pareciam diferentes dos soldados, não porque montassem com agilidade os seus cavalos e usassem bonitos uniformes, mas porque falavam de outra maneira, cantavam outras canções e dançavam admiravelmente. À noitinha, tendo limpado os cavalos, se reuniam numa roda junto à cocheira, e um cossaco pequeno e ruivo, depois de sacudir o topete, entoava uma canção em voz alta como um instrumento de sopro; devagarinho, distendendo-se com esforço, iniciava uma canção dolente sobre o quieto Don e o azul Danúbio. Tinha os olhos fechados, à maneira do pássaro-olhudo, que frequentemente canta até cair morto do galho; o cossaco tinha desabotoado a gola da camisa, viam-se as suas clavículas, lembrando bridões de cobre, e todo esse homem parecia fundido nesse metal. Balançando-se sobre as pernas finas, como se a terra se agitasse sob os seus pés, movendo os braços, cego e sonoro, ele como que deixara de ser uma pessoa, tornando-se um clarim, uma charamela de pastor. Parecia-me às vezes que ele ia cair de costas sobre a terra e morrer, como o pássaro-olhudo, porque despendera com aquela canção toda a alma, toda a força desta.

Escondendo as mãos nos bolsos ou atrás das largas costas, os companheiros o rodeiam feito uma coroa de flores, olham severamente o seu rosto de bronze, acompanham a mão, que paira docemente no ar, e cantam, tranquilos, com imponência, como num coro de igreja. Todos eles, os barbudos e os imberbes, pareciam-se nesse momento com ícones: eram igualmente ameaçadores e distantes das pessoas. A canção, comprida como uma grande estrada, é igualmente regular, ampla e sábia; ouvindo-a, se esquece se é dia ou noite sobre a terra, se se é moleque ou já um velho, se esquece tudo! Quando desfalecem as vozes dos cantores, ouve-se o suspirar dos cavalos, que têm saudade da amplidão das estepes, sente-se vir do campo, doce e incoercivelmente, a noite outoniça; e o coração cresce, querendo se dilacerar com a plenitude de certos sentimentos insólitos e com um amor grande, mudo, aos homens, à terra.

O cossaco pequeno, acobreado, não me parecia mais um homem, porém algo mais significativo, uma criatura de lenda, melhor e mais elevada que todos os humanos. Eu não conseguia falar com ele. Quando me fazia alguma pergunta, eu sorria com ar feliz e me calava, encabulado. Estava pronto a segui-lo silenciosa e docemente, como um cão, contanto que o visse o mais possível, ouvindo os seus cantos.

Uma vez, vi como ele, parado a um canto da cocheira, a mão erguida até o rosto, examinava um anel liso de prata, que tinha no dedo; os seus lábios bonitos se moviam, os pequenos bigodes ruivos estremeciam, o rosto tinha uma expressão triste, ofendida.

Mas, uma outra vez, já era noite escura, cheguei com as gaiolas à taverna da praça Stáraia Siênaia: o taverneiro era um apaixonado por pássaros canoros e comprava-os frequentemente.

O cossaco estava sentado a um canto, junto ao balcão, entre a estufa e a parede, na companhia de certa mulher corpulenta, quase duas vezes maior que ele; o rosto redondo da mulher brilhava feito marroquim, ela o fitava com olhos carinhosos de mãe, um pouco alarmada; ele estava bêbado, arrastava pelo chão os pés estendidos e, segundo parecia, atingia de maneira dolorosa os pés da mulher; ela estremecia, fazia uma careta e pedia baixinho:

– Não seja moleque...

O cossaco erguia com grande esforço as sobrancelhas, mas elas tornavam a descair molemente. Estava com calor, desabotoara a túnica e a camisa, descobrindo o pescoço. A mulher descera o lenço da cabeça para os ombros, pusera as fortes mãos brancas sobre a mesa, enlaçando os dedos até ficarem vermelhos. Quanto mais eu olhava para ambos, mais ele me parecia um filho de mãe bondosa que tivesse cometido alguma transgressão; ela dizia a ele qualquer coisa com carinho e reprovação, e ele permanecia calado, confuso: não havia o que responder àquelas censuras merecidas.

De repente, ele se levantou, como que picado, colocou o quepe de maneira errada, descendo-o sobre a testa, deu-lhe uma palmada, e, sem se abotoar, caminhou para a porta; a mulher se levantou também, dizendo ao taverneiro:

– Vamos voltar daqui a um instante, Kúzmitch...

Os presentes os acompanharam com risos e gracejos. Alguém disse, com voz densa, severa:

– Quando o mestre do barco voltar, ela vai ver!

Saí atrás deles; estavam uns dez passos na minha frente, movendo-se na treva, em diagonal à praça, dirigindo-se sobre a lama em direção ao talude, à alta margem do Volga. Eu via como a mulher se balançava, amparando o cossaco, e ouvia a lama chapinhar sob os pés de ambos; a mulher perguntava súplice, a meia voz:

– Mas aonde vai? Aonde?

Acompanhei-os sobre a lama, embora não fosse meu caminho. Quando chegaram à calçada junto ao talude, o cossaco se deteve, afastou-se da mulher um passo e, de repente, bateu no rosto dela; ela gritou, surpresa e assustada:

– Ai, mas por que me bate?

Assustei-me também, corri para bem junto deles, mas nesse momento o cossaco agarrou a mulher, envolvendo-a com o braço, atirou-a por cima da balaustrada, pulou atrás dela, e rolaram para baixo, sobre a erva do talude, transformados numa negra massa. Emudeci, petrifiquei-me, ouvindo lá embaixo estalar a roupa, rasgando-se, e rosnar o cossaco, enquanto a voz baixa da mulher balbuciava, interrompida:

– Eu vou gritar... vou gritar...

Ela soltou um "oh" alto, doentio, e tudo ficou em silêncio. Apalpei uma pedra, lancei-a para baixo: a erva farfalhou. Na praça, batia a porta de vidro do botequim, alguém soltou um "uh", provavelmente num tombo, e novamente se fez silêncio, pronto a todo momento a assustar com algo.

Ao pé da montanha, apareceu uma grande pelota branca; fungando e soltando soluços, essa pelota caminhou para cima, devagar, irregularmente; distingui a mulher. Avançava de quatro, como uma ovelha, vi que estava nua da cintura para cima, pendiam-lhe os seios volumosos, dava a impressão de possuir três rostos. Ei-la que chegou até a balaustrada, sentou-se sobre esta quase ao meu lado, está respirando como um cavalo esbaforido, ajeitando o cabelo desarrumado; sobre a brancura de seu corpo, aparecem nitidamente manchas escuras de lama; ela chora, enxuga as lágrimas sobre as faces, com movimentos de gato que se lava, me vê e exclama devagarinho:

– Meu Deus, quem está aí? Vá embora, sem-vergonha!

Não consigo me afastar, petrificado de espanto e de um sentimento amargo, angustioso; lembro-me das palavras da irmã da vovó:

– A mulher é uma força, Eva enganou o próprio Deus...

A mulher ergueu-se e, cobrindo o peito com farrapos do vestido, desnudando as pernas, afastou-se rapidamente; ao pé da montanha, levantou-se o cossaco, agitou no ar uns trapos brancos, assobiou baixinho, ficou à escuta e disse com voz alegre:

– Dária! O que foi? Um cossaco sempre leva o que é preciso... Você pensou que eu estava bêbado? Nã-ã-ão, foi impressão... Dária!

Está parado com firmeza, a voz ressoa zombeteira, com lucidez. Curvando-se, enxugou as botas com os trapos e tornou a falar:

– Eh, leve o casaquinho... Daschk! Não faça fita...

E o cossaco disse alto uma palavra ofensiva à mulher.

Estou sentado sobre um monte de cascalho, ouvindo essa voz, solitária na quietude noturna, e tão esmagadoramente poderosa.

Dançam ante os meus olhos as luzes dos lampiões na praça; à direita, por entre um magote negro de árvores, ergue-se a branca escola de moças da nobreza. Ligando preguiçosamente umas às outras as palavras imundas, o cossaco vai para a praça, agitando os trapos brancos e, finalmente, desaparece como um pesadelo.

Embaixo, ao pé do talude, uma pequena chaminé resfolega sobre a bomba d'água, um carro de aluguel rola pela ladeira, não há viva alma ao redor. Envenenado, caminho ao longo do talude, apertando na mão uma pedra fria; não tive tempo de jogá-la contra o cossaco. Junto à igreja de São Jorge, o Triunfador, fui detido por um guarda-noturno, que me interrogou zangado: quem eu era e o que levava naquele saco às costas?

Contei-lhe minuciosamente o episódio do cossaco; ele se pôs a dar gargalhadas, com alguns gritinhos:

– Muito bem! Os cossacos, meu irmão, são gente de verdade, não conseguimos ser assim! E a mulherzinha é uma cachorra...

Ele sufocou de riso, e eu fui adiante, sem compreender do que estava rindo o guarda.

Pensei horrorizado: e o que seria se uma coisa dessas acontecesse a minha mãe, à vovó?

8

Quando começou a nevar, o vovô tornou a me levar para a casa da irmã da vovó.

– Isto não é ruim para você, não é ruim – dizia.

Parecia-me que, no decorrer daquele verão, eu vivera uma experiência tremendamente rica, envelhecera e ficara mais inteligente enquanto, na casa dos patrões, no mesmo período, o enfado se adensara ainda mais. Eles adoecem com a mesma frequência, desarranjando os intestinos com a comida farta, contam uns aos outros, com as mesmas minúcias, o evoluir das suas doenças, a velha reza a Deus de maneira terrível e rancorosa, como sempre. A patroa mais jovem emagreceu após o parto, diminuiu de tamanho, mas se desloca com a mesma imponência e lentidão do tempo de gravidez. Cosendo roupas para os filhos, canta sempre a mesma canção:

Spíria, Spíria, Spiridon,
Spíria é meu maninho,
Vou sentar-me num trenó,
Com o Spíria atrás...

Se alguém entra no quarto, ela imediatamente para de cantar e grita, zangada:

– O que você quer?

Estou certo de que ela não sabe nenhuma canção além dessa.

À noitinha, os patrões me chamam para a sala e ordenam:

– Vamos, conte a sua vida no navio!

Sento-me sobre a cadeira junto à porta da privada e falo; me agrada recordar uma outra vida, em meio a esta para a qual me empurraram contra a vontade. Entusiasmado, esqueço os ouvintes, mas não é por muito tempo; as mulheres nunca viajaram de navio e perguntam:

– Mas diga: não dá medo mesmo?

Não compreendo o que pode haver de assustador naquilo.

– E se, de repente, ele vai para uma parte profunda e naufraga?!

O patrão dá gargalhada, e eu, embora saiba que os navios não naufragam nas partes profundas, não consigo convencer as mulheres disso. A velha está certa de que o navio não flutua sobre a água, mas apoia-se com as rodas no fundo do rio, como uma telega em terra.

– Se ele é de ferro, como é que pode flutuar? Veja, um machado não flutua...

– Mas um cântaro não afunda na água.

– Que comparação! Ele é pequeno, vazio...

Quando falo do Smúri para eles, e dos seus livros, me olham desconfiados; a velha diz que os livros são escritos pelos imbecis e pelos hereges.

– E os salmos? E o rei Davi?

– Os salmos são Sagradas Escrituras, e assim mesmo o rei Davi pediu perdão a Deus, por causa dos salmos.

– Onde é que está escrito?

– Na palma da minha mão; vou bater com ela na sua nuca, então saberá onde!

Ela sabe tudo, de tudo fala com convicção, e sempre de modo esquisito.

– Um tártaro morreu em Pietchorka; pois bem, a sua alma saiu derramada pela garganta, negra que nem piche!

– A alma é espírito – digo eu, mas ela grita com desdém:

– A do tártaro? Imbecil!

A patroa mais jovem teme igualmente os livros.

– Faz muito mal ler livros, principalmente quando jovem – diz ela. – Perto de nossa casa, em Grebiechók, uma moça de boa família leu tanto que acabou se apaixonando pelo diácono. E a mulher do diácono a cobria de vergonha, um horror! E isso na rua, em presença de gente...

Às vezes, eu usava palavras dos livros do Smúri; num deles, sem começo nem fim, estava escrito: "A bem dizer, ninguém inventou a pólvora; como sói acontecer, ela apareceu depois de uma longa série de miúdas observações e descobertas".

Não sei por quê, fixei muito bem essa frase, e gostei particularmente da combinação das palavras: "a bem dizer": sentia força nelas, mas trouxeram-me muita aflição, uma aflição ridícula. Isso acontece.

Uma vez, quando os patrões me pediram que contasse mais alguma coisa sobre a minha vida no navio, respondi:

– Não tenho mais nada para contar, a bem dizer...

Isso os deixou perplexos, e eles grasnaram:

– Como? O que foi que você disse?

E todos os quatro puseram-se a gargalhar em uníssono, repetindo:

– A bem dizer, hein, se-e-nhor!

O próprio patrão me disse:

– Você não inventou boa coisa, seu original!

A partir de então, durante muito tempo, eles me chamavam assim:

– Eh, você, a bem dizer! Venha enxugar o chão que a criança sujou, a bem dizer...

Essas zombarias sem sentido não me ofendiam, mas me deixavam profundamente surpreso.

Eu vivia numa névoa de embotadora angústia e, para vencê-la, esforçava-me por trabalhar o máximo possível. Não faltava trabalho naquela casa: eles tinham duas crianças pequenas, as babás sempre desagradavam aos patrões e eram continuamente substituídas; eu tinha que tratar dos pequerruchos, lavava fraldas todos os dias e, uma vez por semana, ia ao córrego Jandármski lavar roupa em geral, e ali as lavadeiras riam de mim.

– Por que você pegou serviço de mulher?

Às vezes, me espicaçavam a tal ponto que eu batia nelas com a roupa molhada e torcida, elas me pagavam com fartura na mesma moeda, mas a sua companhia era alegre, interessante.

O córrego Jandármski ficava no fundo de uma profunda ravina, descendo para o rio Oká; a ravina separava da cidade um campo que recebeu o nome de um deus antigo: Iarilo. Uma vez por semana, os pequenos-burgueses da cidade iam passear nesse campo; a vovó me contava que, no tempo da sua mocidade, o povo ainda acreditava em Iarilo e fazia sacrifícios para ele: apanhavam uma roda, amarravam em volta estopa com alcatrão e, impelindo-a morro abaixo, soltavam-se gritos, entoavam-se canções e prestava-se atenção, a fim de verificar se a roda de fogo chegaria até o Oká. Seria o sinal de que o deus Iarilo aceitara o sacrifício: o verão seria de sol e feliz.

As lavadeiras eram, na maioria, de Iarilo, todas despachadas, faladeiras; conheciam toda a vida da cidade, e era muito interessante ouvir os seus relatos sobre comerciantes, funcionários, oficiais, seus fregueses. Lavar roupa no inverno, na água gelada do córrego, é um trabalho de forçados; todas as mulheres ficavam com as mãos regeladas, a ponto de a pele se romper. Lavavam a roupa curvadas sobre o córrego (que ali passava por uma calha de madeira), sob um toldo velho, furado, que não defendia do vento nem da neve; tinham os rostos fortemente irrigados de sangue, beliscados pelo frio; o frio queima os dedos molhados, que se recusam a se curvar, lágrimas escorrem dos olhos, e as mulheres tagarelam sem parar, transmitindo uma à outra toda sorte de histórias, referindo-se a tudo e a todos com certa ousadia peculiar.

Quem contava melhor era Natália Kozlóvskaia, mulher que passava dos trinta, viçosa, rija, de olhos zombeteiros e língua particularmente flexível e aguda. Desfrutava a atenção de todas as colegas, aconselhavam-se com ela sobre diferentes assuntos, e era respeitada pela agilidade no trabalho, por andar sempre arrumada e pelo fato de ter feito a filha estudar no ginásio. Quando ela descia a montanha, pelo atalho escorregadio, curvada sob o peso de dois cestos de roupa molhada, recebiam-na alegremente, perguntavam preocupadas:

– Como vai a filha?

– Está bem, obrigada, vai estudando, graças a Deus!

– E então, vai se tornar uma senhora?

– É por isto que faço ela estudar. De onde vêm os patrões, caras de pamonhões? Vêm todos de nós, do negro da terra, e de onde mais? Quanto mais estudação, mais comprida tem-se a mão, mais se pode apanhar; e quem mais apanha, mais santo aparece... Deus nos manda para cá como crianças tolas e exige que, ao voltar, sejamos velhos inteligentes; quer dizer que é preciso estudar!

Quando ela falava, todas se calavam, ouvindo atentas a sua fala coerente, convicta. Elogiavam-na pela frente e pelas costas, ficavam surpreendidas com a sua resistência, a sua inteligência, mas ninguém a imitava. Ela pregou às mangas de seu casaquinho o couro avermelhado dos canos de uma bota; isso lhe permitia não descobrir os braços até os cotovelos e não molhar as mangas. Todas diziam que ela inventara aquilo bem, mas nenhuma fez o mesmo para si e, quando segui o exemplo, zombaram de mim.

– Eh, você, aprendendo inteligência com uma mulher!

Diziam da filha dela:

– Grande coisa! Bem, haverá uma patroa a mais, será mais fácil? E pode ser também que não chegue ao fim, que morra antes...

– Gente de estudo também muitas vezes não vive bem; veja: a filha de Bakhilov estudou, estudou, e acabou sendo professora, e você sabe, se é professora, quer dizer que ficou para tia...

– Está claro! Para casar, não é preciso ciência, basta que se tenha por onde pegar...

– A inteligência da mulher não está na cabeça...

Era estranho e dava vergonha ouvir como elas falavam de si mesmas de modo tão desavergonhado. Eu sabia como falavam de mulheres os embarcadiços, os soldados, os cavouqueiros, via que os homens sempre se vangloriavam entre si com a sua habilidade em enganar mulheres e com a resistência nas relações com elas; percebia que eles tratavam as "mulheraças" com hostilidade, mas quase sempre, nos relatos dos homens sobre as suas vitórias, ressoava, a par da jactância, algo que me autorizava a pensar que, naqueles relatos, havia mais bazófia e invenção que verdade.

As lavadeiras não contavam umas às outras as suas aventuras amorosas, mas, em tudo o que diziam dos homens, eu percebia um sentimento zombeteiro, mau, e pensava que era talvez verdade: a mulher é uma força!

– Por mais que se dê volta, andando com amigos à solta, acaba-se chegando à mulher, não se escapa – disse uma vez Natália, e uma velha gritou para ela, com voz de resfriado:

– E onde mais se pode parar? Mesmo os que vivem com Deus fogem dele para nos procurar; veja os monges, os penitentes...

Essas conversas ao marulhar lamentoso da água, o bater dos trapos molhados no fundo da ravina, naquela fenda imunda, que mesmo a neve de inverno não conseguia cobrir com seu manto puro, essas tertúlias desavergonhadas, cruéis, sobre o que é secreto, sobre aquilo de que se originam todas as raças e povos, despertavam em mim uma repugnância assustada, impelindo o pensamento e os sentimentos para longe dos "romances", que me rodeavam de maneira importuna; a noção de "romance" ficou para mim fortemente ligada com a de um episódio imundo de libertinagem.

Mas, apesar de tudo, no fundo da ravina, em meio às lavadeiras, nas cozinhas junto aos ordenanças, no porão dos cavouqueiros, era sem comparação mais interessante que em casa, onde a monotonia petrificada das falas, das noções, dos acontecimentos, provocava apenas um enfado penoso, mau. Os patrões viviam no círculo encantado da comida, das doenças, do sono, dos atarantados preparativos para a comida, para o sono; eles falavam de pecados, da morte, a temiam muito, moviam-se no mesmo lugar, como grãos em torno da moenda, sempre à espera de que esta os esmagasse.

Nas horas vagas, eu ia para o barracão rachar lenha, querendo ficar sozinho, mas raramente o conseguia; chegavam os ordenanças e ficavam falando da vida no pátio.

Mais que todos, apareciam no barracão para falar comigo o Iermókhin e o Sídorov. O primeiro era de Kaluga, comprido, encurvado, todo tecido de veias grossas e rijas, de cabeça pequena e olhos turvos. Preguiçoso, tristemente estúpido, movia-se devagar, de maneira desajeitada, e quando via uma mulher mugia e se inclinava para a frente, como se quisesse cair aos seus pés. Todos no pátio se espantavam com a rapidez dos seus triunfos sobre lavadeiras e arrumadeiras, o invejavam, temiam a sua força ursina. Sídorov era de Tula, esquálido e ossudo, e estava sempre tristonho, falava baixinho, tossia com cuidado, seus olhos ardiam assustados, ele gostava muito de olhar para os cantos escuros; quer contasse algo a meia voz, quer permanecesse sentado em silêncio, estava sempre olhando para o canto mais escuro.

– O que você está olhando?

– Quem sabe, um camundongo vai sair correndo... Eu gosto de camundongos; passeando, são tão bonzinhos...

Eu escrevia para os ordenanças cartas para a roça e bilhetes para as namoradas, gostava disso; mas escrever cartas para o Sídorov era particularmente agradável; mandava todos os sábados uma carta para a irmã, em Tula.

Convidando-me para a sua cozinha, sentava-se à mesa ao meu lado, friccionava fortemente com as palmas das mãos a cabeça raspada e murmurava-me ao ouvido:

– Vamos, toque em frente! Para começar, escreva como se deve: minha queridíssima irmãzinha, saúdo por muitos anos, como se deve! Agora, escreva: recebi aquele rublo, mas não era preciso e agradeço. Não preciso de nada, nós vivemos bem... vivemos nada bem, mas como cachorros, bem, não escreva sobre isto, escreva que vivemos bem! Ela é pequena, tem só quatorze anos, para que precisa saber? Agora, escreva sozinho, da maneira como aprendeu...

Apoiava-se em mim com todo o peso, pelo lado esquerdo, soprava-me forte e cheiroso no ouvido, murmurando com insistência:

– Que ela não deixe os rapazes abraçá-la, nem tocá-la nos peitos, de jeito nenhum! Escreva: se alguém fala a você com carinho, não acredite, ele quer te enganar, estragar...

Com o esforço de conter a tosse, seu rosto cinzento se embebia de sangue, ele inflava as bochechas, lágrimas apareciam nos seus olhos, se mexia na cadeira e me empurrava.

– Você me atrapalha!

– Não faz mal, escreva!... Não acredite principalmente nos senhores, eles são capazes de enganar uma moça só com uma conversa. Um desses sabe o que diz e é capaz de dizer tudo, mas basta que você acredite nele para que vá parar numa casa de mulheres. E se você juntar algum dinheiro, deve dar ele ao pope, ele vai guardar, se for boa pessoa. Mas o melhor mesmo é enterrar, para que ninguém veja, e se lembre do lugar.

Era muito triste ouvir esse murmúrio, abafado pelo som esganiçado do postigo de lata. Olho para a frente enfumaçada do fogão, para o armário de louça, marcado pelas moscas; a cozinha está absurdamente suja, com percevejos em abundância, repassada do cheiro amargo de manteiga frita, querosene e fumaça. Em cima do fogão, há cavacos de lenha, entre os quais farfalham baratas, uma dolência penetra na alma, tem-se pena, quase até as lágrimas, daquele soldado, de sua irmã. É possível, é porventura bom viver dessa maneira?

Escrevo algo, não ouvindo mais o murmúrio do Sídorov, escrevo sobre como é enfadonho e lamentável viver, e ele me diz suspirando:

– Está escrevendo muito, obrigado! Agora, ela vai saber do que precisa ter medo...

– Não se deve ter medo de nada – digo zangado, embora eu mesmo tema muita coisa.

O soldado ri, tossindo:

– Que tipinho original! Como não ter medo? E os senhores, e Deus? Tanta coisa!

Ao receber uma carta da irmã, pedia inquieto:

– Leia, por favor, depressa...

E me obrigava a ler umas três vezes a carta escrita em garatujas, lamentavelmente curta e vazia.

Ele era bondoso, brando, mas tratava as mulheres com as mesmas maneiras dos demais: com rudeza e simplicidade caninas. Observando, ora voluntariamente ora não, essas relações, que se desenrolavam muitas vezes aos meus olhos, do princípio ao fim, com uma velocidade surpreendente e imunda, eu via Sídorov despertar numa mulher um sentimento bom, com as suas queixas sobre a vida de soldado, embriagá-la com uma mentira carinhosa, e, depois, contando ao Iermókhin o seu triunfo, fazer uma careta de repugnância e cuspir, como se tivesse tomado um remédio amargo. Isso me fustigava o coração, eu perguntava com irritação ao soldado: por que todos eles enganavam as mulheres, mentiam para elas, e depois, escarnecendo da vítima, a passavam de um a outro, e muitas vezes batiam nela?

Ele apenas sorria devagarinho, dizendo:

– Você não deve se interessar por essas coisas, é tudo ruim, é pecado! Você ainda é pequeno, muito cedo...

Mas, um dia, consegui uma resposta mais definida e muito memorável para mim:

– Você pensa: ela não sabe que eu a estou enganando? – disse, piscando o olho e tossindo. – Ela sabe! Ela mesma quer ser enganada. Todos mentem quando se trata disso; assim são as coisas, todos têm vergonha, ninguém gosta de ninguém, é tudo uma brincadeira! Isso até dói de vergonha, espere um pouco, você mesmo vai conhecer! É preciso que seja de noite, e se é de dia, também no escuro, numa cafua, por exemplo, sim! Foi por isso que Deus expulsou do paraíso, é o que faz todos ficarem infelizes...

Ele falava de maneira tão boa, tão triste, com tamanho arrependimento, que isso fez com que eu me conformasse até certo ponto com os seus romances; eu o tratava mais amistosamente que ao Iermókhin, a quem odiava, procurando por todos os modos zombar dele, irritá-lo; conseguia-o, e com frequência ele corria atrás de mim pelo pátio, com intenção de me surrar, e apenas por falta de agilidade raramente o conseguia.

– Isso é proibido – dizia Sídorov.

Eu sabia que era proibido, mas não podia acreditar que tornasse as pessoas infelizes. Via que eram infelizes, mas não acreditava, pois não raro observara uma expressão insólita nos olhos de gente apaixonada, percebia a existência de uma bondade peculiar nos que amavam; era sempre agradável ver essa festa do coração.

Mas, apesar de tudo, me lembro, a vida me parecia cada vez mais enfadonha, cruel, imutavelmente estabelecida naquelas formas e relações que eu via dia após dia. Não ocorria a possibilidade de algo melhor que o existente, e que indefectivelmente surgia todos os dias aos meus olhos.

Mas uma vez os soldados me contaram um episódio que me deixou muito perturbado.

Num dos apartamentos, morava o contramestre da melhor alfaiataria da cidade, um homem quieto, modesto, de origem estrangeira. Tinha uma mulher miúda, sem filhos, que lia livros dia e noite. Junto àquele pátio barulhento e aos apartamentos densamente povoados de gente bêbada, aqueles dois viviam invisível e silenciosamente, não recebiam visitas e não iam a parte nenhuma, a não ser ao teatro, nos feriados.

O marido ficava no emprego da manhã à noite, e a mulher, que parecia uma adolescente, saía umas duas vezes por semana, para a biblioteca. Eu a vi frequentemente caminhar pelo cais, com passos miúdos, balançando o corpo, como que mancando, os livros envoltos em correias, como uma ginasiana, simplesinha, agradável, nova, limpa, as mãos pequenas enluvadas. Tinha um rosto de pássaro, com olhinhos ligeiros, toda ela era bonitinha como uma figurinha de porcelana sobre um consolo. Os soldados diziam que lhe faltava uma costela do lado direito, e que por isso ela se balançava tão estranhamente ao andar, mas isso me parecia agradável e, logo à primeira vista, a diferençava das demais senhoras do prédio, das mulheres dos oficiais; elas, apesar das vozes sonoras, dos trajes coloridos e do porte senhoril, tinham algo de objeto usado, como se tivessem passado muito tempo, esquecidas, numa cafua escura, entre uma porção de coisas desnecessárias.

A pequena mulher do contramestre era considerada no pátio uma débil mental, diziam que ela perdera a razão lendo livros, que chegara a ponto de não poder se ocupar da casa, que o seu marido ia sozinho fazer as compras na feira e era quem encomendava o almoço e o jantar à cozinheira, uma mulher estrangeira, taciturna, que tinha um olho vermelho, sempre úmido, e em lugar do outro uma fenda estreitinha, cor-de-rosa. Quanto à dona da casa, dizia-se, não sabia distinguir carne de porco de vitela e, uma vez, comprara vergonhosamente raiz forte em lugar de salsa! Imaginem que horror!

Todos os três eram estranhos no edifício, como se tivessem ido parar casualmente numa das gaiolas daquele grande viveiro de galinhas, e lembravam também abelharucos que, fugindo ao frio, entram por um postigo numa abafada e suja morada humana.

E eis que os ordenanças me contaram que os senhores oficiais iniciaram uma brincadeira ofensiva e cruel com a pequena mulher do contramestre: quase diariamente, ora um, ora outro, mandam-lhe bilhetes em que falam de amor, dizem estar sofrendo, exaltam sua beleza. Ela responde, pede que a deixem em paz, lamenta ter causado sofrimento, pede a Deus que os ajude a deixar de amá-la. Recebendo um desses bilhetes, os oficiais o leem reunidos, zombam da mulher e, em colaboração escrevem uma carta para ela em nome de algum deles.

Ao me contar o episódio, os ordenanças riam também e xingavam a mulher do contramestre.

– Bobalhona, infeliz, fingida – dizia o Iermókhin com voz de baixo, e o Sídorov o apoiava a meia-voz:

– Toda mulher quer ser enganada. Ela sabe tudo...

Não acreditei que soubesse como zombavam dela e imediatamente resolvi ir contar tudo para ela. Tendo esperado que a cozinheira fosse à adega, subi correndo a escada de serviço, entrei no apartamento da pequena mulher, embarafustei pela cozinha, onde não havia ninguém, entrei na sala; estava sentada à mesa, tendo numa das mãos uma pesada xícara dourada e na outra um livro aberto; ela se assustou, apertou o livro contra o peito e pôs-se a gritar, não muito alto:

– Quem é? Augusta! Quem é você?

Pus-me a falar depressa e confusamente, esperando que ela jogasse em mim o livro ou a xícara. Estava sentada numa grande poltrona carmesim, vestida com um roupão azul-claro, com franja embaixo e rendas na gola e nas mangas, cabelos ondulados, castanho-claros, se espalhavam pelos ombros dela. Parecia um anjo de igreja, de uma Porta Real. Apertada contra o espaldar da poltrona, dirigia para mim os olhos redondos, a princípio zangada, depois surpreendida, sorrindo.

Quando lhe disse tudo o que pretendia, e, perdendo a coragem, voltei-me para a porta, ela gritou para mim:

– Espere!

Empurrou a xícara para a bandeja, jogou o livro sobre a mesa e, juntando as mãos, falou com a voz cheia de uma pessoa adulta:

– Você é um menino tão esquisito... Chegue mais perto!

Avancei com muito cuidado, ela tomou a minha mão e, afagando-a com os dedos pequenos e frios, me perguntou:

– Ninguém ensinou você a me dizer isso, não? Está bem, eu vejo, acredito que você resolveu tudo sozinho...

Deixando escapar a minha mão, fechou os olhos e disse baixinho, arrastado:

– Quer dizer que os soldados imundos comentam isto!

– A senhora deveria mudar de apartamento – aconselhei com ar importante.

– Para quê?

– Eles acabarão por vencê-la.

Riu agradavelmente, depois perguntou:

– Você estudou? Gosta de livros?

– Não tenho tempo de ler.

– Se gostasse, encontraria tempo. Bem, obrigada.

Estendeu-me os dedos unidos pelas pontas e, dentro deles, uma moeda de prata; dava vergonha apanhar aquele objeto frio, mas não ousei recusá-lo e, saindo, o depositei sobre a coluna do corrimão da escada.

Levei da casa dessa mulher uma impressão profunda, nova para mim; era como se uma aurora tivesse despontado aos meus olhos, e vivi alguns dias imbuído de alegria, lembrando a sala ampla e a mulher do contramestre, vestida de azul-claro, lembrando um anjo. Em volta, tudo tinha uma beleza desconhecida, aos seus pés havia um magnífico tapete dourado, o dia hibernal espiava pelas vidraças de prata das janelas, aquecendo-se junto a ela.

Quis olhá-la mais uma vez: o que aconteceria se eu fosse pedir um livro para ela?

Fiz isso e tornei a vê-la no mesmo lugar, segurando de maneira idêntica um livro, mas tinha a face amarrada com um lenço ruivo, um olho inchado. Entregando-me um livro de encadernação preta, ela disse algo de modo indistinto, como que num mugido. Afastei-me, triste, levando o livro, que cheirava a creolina e gotas de anis. Escondi-o no sótão, depois de embrulhá-lo numa camisa limpa e numa folha de papel, temeroso de que os patrões o tirassem de mim e o estragassem.

Eles recebiam *A Seara*, por causa dos figurinos e dos prêmios, mas não a liam e, depois de olhar as figuras, arrumavam-na sobre um guarda-roupa no quarto de dormir, e, no fim do ano, a encadernavam e a escondiam debaixo da cama, onde estavam três volumes do *Informador Artístico*. Quando eu lavava o chão do quarto, a água suja ia para debaixo desses livros. O patrão assinava o jornal *O Correio Russo* e, lendo-o à noitinha, xingava:

– O diabo que os compreenda, para que escrevem tudo isto! Que coisa aborrecida...

Sábado, pendurando roupa no sótão, me lembrei do livro, apanhei-o, abri e li a primeira linha: "As casas são como gente: cada uma tem sua fisionomia". Isso me espantou com a verdade que encerrava; pus-me a ler mais, parado junto à claraboia, e li até ficar enregelado; à noitinha, quando os patrões foram à missa, levei o livro à cozinha e imergi nas páginas gastas, amareladas como folhas de outono; elas me transportavam facilmente para uma outra vida, onde havia outros nomes e relações diferentes, mostrando-me heróis bondosos, malfeitores sombrios, que não se pareciam com as pessoas observadas por mim. Era um romance de Xavier de Montepin, comprido como todos os seus romances, rico de gente e de acontecimentos, que reproduzia uma vida desconhecida, impetuosa. Nesse romance, tudo era espantosamente simples e nítido, como se alguma luz, escondida entre as linhas, iluminasse o bom e o mau, ajudando a amar e odiar, obrigando a acompanhar, em estado de tensão, destinos humanos emaranhados num denso enxame. Surgia imediatamente um desejo insistente de ajudar isto, estorvar aquilo, esquecia-se que toda essa vida, que se descobrira de inopino, era inteiramente de papel; esquecia-se de tudo na indecisão da luta, absorvido pelo sentimento de alegria numa página, por uma sensação de tristeza na seguinte.

Fiquei tão embebido na leitura que, ouvindo a campainha na entrada do edifício, não compreendi logo quem tocava e para quê.

A vela estava quase consumida, e o castiçal, que eu limpara ainda naquela manhã, coberto de sebo; o fogo da lamparina junto às imagens, que eu devia vigiar, apagara-se, pois o pavio escapara do suporte. Corri de um lado a outro, na cozinha, procurando esconder os vestígios dos meus crimes, empurrei o livro para debaixo do fogão e pus-me a ajeitar a lamparina. A babá saiu correndo do quarto.

– Ficou surdo? Estão tocando!

Corri para abrir a porta.

– Estava dormindo? – perguntou severamente o patrão; a mulher dele, subindo pesadamente a escada, queixava-se de que eu a fizera apanhar um resfriado, a velha me xingava. Na cozinha, ela viu logo a vela queimada e começou a me interrogar sobre o que estivera fazendo.

Permaneci calado, como se tivesse caído de grande altura, completamente alquebrado, com medo de que achasse o livro, e ela gritava que eu ia pôr fogo na casa. O patrão e a mulher vieram cear, a velha queixou-se a eles:

– Vejam, queimou toda a vela, vai queimar a casa também...

Ceando, os quatro me azucrinavam, lembrando as minhas transgressões intencionais e involuntárias, me ameaçando com a perdição, mas eu já sabia que diziam tudo aquilo não por maldade, nem devido a bons sentimentos, mas simplesmente por desfastio. E era estranho ver como eles eram insignificantes e ridículos, em comparação com as pessoas do livro.

Eis que acabaram de comer, tornaram-se mais pesados e, cansados, foram dormir; a velha inquietou Deus com as suas queixas zangadas, trepou para cima do fogão e silenciou. Então me levantei, tirei o livro que estava embaixo do fogão, me aproximei da janela; a noite era clara, a lua espiava diretamente pela vidraça, mas os olhos não conseguiam captar as letras miúdas. No entanto, a vontade de ler torturava. Apanhei na prateleira uma caçarola de cobre e refleti com ela o luar, fazendo-o incidir sobre o livro: ficou ainda pior, mais escuro. Subi então para o banco do canto, junto aos ícones, e comecei a ler em pé, à luz da lamparina; cansado, adormeci, descaindo sobre o banco, e acordei com os gritos e empurrões da velha. Segurando o livro, batia com ele dolorosamente nos meus ombros, vermelha de raiva, sacudindo furiosamente a cabeça ruiva; estava descalça, de camisola. Víktor uivava sobre o estrado:

– Mamãe, não grite assim! Não se pode mais viver...

"O livro está perdido, vão rasgá-lo", pensei.

Fui julgado de manhã, à hora do chá. O patrão me perguntou severamente:

– Onde apanhou o livro?

As mulheres gritavam, interrompendo uma à outra, Víktor cheirou as páginas, desconfiado, e disse:

– Está cheirando a perfume, juro por Deus...

Informados de que o livro pertencia ao pope, examinaram-no mais uma vez, surpreendidos e indignados com o fato de que o pope lesse romances, mas, assim mesmo, isso os acalmou um pouco; todavia, o patrão ainda passou muito tempo me ensinando que ler era nocivo e perigoso.

– Veja: os leitores fizeram explodir a estrada de ferro, queriam matar gente...[1]

A patroa gritou ao marido, zangada e temerosa:

– Você perdeu o juízo! O que está dizendo para ele?

Levei o Montepin ao soldado, contei para ele do que se tratava; o Sídorov apanhou o livro, abriu em silêncio um bauzinho, tirou dali uma toalha limpa, enrolou nela o romance, escondeu-o no baú e me disse:

– Não obedeça a eles; venha ler aqui, não vou contar a ninguém! E se você chegar e eu não estiver, a chave ficará pendurada atrás do ícone, abra então o baú e leia...

O modo pelo qual os patrões reagiram ao livro fez com que ele se erguesse logo aos meus olhos à altura de um segredo importante e terrível. Não me interessou que certos "leitores" tivessem feito explodir alhures uma linha férrea, mas eu me lembrei da pergunta do pope na confissão, a leitura feita pelo ginasiano naquele porão, as palavras do Smúri sobre os "livros certos" e os relatos do vovô sobre os papa-livros franco-maçons:

– No reinado do abençoado soberano nosso Aleksandr Pávlitch,[2] uns fidalgotes, que viraram papa-livros e franco-maçons, resolveram, os jesuítas, entregar todo o povo russo ao domínio do papa! Então, o general Araktchéiev apanhou-os com a boca na botija e, sem respeitar títulos nem condição superior, mandou todos para trabalhos forçados na Sibéria, onde desapareceram que nem cinza...[3]

Lembrava o "umbráculo marchetado de estrelas", "Guervássi", e as palavras triunfantes, zombeteiras:

1 Na época, eram frequentes os atentados terroristas. [N.T.]

2 O tsar Alexandre I. [N.T.]

3 Alusão à repressão policial instaurada pelo general A. A. Araktchéiev, no reinado de Alexandre I. [N.T.]

"Profanos que procurais conhecer as nossas obras! Vossos fracos olhos jamais hão de vê-las!".

Eu me sentia no limiar de grandes segredos e vivia como um demente. Queria acabar de ler o livro, tinha medo de que o soldado o perdesse ou estragasse. O que ia dizer então à mulher do contramestre?

E a velha, aguçando o olhar para não me deixar ir ver o ordenança, me azucrinava:

– Papa-livros! Os livros ensinam a devassidão; veja até onde chegou aquela leitora de livros; é incapaz de ir à feira, vive tendo histórias com oficiais, os recebe de dia, eu se-ei!

Tinha vontade de gritar para ela:

– É mentira! Ela não tem histórias com ninguém...

Mas tinha medo de defender a mulher do contramestre: a velha podia adivinhar que o livro era dela.

Passei alguns dias vivendo desesperadamente mal; era presa de distração e de uma angústia alarmada, não conseguia dormir, temendo pelo destino do Montepin, e eis que um dia a cozinheira da vizinha me deteve no pátio e disse:

– Traga o livro!

Escolhi uns momentos depois do jantar, quando os patrões se deitaram para descansar, e apareci em casa da mulher do contramestre, confuso, abatido.

Ela me recebeu com o mesmo ar da primeira vez, mas com outro traje: uma saia cinzenta, uma blusa preta de veludo e uma cruz de turquesa sobre o pescoço descoberto. Lembrava um pisco fêmea.

Quando lhe disse que não tivera tempo de ler o livro e que me proibiam ler em geral, meus olhos marejaram-se de lágrimas, de despeito e da alegria de ver aquela mulher.

– Pff, que gente estúpida! – disse ela, movendo as sobrancelhas finas. – E, no entanto, o seu patrão tem um rosto tão interessante. Não se aborreça, eu vou pensar no caso. Vou mandar uma carta para ele!

Isso me assustou, e contei a ela que mentira aos meus patrões, dizendo ter apanhado o livro na casa do pope...

– Não precisa, não escreva! – pedi. – Eles vão rir da senhora, vão xingá-la. Ninguém gosta da senhora nessa casa, todos caçoam, dizem que é uma tolinha e que lhe falta uma costela...

Tendo deixado escapar tudo isso, compreendi no mesmo instante que falara demais e dissera coisas ofensivas para a mulher; ela mordeu o lábio superior e bateu na coxa, como se estivesse a cavalo. Baixei a cabeça, encabulado, querendo desaparecer debaixo da terra, mas ela se deixou cair na cadeira e soltou uma alegre gargalhada, repetindo:

– Ai, quanta tolice... quanta tolice! Mas o que fazer agora? – perguntou a si mesma, me examinando detidamente, e depois disse com um suspiro: – Você é um menino muito, muito estranho...

Lançando um olhar para o espelho ao seu lado, vi um rosto de maçãs salientes e nariz largo, com uma grande equimose sobre a testa, os cabelos há muito não cortados apontavam em mechas para todos os lados: era isso que se chamava "um menino muito estranho"?... O menino estranho não se parecia realmente com uma esbelta figurinha de porcelana...

– Aquele dia você não aceitou o dinheirinho que lhe dei. Por quê?

– Não preciso.

Ela suspirou.

– Bem, que fazer! Se deixarem você ler, venha apanhar livros...

Havia três livros sobre o consolo; o que eu trouxera era o mais grosso. Olhei para ele com tristeza. A mulher me estendeu a mão pequena e rosada.

– Bem, adeus!

Toquei de leve a mão dela e me afastei rapidamente.

Talvez seja verdade o que dizem dela, que não sabe nada: ainda há pouco, chamou uma moeda de vinte copeques de dinheirinho, feito uma criança.

Mas isso me agradava...

É triste e, ao mesmo tempo, ridículo, lembrar quanta pesada humilhação, quantos vexames e sustos me trouxe a paixão da leitura, repentinamente acesa em mim!

Os livros da mulher do contramestre pareciam terrivelmente caros, e, temendo que a velha patroa os queimasse no fogão, eu procurava não pensar neles, e passei a apanhar pequenos livros multicores na venda onde comprava de manhã o pão para o chá.

O vendeiro era um rapaz muito desagradável: de lábios grossos, suado, o rosto branco e flácido coberto de manchas e cicatrizes de escrófula, com olhos brancos e dedos curtinhos, desajeitados, nas mãos rechonchudas. Sua venda constituía ponto de reunião noturna para adolescentes e jovens levianas da rua; o irmão de meu patrão ia também, quase todas as noites, tomar ali cerveja e jogar baralho. Com frequência me mandavam chamá-lo para a ceia, e mais de uma vez vi, no quartinho apertado, atrás do balcão, a mulher corada e meio parva do vendeiro, sentada no colo de Víktoruchka ou de algum outro rapaz. Isso parecia não ofender o vendeiro; também não se ofendia quando a irmã, que o ajudava nas vendas, era abraçada com força por cantores de coro, soldados e quantos achassem isso agradável. Havia pouca mercadoria na vendinha; explicava-o pelo fato de que o negócio era novo: não tivera tempo de pô-lo em ordem, embora a venda tivesse sido aberta ainda no outono. Mostrava a fregueses e frequentadores gravuras indecentes e emprestava versos obscenos a quem quisesse copiá-los.

Eu lia os livros vazios de Micha Ievstigniéiev, pagando um copeque pelo aluguel de cada um; era caro, e os livros não me proporcionavam nenhum prazer. *Huak, ou a fidelidade invencível*, *Francisco, o veneziano*, *Combate dos russos com os cabardinos*,[1] ou *A bela maometana que morre sobre o túmulo do esposo*, e toda a literatura nesse gênero também não me satisfazia e, muitas vezes, suscitava um despeito atroz: dava a impressão de que o livro estava zombando de mim, como de um tolo, contando com difíceis palavras fatos inverossímeis.

Os Strieltzi,[2] *Iúri Miloslávski*, *O monge misterioso*, *Iapantchá, o cavaleiro tártaro* e outros semelhantes me agradavam mais: algo sobrava deles; mas me encantavam particularmente as vidas dos santos: havia ali algo sério, em que se acreditava e que por vezes perturbava profundamente. Todos os protomártires me lembravam, não sei por quê, o Coisa Boa, as protomártires, a vovó, e os bem-aventurados, o vovô nos seus bons momentos.

Eu lia no barracão, onde ia rachar lenha, ou no sótão, o que era igualmente incômodo, frio. Às vezes, se o livro me interessava ou era necessário lê-lo mais depressa, me levantava de noite e acendia a vela, mas a velha patroa, tendo percebido que as velas diminuíam de noite, passou a medi-las com graveto, escondendo-o depois. Se de manhã faltava na vela um *vierchók*,[3] ou se eu, não tendo encontrado aquele graveto, não quebrara nele um pedaço correspondente à parte queimada da vela, começava

1 Povo do Cáucaso. [N.T.]

2 Nome do primeiro corpo de exército regular russo provido de armas de fogo. Criado por Ivan, o Terrível, em 1550, foi dissolvido por Pedro, o Grande, em 1698, após uma série de sublevações. [N.T.]

3 Medida russa antiga, correspondente a cerca de quatro centímetros. [N.T.]

na cozinha uma gritaria furiosa, e uma vez Víktoruchka disse, indignado, do seu estrado:

– Deixe de latir, mamãe! Não se pode mais viver! Claro que ele queima velas porque lê livros, pega com o vendeiro, eu sei! Vá ver lá no sótão...

A velha correu para o sótão, encontrou não sei que livro e o fez em pedaços.

Isso, naturalmente, me magoou, mas o desejo de ler fortaleceu-se ainda mais. Eu compreendia que se um santo fosse parar naquela casa, meus patrões iriam doutriná-lo, passariam a transformá-lo à sua maneira; haveriam de fazê-lo por desfastio. Se deixassem de julgar as pessoas, de gritar e zombar delas, não saberiam mais falar, emudeceriam, deixariam de ver a si mesmos. Para que um homem se sinta, é indispensável que tenha determinada maneira de tratar as demais pessoas. Meus patrões não sabiam tratar o próximo a não ser doutrinariamente, condenando, e se alguém começasse a viver à maneira deles, pensar e sentir do mesmo modo, ainda haveriam de condená-lo, e justamente por isso. Essa gente é assim.

Eu inventava toda espécie de espertezas para ler, a velha destruiu livros por diversas vezes, e de repente me vi devendo ao vendeiro a enorme quantia de quarenta e sete copeques! Ele me exigia pagamento e ameaçava tirar, para cobrir a dívida, dinheiro do patrão, quando eu fizesse compras na venda.

– O que vai ser então? – perguntava, mofando.

Eu tinha por ele uma repulsa intolerável e, provavelmente percebendo isso, ele me atormentava com toda espécie de ameaças, sentindo um especial deleite: quando eu entrava na venda, seu rosto manchado se esparramava, e ele me perguntava, carinhoso:

– Trouxe o dinheiro?

– Não.

Isso o deixava assustado, sombrio.

– Como? Devo então me queixar de você ao juiz de paz, hein? Para que você seja mandado para uma colônia de menores?

Eu não tinha onde arranjar dinheiro, pois meu ordenado era pago ao vovô, ficava confuso, sem saber o que fazer. E, em resposta ao meu pedido para que esperasse um pouco o pagamento, o vendeiro me estendia a mão oleosa, rechonchuda como um *oládi*, dizendo:

– Beije aqui, vou esperar!

Mas quando apanhei sobre o balcão um peso e fiz gesto de atirá-lo, ele se agachou, gritando:

– Quê, que é isso? Eu estava brincando!

Compreendendo, porém, que não brincava, resolvi roubar dinheiro, para me livrar dele. De manhã, quando eu escovava o terno do patrão, moedas tiniam nos bolsos das calças dele, às vezes saltavam do bolso e rolavam pelo chão, certa vez houve uma que caiu numa fenda, indo parar embaixo da escada, num depósito de lenha; eu me esqueci então de contar para ele e só me lembrei disso alguns dias depois, ao encontrar entre a lenha a moeda de vinte copeques. Quando eu a devolvi ao patrão, a mulher disse a ele:

– Está vendo? É preciso contar o dinheiro que se deixa no bolso.

Mas o patrão disse, sorrindo para mim:

– Ele não vai roubar, eu sei!

Agora, tendo decidido roubar, me lembrei dessas palavras e do seu sorriso confiante e senti como para mim seria difícil realizar o roubo. Tirei algumas vezes a prata do bolso, contei-a e não consegui me decidir a ficar com alguma. Passei uns três dias me torturando, e de repente tudo se resolveu bem rápido e simples; o patrão me perguntou inesperadamente:

– Por que você anda com esse ar aborrecido, Piechkóv? Sente-se adoentado?

Contei-lhe francamente todas as minhas tristezas; ficou taciturno.

– Está vendo aonde levam os livros? De uma ou de outra maneira, trazem sempre uma desgraça...

Deu meio rublo para mim e me aconselhou severamente:

– Cuidado, não deixe minha mãe ou minha mulher perceberem, senão vai dar barulho!

Depois me disse, com um sorriso bonachão:

– Você é insistente, diabo que o carregue! Não faz mal, isto é bom. Mas, em todo caso, deixe de lado os livros! A partir do Ano-Novo, eu vou assinar um bom jornal, então leia...

E eis-me lendo em voz alta para os meus patrões, à noitinha, entre o chá e a ceia, a *Folha de Moscou*, com romances de Vachkóv Rokchánin, Rudnikóvski e demais obras literárias que favorecem a digestão de gente assassinada pouco a pouco pelo tédio.

Não me agrada ler em voz alta, isso dificulta compreender o que leio; mas os meus patrões ouvem com atenção, com certa avidez repassada de veneração, soltam "ahs", se espantam com as maldades dos heróis do livro e dizem orgulhosos uns para os outros:

– E nós que vivemos quietamente, em paz, e não sabemos de nada, graças a Deus!

Eles confundem os acontecimentos, atribuem as ações do famoso bandido Tchúrkin ao cocheiro Fomá Krútchin, confundem também os nomes; corrijo os enganos e isso os deixa muito espantados:

– Que memória ele tem!

Não raro, encontram-se na *Folha de Moscou* versos de Leonid Gravé, que me agradam muito; copio alguns num caderninho, mas os patrões dizem sobre o poeta:

– É um velho e faz versos.

– É bêbado, meio louco, para ele tanto faz.

Agradam-me também os versos de Strújkin, do conde Memento-Mori, mas as mulheres, tanto a mais velha como a moça, afirmam que versos são coisas de chanchada.

– Só artistas e titereiros falam em versos.

Eram penosas para mim aquelas noites de inverno, na presença dos patrões, na sala pequena, acanhada. Uma noite morta se estende além da janela; o frio provoca de quando em vez estalidos, as pessoas permanecem sentadas à mesa, caladas como peixe congelado. Outras vezes, a borrasca de neve farfalha sobre as vidraças e a parede zune nos canos, faz bater as chapas da chaminé; as criancinhas choram no quarto: dá vontade de sentar num canto escuro, encolher-se e uivar como lobo.

Numa ponta da mesa, estão sentadas as mulheres, que costuram ou fazem meias de tricô; na outra, Víktoruchka, de espinha dobrada, copia com má vontade plantas e, de tempos em tempos, grita:

– Mas não balancem a mesa! Não se pode mais viver, seus pregos-parafusos, seus cachorros e ratos...

Do lado, junto a um enorme bastidor, está sentado o patrão, bordando em ponto-cruz uma toalha de mesa; surgem sob os seus dedos lagostas vermelhas, peixes azuis, borboletas amarelas e folhas ruivas de outono. Ele mesmo compôs o desenho do bordado, e já é o terceiro inverno que se ocupa com esse trabalho: está muito caceteado com ele e, frequentemente, no decorrer do dia, quando estou livre, ele me diz:

– Vamos, Piechkóv, sente-se junto à toalha, vá atuando!

Sento-me e atuo com a agulha grossa; tenho pena do patrão e, em todas as ocasiões, quero por força ajudá-lo em tudo. Tenho sempre a impressão de que um dia ele há de largar o desenho, o bordado, o jogo de cartas e começará a fazer algo diverso, interessante, em que pensa com frequência, deixando de repente o trabalho e olhando-o com olhos imóveis e espantados, como algo que lhe fosse desconhecido; os cabelos descem sobre a sua testa e sobre as suas faces, parece noviço num mosteiro.

– O que você está pensando? – pergunta a mulher.

– À toa – responde ele, retomando o trabalho.

Fico surpreso, sem nada dizer: pode-se acaso perguntar o que pensa uma pessoa? E não se pode responder a essa pergunta, pois sempre se pensa em muita coisa ao mesmo tempo: em tudo o que se passa aos nossos olhos, naquilo que eles viram ontem e um ano atrás; tudo isso está emaranhado, indistinto, tudo se move, se transforma.

Os folhetins da *Folha de Moscou* eram insuficientes para passar aquelas horas noturnas, eu me propus a ler as revistas que estavam debaixo da cama, no quarto de dormir; a patroa mais jovem disse, desconfiada:

– Mas ler nelas o quê? Ali só existem figuras...

Mas, debaixo da cama, além do *Informador Artístico*, encontrou-se também o *Foguinho*,[1] e eis-nos lendo *O conde Tiátin-Baltíski*, de Salias. Agrada muito ao patrão o herói atoleimado da novela, ele dá gargalhadas ferozes, até as lágrimas, zombando das tristes aventuras do fidalgote, e grita

– Não, é coisa bem divertida!

– São mentiras, veja bem – diz a patroa, querendo mostrar independência de julgamento.

A literatura tirada de baixo da cama me prestou um grande serviço: conquistei o direito de levar revistas para a cozinha e desfrutei a possibilidade de ler à noite.

Para minha felicidade, a velha passou a dormir no quarto das crianças, pois a babá começara a beber desbragadamente. Víktoruchka não me estorvava. Quando todos em casa adormeciam, ele se vestia sem fazer barulho e desaparecia até de manhã. Eles levavam a vela da cozinha para dentro de casa, e eu não tinha dinheiro para comprar velas; então, passei a juntar às escondidas sebo grudado aos castiçais, guardava-o numa lata de sardinhas, derramava ali óleo de lamparina e, torcendo

1 A revista *Ogoniók,* muito popular na época, e cujo nome se tornou tão tradicional que até hoje existe, dado a uma revista muito difundida. [N.T.]

fios para fazer pavios, acendia de noite, sobre o fogão, uma chama com muita fumaça.

Quando eu dobrava a página do enorme volume, a lingueta vermelha sobre o pavio tremia e balançava, ameaçando se apagar, o pavio afundava a todo momento no líquido fétido, a fumaça corroía os meus olhos, mas todos esses incômodos desapareciam no deleite com que eu examinava as ilustrações e lia as explicações anexas.

Essas ilustrações dilatavam a terra perante mim, enfeitando-a com cidades fantásticas, mostrando-me altas montanhas e as belas praias marinhas. A vida crescia maravilhosa, a terra se tornava mais atraente, mais rica de gente, mais abundante em cidades e muito mais variada. Agora, olhando para os longes além-Volga, eu já sabia que ali não ficava um espaço vazio, mas dantes, ao olhar o rio, acontecera-me sentir um enfado peculiar: os campos se estendiam achatados, cobertos dos remendos escuros do arvoredo; depois dos campos vinha a muralha negra, dentada, da floresta, e pairava sobre eles um azul turvo e frio. Havia um vazio sobre a terra, solidão. E o coração também se esvaziava, uma plácida tristeza fazia cócegas, desapareciam todos os desejos, não havia em que pensar, dava vontade de fechar os olhos. O vazio dolente não prometia nada, sugando do coração tudo o que ele continha.

As legendas das ilustrações tratavam de maneira compreensível de outros países, outra gente, referiam-se a variados acontecimentos no passado e no presente; há muita coisa que não consigo compreender e isso me atormenta. Por vezes, cravam-se em meu cérebro certas palavras estranhas: "metafísica", "quiliasmo", "cartista"; elas me perturbam de forma intolerável, crescem monstruosamente, escondem tudo, e eu tenho a impressão de que jamais hei de compreender nada se não descobrir o sentido dessas palavras; justo elas é que permanecem paradas, como guardiães, no umbral de todos os mistérios. Amiúde, frases inteiras vivem por muito tempo na memória, como um espinho cravado no dedo, me impedindo de pensar em tudo mais.

Lembro-me, li certa vez estranhos versos

Coberto de ferro, no campo deserto,
Avança a cavalo, tão mudo e sombrio,
O rei dos hunos, Átila.

Seguem-no guerreiros, feito uma nuvem negra gritando:

Mas onde está Roma? E o seu poderio?

Já sabia que Roma era uma cidade, mas quem eram os hunos? Tornava-se indispensável sabê-lo.

Tendo escolhido um momento oportuno, pergunto ao patrão.

– Os hunos? – repete espantado. – Diabo sabe o que é isso! Certamente, alguma bobagem...

E balança a cabeça, com desaprovação.

– Você tem tolices fervendo na cabeça, isso não está bem, Piechkóv!

Bem ou mal, mas eu quero saber.

Tenho a impressão de que o capelão do regimento, Soloviów, deve saber quem são os hunos, e, apanhando-o no pátio, faço a pergunta.

Pálido, doente e sempre zangado, com olhos vermelhos sem sobrancelhas e uma barbicha amarela, ele me diz, fincando na terra o bordão negro:

– Mas o que você tem com isso, hein?

Ouvindo a minha pergunta, o tenente Niestierov respondeu furioso:

– O quê-ê?

Resolvi então que tinha de ir à farmácia e perguntar sobre os hunos ao farmacêutico; ele me olha sempre carinhoso, tem um rosto inteligente e óculos dourados sobre o nariz grande.

– Os hunos – disse o farmacêutico Páviel Goldberg – foram um povo nômade, como os quirguizes.[1] Esse povo não existe mais, morreram todos.

Senti tristeza e despeito, não porque os hunos tivessem todos morrido, mas porque o sentido da palavra, que me atormentava por tanto tempo, era tão simples e não me trouxera nada.

Mas estou muito grato aos hunos: depois de me chocar com eles, as palavras passaram a me inquietar menos, e, graças a Átila, conheci Goldberg, o farmacêutico.

Esse homem conhecia o sentido simples de todas as palavras doutas, possuía a chave de todos os mistérios. Depois de corrigir os óculos com dois dedos, ele me fitava fixamente nos olhos, através dos vidros grossos, e dizia, como se fincasse pregos miúdos em minha testa:

– As palavras, meu amigo, são como folhas numa árvore, e, para compreender por que uma folha é assim e não de outra maneira, é preciso saber como cresce a árvore, é preciso estudar! Um livro, meu amigo, é como um jardim dadivoso, em que existe de tudo: o útil e o agradável...

Eu corria frequentemente à sua farmácia, a fim de comprar soda e magnésia para os adultos, que sofriam continuamente de azia, e unguento e purgantes para os pequerruchos. Os ensinamentos concisos do farmacêutico me infundiam um modo cada vez mais sério de encarar os livros e, insensivelmente, tornaram-se indispensáveis para mim, como vodca para um bêbado.

Eles me mostravam uma outra vida: a vida dos grandes sentimentos e desejos que levavam os homens a proezas e crimes. Eu via que os homens ao meu redor eram incapazes de proezas e de crimes, que eles viviam fora daquilo que se escrevia nos livros, e era difícil compreender o que havia de interessante

1 Povo da Ásia Central, que habita atualmente a República da Quirguízia e não leva mais vida nômade. [N.T.]

em sua vida. Eu não quero viver tal vida... Isso me é bem claro: não quero...

Pelas legendas das figuras, eu sabia que em Praga, Londres e Paris não havia em meio à cidade ravinas nem montes de lixo, formando diques, ali existiam ruas retas e largas, residências e igrejas diferentes. Ali não há inverno de seis meses, que encerra os homens dentro de casa, não existe também o grande jejum da Quaresma, durante o qual se pode comer somente chucrute, cogumelos salgados, farinha de aveia e batatas com o repugnante óleo de linhaça. Durante o grande jejum, é proibido ler livros; tiraram-me o *Informador Artístico*, e esta vida vazia, de jejum, tornou a colar-se a mim. Agora, quando podia compará-la com o que sabia dos livros, ela me parecia ainda mais miserável e indecente. Lendo, eu me sentia mais sadio, mais forte, trabalhava com agilidade e diligência, tinha um objetivo: quanto mais depressa terminasse o serviço, mais tempo me sobraria para leitura. Privado de livros, me tornei mole, preguiçoso, passou a se apoderar de mim uma distração doentia, que eu não conhecera antes.

Lembro-me, justamente em meio a esses dias vazios, aconteceu algo misterioso: à noitinha, quando todos se deitavam para dormir, ressoou de repente com estrépito o sino da catedral, no mesmo instante ele sacudiu a todos no apartamento, gente semidespida correu para as janelas, perguntando uns aos outros:

– Incêndio? Toque a rebate?

Ouvia-se que nos apartamentos vizinhos havia também lufa-lufa e bater de portas; alguém corria pelo pátio, segurando um cavalo pelas rédeas. A velha patroa gritava que ladrões assaltaram a catedral, o patrão a interrompia:

– Nada disso, mãe, está se ouvindo bem que não é rebate!

– Então, morreu o arcebispo...

Víktoruchka desceu do estrado, estava se vestindo e balbuciava:

– Eu sei o que aconteceu, eu sei!

O patrão me mandou para o sótão, a fim de ver se não havia reflexo de incêndio, eu corri, me esgueirei pela claraboia para o telhado, não se via nenhum incêndio; no ar plácido e gelado, o sino estrugia sem pressa; a cidade deitara-se sonolenta, apertada contra a terra; gente invisível corria na treva, fazendo ranger a neve, os patins dos trenós soltavam sons esganiçados, e o sino reboava cada vez mais sinistro. Voltei ao apartamento.

– Não há incêndio.

– Uh, meu Deus! – disse o patrão, de sobretudo e chapéu, levantou a gola e pôs-se a enfiar, indeciso, os pés nas galochas. A patroa implorava:

– Não vá! Por favor, não vá...

– Bobagem!

Víktoruchka, também vestido, provocava a todos:

– Mas, eu sei...

Depois que os irmãos foram para a rua, as mulheres me ordenaram que preparasse o samovar e correram para as janelas, mas quase no mesmo instante o patrão tocou a campainha da entrada, correu silenciosamente escada acima e, abrindo a porta para a antessala, disse pesadamente:

– Mataram o tsar![1]

– Mataram mesmo? – exclamou a velha.

– Mataram, um oficial me contou... O que vai ser agora?

Víktoruchka também tocou a campainha e, despindo-se contrariado, disse com irritação:

– E eu pensei que fosse guerra!

Depois, todos eles sentaram para tomar chá, conversavam tranquilos, mas baixinho e cautelosamente. Também na rua tudo se aquietou, não zunia mais o sino. Durante dois dias, eles murmuravam entre si misteriosamente, iam a alguma parte, recebiam também visitas que relatavam minuciosamente algo. Eu

1 O tsar Alexandre II, assassinado por terroristas em 1881. [N.T.]

fazia grande esforço, procurando compreender o que acontecera. Mas os patrões escondiam de mim o jornal e, quando perguntei ao Sídorov por que mataram o tsar, ele respondeu baixinho:

– É proibido falar disso...

•••

E tudo isso apagou-se depressa, enevoou-se com as insignificâncias cotidianas, e logo eu sofri um episódio muito desagradável.

Num domingo em que os patrões foram às matinas, e eu, tendo posto o samovar, fui arrumar os quartos, o filho mais velho arrastou-se para a cozinha, arrancou a torneira do samovar e sentou-se debaixo da mesa, para brincar com ela. Havia muito carvão na chaminé e, quando ela se esvaziou de água, as suas soldas derreteram. Arrumando os quartos, ouvi que o samovar estava zunindo de jeito furioso, pouco natural, e, entrando na cozinha, vi horrorizado que ele ficara todo azul e estremecia, como se quisesse dar um salto sobre o soalho. O tampão ligado à torneira separara-se do resto e descera tristemente, a tampa do aparelho descambara de lado, gotas de chumbo escorriam-lhe sob as alças; o samovar liláceo-azulado parecia completamente bêbado. Despejei água sobre ele, pôs-se a ciciar e desfez-se tristemente no chão.

Tocaram a campainha na entrada principal, abri a porta e, como a velha me perguntasse se o samovar estava pronto, respondi lacônico:

– Pronto.

Essa palavra, dita provavelmente em meio à confusão e ao susto, foi tomada por uma zombaria e agravou o castigo. Fui espancado. A velha pôs em ação um punhado de raminhos de pinheiro, não era muito doloroso, mas deixou sob a pele das costas inúmeros gravetinhos, cravados profundamente; à noitinha, minhas costas, de tão inchadas, pareciam travesseiro, e, ao meio-dia seguinte, o patrão teve que me levar ao hospital.

Depois que o médico, comprido e esquálido até o ridículo, me examinou, disse tranquilamente, com voz de baixo profundo:

– É preciso agora fazer uma ata de violência contra menor.

O patrão ficou vermelho, pôs-se a arrastar os pés e foi dizendo algo, baixinho, ao médico, que, olhando por cima da sua cabeça, respondia lacônico:

– Não posso. É proibido.

Mas depois me perguntou:

– Você quer dar queixa?

Eu sentia dor, mas disse:

– Não quero, faça-me o curativo mais depressa...

Levaram-me para outra sala, deitaram sobre a mesa, o médico extraiu os gravetinhos de modo agradável, com uma pinça fria, gracejando:

– Eles trataram a sua pele de maneira excelente, meu amigo, agora você vai ficar impermeável...

Terminado o serviço, que me causara cócegas intoleráveis, disse:

– Foram arrancados daí quarenta e dois gravetos, meu amigo, lembre-se para contar vantagem! Venha amanhã, a esta mesma hora, mudar a gaze. Batem em você muitas vezes?

Pensei um pouco e respondi:

– Antes, batiam mais...

O médico soltou uma gargalhada com voz de baixo.

– Tudo vai para melhor, meu amigo, tudo!

Depois que me conduziu para junto do patrão, disse a ele:

– Queira receber, está consertado! Mande-o para cá amanhã, vamos fazer o curativo. Para sua felicidade, ele é um cômico...

No carro de aluguel, o patrão me foi dizendo:

– Eu também fui espancado, Piechkóv – o que se vai fazer? Batiam-me, sim, meu irmão! Apesar de tudo, ao menos eu tenho pena de você, e de mim ninguém tinha pena, ninguém!

As pessoas existem por toda parte em multidão, mas para ter pena de alguém, não se encontra nem um filho da mãe! Eh, galinhas-feras...

Ficou soltando impropérios o tempo todo, eu tinha pena dele, e, ao mesmo tempo, fiquei agradecido, porque falava comigo como gente.

Em casa, fui recebido como um aniversariante, as mulheres me obrigaram a contar em detalhes como o médico tratara de mim, o que ele dissera, ficaram ouvindo e soltando "ahs", estalando com deleite os lábios, fazendo careta. Eu me espantava com esse interesse acentuado deles pelas doenças, pela dor e por tudo o que era desagradável!

Vi como estavam satisfeitos comigo pelo fato de eu me ter recusado a apresentar queixa, e aproveitei o fato para pedir licença de apanhar livros com a mulher do contramestre. Não ousaram recusar, apenas a velha exclamou surpresa:

– Que demônio!

No dia seguinte, eu estava parado diante da mulher do contramestre, que me dizia carinhosa:

– Contaram-me que você esteve doente, que foi levado para o hospital; está vendo como inventam coisas?

Calei-me. Dava vergonha contar a verdade: para que precisava ela saber o que era grosseiro e triste? Era tão bom que ela não se parecesse com as demais pessoas.

Novamente, estou lendo os livros grossos de Dumas pai, Ponson du Terrail, Montepin, Zaconnais, Gaboriau, Aimard; engulo esses livros depressa, um após outro, e estou alegre. Sinto que participo de uma vida incomum, que me perturba docemente, infundindo ânimo. De novo a minha iluminação improvisada fumega, fico lendo noites a fio, até de manhã, meus olhos aos poucos adoecem, e a velha patroa me diz, amável:

– Espere um pouco, seu papa-livros, os seus olhos vão estourar, você vai ficar cego!

No entanto, compreendi muito depressa que, em todos esses livros interessantemente emaranhados, apesar da variedade de acontecimentos, das diferenças de países e cidades, se tratava sempre do seguinte: as pessoas boas são infelizes e perseguidas pelas más; estas são sempre mais inteligentes e têm mais sucesso que aquelas, mas, no final, algo imperceptível vence as pessoas más e as boas triunfam obrigatoriamente. Estava enjoado do "amor", do qual todos os homens e mulheres falavam sempre com as mesmas palavras. Essa uniformidade não só se tornava aborrecida, mas suscitava também confusas desconfianças.

Às vezes, desde as primeiras páginas, percebia-se quem ia vencer e quem seria derrotado, e, apenas se tornava claro o nó dos acontecimentos, procurava-se desatá-lo com a força da fantasia. Deixando a leitura do livro, você pensa nele como num problema do manual de aritmética, e cada vez com maior frequência consegue resolver com acerto quem dos heróis chegará ao paraíso de todo o bem-estar, e quem será emaranhado no grande nó.

Mas, por trás de tudo isso, vejo de relance o faiscar de uma verdade viva e significativa para mim, os traços de uma outra vida, de outras relações. É claro para mim que, em Paris, os cocheiros, os operários, os soldados e toda a "gente do povo" é diferente de Níjni-Nóvgorod, de Kazan, de Perm: ela fala com os senhores de maneira mais ousada, é mais simples e independente no trato com eles. Aí está um soldado, mas não se parece com nenhum dos que eu conheço: nem com o Sídorov, nem com o de Viatka, aquele do navio, e muito menos com o Iermókhin; é mais gente que todos eles. Há nele algo de comum com o Smúri, mas é menos rude, um tanto menos animalesco. Eis um vendeiro, mas ele também é melhor que todos os vendeiros meus conhecidos. E os sacerdotes, nos livros, também são diferentes dos que eu conheço: mais humanos, tratam as pessoas com mais simpatia. Em geral, toda a vida no estrangeiro, como tratam dela os livros, é mais interessante, mais leve e melhor que a vida que eu conheço: no estrangeiro, não se briga com tanta frequência e tão selvagemente, não se zomba tão cruelmente de uma pessoa como zombaram do soldado de Viatka, não rezam a Deus com a mesma fúria da velha patroa.

Aparece principalmente que, tratando de malfeitores, de gente ávida e ignóbil, os livros não indicam neles aquela inexplicável crueldade, aquela ânsia de escarnecer das pessoas, que me é tão conhecida e que observei com tamanha frequência. Um malfeitor de livro é cruel de maneira prática, quase sempre se pode compreender por que ele é cruel, mas eu via uma crueldade sem objeto, sem sentido, com a qual um homem apenas se divertia, sem esperar qualquer vantagem.

Com cada livro novo, essa diferença entre a vida russa e a de outros países aparece diante de mim com maior nitidez, suscitando uma confusa mágoa, fortalecendo a desconfiança na veracidade das páginas muito usadas, amarelas, sujas nos cantos.

E de repente caiu nas minhas mãos o romance dos Goncourt *Os irmãos Zemganno*, eu o li sem interrupção, numa noite, e, surpreendido com algo que até então não experimentara, pus-me a reler aquela história singela e triste. Não havia nele nada de emaranhado, nada exteriormente interessante, parecia desde as primeiras páginas sério e seco, como as vidas dos santos. A sua linguagem, tão exata e isenta de adornos, a princípio me surpreendeu desagradavelmente, mas as palavras avaras, as frases solidamente construídas se acomodavam tão bem no coração, contavam de modo tão sugestivo o drama dos irmãos acrobatas, que minhas mãos tremiam do prazer de ler esse livro. Chorei aos soluços lendo o trecho em que o infeliz artista de pernas quebradas se arrasta para o sótão, onde o irmão se ocupa, em segredo, de sua arte predileta.

Devolvendo esse belo livro à mulher do contramestre, pedi-lhe outro assim.

– Assim, como? – perguntou com um sorriso.

Aquele sorriso me deixou confuso, não pude explicar o que eu queria, e ela me disse:

– Esse livro é aborrecido; espere, vou trazer um outro para você, mais interessante...

Alguns dias depois, me emprestou a *História verdadeira do pequeno maltrapilho*, de Greenwood; o título do livro me deu como que uma alfinetada, mas já na primeira página suscitou na minha alma um sorriso de entusiasmo; foi com esse mesmo sorriso que li o livro até o fim, relendo algumas páginas duas ou três vezes.

Eis, portanto, com que dificuldade e sofrimento vivem às vezes os meninos, mesmo no estrangeiro! Ora, a minha vida não é tão ruim assim; logo, é possível não entristecer!

Greenwood me presenteou com muito ânimo, e pouco depois dele já veio parar nas minhas mãos um livro verdadeiramente "certo": *Eugênia Grandet.*

O velho Grandet lembrou-me vivamente do vovô, causava despeito o fato de esse livro ser tão pequeno, e me espantava quanta verdade continha. Essa verdade, que me era tão conhecida e da qual estava enjoado, mostrava-se no livro sob uma luz absolutamente nova: tranquila, sem rancor. Todos os livros lidos por mim anteriormente, com exceção dos Goncourt, julgavam as pessoas de maneira tão severa e gritante quanto os meus patrões, com muita frequência eles suscitavam uma simpatia pelo criminoso e um sentimento de mágoa em relação às pessoas virtuosas. Era sempre lastimável ver que, apesar do imenso dispêndio de inteligência e vontade, o homem não consegue atingir o que deseja: as pessoas virtuosas ficam paradas diante dele, da primeira à última página, indefectivelmente, feito marcos de pedra. Embora contra esses marcos se quebrem, inevitavelmente, todas as más intenções do vício, as pedras não despertam simpatia. Por mais belo e sólido que seja um muro, quando se quer arrancar uma maçã, sobre uma árvore além desse muro, não se pode extasiar-se com ele. E eu tinha já a impressão de que o mais precioso, o mais vivo, estava escondido em alguma parte além da virtude...

Nos Goncourt, em Greenwood e em Balzac, não havia malfeitores nem gente bondosa, havia simplesmente homens maravilhosamente vivos; eles não permitiam duvidar de que tudo o que disseram e fizeram fora dito e realizado da única maneira possível.

Desse modo, compreendi a grande festa que era um livro "bom e certo". Mas, como encontrá-lo? A mulher do contramestre não podia me ajudar nisso.

– Aí está um bom livro – dizia, oferecendo-me *Mãos repletas de rosas, ouro e sangue,* de Arsin Gousset, romances de Bellot, Paul de Kock, Paul Féval, mas eu os lia com esforço.

Ela gostava dos romances de Marryat, de Werner, que me pareciam aborrecidos. Spilhagen também não me alegrava, mas me agradaram muito os contos de Auerbach. Sue e Victor Hugo igualmente não me entusiasmavam muito, eu preferia Walter Scott. Queria livros que causassem perturbação e alegria, como o maravilhoso Balzac. Aquela mulher de porcelana também me agradava cada vez menos.

Indo à casa dela, eu vestia camisa limpa, me penteava, procurando a todo custo assumir um aspecto decente; é duvidoso que o conseguisse, mas sempre esperava que, percebendo a minha decente apresentação, ela falasse comigo de modo mais simples e amistoso, sem aquele sorriso de peixe sobre o rosto limpinho, sempre festivo. Mas, sorrindo, ela perguntava com voz cansada e melíflua:

– Leu? Gostou?

– Não.

Erguendo ligeiramente as sobrancelhas finas, ela me olhava e, suspirando, dizia pelo nariz, do jeito já conhecido:

– Mas, por quê?

– Já li sobre isso.

– Isso, o quê?

– Sobre amor...

Semicerrando os olhos, ela soltava um riso açucarado.

– Ah, mas em todos os livros é justamente de amor que se escreve!

Sentada na grande poltrona, ela balança os pés pequenos, com chinelas de pele, boceja um pouco, enrola-se no roupãozinho azul-claro e bate com os dedos róseos na capa do livro que tem sobre os joelhos.

Tenho vontade de perguntar:

– Por que não muda de apartamento? Os oficiais continuam escrevendo bilhetes, zombando da senhora...

Mas não tenho bastante coragem para dizê-lo, e vou embora, levando um livro grosso a respeito de "amor" e uma dolorida desilusão no íntimo.

No pátio, falam cada vez pior dessa mulher, com mais mofa e maldade. Fico muito magoado de ouvir essas histórias sujas e certamente mentirosas; não vendo a mulher, tenho pena e temor por ela. Mas quando, chegando à sua casa, vejo os seus olhinhos aguçados, a flexibilidade felina do corpo pequeno e esse rosto sempre festivo, a pena e o temor desaparecem que nem fumaça.

Na primavera, ela de repente se mudou e, alguns dias depois, o seu marido também deixou o apartamento.

Quando os quartos estavam vazios, à espera dos novos moradores, fui olhar as paredes nuas, com manchas quadradas no lugar dos quadros, com pregos torcidos e feridas de pregos. Havia farrapos multicores, papel rasgado, caixas amassadas de remédios, frascos de perfume espalhados no chão pintado, e brilhava um grande alfinete de cobre.

Senti tristeza, quis ver mais uma vez a pequena mulher do contramestre, dizer como era grato a ela...

10

Ainda antes da partida da mulher do contramestre, mudou-se para o apartamento debaixo daquele em que morávamos uma jovem senhora de olhos negros, acompanhada de uma menina, bem como da mãe, velhinha grisalha, que fumava incessantemente cigarros numa piteira de âmbar. A senhora era muito bonita; orgulhosa, autoritária, falava com voz cheia, agradável, olhava para todos de cabeça erguida, semicerrando ligeiramente os olhos, como se as pessoas estivessem muito longe e ela não as distinguisse bem. Quase diariamente, o escuro soldado Tiufiáiev conduzia até a entrada do apartamento dela um cavalo ruivo, de pernas finas, a senhora saía para o patamar da escada, de vestido comprido de veludo cor de aço, luvas brancas com bainha e botas amarelas. Tendo numa das mãos a cauda do vestido e um chicotinho com uma pedra azul no cabo, ela afagava com a mão pequena a cara do cavalo, de dentes carinhosamente arreganhados, e que espiava de viés com um olho esfogueado, tremia todo e de tempos em tempos golpeava com o casco a terra batida.

– Robert, Ro-obert – dizia ela em voz baixa, dando fortes palmadas no pescoço belamente recurvado do cavalo.

A seguir, pondo o pé sobre o joelho do Tiufiáiev, a senhora pulava ágil para a sela, e o cavalo avançava pelo cais, dançando orgulhosamente; ela se sentava com tanta agilidade no selim que parecia grudada a ele.

Possuía aquela rara beleza que sempre parece nova, nunca vista, e sempre enche o coração de uma alegria inebriante. Olhando-a, eu pensava que assim foram Diana Poitiers, a rainha Margot, a dama Lavalière e outras beldades, heroínas de romances históricos.

Estava continuamente rodeada pelos oficiais da divisão aquartelada na cidade; à noite, em sua casa, tocava-se piano, violino, violão, havia cantos e dança. Com maior frequência que os demais, girava a seu lado, sobre as pernas curtinhas, o major Olessov, gordo, de carão vermelho, grisalho e ensebado como um maquinista de trem. Ele tocava bem violão e comportava-se como um criado fiel e obediente da senhora.

A menina de cinco anos, gordinha, cabelos em cachos, era tão felizmente bonita como a mãe. Seus imensos olhos azulados tinham uma expressão séria, um olhar de espera tranquila, e havia nessa menina algo pensativo, nada infantil.

A avó estava de manhã à noite ocupada com a casa, ajudada por Tiufiáiev, taciturnamente mudo, e por uma arrumadeira corpulenta, caolha; a criança não tinha babá, vivia quase abandonada, passava dias inteiros brincando no patamar da escada ou sobre uma pilha de tábuas em frente. Muitas vezes, à noitinha, eu ia brincar com ela e me afeiçoei muito à menina, que logo se acostumou a mim e adormecia em meus braços, quando eu lhe contava uma história. Em seguida, eu a levava para a cama. Isso chegou a tal ponto que, antes de dormir, ela exigia que eu fosse dizer boa-noite. Estendia-me então, com ar importante, a mãozinha rechonchuda, dizendo:

– Adeus, até amanhã! Vovó, como é que a gente deve dizer?

– Que Deus o proteja – dizia a avó, soltando pela boca e pelo nariz aguçado volutas azuladas de fumaça.

– Que Deus o proteja até amanhã, e eu já vou dormir – dizia a menina, enrolando-se no cobertor orlado de renda.

A avó lhe ensinava:

– Não é até amanhã, mas sempre!

– Mas amanhã não é sempre?

Gostava da palavra "amanhã" e transferia para o futuro tudo o que lhe agradava; fincando na terra flores que apanhara e galhos quebrados, dizia:

– Amanhã, isso vai ser um jardim...

– Algum dia amanhã eu também vou *complar pla* mim um cavalo e vou montar, feito a mamãe...

Era inteligente, mas não muito alegre; muitas vezes, durante um jogo animado, ficava de súbito pensativa e perguntava inesperadamente:

– Por que os popes têm cabelo que nem as mulheres?

Tendo-se queimado com urtiga, ameaçou-a com o dedo:

– Olha, vou rezar a Deus, e ele vai te *fazê* muito mal. Deus pode fazer mal quando *qué*, pode até castigar a mamãe...

Às vezes, apossava-se dela uma tristeza quieta, séria; apertada contra mim, dirigindo para os céus os seus olhos azuis, de expectativa, dizia:

– A vovó às *veiz* fica zangada, mas mamãe nunca fica, tá sempre rindo. Todos gostam dela, porque nunca tem tempo, sempre vêm visitas, visitas, e olham pra ela porque ela é bonita. Ela é *queída* mamãe. E o Oiessov também diz: *queída* mamãe!

Eu gostava tremendamente de ouvir a menina: ela falava de um mundo desconhecido. Falava sempre de sua mãe com disposição e loquacidade; uma vida nova se abria devagarinho diante de mim, e tornava a lembrar a rainha Margot,[1] isso reforçava ainda mais a confiança nos livros e o interesse pela vida.

Uma vez, à noitinha, eu estava sentado no patamar da escada, esperando meus patrões, que foram passear no Talude, e a menina cochilava nos meus braços, quando a mãe chegou a

1 Alusão ao romance *A rainha Margot*, de Alexandre Dumas. [N.T.]

cavalo, apeou-se com um pulo ligeiro para o chão, e, erguendo a cabeça, perguntou:

– Então, ela está dormindo?

– Sim.

– Que coisa...

Chegou correndo o soldado Tiufiáiev, recebeu o cavalo, a senhora pendurou o chicotinho no cinto e disse, estendendo os braços:

– Passe cá a menina!

– Eu vou levá-la sozinho!

– Não! – a senhora gritou comigo como se eu fosse o cavalo, e bateu o pé sobre o degrau da escada.

A menina acordou piscando os olhos, olhou para a mãe e também lhe estendeu as mãos. Elas se foram.

Eu estava acostumado que gritassem comigo, mas era desagradável que essa senhora gritasse também; qualquer um lhe obedeceria, mesmo que desse a ordem em voz baixa.

Instantes depois, a arrumadeira caolha veio me chamar: a menina estava manhosa, não queria dormir sem me dizer boa-noite.

Não foi sem orgulho perante a mãe que eu entrei na sala de jantar; a menina estava sentada no colo da senhora, que a despia, as mãos ágeis.

– Ora, aí está – disse ela – ele já chegou, esse monstro!

– Ele não é monstro, é meu menino...

– Assim? Muito bem. Neste caso, vamos dar um presente a seu menino. Quer?

– Quero sim!

– Excelente, eu vou fazer isso, mas vá dormir.

– Adeus, até amanhã – disse a menina, me estendendo a mão. – Que Deus o proteja, até amanhã...

A senhora exclamou espantada:

– Quem ensinou isso a você: vovó?

– Si-im...

Depois que ela foi dormir, a senhora me chamou com o dedo.

– O que vou dar de presente a você?

Disse a ela que não devia me dar nenhum presente, mas não teria algum livro para me emprestar?

Ela me levantou um pouco o queixo, os dedos cálidos, perfumados, perguntando com um sorriso agradável:

– Então é assim, você gosta de ler, não? Mas que livros você já leu?

Sorrindo, tornou-se ainda mais bonita; encabulado, disse os nomes de alguns romances.

– Mas o que lhe agrada neles? – perguntou, pondo as mãos sobre a mesa e movendo devagar os dedos.

Emitia um cheiro doce, forte, de não sei que flores, com ele se confundia estranhamente um cheiro de suor de cavalo. Ela me olhava com expressão pensativa e séria, por entre as pestanas compridas; até então, ninguém me olhara assim.

Devido às inúmeras peças de mobília macia e bonita, o quarto estava acanhado como um ninho de pássaro; as janelas apareciam oclusas por um verde denso de vegetação, brilhavam no lusco-fusco os ladrilhos níveos da estufa, ao lado da qual luzia o negro piano de cauda. Uns misteriosos documentos espiavam das paredes, envoltos pelo ouro fosco das molduras, semeados, em linhas tortas, de letras graúdas de eslavo eclesiástico, e, sob cada documento, um carimbo grande e escuro pendia de um cordão. Todos os objetos olhavam para essa mulher com o mesmo jeito tímido e dócil que eu.

Como pude, expliquei a ela que viver era muito difícil e aborrecido e que, lendo, se esquecia isso.

– Si-im, então é assim? – disse ela, erguendo-se. – Não está mal formulado, provavelmente é verdade... Bem, e então? Vou dar livros a você, mas agora não tenho... Aliás, leve este aqui...

Apanhou sobre o divã um muito usado, de capa amarela.

– Depois que acabar de ler, vou lhe dar a segunda parte, são quatro...

Fui embora, levando *Os mistérios de Petersburgo*, do Príncipe Mieschérski, e comecei a ler esse livro com grande atenção, mas, desde as primeiras páginas, ficou evidente que os "mistérios" de Petersburgo eram muito mais aborrecidos que os de Madri, Londres e Paris. Pareceu-me divertida apenas a fábula sobre a Liberdade e a Vara.

– Sou superior a você – disse a Liberdade – porque sou mais inteligente.

Mas a Vara respondeu:

– Não, sou eu a superior, porque sou mais forte que você.

Discutiram, discutiram e acabaram por se pegar; a Vara espancou a Liberdade, e esta, segundo estou lembrado, morreu no hospital, em consequência da sova.

No livro, tratava-se de um niilista. Lembro-me de que, segundo o Príncipe Mieschérski, um niilista é pessoa tão venenosa que o seu olhar faz morrer as galinhas. A palavra niilista me pareceu ofensiva e indecente, mas não compreendi mais nada e fiquei tristonho: provavelmente, eu não sabia compreender os livros bons! Pois estava convicto de que o livro era realmente bom: é claro que uma senhora tão importante e bonita não ia ler livros ruins!

– Bem, que tal, gostou? – perguntou, quando devolvi o romance amarelo de Mieschérski.

Eu tinha muita dificuldade em responder não; pensei que isso a deixaria irritada.

Mas ela apenas riu, afastando o reposteiro e passando para o quarto de dormir, de onde trouxe um voluminho com encadernação de marroquim azul.

– Isso vai agradar a você, mas não suje.

Eram os poemas narrativos de Púchkin. Li todos de uma vez, possuído por aquele sentimento de avidez que se experimenta indo parar pela primeira vez em algum lugar bonito que não se conhecia: sempre se procura percorrê-lo correndo, de uma só vez. Assim acontece depois que se anda por muito tempo sobre os cômoros musgosos de um matagal pantanoso e, de repente, estende-se aos nossos olhos uma campina seca, toda florida e ensolarada. Por alguns instantes, fica-se a olhá-la num encantamento, depois se corre a campina inteira, feliz, e cada contato do pé com as ervas macias da terra fértil traz uma suave alegria.

Púchkin me espantou a tal ponto com a simplicidade e a música do verso, que por muito tempo a prosa me pareceu pouco natural e, lendo-a, ficava embaraçado. O prólogo de "Ruslan"[1] me lembrava as melhores histórias da vovó, parecia tê-las condensado maravilhosamente numa só, e algumas linhas me deixavam perplexo com a sua verdade incisiva:

Sobre veredas ignoradas,
Rastros de feras nunca vistas

– repetia eu mentalmente as linhas prodigiosas e via esses atalhos quase imperceptíveis, e que eu conhecia tão bem, via os rastros misteriosos, com os quais estava amassada a erva, que ainda não derrubara de si as gotas de orvalho, pesadas como azougue. Os versos sonoros penetravam na memória com surpreendente facilidade, enfeitando festivamente tudo de que tratavam; isso me tornava feliz, a minha vida, fácil e agradável; os versos soavam como o repicar de sinos de uma vida nova. Que felicidade saber ler!

Os magníficos contos populares de Púchkin eram o que eu melhor compreendia, o que me estava mais próximo; depois de lê-los algumas vezes, já os sabia de cor; deitando-me de noite, murmurava os seus versos, os olhos fechados, até adormecer. Não raro, eu contava essas histórias aos ordenanças; ouvindo, eles davam gargalhadas, soltavam carinhosamente impropérios, o Sídorov afagava a minha cabeça e dizia baixinho:

1 O poema de Púchkin "Ruslan e Liudmila". [N.T.]

– Bonito, hein? Ah, meu Deus...

A excitação que tomara conta de mim foi notada pelos patrões, a velha xingava:

– Ficou enlevado com a leitura, vagabundo, e já é o quarto dia que o samovar não foi limpo! Daqui a pouco, vou apanhar o rolo...

Que importava o rolo? Eu me defendia dele com versos:

Amando o mal com a alma negra,
A velha feiticeira...

A senhora cresceu ainda mais aos meus olhos: eram esses os livros que ela lia! Não era aquela mulher de porcelana, casada com o contramestre...

Quando lhe devolvi, entristecido, o livro, ela disse convicta:

– Isto agradou a você! Já ouviu falar de Púchkin?

Eu já lera algo sobre o poeta numa revista, mas queria ouvi-la falar dele, e disse que não sabia nada.

Contando-me sucintamente a vida e a morte de Púchkin, ela perguntou, sorrindo como um dia de primavera:

– Está vendo como é perigoso amar as mulheres?[1]

De acordo com todos os livros lidos por mim, eu sabia que era realmente perigoso, mas bom. Disse:

– É perigoso, mas todos gostam! E as mulheres também se atormentam com isso...

Ela me lançou um olhar, da maneira como olhava para tudo, por entre as pestanas, e disse com seriedade:

– Então, é assim? Você compreende? Nesse caso, desejo a você o seguinte: não esqueça isso!

E interrogou-me sobre versos que me agradaram mais.

1 Púchkin foi morto em duelo, por um francês emigrado, Georges Charles d'Anthès, que fazia a corte a sua mulher. [N.T.]

Comecei a dizer algo a ela, balançando os braços, declamando. Ela me ouviu, séria e silenciosa, depois se ergueu e caminhou pelo quarto, dizendo pensativa:

– Você, queridíssima fera, deveria estudar! Vou pensar no caso... Os patrões são seus parentes?

E, quando respondi afirmativamente, exclamou:

– Oh! – como que me censurando.

Deu-me *As canções de Béranger*, numa excelente edição ilustrada, com folhas de borda dourada e encadernação de couro vermelho. Essas canções me fizeram perder de uma vez o juízo com a sua aliança, estranhamente íntima, de uma tristeza corrosiva e uma alegria desenfreada.

Era com um frio no peito que eu lia as palavras amargas do *Velho mendigo*:

Como a um inseto bem daninho,
Homens, por que não me esmagais?
Ah! Deveríeis ter me instruído
Para o trabalho benfazejo. Mais:
Da adversidade protegido,
Não mais verme, mas já formiga,
Eu vos daria amor fraterno,
Mas, velho e vagabundo,
Morrendo, sou vosso inimigo.[1]

Em seguida, porém, ri até as lágrimas, lendo *O marido que chora*. E lembrei particularmente as seguintes palavras de Béranger:

Da alegre vida a ciência
É fácil aos que são simples!

1 Estrofe da canção de Béranger, "Le Vieux vagabond". [N.T.]

Béranger despertou em mim uma alegria insopitável, um desejo de fazer molecagens, de dizer a todos palavras atrevidas, ferinas, e eu consegui isso muito bem, num prazo curto. Decorei também os seus versos e os lia muito entusiasmado aos ordenanças, entrando às carreiras, por alguns instantes, nas cozinhas:

Mas logo tive que desistir disso, porque os versos:

Qual é o chapéu que não assenta
Numa garota aos dezessete?!

provocaram uma detestável conversa a respeito de garotas; isso me ofendeu, me deixou furibundo, e eu bati na cabeça do soldado Iermókhin com uma caçarola. O Sídorov e outros ordenanças me arrancaram das suas mãos desajeitadas, mas desde então não me atrevia mais a correr pelas cozinhas dos oficiais.

Não me deixavam ir passear na rua, e ademais não sobrava tempo: o trabalho crescia sempre; agora, além do serviço habitual em substituição a uma arrumadeira, ao zelador do prédio e a um "menino de recados", eu devia diariamente fixar com pregos percalina sobre umas tábuas grossas, colar sobre elas plantas, copiar os orçamentos das construções do patrão, verificar as contas dos empreiteiros; o patrão estava trabalhando de manhã à noite, como máquina.

Naqueles anos, os edifícios governamentais da feira estavam passando à propriedade privada dos comerciantes; reconstruíram-se às pressas as lojas; meu patrão aceitava encomendas de reformas e de novas construções. Traçava plantas para "modificação de padieira", "para abrir uma claraboia no telhado" etc.; eu levava essas plantas a um arquiteto velhinho, junto com um envelope, no qual se escondia uma nota de vinte e cinco rublos; o arquiteto recebia o dinheiro e assinava: "A planta confere com o original, tendo sido os trabalhos fiscalizados por Imiárek".

Naturalmente, ele nem vira o original e não pudera fiscalizar os trabalhos, pois não saía de casa, por motivo de doença.

Eu levava propinas ao administrador da feira e a outras pessoas necessárias, recebendo deles "autorizações para toda ilegalidade", como o patrão denominava esses documentos. Por tudo isso, fui autorizado a esperar os patrões à entrada do edifício, quando eles saíam de noite para visitas. Isso não acontecia com frequência, mas eles voltavam então para casa depois da meia-noite, e eu passava algumas horas sentado no patamar da escada ou sobre uma pilha de tábuas em frente, olhando as janelas do apartamento da minha dama, ouvindo com avidez a música e as conversas alegres.

As janelas ficavam abertas. Através das cortinas e das redes de flores, eu via movendo-se pelas salas os vultos esbeltos dos oficiais, rolava o redondo major e ela deslizava, vestida com admirável simplicidade e beleza.

Chamei-a no íntimo de Rainha Margot.

– Ali está aquela mesma vida prazenteira de que tratam os livros franceses – pensava, olhando pelas janelas. E sentia sempre um pouco de tristeza: era doloroso ao meu ciúme infantil ver, ao redor da Rainha Margot, aqueles homens que pairavam à sua volta como vespas sobre uma flor.

Mais raro que os demais, ia a sua casa um oficial alto, melancólico, de fronte com cicatriz e olhos profundamente escondidos; trazia sempre um violino e tocava maravilhosamente; tocava tão bem que os transeuntes paravam sob aquelas janelas. Os habitantes de toda a rua aglomeravam-se junto às tábuas, até os meus patrões, se estavam em casa, abriam as janelas e elogiavam o músico. Não me lembro de que elogiassem alguém mais, a não ser o protodiácono da catedral, e sei que o bolo com gordura de peixe agradava-lhes, apesar de tudo, mais que a música.

Às vezes, o oficial cantava e declamava com voz abafada, ofegando de modo estranho, apertando a palma da mão contra a fronte. Certa vez, quando eu estava brincando com a menina sob a janela, e a Rainha Margot pediu a ele que cantasse, ficou recusando por muito tempo, depois disse com nitidez:

Se a canção necessita beleza,
Vive bem a beleza sem cantos...

Esses versos me agradaram muito, e por alguma razão tive pena do oficial.

Era mais agradável olhar a minha dama, quando ficava sentada ao piano, tocando, sozinha na sala. A música me inebriava, eu não via mais nada, fora a janela e, por trás desta, à luz amarela do lampião, o vulto esbelto da mulher, o perfil altivo de seu rosto e as mãos brancas, voando que nem pássaros sobre o teclado.

Olhava-a, ouvia a música dolente e devaneava: iria encontrar em alguma parte um tesouro e lhe entregaria todo, para que se tornasse rica! Se eu fosse Skóbielev,[1] declararia novamente guerra aos turcos, aceitaria um resgate, construiria junto ao Talude, a parte melhor da cidade, uma casa com que a presentearia, contanto que ela deixasse essa rua, esse prédio, onde todos falavam a seu respeito de modo ofensivo e feio.

Os vizinhos, a criadagem do edifício e sobretudo os meus patrões falavam da Rainha Margot do mesmo jeito ruim e rancoroso com que haviam falado da mulher do contramestre, mas usavam de maior cautela, baixando a voz e olhando para os lados.

Temiam-na talvez porque ela era a viúva de um homem muito eminente; os documentos nas paredes da sua sala foram outorgados aos avós de seu marido por antigos tsares da Rússia: Boris Godunóv, Aleksiei Mikháilovitch e Pedro, o Grande; isso me foi dito pelo soldado Tiufiáiev, homem alfabetizado, que

1 O general russo M. D. Skóbielev, que ganhou fama na Guerra Russo-Turca de 1877-78. [N.T.]

estava sempre lendo o Evangelho. É possível que as pessoas temessem que ela as espancasse com o seu chicotinho de pedra lilás no cabo; dizia-se que batera com ele em certo funcionário importante.

Mas as palavras a meia-voz não eram melhores que as proferidas alto; minha dama vivia numa nuvem de hostilidade, uma hostilidade que me era incompreensível e me atormentava. O Víktoruchka contava que uma vez, voltando para casa depois da meia-noite, espiara pela janela do quarto de dormir da Rainha Margot e vira que ela estava sentada no divã, de camisola apenas, e o major, ajoelhado, aparava as suas unhas do pé, enxugando-as depois com uma esponja.

A velha soltava impropérios e cuspia, a patroa mais jovem gritava esganiçadamente, enrubescida:

– Víktor, pff! Que sem-vergonha! Ah, como são indecentes esses senhores!

O patrão permanecia calado, sorrindo; eu ficava muito grato por aquele silêncio, mas esperava assustado que ele também participasse dos gritos e uivos. Soltando "ahs" e sons esganiçados, as mulheres interrogavam minuciosamente o Víktoruchka sobre a maneira exata como estava sentada a dama e como se ajoelhava o major; o Víktor acrescentava cada vez novos pormenores.

– Tinha o carão vermelho, a língua de fora...

Eu não via nada de vergonhoso no fato de o major aparar as unhas da senhora, mas não acreditava que ele estivesse com a língua de fora, isso me parecia uma mentira ofensiva, e eu disse ao Víktoruchka:

– Se isso não está bem, por que espiou pela janela? Você não é mais criança...

Está claro que me xingaram, mas os xingamentos não me ofendiam, eu só queria uma coisa: descer a escada correndo, ajoelhar-me ante a dama, como fizera o major, e pedir a ela:

– Por favor, mude-se desta casa!

Agora que eu já sabia existirem uma outra vida, outra gente, sentimentos, ideias, esse prédio, com todos os seus habitantes, despertava em mim uma repulsa cada vez mais penosa. Todo ele estava envolvido numa rede imunda de vergonhosos mexericos, não havia nele uma só pessoa de quem não se falasse com maldade. O pope do regimento, doente, lastimável, era celebrado como bêbado e devasso; os oficiais e suas mulheres viviam, segundo os relatos dos meus patrões, em pecado de fornicação; enojaram-me as monótonas conversas dos soldados sobre mulheres, e fiquei particularmente nauseado com os meus patrões: eu conhecia muito bem o valor autêntico dos implacáveis julgamentos, tão de seu agrado, a respeito das pessoas. A observação dos vícios humanos é o único divertimento que não custa dinheiro. Meus patrões apenas se divertiam, torturando verbalmente o próximo, e como que se vingavam em todos pelo fato de que eles mesmos viviam tão piedosamente, de modo tão difícil e aborrecido.

Quando falavam da Rainha Margot, eu sofria ataques convulsivos de um sentimento que não era infantil, o meu coração inflava de ódio aos mexeriqueiros, apossava-se de mim um desejo indomável de irritar a todos, de fazer molecagens, e às vezes eu sentia acessos dolorosos de comiseração por mim mesmo e por todos: essa comiseração muda era ainda mais penosa que o ódio.

Eu sabia mais sobre a Rainha que eles e temia que chegasse ao seu conhecimento aquilo que eu sabia.

Nos feriados, quando os patrões iam à catedral, para as últimas matinas, eu chegava à casa dela; chamava-me para o seu quarto de dormir, eu sentava numa poltrona pequena, forrada de seda dourada, a menina trepava nos meus joelhos, e eu falava à mãe dos livros que lera. Ela ficava deitada na cama larga, as palmas pequenas das mãos apoiando a face, o corpo escondido sob o cobertor, tão dourado como tudo naquele quarto, os cabelos escuros, em trança, atirados sobre o ombro moreno, jaziam na sua frente, pendendo às vezes da cama para o chão.

Ouvindo-me, ela me fitava o rosto com os olhos suaves e dizia, com um sorriso quase imperceptível:

– Então é assim?

Até o seu sorriso benévolo era, aos meus olhos, apenas um sorriso condescendente de rainha. Falava com uma voz cheia, acariciante, e eu tinha a impressão de que dizia sempre o mesmo:

– Eu sei que sou infinitamente melhor e mais pura que todas as pessoas, e não preciso de nenhuma delas.

Às vezes, eu a encontrava diante do espelho: estava sentada sobre uma poltrona baixinha, penteando os cabelos; suas pontas caíam sobre os joelhos, sobre os braços da poltrona, desciam por cima do espaldar desta, quase até o chão – tinha cabelos compridos e densos como os da vovó. Eu via no espelho os seus seios morenos e rijos, ela vestia na minha presença o corpete, calçava as meias, mas a sua nudez pura não despertava em mim sensações vergonhosas, apenas um sentimento prazenteiro de orgulho por ela. Recendia sempre a flores, e esse aroma a defendia de maus pensamentos a seu respeito.

Eu era sadio, forte, conhecia bem o segredo das relações entre homens e mulheres, mas as pessoas falavam desses segredos, na minha presença, com tão impiedosa malícia, com tamanha crueldade, de modo tão sujo, que eu não podia imaginar essa mulher nos braços de um homem; era difícil pensar que alguém tivesse o direito de tocá-la de maneira atrevida e desavergonhada, com a mão de dono do seu corpo. Eu estava certo de que o amor das cozinhas e das cafuas era desconhecido pela Rainha Margot, ela conhecia alegrias diferentes, superiores, um amor diverso.

Mas um dia, à tardinha, chegando à sala de visitas, ouvi atrás do reposteiro do quarto de dormir o riso sonoro da dama do meu coração e uma voz masculina, que pedia:

– Espere um pouco... meu Deus! Não acredito...

Eu devia ir embora, compreendi bem, mas não conseguia sair dali...

– Quem é? – perguntou ela. – É você? Entre...

O quarto estava abafado, devido ao aroma das flores, e meio escuro, por causa das cortinas cerradas... Deitada na cama, a Rainha Margot cobria-se com o cobertor até o queixo, e a seu lado, junto à parede, estava sentado, de camisola e peito aberto, o oficial violinista; tinha uma cicatriz também sobre o peito, ela se estendia, numa faixa vermelha, do ombro direito ao mamilo, e era tão nítida que a vi distintamente até na penumbra. Os cabelos do oficial estavam eriçados de maneira engraçada, e pela primeira vez vi um sorriso em seu rosto tristonho e ferido: era um sorriso estranho. E os seus grandes olhos femininos olhavam para a Rainha com tal expressão como se visse pela primeira vez a sua beleza.

– É meu amigo – disse a Rainha Margot, não sei se para ele ou para mim.

– Por que você se assustou assim? – ouvi a voz dela, como que de longe. – Venha cá...

Quando me aproximei, envolveu-me o pescoço com o braço desnudo e cálido, dizendo:

– Quando crescer, vai ser feliz também... Agora, saia daqui!

Pus o livro na prateleira, apanhei outro e saí, como num sonho.

Algo estalou em meu coração. Naturalmente, não pensei, um instante sequer, que a minha rainha amasse como todas as mulheres, e o oficial também não dava margem a que se pensasse assim. Via diante de mim o seu sorriso: sorria com alegria, feito uma criança inesperadamente espantada, seu rosto tristonho renovara-se maravilhosamente. Ele devia amá-la – podia-se acaso não a amar? E ela também podia presenteá-lo generosamente com o seu amor – ele tocava de maneira tão bela, sabia declamar versos com tamanho sentimento...

Mas o simples fato de que eu precisasse encontrar essas consolações tornava claro para mim que nem tudo ia bem, nem tudo estava certo na minha relação com aquilo que vira e com a própria Rainha Margot. Eu me sentia como tendo perdido algo, e vivi alguns dias imerso em profunda tristeza.

... Uma vez, fiz molecagem, furiosa e cegamente, e, quando fui à casa da dama para apanhar um livro, ela me disse, muito severa:

– Mas você é um traquinas terrível, ouvi dizer! Eu não esperava isso...

Não me contive e pus-me a contar para ela como a vida me causava náuseas, como era penoso ouvir quando falavam mal a seu respeito. Parada em frente a mim, a mão pousada em meu ombro, ela a princípio ouviu o meu discurso com atenção, seriamente, mas logo riu e me empurrou devagarinho.

– Chega, eu sei tudo isso. Compreende? Eu sei!

Depois, segurou as minhas mãos e disse com muito carinho:

– Quanto menos atenção você der a todas essas porcarias, tanto melhor para você... E, quanto às mãos, você as lava mal...

Bem que podia não ter dito isso; se ela limpasse cobre, lavasse o chão e as fraldas, as suas mãos não seriam melhores que as minhas, creio eu.

– Se uma pessoa sabe viver, os demais têm raiva dela, têm inveja dela; se não sabe, desprezam-na – disse ela, pensativa, me abraçando, me atraindo para si e fitando-me nos olhos, com um sorriso. – Você gosta de mim?

– Sim.

– Muito?

– Sim.

– Mas gosta como?

– Não sei.

– Obrigada; você é simpático! Eu gosto de que os outros gostem de mim...

Sorriu, quis dizer algo, mas apenas suspirou e passou muito tempo calada, sem me soltar dos braços.

– Venha mais para cá, venha sempre que puder...

Aproveitei-me disso e recebi dela muito de bom. Depois do almoço, os meus patrões se deitavam para dormir, eu corria para baixo, e, se ela estava em casa, ficava ali sentado cerca de uma hora, mais até.

– É preciso ler livros russos, deve-se conhecer a nossa vida russa – ensinava ela, enfiando grampos com seus ágeis dedos róseos nos cabelos cheirosos.

E, nomeando uma série de escritores russos, perguntava:

– Você vai lembrar?

Dizia frequentemente, pensativa e com ligeira mágoa:

– Você precisa estudar, estudar, e eu estou sempre esquecendo isso! Ah, meu Deus...

Depois de ficar um pouco sentado em sua casa, eu corria para cima, com um novo livro, e como que lavado por dentro.

Já lera *Uma crônica de família*, de Aksakov, o belo poema russo "Nas florestas", as admiráveis *Memórias de um caçador*, alguns voluminhos de Grebionka e Sologub, versos de Venevitinov, Odóievski, Tiutchev.[1] Esses livros me lavaram a alma, limpando-a da casca das impressões de uma realidade indigente e amarga; senti então o que significava um bom livro e compreendi como ele me era indispensável. Esses livros fizeram formar-se em meu íntimo uma firme certeza: não estava sozinho no mundo e não me perderia!

A vovó vinha me visitar, eu lhe falava com entusiasmo da Rainha Margot; ela cheirava gostosamente o seu rapezinho e dizia convicta:

1 Alusão, respectivamente, a romances de S. T. Aksakov (1791-1859) e Miélnikov-Pietchérski (1819-83), a um livro de contos de I. S. Turguiêniev (1818-83), ao poeta ucraniano E. P. Grebionka (1812-48), a V. A. Sologub (1813-82), D. V. Vienievitinov (1805-27), A. I. Odóievski (1802-39) e F. I. Tiutchev (1803-73). [N.T.]

– Isso, isso, está bem! Existe muita gente boa, basta procurar!

Um dia, ela me propôs:

– Talvez seja bom eu ir à casa dela e agradecer por você?

– Não, não é preciso...

– Está bem, não é preciso.. Meu Deus, meu Deus, como tudo é bom! Eu seria capaz de viver séculos e séculos!

A Rainha Margot não conseguiu providenciar que eu estudasse; quando chegou a festa da Santíssima Trindade, teve lugar um episódio horrível, e esse quase me aniquilou.

Pouco antes dos feriados, as minhas pálpebras incharam muito e os olhos se fecharam completamente, os patrões se assustaram com a possibilidade de eu ficar cego, e eu também me assustei. Levaram-me ao médico parteiro Heimrich Rodziévitch, conhecido deles, que me cortou as pálpebras pela parte interior, passei alguns dias deitado com ataduras sobre os olhos, imerso num enfado negro e torturante. Na véspera da Trindade, tiraram as ataduras, e eu me pus novamente de pé, como se me erguesse do túmulo onde fora enterrado vivo. Não pode haver nada tão terrível como a perda da visão; é uma ofensa indescritível, que tira ao homem nove décimos do mundo.

No alegre dia da Trindade, estando ainda na condição de doente, fui libertado ao meio-dia de todas as minhas obrigações, e fiquei andando pelas cozinhas, visitando os ordenanças. Estavam todos bêbados, com exceção do severo Tiufiáiev; à noitinha, Iermókhin bateu com uma acha de lenha na cabeça de Sídorov, este caiu sem sentidos na entrada do apartamento, e Iermókhin fugiu assustado para a ravina.

Espalhou-se rapidamente pelo pátio uma fala alarmada, no sentido de que Sídorov fora morto. Gente se reuniu junto à entrada do prédio e olhava para o soldado, estendido imóvel no umbral da cozinha, a cabeça dirigida para a entrada do apartamento; murmurava-se que era preciso chamar a polícia, mas ninguém a chamava nem ousava tocar no soldado.

Apareceu a lavadeira Natália Kozlóvskaia, de vestido novo lilás, lenço branco nas costas, empurrou zangada as pessoas, entrou na passagem para o apartamento, acocorou-se e disse alto:

– Imbecis, ele está vivo! Deem água...

Os demais trataram de convencê-la:

– Não devia se meter, não é da sua conta!

– Água, já disse! – gritou ela, como num incêndio; erguendo com ar eficiente o seu vestido novo acima dos joelhos, puxou para baixo a anágua e colocou a cabeça ensanguentada do soldado sobre o joelho.

A assistência se dispersou, desaprovadora e assustada; no lusco-fusco da passagem, eu vi como faiscavam zangados, sobre o rosto redondo e branco da lavadeira, os olhos marejados de lágrimas. Eu trouxe um balde de água, ela ordenou que a despejasse na cabeça de Sídorov, no seu peito, e me avisou:

– Não me molhe, tenho que fazer visita...

O soldado voltou a si, abriu os olhos embotados, pôs-se a gemer.

– Levante – disse a Natália, apanhando-o pelas axilas e segurando-o, os braços estendidos, para não sujar o vestido. Levamos o soldado para a cozinha, o deitamos na cama, ela enxugou o rosto dele com um pano molhado e se afastou, dizendo:

– Molhe esse trapo com água e vá segurando sobre a cabeça dele, enquanto eu vou procurar aquele imbecil. Esses diabos, quando menos se espera, vão beber até parar nos trabalhos forçados.

Foi embora, depois de tirar a anágua ensanguentada, jogando-a para um canto, e de ajeitar, com ar preocupado, o vestido amassado e farfalhante.

O Sídorov espreguiçava, soluçava, soltava "ohs". Caía da sua cabeça, sobre o meu pé descalço, um sangue pesado, em gotas escuras: era desagradável, mas, assustado, eu não me decidia a afastar o pé.

Havia uma sensação de amargor; o dia festivo brilhava no pátio, a entrada do prédio e o portão estavam enfeitados com bétulas novas;

amarraram-se em cada um dos marcos de pedra ramos recém-cortados de bordo e de sorveira; toda a rua tornara-se alegremente verde, tudo era tão jovem, tão novo; de manhã, eu tivera a impressão de que a festa primaveril chegara para muito tempo, e que a partir daquele dia a vida correria mais pura, mais clara e alegre.

O soldado teve náuseas, um cheiro abafante de vodca quente e de cebolinho encheu a cozinha, a cada momento colavam-se às vidraças da janela umas carantonhas curvas e largas, de narizes amassados. As palmas das mãos, colocadas junto às faces, tornavam essas carantonhas monstruosamente orelhudas.

O soldado balbuciava, lembrando:

– Como foi que isso me aconteceu? Eu caí? O Iermókhin? Be-elo companheiro...

Começou a tossir, chorou lágrimas de beberrão e lamentou:

– Minha irmãzinha... a irmãzinha...

Pôs-se de pé, escorregadio, molhado e fedorento, balançou o corpo e, descaindo pesadamente sobre o catre, disse, fazendo girar estranhamente os olhos:

– Me mataram de *vez*...

Achei engraçado.

– Que diabo, quem está rindo aí? – perguntou o soldado, dirigindo-me um olhar embotado. – Como é que você pode rir? Mataram-me para sempre...

Pôs-se a me repelir com ambos os braços, murmurando:

– Primeiro prazo: o profeta Elias vem no campo raso; segundo: no embalo, São Jorge vem com seu cavalo; e o terceiro: saia daqui, seu futriqueiro! Vá embora, lobo...

Eu disse:

– Deixa de bobagem!

Ele se zangou absurdamente, gritou, arrastou os pés.

– Me mataram, e você...

E bateu pesadamente nos meus olhos, com a mão mole e suja; soltei um uivo, fiquei cego e corri como pude para o pátio, ao encontro de Natália; ela estava conduzindo o Iermókhin pela mão, gritando:

– Vai, cavalo!

Agarrando-me, perguntou:

– O que há com você?

– Está brigando...

– Brigando? – arrastou Natália, espantada, e, dando um repelão em Iermókhin, disse:

– Ande, demônio, você deve agradecer ao seu Deus!

Lavei os olhos com água e, olhando da passagem através da porta, vi os soldados fazendo as pazes, abraçando-se e chorando, depois ambos começaram a abraçar Natália, que batia nas mãos deles, gritando:

– Tirem as patas, cachorros! Pensam que sou uma dessas vagabundas de vocês? Vão dormir, enquanto não chegam os patrões, andem, depressa! Senão, vai ser uma desgraça para vocês!

Deitou-os como criancinhas, um no chão, o outro no catre, e, quando eles roncaram, foi para a passagem.

– Sujei-me toda, e estou com roupa de fazer visita! Ele bateu em você?... Que imbecil! Aí tem você o resultado da vodcazinha. Não beba, rapazinho, não beba nunca...

Depois, fiquei sentado com ela sobre um banco, junto ao portão, perguntando a ela como podia não ter medo de bêbados.

– Não tenho medo deles mesmo em estado normal, tenho-os aqui! – mostrou o punho vermelho, fortemente cerrado. – O meu defunto maridinho também bebia perdidamente, e então, às vezes, eu o amarrava, assim bêbado, as pernas e os braços, e, depois que ele dormia um pouco, tirava as calças dele e batia nele com umas boas vergas: não beba, se você casou, tem por divertimento a mulher, e não a vodca! Sim. Batia nele até me cansar, e depois disso ele ficava macio feito cera...

– A senhora é forte – disse eu, lembrando da mulher Eva, que enganara o próprio Deus.

Natália disse, com um suspiro:

– A mulher precisa da força mais que o homem, ela devia ter duas vezes mais força, mas Deus foi injusto com ela! Um homem é pessoa muito desigual.

Falava tranquilamente, sem raiva, sentada com as mãos cruzadas sobre o peito volumoso, apoiando as costas no muro, os olhos tristonhos fixos no cais sujo, coberto de cacos. Fiquei embevecido com as falas inteligentes, esquecera o tempo e, de repente, vi na extremidade do cais a patroa de braço com o patrão; vinham devagar, com imponência, como um peru com a sua perua, olhavam-nos fixamente, dizendo algo entre si.

Corri para abrir a porta da entrada do prédio; subindo a escada, a patroa me disse com maldade:

– Dizendo amabilidades a lavadeiras? Foi com a senhora daí debaixo que você aprendeu boas maneiras?

Era tão estúpido que nem me atingiu; me pareceu mais ofensivo o fato de que o patrão sorriu e disse:

– Ora, não é sem tempo!...

Na manhã seguinte, descendo para apanhar lenha no barracão, encontrei um porta-níqueis vazio, junto à abertura quadrada na porta, feita para os gatos; vira-o dezenas de vezes em mãos do Sídorov e levei-o para ele no mesmo instante.

– Mas cadê o dinheiro? – perguntou, apalpando o interior do porta-níqueis. – Um rublo e trinta. Dá cá!

Tinha a cabeça envolta numa toalha, enrolada como turbante; amarelo, emagrecido, piscava zangado os olhos inchados e não acreditava que eu tivesse encontrado o porta-níqueis vazio.

Chegou o Iermókhin e pôs-se a convencê-lo, acenando a cabeça na minha direção:

– Foi ele que roubou, foi ele, leve-o à presença dos patrões! Um soldado nunca rouba outro soldado!

Essas palavras me indicaram que fora justamente ele o autor do roubo, e que depois jogara o porta-níqueis para o barracão; no mesmo instante, gritei na cara dele:

– É mentira, foi você quem roubou!

E me convenci de vez que estava certa a minha suposição: seu rosto de carvalho torceu-se de fúria e medo, ele girou no lugar e começou a uivar, com voz fina:

– Prove!

Como podia provar? O Iermókhin me arrastou gritando para o pátio, o Sídorov ia atrás dele, também gritando, cabeças espiaram das janelas; fumando tranquilamente, a mãe da Rainha Margot assistia à cena. Compreendi que estava perdido aos olhos de minha dama e fiquei estarrecido.

Eu me lembro: os soldados seguravam-me pelos braços, os patrões, parados diante deles, faziam eco àquelas queixas, um para o outro, e a patroa disse, convicta:

– Claro que é obra dele! Agora compreendo por que estava ontem ao portão com uma lavadeira, dizendo amabilidades; quer dizer que ele tinha dinheiro, sem dinheiro não se consegue nada com ela...

– É isso mesmo! – gritou o Iermókhin.

O chão pôs-se a girar sob os meus pés, abrasei-me numa raiva selvagem, gritei com a patroa e fui diligentemente espancado.

Mas o que mais me torturava não eram as pancadas, e sim o pensamento sobre o juízo que estaria então fazendo de mim a Rainha Margot. Como ia me justificar perante ela? Eu me senti muito mal nesses momentos horríveis.

Para minha felicidade, os soldados logo espalharam essa história por todo o pátio, por toda a rua, e à noitinha, deitado no sótão, ouvi os gritos de Natália Kozlóvskaia lá embaixo:

– Não, para que vou me calar?! Não, meu caro, vamos, ande! Eu estou dizendo: anda! Senão vou falar com o seu patrão, ele vai te obrigar...

Senti de imediato que esse barulho se referia a mim. Ela estava gritando junto à entrada para o nosso prédio, sua voz ressoava cada vez mais sonora e triunfante:

– Quanto dinheiro você me mostrou ontem? Onde o arranjou? Vamos, conte.

Sufocado de alegria, ouvi o Sídorov arrastar tristemente:

– Aai-iai, Iermókhin.

– E o garoto levou má fama, foi espancado, hein?

Tive vontade de correr para baixo, para o pátio, dançar de alegria, beijar a lavadeira, agradecido, mas nesse momento a minha patroa gritou, provavelmente da janela:

– O garoto foi espancado porque ele xinga as pessoas, mas ninguém pensou que fosse ladrão, a não ser você, vagabunda!

– A senhora mesma é que é vagabunda, é uma vaca, se me permite dizer.

Eu ouvia aquela briga como se fosse música, quentes lágrimas de mágoa e de gratidão para com Natália queimavam dolorosamente o meu coração, sufocava com o esforço de contê-las.

Em seguida, o patrão subiu devagar a escada para o sótão, sentou-se sobre um feixe de caibros perto de mim e disse, alisando o cabelo:

– Então, Piechkóv, meu irmão, está sem sorte?

Voltei-me para o outro lado, em silêncio.

– Mas, assim mesmo, você xinga muito feio – continuou ele, e eu declarei com voz branda:

– Quando me levantar, vou sair desta casa...

Ficou sentado, calou-se por algum tempo, fumando seu cigarrinho, e, examinando com atenção a ponta deste, disse baixo:

– Bem, é da sua conta! Não é mais uma criança, deve resolver sozinho o que é melhor para você...

E saiu dali. Dava pena, como de costume.

Deixei a casa três dias depois. Sentia uma vontade intolerável de me despedir da Rainha Margot, mas não tive coragem de ir a sua casa e, confesso, fiquei esperando que ela mesma me chamasse.

Despedindo-me da menina, pedi:

– Diga à mamãe que eu lhe agradeço muito, muito! Vai dizer?

– Vou sim – prometeu ela, com um sorriso de ternura. – Adeus até amanhã, sim?

Encontrei-a uns vinte anos depois, casada com um oficial da polícia militar...

11

Sou novamente lavador de pratos, no navio *Perm*, branco feito um cisne, espaçoso e veloz. Agora, sou "lavador de segunda" ou "mujique da cozinha", ganho sete rublos por mês e minha função consiste em auxiliar os cozinheiros.

O gerente do restaurante, redondo e inflado de arrogância, é careca como uma bola; as mãos nas costas, passa dias inteiros caminhando pesadamente pelo convés, como um varrão que procura num dia de calor um canto sombreado. No restaurante, a sua mulher se pavoneia, dama quarentona, bonita, mas amassada, coberta de pó-de-arroz a ponto de cair das suas faces sobre o vestido de cor viva uma poeira branca e pegajosa.

Quem comanda na cozinha é o dispendioso cozinheiro Ivan Ivânovitch, apelidado de Ursinho, pequeno, gorducho, com nariz de abutre e olhos zombeteiros. É um dândi, usa colarinhos engomados, faz barba todos os dias, tem as faces azuis e bigodes escuros, torcidos para cima; nas horas vagas ele mexe sem cessar nos bigodes, ajeitando-os com os dedos vermelhos, queimados, e não para de se olhar num espelhinho redondo, portátil.

A pessoa mais interessante a bordo é o foguista Iákov Chumov, um mujique quadrado, de peito largo. Seu rosto de nariz arrebitado é chato como uma pá, os olhinhos ursinos ficam ocultos sob as sobrancelhas densas, tem as faces cobertas de miúdos anéis de cabelo, que lembram musgo num pântano, esses cabelos se juntaram sobre a cabeça num denso chapéu, e é com dificuldade que enfia neles os dedos tortos.

Jogava cartas a dinheiro, com habilidade, e espantava a todos com a sua gula; como um cão faminto, roçava-se continuamente contra os objetos, junto à cozinha, pedinchando pedaços de carne, ossos, e à noitinha tomava chá com o Ursinho e contava surpreendentes episódios ocorridos com ele.

Quando jovem, fora ajudante de um pastor de rebanho comunal, em Riazann, depois um monge de passagem o induziu a ir para um mosteiro, onde passou quatro anos como noviço.

– Eu me tornaria um monge, uma estrela negra de Deus – gracejava, falando depressa –, mas chegou ao nosso mosteiro uma peregrinazinha de Penza, uma mulher tão divertida, e acabou por me perturbar: você é tão bem conformado, tão forte, e eu sou uma viúva honesta, sozinha, você deveria ser zelador da minha casa, que é própria, eu negocio com penas de aves... Pois be-em, contratou-me para vigilante, e acabei sendo seu amante, e vivi uns três anos comendo do seu pão gostoso...

– Você é valente na mentira – interrompe o Ursinho, examinando preocupado umas espinhas pequenas sobre o nariz. – Se pagassem dinheiro pelas mentiras, você teria milhares!

O Iákov mastiga, os aneizinhos cinzentos de cabelo deslizam pelo seu rosto, movem-se as orelhas cabeludas; depois de ouvir a observação do cozinheiro, prossegue, com a mesma voz regular e rápida:

– Era mais velha que eu, comecei a me aborrecer na companhia dela, acabei me enredando com uma sobrinha dela, e quando a viúva soube, me expulsou aos pescoções...

– Aí está a recompensa, outra melhor já se dispensa – diz o cozinheiro, com a mesma leveza e propriedade que o Iákov.

O foguista continua, depois de enfiar atrás da bochecha um torrão de açúcar:

– Fiquei solto ao vento algum tempo e depois me juntei a um velhote de Vladímir, mascate, e percorri com ele o mundo todo: atravessamos as montanhas dos Bálcãs, fomos para o meio dos próprios turcos, lidamos com romenos, gregos, com toda espécie de austríacos; conhecemos todos os povos, comprávamos de uns, vendíamos a outros...

– Mas roubavam também? – pergunta, sério, o cozinheiro.

– O velhote, nem-nem! E me disse: em país estranho, é preciso ser honesto, o costume aqui é cortar a cabeça por qualquer bobagem. É verdade que experimentei roubar, mas o resultado não foi nada interessante: planejei levar embora um cavalo do pátio de um homem do comércio, mas não consegui, me apanharam, começaram naturalmente a bater em mim, bateram, bateram e me arrastaram para a polícia. Estávamos em dois, um era ladrão de cavalos de verdade, um ladrão de lei, e eu tinha feito aquilo mais por curiosidade. Trabalhava para aquele comerciante, estava instalando uma estufa em sua nova casa de banho, e eis que o comerciante foi ficando doente, eu apareci para ele num pesadelo, ele se assustou e se pôs a pedir às autoridades: soltem o rapaz (era de mim que falava), deixem ele partir, pois já me está aparecendo em sonhos; se não perdoarem ele, não vou me curar, vê-se bem que é um feiticeiro; era de mim que falavam, eu é que era feiticeiro! Be-em, era um comerciante de peso, e eles me soltaram...

– A você o que se deve não é soltar, mas na água mergulhar, por uns três dias, para que saiam nela todas as besteiras – disse o cozinheiro.

Iákov apegou-se de imediato às suas palavras.

– Está certo, tenho muita besteira, para dizer a verdade, tenho besteiras que dão para toda uma aldeia...

Enfiando o dedo para trás do colarinho apertado, o cozinheiro repuxa-o zangado, balançando a cabeça e queixando-se, com mágoa:

– Que absurdo! Vive sobre a terra um forçado desses, come, bebe, anda por aí, e para quê? Bem, diga-me, pra que você vive?

O foguista faz barulho com a boca e responde:

– Eu é que não sei. Vivo por viver. Uns ficam deitados, outros andam, um funcionário tem por função ficar sentado, mas comer todos precisam.

O cozinheiro se irrita ainda mais:

– Mas que porco que você é, é até impossível dizer! Simplesmente, uma ração de porco...

– Por que você está xingando? – Iákov se espanta. – Os mujiques são todos bolotas do mesmo carvalho. Deixe de xingar, pois isso não me fará melhor...

Esse homem logo fez com que me afeiçoasse a ele intensamente; eu o olhava com inextinguível espanto, ouvia-o boquiaberto. Havia nele, conforme eu pensava, um conhecimento peculiar e firme da vida. Tratava todos por "você", olhava todos de baixo das sobrancelhas cabeludas de maneira igualmente reta e independente, e como que nivelava todos, o capitão, o gerente, os passageiros importantes da primeira classe, consigo mesmo, com os embarcadiços, com a criadagem do restaurante e os passageiros do convés.

Às vezes, ficava parado diante do capitão ou do maquinista, tendo atrás das costas os braços compridos de macaco, e ouvia em silêncio como o xingavam por sua preguiça ou porque descuidadamente fizera alguém perder tudo no carteado; ficava parado e via-se que os xingamentos não lhe faziam efeito, que não o assustavam as ameaças de fazê-lo descer do navio no primeiro embarcadouro.

Havia nele algo estranho a todos, como no Coisa Boa; ele mesmo parecia convicto da sua peculiaridade, que consistia em que as pessoas não podiam compreendê-lo.

Nunca vi esse homem ofendido, pensativo, não me lembro de que passasse muito tempo calado: as palavras jorravam da sua boca felpuda num riacho incessante, e até como que contra a sua vontade. Quando o xingavam ou se ouvia de alguém um relato interessante, seus lábios se moviam, como se ele repetisse para si mesmo aquilo que ouvia, ou continuasse a dizer baixinho algo seu. Diariamente, terminado seu quarto de serviço, se esgueirava para fora pela escotilha da casa das máquinas, descalço, suado, untado de óleo, com uma camisa molhada, sem cinto, o peito aberto, com uma densa lanugem frisada, e logo se derramava sobre o convés a sua voz regular, monocórdia, rouquenha, as palavras semeavam-se feito gotas de chuva.

– Muito bem, mãe! Para onde vai? Para Tchístopol? Conheço, já estive lá, vivi como operário diarista, em casa de um tártaro rico. Ele se chamava Ussã Gubaidúlin, o velho tinha três mulheres, era bem forçudo, de carão vermelho. E uma tartarazinha, bem moça, era tão divertida, tive com ela um pecado...

Estivera em toda parte, tivera pecado com todas as mulheres em seu caminho; falava de tudo sem rancor, tranquilamente, como se em toda a vida nunca tivesse experimentado ofensas nem escárnio. Um instante depois, a sua fala já ressoava alhures sobre a popa.

– Gente honrada essa que joga baralho! Vinte-e-um, bisca, sete-e-meio, eh! As cartas são ocupação que consola, dá para ganhar dinheiro sentado, é serviço de comerciante...

Notei que ele raramente dizia: bom, mau, ruim, mas quase sempre: divertido, consola, curioso. Uma mulher bonita era para ele mulherzinha divertida, um dia de sol, diazinho que consola. E o mais frequente era dizer:

– Cuspo em tudo isso!

Todos o consideravam preguiçoso, mas eu tinha a impressão de que ele executava o seu difícil trabalho junto à fornalha, em meio a um calor infernal, abafado e fétido, de maneira tão escrupulosa como todos, mas não me lembro de que se queixasse de cansaço, como faziam os demais foguistas.

Uma vez, alguém roubou de uma velha passageira uma carteira de dinheiro; foi numa noite clara, quieta, todos passavam o tempo de um jeito pacífico, bonachão. O comandante deu à velha cinco rublos, os passageiros também juntaram alguma coisa; quando entregaram o dinheiro à mulher, ela se persignou, fez uma profunda saudação a todos e disse:

– Meus queridos, isto dá três rublos e dez copeques mais do que eu tinha!

Alguém gritou, alegre:

– Tome tudo, mulherzinha, para que tagarelar à toa? Um dinheirinho nunca é demais!

Alguém disse, judicioso:

– Dinheiro não é gente, nunca é supérfluo...

Mas o Iákov acercou-se da velha e propôs seriamente:

– Passe cá o que está sobrando, vou apostar no carteado!

Os presentes riram, pensando que o foguista estivesse brincando, mas ele se pôs a convencer insistentemente a velha confusa:

– Dê cá, mulherzinha! Para que precisa de dinheiro? Mais dia, menos dia, você vai para a sepultura...

Expulsaram-no dali, xingando; ele me disse, balançando a cabeça, surpreso:

– Que gente mais esquisita! Para que se metem onde não são chamados? Ela mesma disse que o dinheiro era demais! E eu teria me consolado com aqueles três rublos...

O dinheiro parecia diverti-lo muito com o seu aspecto: conversando, ele gostava de limpar as moedas de prata ou de cobre, esfregando-as nas calças, e, tendo polido uma moeda até brilhar, movendo ligeiramente as sobrancelhas, punha-se a examiná-la, segurando-a com os dedos tortos, diante do nariz arrebitado. Todavia, não era ávido por dinheiro.

Um dia, me propôs jogar com ele vinte-e-um, mas eu não sabia.

– Não sabe? – espantou-se. – Como é possível? E é alfabetizado? É preciso instruir você. Vamos jogar para você aprender, apostando açúcar...

Ganhou de mim meia libra de açúcar em torrões e os escondeu atrás da face cabeluda; depois, achando que eu já sabia jogar, propôs:

– Agora, vamos jogar a sério, a dinheiro? Tem dinheiro?

– Tenho cinco rublos.

– E eu dois e pico.

Está claro que ele em pouco tempo ganhou tudo o que eu tinha. Querendo recuperar o perdido, pus na banca uma *podiovka*[1] de cinco rublos e perdi; depois, botas novas, de três rublos, e perdi, também. Então, o Iákov me disse descontente, quase zangado:

– Não, você não pode jogar, é muito precipitado; tire daí a *podiovka* e as botas! Não preciso disso. Tome, leve de volta a sua roupa, e o dinheiro também, quatro rublos, e deixe-me um, pela aula... Está certo?

Fiquei muito grato.

– Cuspo em tudo! – respondeu aos meus agradecimentos. – Jogo é jogo, um divertimento, quero dizer, e você parece estar sempre comprando briga. Mesmo numa briga, a gente não deve se precipitar; é preciso bater calculadamente! Para que precipitação? Você é jovem, tem que se manter firme. Não deu certo uma vez, cinco vezes, na sétima largue tudo! Afaste-se. Depois de se acalmar um pouco, torne a avançar! Isso é que é jogo!

Agradava-me e, ao mesmo tempo, desagradava-me cada vez mais. Às vezes, as suas histórias lembravam-me vovó. Havia nele, em abundância, algo que me atraía, mas eu repelia fortemente a sua indiferença pelas pessoas, uma indiferença compacta, que parecia ter-se firmado para toda a vida.

1 Espécie de casaco, com uma parte franzida, às vezes sem mangas. [N.T.]

Uma tarde, ao pôr-do-sol, um passageiro bêbado da segunda classe, corpulento negociante de Perm, caiu do navio e, esperneando, nadou sobre o caminho vermelho-dourado da água. As máquinas foram rapidamente desligadas, o navio parou, deixando escapar por baixo das rodas uma nuvem de espuma, os raios vermelhos do entardecer cobriram-na de sangue; nesse sangue fervente, já longe da popa do navio, debatia-se um corpo escuro e ressoava sobre o rio um grito estranho, que sobressaltava o imo. Os passageiros gritavam também, empurrando-se, apertando-se contra o bordo, comprimidos na popa. O companheiro do comerciante, igualmente bêbado, ruivo e careca, batia em todos com os punhos, abrindo passagem para a beirada, e rosnava:

– Fora daqui! Eu vou alcançá-lo agora mesmo...

Dois embarcadiços já tinham se atirado na água e nadavam depressa na direção do afogado, estavam descendo da popa de um barco e, em meio aos berros da tripulação, aos gritos esganiçados das mulheres, derramava-se, num jorro tranquilo e regular, a voz rouquenha do Iákov:

– Vai se afo-ogar, de qualquer maneira vai se afogar, porque está de *podiovka*! Com roupa comprida, a gente se afoga mesmo. Por exemplo, por que as mulheres se afogam mais depressa que os homens? Por causa das saias. Uma mulher, quando cai na água, vai logo para o fundo, que nem o peso de um *pud*...[1] Vejam, já se afogou, eu não falo à toa...

O comerciante realmente se afogara, procuraram-no umas duas horas e não o encontraram. O companheiro dele, a quem já passara a bebedeira, estava sentado na popa e murmurava queixoso, ofegante:

– Aí está, bonita viagem! Que fazer agora, hein? O que vou dizer à família, hein? Ele tinha família...

1 Antiga medida russa equivalente a 16,3 quilos. [N.T.]

O Iákov parou diante dele, as mãos escondidas atrás das costas, e pôs-se a consolá-lo:

– Não é nada, comerciante! Ninguém sabe onde está predestinado a morrer. Às vezes, uma pessoa come uns cogumelos e, bumba, está morta! Milhares de pessoas comem cogumelos para seu bom proveito e uma come e morre! E que são os cogumelos?

Largo, rijo, estava parado que nem mó de moinho diante do comerciante e fazia cair sobre ele as palavras, como farelo. A princípio, o outro ficou chorando em silêncio, enxugando as lágrimas sobre a barba, com as palmas largas das mãos, mas, prestando atenção ao que dizia o Iákov, pôs-se a uivar:

– Demônio! Por que você está puxando a alma para fora de mim? Levem ele daqui, gente ortodoxa, senão vou cometer um pecado!

Afastando-se tranquilamente, o Iákov disse:

– Que gente esquisita! Uma pessoa vem por bem, e eles nos enxotam com um pau...

Às vezes, o foguista me parecia apalermado, porém o mais frequente era eu pensar que ele se fingia de tolo intencionalmente. Eu tinha uma vontade teimosa de interrogá-lo sobre os tempos em que andou pela terra, sobre o que vira, mas isso não me saía bem; sacudindo a cabeça para o alto, abrindo um pouco os escuros olhos ursinos, ele afagava com a mão o rosto musgoso e arrastava, lembrando:

– O povo em toda parte é que nem formiga, irmãozinho! Aqui e lá tem gente a não poder mais, cuidados, preocupações, é o que digo a você! O que mais existe, claro, é gente do campo: a terra está simplesmente semeada de mujiques, que nem de folhas no outono, pode-se dizer. Os búlgaros? Vi búlgaros, e gregos também, e sérvios, romenos e toda espécie de ciganos, existe tanta variedade! Que tipo de gente é aquela? Ora, nas cidades é gente de cidade, nas aldeias, uns camponeses, direitinho como em nosso país. Há muita semelhança. Alguns até falam a nossa língua, só que falam mal, como, por exemplo, os tártaros e os morduínos. Os gregos não sabem falar como nós, eles tagarelam de qualquer jeito, dizem coisa que parece palavra, mas não se compreende o que querem dizer. Com eles, temos que falar com os dedos. E o meu velhote fingia compreender também os gregos, ia murmurando coisas, *caramara* pra cá, *calimera* pra lá. Era um velhote esperto, engabelava-os direitinho... Você me pergunta mais uma vez que gente era aquela. Mas que tipo engraçado, que espécie de gente pode existir? Eles são pretos, é verdade, e os romenos são pretos também, são da mesma religião. Os búlgaros também são pretos, bem, mas esses acreditam que nem nós. E os gregos são uma espécie de turcos...

Eu tinha a impressão de que ele não dizia tudo o que sabia, de que escondia algo que não queria dizer.

Pelas ilustrações das revistas, eu sabia que a capital da Grécia era Atenas, uma cidade antiquíssima e muito bonita, mas, balançando com ar de dúvida a cabeça, o Iákov negava Atenas.

– Mentiram isso a você, irmãozinho, Atenas não existe, o que existe é Atos, só que não é cidade, é montanha e, sobre ela, um mosteiro. Mais nada. Chama-se: o sagrado monte Atos, existem uns quadrinhos assim, o velho negociava com eles. Existe a cidade de Belgrado, na margem do Danúbio, é uma espécie de Iaroslavl ou Níjni-Nóvgorod. As cidades deles não são lá essas coisas, já as aldeias são muito melhores! E o mulherio também, ora, o mulherio é divertido até a morte! Por causa de uma delas, quase que eu fico por lá; como é que se chamava?

Esfrega fortemente com as palmas das mãos o rosto cego, seus cabelos ásperos estalam baixinho, em sua garganta, longe, ressoa um riso, que lembra o tilintar de um guizo quebrado.

– Como a gente esquece as coisas! E como passamos o tempo... Quando nos despedimos, ela chorou, e eu chorei também, juro por De-e...

Tranquilo e desavergonhado, pôs-se a me instruir sobre como se devia tratar as mulheres.

Estamos sentados na popa, a tépida noite de luar desliza ao nosso encontro, a margem com campinas mal aparece além da água de prata; da outra margem, que é escarpada, piscam luzes amarelas, não sei que estrelas, enfeitiçadas pela terra. Tudo em volta se move, palpita em vigília, vive uma existência quieta, mas insistente. Palavras rouquenhas caem na quietude querida e dolente:

– Então ela espalhava os braços, abria o corpo...

O relato do Iákov é desavergonhado, mas não é repulsivo, não há nele fanfarronice nem crueldade, mas ressoa algo singelo e um pouco de melancolia. A lua no céu também está desavergonhadamente nua e perturba também, obrigando a entristecer-se com algo. Lembra-se unicamente o que é bom, o que é melhor – a Rainha Margot e os versos, inesquecíveis pela verdade neles contida:

Se a canção necessita beleza,
Vive bem a beleza sem cantos...

Sacudindo de mim essa disposição sonhadora, como um ligeiro cochilar, interrogo novamente o foguista sobre a sua vida, sobre o que viu.

– Você é engraçado – diz ele –, o que mais vou dizer? Eu vi tudo. Me pergunte: você viu o mosteiro? Vi sim. E as tavernas? Vi também. Vi a vida dos senhores e a vida dos mujiques. Vivi na fartura e também passei fome...

Devagar, como se atravessasse um córrego profundo num lugar perigoso, ele recorda:

– Bem, por exemplo, estou sentado na delegacia, por causa de roubo de cavalos; terei que ir para a Sibéria, penso eu! E o inspetor do quarteirão fica xingando, as estufas da casa nova que ele tem estão soltando fumaça. Digo então: "Eu posso consertá-las, Vossa Nobreza". E ele me responde: "Silêncio! Nesse caso, o melhor mestre daqui não conseguiu nada... ". Eu respondo: "Acontece o pastor ser mais inteligente que o general" – fiquei então muito valente, porque não tinha o que perder, ia mesmo para a Sibéria! Ele me diz: "Vamos, ande, se ficar ainda pior, os seus ossos vão virar poeira!". Acertei tudo em dois dias; ele se espantou, ficou gritando: "Ah, seu imbecil de uma figa! É mestre no ofício, e rouba cavalos, como se explica?". Eu digo a ele: "Isso, Vossa Nobreza, é simplesmente por tolice". "Está certo, diz ele, é pura tolice, e eu estou com pena de você!" Sim. Tinha pena. Você vê? Uma pessoa da polícia tem por profissão ser impiedoso, mas ficou com pena...

– Bem, e então? – pergunto eu.

– Nada. Teve pena. E o que mais?

– Mas para que ter pena de você? Você é uma pedra!

O Iákov tem um riso bonachão:

– Tipo engra-a-çado. Você diz que sou uma pedra, hein? Mas é preciso saber ter pena até de uma pedra, uma pedra também presta serviços, com as pedras se fazem as calçadas da rua. Deve-se ter pena de todo material, nada existe à toa. O que é areia? Mas também sobre ela cresce capinzinho...

Quando o foguista fala assim, fica particularmente claro para mim que ele sabe algo que me é incompreensível.

– O que você acha do cozinheiro? – pergunto.

– O Ursinho? – o Iákov diz com indiferença. – O que pensar dele? Não há nada que pensar.

Está certo. O Ivan Ivânovitch é tão severamente certo em tudo, tão liso, que um pensamento não pode se agarrar a ele. Há nele apenas uma particularidade interessante: não gosta do foguista, xinga-o sempre e sempre o convida para tomar chá.

Uma vez, disse a ele:

– Se ainda estivesse em vigor o direito de servidão, e se eu fosse o seu amo, espancaria você sete vezes por semana, seu vagabundo!

O Iákov observou com seriedade:

– Sete vezes é um tanto forte!

Xingando o foguista, o cozinheiro por algum motivo lhe dá tudo o que é comida; empurra rudemente algum pedaço, dizendo:

– Devore isso aqui!

O Iákov mastiga sem se apressar e diz:

– Vou juntar muita força, graças a você, Ivan Ivânovitch!

– E para que você precisa de força, preguiçoso?

– Como assim: para quê? Vou viver muitos anos...

– E para que você quer viver, demônio?!

– Demônio também vive. Ou vai me dizer que viver não é divertido? Viver, Ivan Ivânovitch, dá muito consolo...

– Que *ediota*!

– Que é isto?

– *E-di-o-ta*.

– Que palavra ele arranjou – espanta-se o Iákov, e o Ursinho me diz:

– Veja você: a gente se esvai em sangue, resseca os ossos no calor do inferno, junto ao fogão, e esse aqui fica mastigando, que nem um porco!

– Cada qual com o seu destino – diz o foguista, remastigando a comida.

Eu sei que trabalhar diante da fornalha é mais penoso e mais quente que diante do fogão, algumas vezes à noite eu tentara "esquentar fogo" com o Iákov, e me parece estranho que ele, por algum motivo, não queira apontar ao cozinheiro o caráter penoso do seu trabalho. Não, esse homem sabe alguma coisa particular...

Todos o xingavam: o comandante, o maquinista, o mestre, todos que não tinham preguiça de fazê-lo, e era estranho que não o despedissem do emprego. Os outros foguistas o tratavam bem melhor que os demais, embora caçoassem dele pela sua tagarelice, pelo jogo de cartas. Eu perguntava a eles:

– O Iákov é gente boa?

– O Iákov? Não é mau. Ele é inofensivo, pode-se fazer com ele o que quiser, até enfiar carvões acesos no sovaco dele...

Apesar do seu penoso trabalho junto às caldeiras e do seu apetite canino, o foguista dormia muito pouco; ao ser substituído no quarto de serviço, muitas vezes sem trocar de roupa, suado, sujo, passava a noite inteira na popa, conversando com os passageiros ou jogando cartas.

Ele estava parado na minha frente feito um baú trancado, em que, sentia eu, estava escondido algo que me era indispensável, e eu procurava teimosamente a chave que pudesse abri-lo.

– Não consigo compreender, irmãozinho: o que é que você procura saber? – ele perguntava, me examinando com os olhos invisíveis sob as sobrancelhas. – Bem, a terra, bem, realmente eu caminhei muito por ela, o que mais? O-original! Ouça: vou contar a você o que me aconteceu uma vez.

E conta. Vivia numa cidade, sede distrital, um jovem juiz, tuberculoso, com a mulher alemã, sadia, sem filhos. E eis que a alemã se apaixonou por um lojista, que tinha mulher bonita e três filhos. O comerciante notou que a alemã se apaixonara por ele, resolveu caçoar dela um pouco; convidou-a para um encontro de noite no jardim da casa dele, e deixou dois amigos escondidos ali, entre os arbustos.

– Foi uma beleza! Bem, chegou a alemã, isso e mais aquilo, e ela disse: "Estou toda aqui". E ele respondeu: "Eu não posso corresponder a você, senhora, sou casado, mas guardei para você dois amigos, um deles é viúvo, o outro solteiro". A alemã soltou um "ah" e deu uma chapoletada na carantonha dele, ele até caiu por cima do banco, e ela bateu nas fuças dele com o salto do sapato! Eu a acompanhei depois disso, pois era zelador na casa do juiz; espiei por uma fenda do muro e vi o caldo fervendo. É que os amigos pularam de trás dos arbustos, correram para ela e já estavam puxando-a pelas tranças; pulei, então, o muro, empurrei-os: "Assim não se pode, senhores comerciantes!". Aquela senhora fora a ele com toda a sinceridade, e ele inventou coisa vergonhosa. Eu levei ela dali, e eles me acertaram na cabeça com um tijolo.

"Ela passou a se angustiar, andava pelo pátio completamente outra pessoa e me dizia: 'Vou para junto dos meus, dos alemães, Iákov, é só meu marido morrer que eu vou embora!'. E eu digo a ela: 'Claro que deve partir daqui!'. O juiz morreu e ela foi embora. Era carinhosa, sensata. E o juiz era carinhoso também, que Deus o tenha na Sua paz..."

Perplexo, sem compreender o sentido dessa história, fico calado. Sinto nela algo conhecido, implacável, absurdo, mas, que dizer?

– Bonita história? – pergunta o Iákov.

Digo qualquer coisa, solto impropérios, indignado, mas ele explica tranquilo:

– As pessoas bem alimentadas estão satisfeitas com tudo; bem, de vez em quando, dá vontade de brincar um pouco, mas a brincadeira não sai direito, eles como que não sabem fazer isso. Trata-se, é claro, de gente séria, do comércio. O comércio exige bastante inteligência; é aborrecido viver só com inteligência, por isso às vezes lhes dá vontade de brincar.

O rio todo espumante corre rápido além da popa, ouve-se o fervilhar da água, a margem negra a acompanha devagar. Há passageiros roncando sobre o convés, uma mulher alta e ressequida, de vestido negro, tendo descoberta a cabeça grisalha, se move lentamente entre os bancos e os corpos adormecidos, acercando-se de nós. Empurrando-me com o ombro, o foguista diz baixinho:

– Veja: está angustiada...

Tenho a impressão de que a angústia alheia o diverte.

Ele contava muita coisa, e eu o ouvia com avidez, me lembro de todas as suas histórias, mas não havia uma só que fosse alegre. Falava mais tranquilamente que os livros; nestes eu percebia com frequência o sentimento do escritor, sua ira, alegria, sua tristeza ou zombaria. O foguista não zombava, não condenava, nada parecia ofendê-lo ou alegrá-lo; falava como uma testemunha indiferente perante o juiz, como uma pessoa de todo alheia aos acusados, aos acusadores, aos juízes... Essa indiferença despertava em mim uma angústia cada vez mais rancorosa, provocava um sentimento de hostilidade e zanga contra o Iákov.

A vida ardia na frente dele, como o fogo sob as caldeiras, ele estava diante da fornalha com um martelo de madeira, envolto numa pata torta de urso, e batia devagarinho na torneira do pulverizador, aumentando ou diminuindo o combustível.

– Você sofreu ofensas?

– Quem ia me ofender? Sou bem forte, é só eu bater uma vez!...

– Não falo de pancadas, mas alguém ofendeu a sua alma?

– É impossível ofender a alma, ela não aceita ofensa – responde. – Não se consegue tocar na alma humana com nada...

Os passageiros do convés, os embarcadiços e as pessoas em geral falavam da alma com a mesma profusão e frequência que da terra, do trabalho, do pão e das mulheres. Alma é uma palavra que aparece em cada dez, nas conversas da gente simples, uma palavra tão corrente quanto uma moeda de cinco copeques. Não me agrada o fato de que essa palavra seja tão habitual sobre as línguas escorregadias das pessoas, e quando os mujiques xingam a mãe de alguém, com maldade e carinho ao mesmo tempo, envilecendo a alma, isso me bate no coração.

Lembro muito bem o cuidado com que a vovó falava da alma como o receptáculo misterioso do amor, da beleza, da alegria; eu acreditava que, após a morte de uma pessoa de bem, anjos brancos levavam a sua alma para o céu azul, à presença do bom Deus da minha avó, que recebia essa alma carinhosamente:

– Então, minha querida, minha pura, sofreu muito, peregrinou muito?

E entregava à alma asas de serafim: seis asas brancas.

O Iákov Chumov fala da alma com o mesmo cuidado, parcamente e contra a vontade, como fazia a vovó. Soltando palavras feias, ele não atingia a alma, e quando outros argumentavam a respeito dela, permanecia quieto, tendo curvado o pescoço vermelho e bovino. Quando pergunto a ele o que é a alma, responde:

– É espírito, sopro de Deus...

Isso não me basta, pergunto a ele mais alguma coisa, e então, curvando a cabeça, o foguista diz:

– Até os popes compreendem pouco a respeito da alma, irmãozinho, é um assunto misterioso...

Obriga-me a pensar nele constantemente, a me esforçar teimoso por compreendê-lo, mas esse esforço é improfícuo. Não vejo nada a não ser ele, que oculta de mim tudo o mais com o seu largo vulto.

A mulher do gerente me trata com um carinho suspeito; de manhã, tenho que levar água para ela se lavar, embora isso constitua obrigação da Lucha,[1] arrumadeira da segunda classe, uma moça limpinha e alegre. Na cabina apertada, parado junto à mulher do gerente, nua da cintura para cima, vejo o seu corpo amarelo, flácido feito massa de pão estragada, lembro o corpo bem torneado, moreno, de Rainha Margot, e tenho nojo. E a mulher não para de falar, ora queixosa e resmungona, ora zangada e zombeteira.

O sentido das suas falas não chega até mim, embora eu o adivinhe como que de longe: é um sentido mísero, lastimável, vergonhoso. Mas eu não me indigno; vivo longe da mulher do gerente e de tudo o que se passa no navio, estou atrás de uma grande pedra peluda, ela esconde de mim todo este mundo, que desliza dia e noite não sei para onde.

– A nossa Gavrílovna se apaixonou de uma vez por você! – ouço como que em meio a um sonho as palavras zombeteiras da Lucha. – Trate de abocanhar a felicidade...

1 Diminutivo de Lukiéria. [N.T.]

Não é só ela quem caçoa de mim, toda a criadagem do restaurante está a par dessa fraqueza da patroa, e o cozinheiro diz, com uma careta:

– A mulher comeu de tudo, agora quer um docinho, um merengue! Que ge-ente... Cuidado, Piechkóv, olha com os dois olhos e veja tudo muito bem...

O Iákov também me aconselha, prático e paternal:

– Naturalmente, se você fosse uns dois anos mais velho, eu diria outra coisa, mas agora, com a sua idade, talvez seja melhor não ceder! Ou então, faça o que lhe der na veneta...

– Deixa disso – digo eu –, é uma porcaria...

– Naturalmente...

No mesmo instante, porém, tentando despentear com os dedos os cabelos caídos, vai semeando suas palavras redondinhas:

– Mas é preciso compreender o caso dela também, é um caso de penúria, um caso de inverno... Até um cachorro gosta de ser acarinhado, tanto mais uma pessoa! Mulher vive de carinho, como um cogumelo de umidade. Vai ver que ela mesma tem vergonha, mas, que fazer? O corpo pede trato, e nada mais...

Pergunto, olhando com esforço os seus olhos inatingíveis:

– Você tem pena dela?

– Eu? Por acaso é minha mãe? Até das mães não se tem pena, e você... que tipo engraçado!

Seu riso não muito alto soa como um guizo quebrado.

Às vezes, olhando para ele, como que desabo num vazio mudo, na treva de uma fossa sem fundo.

– Todos casam, e você, Iákov, por que não se casa também?

– Para quê? Mesmo sem isso, sempre arranjo mulher, graças a Deus, é simples... Homem casado deve viver sempre no mesmo lugar, cuidar da roça, mas a terra que eu tenho é ordinária, é pouca, e além disso me foi tirada por um tio. Quando voltei, irmãozinho, do meu serviço militar, me pus a discutir com meu tio, movi processo e acabei dando com um pau ferrado na cabeça dele. Derramei sangue. Ele foi ainda condenado a um ano e meio de prisão e, quando se sai da prisão, tem-se um destino certo: para a prisão novamente. E a mulher dele era uma criatura moça, divertida... para que dizer mais?! Uma pessoa que se casa tem que ficar sentada como patrão junto do seu casebre, mas soldado não é dono de sua vida.

– Você reza a Deus?

– Tipo engra-a-çado! Claro que rezo...

– Mas reza como?

– De todo jeito.

– Que rezas você diz?

– Não conheço rezas. Eu, meu irmãozinho, digo simplesmente: Senhor Jesus, perdoa os que estão vivos, dá sossego aos mortos, protege-nos, Senhor, da doença... Bem, digo mais alguma coisa...

– O quê?

– Qualquer coisa! Tudo o que se diz para Ele chega ao destino!

Trata-me carinhosamente, com curiosidade, como a um gatinho nada tolo, que sabe umas saídas engraçadas. Acontecia-me ficar sentado de noite com ele, que exalava um cheiro de petróleo, de queimado, de cebola: gostava de cebola e as roía cruas, que nem maçãs; de repente, ele perguntava:

– Vamos, Oliokha,[1] *ierokha-vokha*, diga um versinho!

Sei muitos versos de cor, além disso tenho um caderno grosso, onde anotei os meus prediletos. Leio para ele o "Ruslan",[2] ele ouve imóvel, cego e mudo, contendo a respiração rouquenha, depois diz baixinho:

– Historinha de consolar, bem feita! Foi você mesmo que inventou? Púchkin? Existe um senhor assim, um Múkhin-Púchkin, eu o conheci...

1 Diminutivo de Aleksiei. [N.T.]

2 Isto é, "Ruslan e Liudmila", poema narrativo de Púchkin. [N.T.]

– Não é dele que se trata, o outro foi morto há muito tempo!

– Por quê?

Conto-lhe a história com as mesmas palavras concisas que a Rainha Margot usou comigo. O Iákov me ouve, depois diz tranquilo:

– Muita gente se perde por causa de mulheres...

Frequentemente, conto a ele toda espécie de histórias que li nos livros; todas elas se emaranharam, se confundiram em mim, fervendo, numa história bem comprida de uma vida inquieta, bonita, repleta de fogosas paixões, loucas proezas, uma nobreza purpúrea, êxitos fantásticos, duelos e mortes, nobres palavras e ignóbeis ações. Rocambole assumia para mim os traços cavalheirescos de La Molle, Aníbal, Colonne; Luís XI, os de pai Grandet; o tenente de cavalaria Otletáiev se confundia com Henrique IV. Essa história, em que eu, conforme a inspiração, modificava os caracteres das pessoas e transferia os acontecimentos, constituía para mim um mundo em que eu era livre como o Deus do vovô: também ele brincava com tudo a seu bel-prazer. Não me impedindo de ver a realidade tal como era, não esfriando a minha vontade de compreender as pessoas vivas, esse caos livresco protegia com uma nuvem transparente, mas intransponível, de uma porção de lama infecta, das peçonhas da existência.

Os livros me tornaram imune a muita coisa: sabendo como se ama e sofre, não se pode ir a uma casa de tolerância; a devassidãozinha de vintém despertava repugnância por ela e comiseração pelas pessoas que nela encontravam doçura. Rocambole me ensinava a firmeza, a não ceder ante a força das circunstâncias, os heróis de Dumas inspiravam um desejo de me devotar a alguma obra grande, importante. O meu herói predileto era o alegre rei Henrique IV, tinha a impressão de que era justamente a ele que se referia a bonita canção de Béranger:

Não tinha gosto mais caro
Que o amor ao seu bom copinho;
A quem seu povo contenta
Faz mossa um pouco de vinho?[1]

Os romances descreviam Henrique IV como um homem bondoso, próximo do seu povo; límpido como o sol, ele me infundia a convicção de que a França era o mais belo país da terra, o país dos paladinos igualmente nobres sob um manto real ou sob o traje campônio: Ange Pitou[2] era tão cavalheiro como D'Artagnan. No trecho em que Henrique IV é assassinado, chorei taciturno e rangi os dentes de ódio por Ravaillac.[3] Esse rei aparecia quase sempre como o herói principal nas histórias que eu contava ao foguista, e tinha a impressão de que o Iákov também passara a gostar da França e do "Guenrique".

– Era uma pessoa de bem, esse rei Guenrique. Seria companhia para tudo, até para pescar gremilha – dizia ele.

Não se entusiasmava, não interrompia os meus relatos com perguntas, ouvia quieto, as sobrancelhas descidas e o rosto imóvel: uma velha pedra coberta de mofo. Mas se eu, por algum motivo, interrompia o relato, ele perguntava no mesmo instante:

– Acabou?

– Ainda não. Você não deve interromper!

Dizia dos franceses, suspirando:

– Vivem fresquinho...

– Como assim?

– Veja: eu e você vivemos no calor, no trabalho, e eles, no fresquinho. E não têm nenhuma ocupação, só bebem e passeiam... um consolo de vida.

1 Da canção "Le Roi d'Yvetot". [N.T.]
2 Aventureiro e cançonetista francês (1767-1842), cuja vida inspirou a Alexandre Dumas o romance *Ange Pitou*. [N.T.]
3 François Ravaillac (1578-1610), assassino de Henrique IV. [N.T.]

– Eles trabalham também.

– Isso não se percebe pelas histórias que você conta – observou com justeza o foguista; e, de repente, se tornou claro para mim que a imensa maioria dos livros que lera quase não dizia sobre como trabalhavam e do que viviam os nobres heróis.

– Bem, vou dormir um pouco – dizia o Iákov, deixava-se cair de costas no próprio local em que estivera sentado, e um instante depois já soltava assobios ritmados pelo nariz.

No outono, quando as margens do Kama ficaram ruivas, as árvores se douraram e os raios oblíquos do sol começaram a ficar mais brancos, o Iákov deixou inesperadamente o navio. Disseram-me, ainda na véspera:

– Depois de amanhã, vamos chegar, seu *ierokha-vokha*, a Perm, iremos aos banhos, vamos nos cozinhar no vapor, que isso faz bem à alma, e dali vamos a uma taverna com música: um consolo! Eu gosto de ver a máquina tocando.

Mas, em Sarápul, embarcou no navio um homem gordo, com rosto flácido de mulher, sem barba nem bigodes. Um casaco quente, comprido, e o quepe com palas de pele de raposa, descendo sobre as orelhas, frisavam ainda mais a sua semelhança com uma mulher. Ocupou imediatamente a pequena mesa junto à cozinha, onde não fazia tanto frio, pediu que lhe servissem chá e pôs-se a tomar a água fervente amarela, sem desabotoar o casaco nem tirar o quepe, e suando em abundância.

As nuvens de outono semeavam incessantemente uma chuva miúda, e tinha-se a impressão de que, quando aquele homem enxugava com o lenço xadrez o suor do rosto, a chuva amainava, e, quando ele tornava a suar, também a chuva ficava mais forte.

Logo o Iákov foi parar junto dele, e ambos se puseram a examinar um mapa anexo a um calendário; o passageiro corria-o com o dedo e o foguista dizia tranquilamente:

– Ora! Não faz mal. Eu cuspo para isso...

– Está bem – disse o passageiro com voz fininha, enfiando o calendário num saco de couro, meio aberto aos seus pés. Conversando baixinho, eles começaram a tomar chá.

Antes que o Iákov fosse para o seu quarto de ronda, perguntei a ele que espécie de homem era aquele. Respondeu com um sorriso:

– Parece um pombo, quer dizer que, é um *skopiétz*.[1] Vem da Sibéria, de lo-onge! É divertido, vive segundo um plano...

Afastou-se de mim, pisando o convés com os calcanhares pretos, duros como ferraduras, mas tornou a parar, coçando o quadril.

– Ele me contratou como trabalhador; quando chegarmos a Perm, vou descer do navio, e adeus, seu *ierokha-vokha*! Temos que viajar de estrada de ferro, depois pelo rio e ainda a cavalo; parece que são cinco semanas de viagem, veja onde foi parar esse homem...

– Você o conhece? – perguntei, espantado com a inesperada decisão do Iákov.

– Como podia conhecer? Nunca o vi, eu nunca vivi naquelas terras...

De manhã, o Iákov, vestido com uma peliça curta, ensebada, de chinelos e sem meias, tendo na cabeça o chapéu de palha do Ursinho, ficou comprimindo a minha mão com seus dedos de ferro, dizendo:

– Venha comigo, hein? Ele vai levar você também, meu filho, é só dizer para ele; você quer que eu diga? Vão cortar a você o que está sobrando,[2] vão dar dinheiro. Para eles, aleijar um homem é uma festa, vão recompensar por isso...

O *skopiétz* estava parado junto ao bordo do navio, tendo sob a axila um amarrado branco, olhava para o Iákov fixamente, os

1 Membro da seita dos *skoptzi*. [N.T.]

2 A castração era obrigatória para os *skogotzi*. [N.T.]

olhos mortos, corpulento, inchado como alguém que se afogou. Xinguei-o baixinho, o foguista tornou a comprimir a minha mão.

– Ele que viva como quiser, que importa! Cada um reza a seu Deus, o que temos com isso? Bem, adeus! Felicidades a você!

E o Iákov Chumov foi embora, fazendo o corpo pesar ora sobre uma perna ora sobre outra, como um urso, deixando no meu coração um sentimento complexo e pesado: tinha pena do foguista e estava magoado com ele, me lembro que o invejava um pouco e pensava sobressaltado: para que esse homem foi não se sabe para onde?

E que espécie de homem era, afinal, o Iákov Chumov?

12

O outono já estava avançado quando o navio deixou de trafegar, e eu ingressei como aprendiz numa oficina de pintura de ícones, mas, no dia seguinte, a minha patroa, uma velhinha suave e bebadazinha, me declarou, com o seu linguajar de Vladímir:

– Agora, os dias são curtinhos, as noites são compridas, então você irá de manhã para a loja, ajudar nas vendas, e, de noite, trate de aprender!

E me entregou ao domínio de um caixeiro pequeno, de pernas ligeiras, um rapaz melífluo, de rosto bonitinho. De manhã, na semiclaridade fria do amanhecer, atravesso com ele toda a cidade, pela sonolenta rua comercial Ilinka, em direção do mercado Níjni; ali fica a lojinha, no segundo andar do *gostíni dvor*.[1] Adaptação de uma despensa, escura, tendo porta de ferro e uma janela pequena que dava para o terraço com telhado de ferro, o estabelecimento estava repleto de ícones de diferentes tamanhos, oratórios lisos e com "uvas", livros impressos em caracteres do eslavo eclesiástico, encadernados em couro amarelo. Ao lado da nossa venda, ficava outra, em que também vendia ícones e

1 Nas antigas cidades russas, um estabelecimento onde comerciantes vindos de fora vendiam suas mercadorias. Mais tarde, o mesmo nome designou lojas que o município alugava aos comerciantes em geral, no centro da cidade. [N.T.]

livros um comerciante de barba preta, parente de um exegeta do Rito Antigo, famoso na região de Kiérjenietz, além do Volga; fazia companhia ao comerciante o seu filho, sequinho e vivo, da minha idade, com um rostinho cinzento de velho e olhos inquietos de camundongo.

Depois de abrir a loja, eu tinha que correr à taverna, para buscar água fervente; tomado o chá, precisava arrumar a loja, tirar poeira da mercadoria e, depois, ficar no terraço, vigiando atento para que os fregueses não entrassem na venda do vizinho.

– O freguês é bobo – dizia-me convicto o caixeiro. – Para ele, tanto faz onde comprar, contanto que seja barato, e, quanto à mercadoria, não entende nada!

Fazendo estalar depressa as tabuinhas dos ícones, vangloriando-se com o seu grande conhecimento do negócio, ele me ensinava:

– Isso é trabalho da oficina, mercadoria barata, três *vierchókes* por quatro, o preço de custo é... seis por sete, o preço é... Você conhece os santos? Lembre-se: São Bonifácio, contra bebedeira; a protomártir Varvara, contra dor de dente e contra a morte súbita; Vassíli, o Bem-Aventurado, contra febres... Conhece as Nossas Senhoras? Veja: a das Angústias, a das Três Mãos, a de Abalatz e do Sinal, a de Não Chores-por-Mim, Minha Mãe, a de Consola-Minhas-Tristezas, a de Kazan, a do Sudário, a das Sete Frechas...

Decorei depressa os preços dos ícones, pelas dimensões e pelo acabamento, decorei os diferentes ícones de Nossa Senhora, mas não era fácil lembrar a função de cada santo.

Ficava às vezes pensando em algo, parado à porta da lojinha, e o caixeiro punha-se de repente a verificar meus conhecimentos:

– Quem é que socorre nos partos difíceis?

Se eu me engano, ele pergunta com desprezo:

– Para que tem cabeça?

Mais difícil ainda era atrair os fregueses; não me agradavam aqueles ícones disformes, tinha vergonha de vendê-los. Pelos relatos da vovó, eu imaginava Nossa Senhora moça, bonita, bondosa; era assim também que ela aparecia nas ilustrações das revistas, e os ícones representavam-na velha, severa, com nariz comprido e torto e mãozinhas de madeira.

Nos dias de feira, quarta e quinta, o comércio ia bem, apareciam a todo momento no terraço mujiques e velhas, às vezes famílias inteiras, sectárias do Rito Antigo, de além-Volga, uma gente desconfiada e taciturna, habitantes do mato. Via-se, por exemplo, avançar lentamente pela galeria, como que temendo cair terra adentro, um homem pesado, enrolado numa pele de carneiro e num pano grosso, tecido em casa; ficava sem jeito diante dele, me envergonhava. Com grande esforço, interpunha-me em seu caminho, girava aos seus pés nas minhas pesadas botas e cantava como um mosquito:

– O que deseja, respeitável senhor? Saltérios explicados e comentados, livros de Iefriem Sírin, de Kiril, manuscritos em eslavo eclesiático, missais, venha dar uma espiada! Temos ícones de toda espécie que quiser, de diferentes preços, do melhor acabamento, em cores escuras! Por encomenda, pintamos quem quiser, os santos todos e todas as Nossas Senhoras! Talvez queira encomendar uma particular, de família? Nossa oficina é a melhor da Rússia! O melhor comércio na cidade!

O indevassável, o incompreensível freguês, passa muito tempo calado, me olhando como a um cachorro, e de repente, me empurrando com a sua mão de madeira, vai para a venda do vizinho, e o meu caixeiro esfrega as grandes orelhas, resmungando irritado:

– Deixou escapar, come-e-erciante...

Na loja vizinha, ressoa um zunzum, uma voz macia e doce, flui uma fala estonteante:

– Nós, meu caro, não negociamos com pele de carneiro ou botas, mas com a bênção divina, que vale mais que ouro e prata, que não tem preço...

– Di-i-abo! – murmura o meu caixeiro, com inveja e entusiasmo. – Como embrulha bem, o mujique! Aprenda! Aprenda!

Eu procurava aprender conscienciosamente: é preciso fazer bem qualquer trabalho, desde que se inicie. Mas eu não tinha muito êxito em atrair os fregueses, nem nas vendas; aqueles mujiques sombrios, avaros de palavras, as velhas, que pareciam ratos, sempre assustadas com algo, cabisbaixas, despertavam comiseração em mim, dava vontade de dizer baixinho ao freguês o preço real do ícone, sem pedir os vinte copeques a mais. Todos eles me pareciam pobres, famintos, e era estranho ver que essa gente pagava três rublos e meio por um saltério, o livro que compravam com mais frequência.

Espantavam-me com o seu conhecimento dos livros, das qualidades do desenho nos ícones, e uma vez um velhinho grisalho, que eu estava empurrando para a lojinha, disse com doçura:

– Não é verdade, meu filho, a oficina de vocês não é a melhor da Rússia, a melhor é a de Rogójin, em Moscou.

Afastei-me confuso e ele continuou devagar em seu caminho, sem entrar também na loja ao lado.

– Engoliu mais essa? – o caixeiro me perguntou com maldade.

– O senhor não me falou da oficina de Rogójin...

Ele começou a xingar:

– Andam por aí esses quietarrões e sabem tudo, os excomungados, de tudo entendem, cachorros velhos...

Bonitinho, bem nutrido e vaidoso, ele detestava os mujiques e, em seus bons momentos, se queixava a mim:

– Sou inteligente, gosto de limpeza, dos bons cheiros, como incenso, água-de-colônia, e apesar dessa minha digna condição, tenho que me inclinar até a cintura frente a um mujique fedorento, para que ele dê à patroa um lucro de cinco copeques! Isso me serve? O que é um mujique? Lã estragada, o piolho da terra, e no entanto...

Calava-se, magoado.

Os mujiques me agradavam, percebia-se em cada um deles algo misterioso, como no Iákov.

Arrastava-se às vezes para dentro da loja um vulto corpulento, de jaqueta por cima da peliça curta, tirava o chapéu felpudo, se persignava com dois dedos, olhando para o canto em que tremeluzia uma lamparina, e procurando não passar os olhos pelos ícones não consagrados, apalpava tudo em volta com o olhar, dizendo:

– Passa cá o saltério comentado!

Arregaçando as mangas da jaqueta, fica muito tempo lendo a primeira página, movendo os lábios terrosos, fendidos até sangrar.

– Não tem um mais antigo?

– Os antigos custam mil rublos, o senhor sabe...

– Sabemos sim.

O mujique umedece o dedo e vira a página; no ponto onde ele a tocou, fica a marca escura do dedo. O caixeiro lança um olhar mau às têmporas do freguês, dizendo:

– A Sagrada Escritura é toda antiga, Deus não alterou as Suas palavras...

– Sabemos, já ouvimos! Deus não alterou, mas Nícon alterou, sim.

E, fechando o livro, o freguês se afasta calado.

Às vezes, essa gente da floresta discutia com o caixeiro, e eu compreendia que eles conheciam as Escrituras melhor que ele.

– Pagãos do pântano – resmungava o rapaz.

Eu também via que, embora o livro novo não fosse do agrado do mujique, ele o olhava com respeito, tocava-o com cuidado, como se fosse capaz de sair voando das mãos dele, que nem um pássaro. Vê-lo era muito agradável, porque também para mim o livro era um milagre, nele se encerrava a alma de quem o escrevera; abrindo o livro, eu libertava essa alma, e ela conversava misteriosamente comigo.

Com muita frequência, velhos e velhas traziam para vender livros de impressão antiga, anteriores a Nícon, ou relações desses livros, lindamente compostas por reclusas em mosteiros junto aos rios Irguiz e Kiérjenietz; listas de vidas de santos não revistas por Dmítri de Rostóv; ícones antigos, crucifixos, imagens dobráveis de cobre esmaltado, fundidas à beira-mar, jarras de prata, presentes de príncipes moscovitas a funcionários encarregados de fiscalizar tavernas; oferecia-se tudo isso misteriosamente, olhando para os lados, tirando o objeto de baixo da roupa.

Tanto o meu caixeiro como o nosso vizinho prestavam muita atenção a tais vendedores, esforçando-se por atraí-los; comprando antiguidades por rublos e dezenas de rublos, obtinham por elas centenas na feira anual, de sectários ricos do Rito Antigo.

O caixeiro me instruía:

– Preste atenção a esses demônios da floresta e feiticeiras, toda a atenção é pouca! Eles dão sorte.

Quando aparecia algum desses vendedores, o caixeiro me mandava chamar o exegeta Piotr Vassílievitch, conhecedor dos livros de impressão antiga, ícones e antiguidades em geral.

Era um velho alto, com uma barba comprida de Vassíli, o Bem-Aventurado, e olhos inteligentes no rosto agradável. Um dos seus pés fora amputado, ele andava mancando, tendo na mão uma vara comprida, usava no inverno e no verão uma *podiovka* leve e fina, que parecia sotaina, e um quepe de veludo, de estranha forma, lembrando uma caçarola. Disposto, empinado, ao entrar na loja baixava os ombros, curvava a espinha, soltava baixinho "ohs", persignava-se com frequência com dois dedos e todo o tempo murmurava salmos e orações. Essa devoção e fraqueza senil infundiam imediatamente ao freguês confiança no velho.

– Qual é a sujeira no caso? – perguntava ele.

– Está à venda este ícone, o homem o trouxe, diz que é de Stróganov.

– Como?

– De Stróganov.

– Bem... Eu ouço mal, Deus tapou meu ouvido contra as ignóbeis palavras niconianas.

Tira o quepe, segura o ícone horizontalmente, olha a pintura ao comprido, de lado, de frente, examina a lingueta na tábua, semicerrando os olhos e ronronando:

– Esses niconianos sem Deus já perceberam o nosso amor às imagens antigas e, tendo-lhes ensinado o demônio toda espécie de maldades e falsificações, imitam agora até os santos ícones com habilidade, ai, com muita habilidade! Muitas vezes, a imagem parece realmente originária de Stróganov, de Ustiuj ou mesmo de Súzdal, bem, mas é só a gente usar o olho interior que se percebe o falso!

Se ele diz "falso", quer dizer que o ícone é raro e valioso. Uma série de expressões previamente combinadas indica ao caixeiro quanto se pode pagar por um ícone, por um livro; eu sei que as palavras "tristeza e aflições" significam dez rublos, "o tigre Nícon", vinte e cinco; tenho vergonha de ver como enganam o vendedor, mas o hábil jogo do exegeta me entusiasma.

– Os niconianos, filhos negros do tigre Nícon, tudo podem fazer, orientados pelo diabo: aí está: pelos dourados, parece autêntico, o corpo é obra do mesmo artista, mas o semblante, veja, não é do mesmo pincel, não é não! Os velhos mestres, como Simón Uchakóv, não importa que fosse pessoalmente um herege, pintavam sozinhos a imagem inteira, tanto o corpo como o semblante, faziam a cinzeladura, acrescentavam os dourados, mas essa gente dos nossos dias, ignóbil em matéria de religião, é incapaz de fazer isso! Antigamente, a pintura de ícones era uma obra santa, hoje é só trabalho artístico, arte sacra, dizem!

Finalmente, deposita cuidadosamente o ícone sobre o balcão e, pondo o quepe, diz:

– Um pecado.

Isso quer dizer: compre!

Afogado no rio de palavras que lhe são doces, perplexo ante os conhecimentos do velho, o comprador pergunta com veneração:

– E então, meu respeitável senhor, o que há com o ícone?

– O ícone é obra de niconianos.

– Não pode ser! Meus avós, meus bisavós rezaram a ele...

– Nícon viveu antes do teu bisavô.

O velho aproxima o ícone do rosto do vendedor e lhe diz, agora com severidade:

– Veja como ele é alegre, isso é ícone? É um quadro, um trabalho artístico e cego, um divertimento niconiano; essa coisa não tem espírito! Iria eu mentir? Sou um homem velho, perseguido por causa da verdade, não demora muito tenho que me apresentar perante Deus, não tenho motivo para fingimentos!

Sai da venda para o terraço, desfalecendo de fraqueza senil, ofendido com a desconfiança pela sua avaliação. O caixeiro paga alguns rublos pelo ícone, o vendedor vai embora, fazendo uma curvatura profunda na direção de Piotr Vassílitch;[1] sou enviado à taverna a fim de trazer água fervente para o chá; voltando, encontro o exegeta forte, alegre; examinando amorosamente a aquisição, ele ensina ao caixeiro:

– Veja: o ícone é severo, foi pintado com finura, com temor a Deus, repeliu-se nele o que é humano...

– Mas é obra de quem? – pergunta o caixeiro, dando pulinhos, exultante.

– É cedo para você saber.

– E quanto vão dar os conhecedores?

– Não sei. Passe cá, vou mostrar a alguém...

– Oh, Piotr Vassílitch...

– Se eu vender, vou dar cinquenta a você, o restante é meu!

1 Corruptela de Vassilievitch. [N.T.]

– Oh...

– Pare com esses "ohs"...

Tomam chá, pechinchando desavergonhadamente, dirigindo um ao outro olhares de embusteiros. O caixeiro está completamente nas mãos do velho, isso é evidente; e depois que o velho vai embora, ele me diz:

– Cuidado, não diga nada à patroa sobre essa compra!

Tendo combinado a venda do ícone, o caixeiro pergunta:

– E o que há de novo na cidade, Piotr Vassílitch?

Depois de arrumar a barba com a mão amarela, descobrindo os lábios gordurosos, o velho fala da vida dos comerciantes ricos, dos êxitos em negócios, das farras, das doenças, dos casamentos, das traições de maridos e mulheres. Ele frita essas histórias suculentas, com rapidez e agilidade, como uma boa cozinheira frita *blini*,[1] regando-as com seu riso ciciante. O rosto redondinho do caixeiro se torna pardo de inveja e entusiasmo, os olhos estão toldados por uma névoa de devaneio; diz queixoso, suspirando:

– As pessoas vivem! E eu aqui...

– Cada qual com seu destino – zune o baixo do exegeta. – A uns os anjos forjam o destino com martelinhos de prata; a outros, o diabo com um machado...

Esse velho rijo, fibroso, sabe tudo, conhece toda a vida da cidade, todos os segredos dos comerciantes, funcionários, popes e pequenos-burgueses. Tem olhar agudo, como o de uma ave de rapina, misturam-se nele algo lupino e algo vulpino; tenho sempre vontade de irritá-lo, mas ele me olha de longe e como que através de um nevoeiro. Parece-me cercado de um vazio sem fundo; basta se aproximar dele para cair em alguma parte. E eu percebo nele qualquer coisa que o aproxima do foguista Chumov.

1 Espécie de panqueca. [N.T.]

Embora o caixeiro tanto na presença como na ausência do velho se entusiasme com a sua inteligência, há momentos em que, tal como eu, tem vontade de irritá-lo e ofendê-lo.

– Você é um vigarista – diz de repente, olhando com desafio o seu rosto.

O velho sorri indolente e replica:

– Somente Deus não engana, mas nós vivemos entre imbecis; se não se enganar um imbecil, então para que ele serve?

O caixeiro se exalta:

– Nem todos os mujiques são imbecis, os próprios comerciantes procedem dos mujiques!

– Não é dos comerciantes que estamos falando. Os imbecis não podem viver como embusteiros. Um imbecil é santo, isso é sabido, pois ele tem miolo adormecido...

O velho fala cada vez mais preguiçosamente, o que é muito irritante. Tenho a impressão de que ele está sobre um cômoro, em meio a um pântano. É impossível irritá-lo, ele é inatingível à ira, ou sabe escondê-la bem no fundo.

Frequentemente, porém, ele mesmo começava a me importunar; chegava bem rente a mim e, sorrindo para dentro da barba, perguntava:

– Como é que você chama aquele escritor francês: *Ponós*?[1]

Irrito-me tremendamente com essa maneira vil de adulterar os nomes, mas, contendo-me por enquanto, respondo:

– Ponson du Terrail.

– Onde é que ele *tieriáiet*?[2]

– Não brinque, o senhor não é criança.

– De fato, não sou mais criança. E o que está lendo agora?

– Iefrém Sírin.

– E quem escreve melhor: os seus autores profanos ou esse aí?

1 Em russo, diarreia. [N.T.]

2 Perde. [N.T.]

Eu me calo.

– Do que esses profanos mais escrevem? – ele não me deixa.

– De tudo o que acontece na vida.

– Quer dizer, de cachorros e cavalos, eles acontecem na vida.

O caixeiro dá gargalhada, eu me irrito. Tenho um sentimento muito penoso, desagradável, mas, se faço uma tentativa de deixá-los, o caixeiro me detém:

– Aonde vai?

E o velho me atormenta:

– Vamos, sabichão, deslinde esse problema: estão diante de você mil pessoas nuas, quinhentas mulheres, quinhentos homens, entre eles estão Adão e Eva, como é que você vai distinguir esses dois?

Interroga-me por muito tempo e, por fim, declara triunfante:

– Bobinho, é que eles não nasceram, mas foram criados, quer dizer que não têm umbigo!

O velho conhece uma infinidade de tais "problemas", é capaz de matar alguém com eles.

Nos primeiros tempos de trabalho na venda, eu contei ao caixeiro o enredo de alguns livros que lera, agora essas histórias resultaram em meu próprio dano: o caixeiro as transmitia a Piotr Vassílievitch, alterando-as de propósito de maneira porca. O velho o ajudava habilmente com perguntas desavergonhadas; as línguas pegajosas dos dois cobriam do lixo das palavras imundas Eugênia Grandet, Liudmila, Henrique IV.

Eu compreendia que não o faziam por mal, e sim por desfastio, mas isso não me aliviava. Tendo criado sujeira, fuçavam nela como porcos, e grunhiam da satisfação de imundar o que era belo – alheio, incompreensível e ridículo para eles.

Todo o *gostíni dvor*, toda a sua população, donos de loja e caixeiros, levavam uma vida estranha, repleta de divertimentos infantis e um tanto estúpidos, mas sempre malvados. Se um mujique de fora perguntava pelo caminho mais curto para alguma parte da cidade, sempre lhe indicavam a direção errada; isso se tornara a tal ponto um hábito, que não proporcionava mais prazer aos que enganavam. Apanhando um par de ratos, os amarravam um ao outro pelo rabo, os empurravam para o meio do caminho e ficavam admirando como eles se debatiam em todas as direções e como se mordiam; às vezes, derrubavam querosene sobre um rato e punham fogo nele. Amarravam ao rabo de um cachorro um balde quebrado de ferro; o cachorro, selvagemente assustado, uivando e provocando estrondo, corria desabaladamente, eles ficavam olhando e davam gargalhadas.

Havia muitos divertimentos do gênero, parecia que toda a gente, e sobretudo os camponeses, existiam unicamente para divertir o *gostíni dvor*. Sentia-se em relação ao homem um desejo de zombar dele, de lhe causar dor ou vergonha. E era estranho que os livros lidos por mim silenciassem sobre essa tendência constante e tensa dos homens de mofar uns dos outros.

Um desses divertimentos do *gostíni dvor* me parecia particularmente ofensivo e repugnante.

Sob a nossa loja, o vendedor de lã e de botas de feltro tinha um caixeiro que deixava espantado todo o mercado de Níjni com a sua voracidade; o patrão se vangloriava dessa capacidade de seu empregado como alguém se vangloria de um cachorro bravo ou da força de um cavalo. Não raro, desafiava os vizinhos de comércio para uma aposta:

– Quem arrisca dez rublos? Afirmo que o Michka[1] vai devorar, em duas horas, dez libras de presunto.

Todos sabiam que o Michka era capaz disso e diziam:

– Não vamos apostar, mas podemos comprar o presunto, deixe que ele coma e nós vamos ficar olhando.

– Mas que seja presunto puro, nada de osso!

1 Diminutivo de Mikhail (Miguel). [N.T.]

Discutiam um pouco e preguiçosamente, e eis que, da despensa escura, se arrasta um rapaz esquálido, imberbe, de maçãs salientes, todo coberto de fiapos de lã, vestindo uma comprida capa de gabardina, amarrada com um cinto vermelho de pano. Tirando respeitosamente o quepe da cabeça pequena, dirige silencioso o olhar turvo dos seus olhos profundamente encovados para o rosto redondo do patrão, purpúreo de sangue, coberto de cabelos grossos e ásperos.

– Você vai comer um *batmán*[1] de presunto?

– Qual é o prazo? – pergunta o Michka, prático, a voz fina.

– Duas horas.

– É difícil!

– Difícil nada!

– Se me dão licença, vai ser com um par de cervejinhas!

– Então vá-á – diz o patrão e se vangloria. – Não pensem vocês que está em jejum, de manhã já abocanhou umas duas libras de pão branco, e ao meio-dia almoçou direito...

Trazem o presunto, reúnem-se os espectadores, todos comerciantes de verdade, fortemente enrolados em suas peliças pesadas, que lembram enormes pesos de balança; essa gente possui grandes barrigas, mas todos têm olhos pequenos, inchados de gordura e cobertos da névoa sonolenta de um tédio infinito.

Formando um anel apertado, tendo as mãos enfiadas nas mangas, eles rodeiam o comedor, armado de faca e de um grande naco de pão de centeio; ele se persigna furioso, senta-se sobre um saco de lã, coloca o presunto sobre um caixote ao lado e mede-o com os olhos vazios.

Tendo cortado uma fatia fina de pão e uma grossa de carne, o comedor dobra-as cuidadosamente uma com a outra, leva-as à boca com ambas as mãos; os seus lábios tremem, ele os lambe com a comprida língua canina, deixando aparecer os dentes

1 Medida de peso, atualmente em desuso, e que variava de um lugar a outro. [N.T.]

miúdos e aguçados, e inclina a carantonha sobre a carne, com movimentos de cachorro.

– Começou!

– Controlem a hora!

Todos os olhos dirigem-se com ar prático para o rosto do rapaz, para o seu maxilar inferior e para as saliências redondas junto às orelhas; veem o queixo pontudo abaixar e levantar ritmado, comunicam preguiçosamente os pensamentos um ao outro:

– Direitinho um urso!

– Você já viu um urso comer?

– Pensa que vivo no mato? É que se diz assim: come que nem um urso.

– Diz-se: que nem um porco.

– Porco não come outro porco.

Riem a contragosto, e logo alguém que conhece o assunto corrige:

– Porco come tudo: os bacorinhos e até outros porcos...

O rosto do rapaz torna-se pouco a pouco pardo, as orelhas azuladas, os olhos encovados se deslocam para fora das órbitas, ele respira pesado, mas o queixo continua a se mover ritmadamente.

– Ataca, Mikhailo, o tempo está correndo – o animam.

Ele mede inquieto com os olhos o resto da carne, bebe cerveja e torna a comer ruidosamente. A assistência se anima, espia com frequência crescente para o relógio nas mãos do patrão de Michka, uns avisam aos outros:

– É capaz de atrasar o relógio; tirem dele!

– Vigie o Michka, para que não enfie pedaços dentro da manga!

– Não vai acabar no prazo!

O patrão de Michka grita, num desafio:

– Aposto vinte e cinco rublos! Aguenta a mão, Michka!

A assistência espicaça o patrão, mas ninguém aceita a aposta.

E Michka mastiga, mastiga sem cessar, seu rosto ficou parecido com presunto. Olhá-lo dá medo, tenho a impressão de que logo vai gritar, chorar:

– Me perdoem...

Ou de que vai se encher de carne até o pescoço, empurrará a cabeça para junto dos pés dos espectadores e morrerá ali mesmo.

Finalmente, comeu tudo, arregalou os olhos bêbados e rouquejou, cansado:

– Água...

O patrão olha o relógio e resmunga:

– Atrasou-se, canalha, em quatro minutos...

A assistência zomba dele:

– Foi pena não termos apostado com você, ia perder!

– Mesmo assim, o rapaz é uma fera!

– Sim, devia ir para um circo...

– Como Deus é capaz de deformar uma pessoa, hein?

– Vamos tornar chá, está bem?

E deslizam, que nem barcaças, para a taverna.

Procuro compreender o que reuniu essa gente pesada, férrea, em torno do infeliz rapaz, e por que a sua voracidade doentia os diverte.

O ambiente é escuro e enfadonho na galeria apertada, abarrotada de lã, peles de carneiro, cânhamo, cordoalha, botas de feltro, material de selaria. É separada da calçada da rua por colunas de alvenaria; desajeitadamente roliças, estão roídas pelo tempo, salpicadas da lama da rua. Decerto, já contei mentalmente milhares de vezes todos os seus tijolos e as fendas entre eles, e depositaram-se para sempre na minha memória com a rede pesada do seu traçado disforme.

Transeuntes caminham sem se apressar pela calçada; igualmente sem se apressar, deslocam-se na rua carros de aluguel e trenós com mercadoria; depois da rua, fica a praça cercada do quadrado de alvenaria vermelha das lojas de dois andares, repleta de caixotes, palha, papel de embrulho amassado, coberta de neve pisada e suja.

Tudo isso, incluindo homens e cavalos, parece imóvel: apesar do movimento, roda preguiçosamente no mesmo lugar, preso a ele por invisíveis cadeias. De repente, percebe-se que essa vida está quase privada de sons, é pobre de sons até a mudez. Rangem os patins dos trenós, batem as portas das lojas, gritam os vendedores de bolos, de *sbiten*,[1] mas as vozes humanas ressoam sem alegria, sem vontade, são monótonas, a pessoa se acostuma a elas rapidamente e deixa de percebê-las.

Os sinos das igrejas dobram a finados: esse som merencório permanece sempre na memória auditiva. Tem-se a impressão de que ele desliza no ar, sobre o mercado, incessantemente, da manhã à noite, penetrando todos os pensamentos e sentimentos, pousando como um acabrunhador ressaibo de cobre sobre todas as impressões.

Sopra de toda parte um enfado frio, maçante: da terra, coberta de neve suja; dos montes nevados, cor de cinza, que há sobre as casas, dos tijolos cárneos dos prédios; o enfado ergue-se das chaminés numa fumaça cinzenta e se arrasta para o céu cinzento, baixo, vazio; os cavalos fumegam enfado, e os homens o respiram. Ele possui cheiro peculiar: um cheiro pesado, embotado, de suor, gordura, óleo de cânhamo, bolos de massa fermentada e fumaça; esse cheiro comprime a cabeça como um chapéu quente e apertado, e, infiltrando-se no peito, provoca uma estranha embriaguez, um desejo obscuro de fechar os olhos, de gritar desesperadamente, de correr para alguma parte e impelir a cabeça, com toda a força, contra a primeira parede.

Presto atenção aos rostos dos vendeiros, nutridos, densamente irrigados de sangue pesado e gordo, beliscados de frio e

1 Bebida quente, feita com mel e especiarias. [N.T.]

imóveis, como num sonho. Os homens bocejam com frequência, abrindo as bocas como peixes jogados sobre a areia seca.

No inverno, as vendas são fracas, e nos olhos dos comerciantes não existe aquele brilho de espreita, de rapina, que no verão os embeleza e aviva um pouco. As pesadas peliças dificultam os movimentos e inclinam os homens para o chão; os vendeiros falam preguiçosamente e, quando se irritam, discutem; creio que eles o fazem de propósito, a fim de mostrar um ao outro: estamos vivos!

É muito evidente para mim que o enfado os comprime, os mata, e é apenas como uma luta infrutífera contra a sua força absorvente que eu consigo explicar a mim mesmo os divertimentos cruéis e pouco inteligentes dos homens.

Às vezes, converso sobre isso com Piotr Vassílievitch. Embora, de modo geral, ele me trate com caçoada, com escárnio, o meu fraco pelos livros lhe agrada, e às vezes ele se permite falar comigo seriamente, num tom sentencioso.

– Não me agrada como vivem os comerciantes – digo.

Enrolando uma mecha de barba sobre o dedo comprido, ele pergunta:

– E como é que você sabe da vida deles? Ou você os visita muitas vezes? Aqui, rapaz, é a rua, e na rua as pessoas não vivem, na rua elas comerciam ou, então, tratam de passar por ela depressa e... de novo para casa! Os homens saem para a rua vestidos, e é impossível saber como eles são debaixo dessa roupa; o homem vive abertamente é em casa, entre quatro paredes, e você não sabe como ele vive ali!

– Mas os pensamentos que eles têm não são os mesmos aqui e em casa?

– E quem é que pode conhecer os pensamentos do vizinho? – diz o velho num baixo autoritário, arredondando os olhos com severidade. – Pensamentos são que nem piolhos, tantos são que, de contá-los, vão-se os olhos, dizem os velhos. É possível que um homem, chegando em casa, caia de joelhos, implorando a Deus: "Perdoa-me, Senhor, pequei no Teu santo dia!". Talvez a casa seja para ele um convento e viva ali unicamente com Deus? Assim são as coisas! Cada aranhinha saiba de seu cantinho, faça a sua rede e possa compreender seu peso, para que a teia aguente...

Quando ele fala sério, sua voz soa ainda mais baixo, mais cavernosa, como se comunicasse importantes segredos.

– Você fica aí argumentando, mas é cedo ainda, na sua idade não se vive com a inteligência, mas com os olhos! Portanto, olhe, lembre-se e silencie. Cabeça é para comércio, e para a alma, a fé! É bom que esteja lendo livros, mas é preciso ter medida em tudo; há gente que lê até a insânia, até a negação de Deus...

Ele me parecia imortal: era difícil imaginar que pudesse envelhecer, mudar. Gostava de contar histórias de comerciantes e bandidos, de moedeiros falsos que se tornavam famosos; eu já ouvira muitas histórias semelhantes do vovô, e ele as contava melhor que o exegeta. Mas o sentido era o mesmo: a riqueza sempre se obtinha por meio de um pecado contra os homens e contra Deus. Piotr Vassíliev não se compadecia dos homens, mas falava de Deus com um sentimento cálido, suspirando e escondendo os olhos.

– Pois bem, as pessoas enganam a Deus, e ele, o paizinho Jesus Cristo, tudo vê e chora: gente, minha gente, gente da minha aflição, o inferno está preparado para vocês!

Um dia, ousei lembrar:

– Mas o senhor também engana os mujiques...

Não se ofendeu.

– Grande coisa eu faço? – disse. – Abocanho os meus três ou cinco rublos, e é tudo.

Se me encontrava lendo, apanhava o livro das minhas mãos, me interrogava com implicância sobre o que lera e, espantado, desconfiado, dizia ao caixeiro:

– Veja só: compreende os livros, o malandro!

E me ensinava judiciosamente, de modo a gravar na memória:

– Ouça as minhas palavras, isso é útil a você! Houve dois Cirilos, ambos bispos, sendo um de Alexandria, o outro de Jerusalém. O primeiro lutou contra o maldito herege Nestório, que ensinava obscenamente que a Mãe de Deus, sendo gente, não podia ter dado à luz Deus, mas que fez nascer um homem, Cristo de nome e de obras, em outras palavras, o salvador do mundo; por conseguinte, seria preciso não chamá-la de Mãe de Deus, e sim Mãe de Cristo, compreendeu? Isso se chama heresia! Quanto a Cirilo de Jerusalém, lutou contra o herege Ário...

Eu me entusiasmava muito com os seus conhecimentos de História da Igreja, e ele repuxava um pouco a barba com a mão cuidada de pope e se vangloriava:

– Nesses assuntos, sou general; antes da festa da Trindade, viajei para Moscou, onde tomei parte numa discussão com peçonhentos sábios niconianos, tanto popes como leigos; pois bem, meu pequeno, mantive palestra até com professores, sim! Um pope foi tão fustigado pelo meu flagelo verbal que até correu sangue do nariz dele, é verdade!

Suas faces se cobriam de rubor, os seus olhos desabrochavam.

Considerava provavelmente o sangrar do nariz do oponente como o ponto máximo de seu êxito, o rubi mais brilhante no laurel de ouro da sua glória, e contava-o com volúpia:

– Era um pope bo-o-nito, grandalhão! Estava parado em frente à estante do coro, e aquilo escorria do nariz dele, ploque, ploque! E ele não via a própria vergonha. Era um pope feroz que nem leão do deserto, o vozeirão parecia um sino! Dei nele devagarinho, bem no peito e entre as costelas, com as minhas palavras, que nem sovelas!... E ele se aqueceu ao rubro, como um fogão, com a sua raiva de herege... Eh, aconteceram coisas!

Não raro, vinham outros exegetas também: o Pakhómi, homem barrigudo, de *podiovka* ensebada, zarolho, grunhidor, o corpo flácido; o Lukián, velhote pequeno, liso como um camundongo, carinhoso e desembaraçado, acompanhado de um homem corpulento, taciturno, que lembrava um cocheiro, de barba negra e um rosto morto, desagradável, mas bonito e de olhos imóveis.

Quase sempre eles vinham vender livros antigos, ícones, turíbulos, umas taças; às vezes, traziam vendedores: uma velha ou um velho de além-Volga. Concluído o negócio, sentavam-se junto ao balcão, feito corvos na orla da floresta, tomavam chá com pão branco e açúcar-cande, e contavam uns aos outros perseguições movidas pela Igreja niconiana: ah, houve uma busca e foram apreendidos livros de reza; aqui, a polícia fechou uma casa de oração e processou os donos, de acordo com o artigo 103. Esse artigo constituía o mais frequente dos temas na conversa entre eles, mas tratavam do assunto tranquilamente, como algo inevitável, como os frios no inverno.

As palavras polícia, busca, prisão, processo, Sibéria, que apareciam constantemente nas suas conversas sobre perseguições religiosas, caíam na minha alma feito carvões em brasa, acendendo uma simpatia por esses velhos; os livros que lera me ensinaram a ter consideração pelas pessoas perseverantes, a apreciar a firmeza de espírito.

Esquecia tudo o que vira de ruim nesses professores de vida, sentia somente a sua tranquila obstinação, atrás da qual, me parecia, ocultava-se uma fé inabalável de professores da sua verdade, a disposição de aceitar por ela quaisquer torturas.

Mais tarde, quando pude ver muitos desses guardiães da fé antiga e outros que tais, tanto no meio do povo como na intelectualidade, compreendi que essa obstinação era passividade de gente que não tinha para onde ir de onde estava parada, e, ademais, eles não queriam ir para nenhuma parte, pois estavam fortemente amarrados com as velhas palavras, com as concepções obsoletas, e petrificaram-se nessas palavras e concepções. A vontade deles é imóvel, incapaz de se desenvolver na direção do futuro e, quando algum golpe exterior os atira fora do lugar costumeiro, rolam mecanicamente para baixo, como uma pedra do alto da montanha. Mantêm-se em seus lugares junto ao cemitério das verdades defuntas, com a força morta das recordações do passado e com o seu amor doentio ao sofrimento, à condição de oprimido, mas, ao tirarem deles a possibilidade de sofrimento, eles desaparecem, esvaziados, feito nuvens num dia fresco de vento.

A fé, pela qual estão prontos a sofrer, com gosto e com grande autoadmiração, é indiscutivelmente uma fé bem firme, mas lembra roupa muito usada; ensebada, coberta de toda espécie de sujeira, é somente por essa razão que o trabalho destruidor do tempo a afeta pouco. Ideias e sentimentos se acostumaram à membrana apertada, pesada, dos preconceitos e dogmas e, embora eles tenham perdido as asas, sejam disformes, vivem comodamente aconchegados.

Essa fé por hábito é um dos fenômenos mais tristes e perniciosos da nossa vida; nos seus limites, como à sombra de um muro de pedra, tudo o que é novo cresce devagar, deformado, torna-se caquético. Nessa fé escusa, há poucos raios de amor, há demasiadas ofensas, rancor e inveja, sempre aliados ao ódio. A chama dessa fé é um brilho fosforescente de putrefação.

Mas, para me convencer disso, tive que sofrer muitos anos penosos, romper muita coisa em meu íntimo, expelindo-o da memória. Naquele tempo, porém, quando pela primeira vez encontrei os mestres de vida, em meio à realidade enfadonha e vil, pareceram-me homens de uma grande força moral, a melhor gente sobre a terra. Quase todos foram processados, estiveram presos, foram expulsos de diferentes cidades, vagaram acompanhando levas de prisioneiros; todos eles viviam cautelosamente, escondendo-se.

No entanto, eu via que, embora se queixassem da "opressão do espírito" pelos niconianos, os próprios anciãos também oprimiam uns aos outros, e isso com muito gosto, deliciando-se, até.

O zarolho Pakhómi, quando estava bêbado, gostava de se vangloriar da sua memória realmente espantosa; conhecia alguns livros "pelos dedos", como um judeu de *iechivá*[1] conhece o *Talmude*: apontava ao acaso qualquer página e dizia o texto de cor, a partir da palavra em que o dedo ia parar, com uma vozinha macia, nasalada. Olhava sempre para o chão e seu único olho corria o soalho com grande sobressalto, como se procurasse algo muito precioso, que tivesse perdido. O mais frequente era exibir essa habilidade com o livro do Príncipe Michétzki *A vinha russa*; conhecia particularmente os "tormentos suportados com tamanho valor pelos maravilhosos e valentes mártires", mas Piotr Vassíliev procurava sempre pilhá-lo em erro.

– Mentira! Isso não aconteceu a Kiprian, o Obumbrado, mas a Dienis, o Casto.

– Dienis? Diz-se Dioníssi.

– Você não deve se apegar a uma palavra!

– Não me dê lições!

Um instante depois, inflados de ira, olhavam fixamente um para o outro, dizendo:

– Servidor do próprio ventre, cara de sem-vergonha, vejam só o ventre que arranjou de tanto comer...

Pakhómi respondia, como quem calcula num ábaco:

– E você é escravo das paixões, um bode, um caudatário de mulheres.

O caixeiro esconde as mãos dentro das mangas, sorri com maldade e atiça os guardiães da devoção antiga como se fossem moleques:

– A-assim, dá nele! Vamos, mais um pouco!

Numa ocasião, os anciães chegaram às vias de fato. Piotr Vassíliev bateu com inesperada agilidade nas faces do compa-

1 Escola superior de estudos religiosos judaicos. [N.T.]

nheiro, fê-lo sair fugindo e, enxugando, cansado, o suor do rosto, gritou para ele:

– Veja, será sobre você que se depositará o pecado! Foi você que induziu minha mão ao pecado, maldito seja!

Gostava particularmente de censurar todos os companheiros de que não tinham suficiente firmeza de fé e que incorriam todos na *niétovschina*.[1]

– É sempre esse Aleksacha[2] que perturba vocês, vejam o galo que apareceu no terreiro!

A *niétovschina* o irritava e parecia assustá-lo, mas, quando lhe perguntavam em que consistia essa doutrina, respondia de modo não muito compreensível:

– *Niétovschina* é a mais amarga das heresias, nela há só razão, mas não existe Deus! Eu sei que entre os cossacos agora não se venera nada além da Bíblia, e a Bíblia vem dos alemães de Saratov, de Lutero,[3] de quem se disse: "O nome é adequado, pois na verdade – Lutero: lutador fero. Gosta de ferocidade e luta feroz".[4] Esses nietovianos são chamados chaloputos e também estundistas,[5] e tudo isso vem do Ocidente, dos hereges dela.

Batendo o pé deformado, dizia fria e incisivamente:

– Aí está quem a Igreja do Rito Novo devia perseguir, quem devia vigiar e queimar! E não a nós, que somos a velha Rússia; a nossa fé é autêntica, oriental, a antiga fé russa, e tudo aquilo é

1 Palavra derivada de *niet* (não). É um desses termos que se formam facilmente no russo coloquial, de acordo com necessidades de momento. [N.T.]

2 Diminutivo de Aleksandr. [N.T.]

3 Na região de Saratov, havia uma colônia de alemães. [N.T.]

4 No texto, há uma passagem do russo para o eslavo eclesiástico. Esse predomina no trecho que se segue ao travessão, e que poderia ser transliterado da seguinte forma: *Liútor, ije liut glagólietsia, liute bo, liubo liuto*. Devo a Haroldo de Campos a recriação desse trecho em português. [N.T.]

5 Seita surgida na década de 1860, dedicada à leitura e meditação da Bíblia. Do alemão *stund*, hora. [N.T.]

Ocidente, é adulteração de livres-pensadores! O que podem trazer de bom os alemães, os franceses? Bem que eles, no ano doze...[1]

Entusiasmando-se, esquecia que tinha diante de si um garoto, me puxava com mão robusta pelo cinto e, ora aproximando-me de si, ora repelindo-me, dizia bonito, de maneira agitada, jovem, arrebatada:

– Vagueia a razão humana na floresta espessa de suas próprias invenções, vagueia como um lobo feroz, submisso ao diabo, martirizando a alminha humana, que é dádiva de Deus! O que inventaram os noviços do demônio? Os bogomilos,[2] dos quais se derivou a *niétovschina*, pregavam: Satanás é filho do Senhor, é o irmão mais velho de Jesus Cristo, aí está ao que chegavam! Pregavam também que não se obedecesse às autoridades, não se fizessem os trabalhos do ofício, que se abandonassem mulheres e filhos; diziam que o homem não precisava de nada, de nenhuma ordem nas coisas, e que cada um devia viver como lhe aprouvesse, como o diabo lhes indicasse. E eis que novamente apareceu este Aleksaschka, oh, vermes...

Acontecia que nesse momento o caixeiro me mandava fazer alguma coisa, eu me afastava do velho, mas ele, ficando sozinho na galeria, continuava a falar, dirigindo-se para o vazio ao redor:

– Oh, almas sem asas, oh, gatinhos cegos, recém-nascidos, como fugir de vocês?

Depois sacudia a cabeça e, apoiando os braços nos joelhos, ficava muito tempo calado, olhando fixamente, imóvel, o céu cinzento de inverno.

Começou a me tratar com mais atenção e carinho; encontrando-me com um livro, afagava os meus ombros, dizendo:

– Leia, meu caro, leia, isso é bom! Parece que você tem miolinho; é pena que não respeite os mais velhos, que discuta com

1 Referência à invasão da Rússia por Napoleão, em 1812. [N.T.]
2 Seita búlgara dos séculos XI-XV. [N.T.]

todos de igual para igual; pensa que essa insolência levará você para onde? Isso, meu menino, há de levá-lo às companhias disciplinares,[1] mais a parte nenhuma. Leia livros; mas lembre-se: livro é livro, mas, ao agir, é o próprio miolo que nos deve conduzir. Os *khlisti*[2] tinham um mestre chamado Danilo, que teve a ideia de que não precisamos de livros novos nem velhos, reuniu-os num pacote e os atirou na água! Sim... Isso, naturalmente, é também bobagem! E esse Aleksacha é outro perturbador, esse cabeça de cão...

•••

Lembrava agora cada vez com maior frequência esse Aleksacha, e certa vez, chegando à venda preocupado, severo, declarou ao caixeiro:

– Aleksandr Vassíliev está aqui na cidade, chegou ontem! Eu o procurei, procurei, mas não encontrei. Está se escondendo! Vou me sentar um pouco, quem sabe ele aparece aqui...

O caixeiro replicou, nada amistoso:

– Eu não sei de nada, não conheço ninguém!

Acenando com a cabeça, o velho disse:

– E assim tem que ser: para você, as pessoas se dividem em fregueses e vendedores, e outra gente não existe! Sirva-me um chazinho...

Quando eu trouxe uma grande chaleira de cobre com água fervente, havia visitantes na venda: o velhinho Lukian, que sorria alegremente, e atrás da porta, num canto escuro, estava sentado um novo visitante, de sobretudo grosso e botas altas de feltro, com um cinto verde e chapéu descido desajeitadamente para as orelhas. Tinha um desses rostos em que não se repara, parecia

1 Tais subunidades de tropa faziam parte do sistema penal da época. [N.T.]

2 Membros da seita religiosa Khlistóvschina, surgida na Rússia no século XVII, e que deixou de existir na década de 1860. Os *khlisti* acreditavam na contínua reencarnação de Jesus. [N.T.]

modesto e de gênio suave, um caixeiro que acabasse de perder o emprego e estivesse muito amargurado com isso.

Piotr Vassíliev não olhava na sua direção, dizia algo, severo e incisivo, e o outro não cessava de empurrar o chapéu com um movimento convulsivo da mão direita: levantava o braço, como se fosse persignar-se, e impelia o chapéu para cima, tornava a fazê-lo mais uma vez, outra, e levando-o quase até as têmporas, tornava a descê-lo, desajeitadamente, apertado, até as sobrancelhas. Esse gesto convulsivo obrigou-me a lembrar do débil mental Igocha[1] Morte no Bolso.

•••

– Em nosso riozinho turvo há toda espécie de lampreias, e elas turvam cada vez mais a água – disse Piotr Vassíliev.

O homem que lembrava um caixeiro perguntou suave e tranquilamente:

– É de mim que você está falando?

– Bem que pode ser você também...

Então, o homem perguntou ainda, em voz baixa, mas num tom muito sincero:

– Bem, e o que vai dizer de você mesmo, homem?

– De mim só vou dizer a Deus, isso é da minha conta...

– Não, homem, da minha também – replicou o outro, solene e fortemente. – Não vire o rosto ante a verdade, não cegue a si mesmo intencionalmente, é um grande pecado perante Deus e os homens!

Agradava-me o fato de ele chamar Piotr Vassíliev de homem, a sua voz suave e solene me perturbava. Falava da maneira como os popes competentes proferem "Senhor, soberano da minha carne", e se inclinava o tempo todo para a frente, deslizando da cadeira, agitando o braço diante do rosto...

1 Diminutivo de Ígor. [N.T.]

– Não me condene, não sou mais sujo que você no pecado...

– O samovar já ferveu, está fungando – disse, desdenhoso, o velho exegeta, e o outro continuou, sem se deter com aquelas palavras:

– Somente Deus sabe quem turva mais as fontes do Espírito Santo, é possível que seja pecado de vocês, gente de livro e papel e, quanto a mim, não sou de livro nem de papel, sou um homem simples, um homem vivo...

– Conheço a sua simplicidade, já ouvi falar bastante!

– Vocês é que confundem as pessoas, entortam os pensamentos retos, vocês, homens livrescos e fariseus... O que é que eu digo, me conte, sim?

– Heresias! – disse o Piotr Vassíliev, e o homem, movendo a palma da mão diante do rosto, como se lesse algo escrito nela, continuou com ardor:

– O que pensam: enxotando os homens de um curral para outro, vocês farão algum bem a eles? E eu digo: não! Eu digo: liberta-te, homem! Para que ter casa, mulher e tudo o que é teu perante o Senhor? Liberta-te, homem, de tudo aquilo por que os homens se batem e apunhalam: do ouro, da prata e de todas as propriedades, elas são podridão e imundície. A salvação da alma não está nos campos da terra, mas nos vales celestes! Abandonai tudo, digo eu, rompei todas as amarras, todas as cordas, destruí a rede desse mundo, essa tecedura do Anticristo... Eu sigo o caminho reto, minha alma não tergiversa, não aceito o mundo das trevas...

– E o pão, a água, as roupas, você aceita? Veja bem, são coisas profanas! – disse o velho, maldoso.

Mas também essas palavras não atingiram o Aleksandr, ele falava com acento cada vez mais sincero, e embora a sua voz não soasse alto, dava a impressão de soprar num trombone.

– O que te é caro, homem? Somente Deus; pois ergue-te diante dele, puro de tudo o mais, arranca da tua alma as amarras terrestres, e hás de ver o Senhor: tu és só, Ele é só! E assim hás de te aproximar do Senhor, é o único caminho até Ele! Eis no que foi apontada a salvação: abandona pai e mãe, abandona tudo e arranca até o olho que faz a tua tentação! Por amor a Deus, destrói-te nas coisas e conserva-te no espírito, e a tua alma há de arder pelos séculos dos séculos...

– Ora, vá para todos os cachorros fedorentos – disse Piotr Vassíliev, levantando-se. – Eu pensei que, desde o ano passado, você tivesse ficado mais inteligente, mas vejo que piorou...

Balançando o corpo, o velho saiu para o terraço; isso deixou o Aleksandr perturbado, ele perguntou surpreso, apressadamente:

– Vai embora? Mas... como?

O carinhoso Lukian piscou o olho, consolador, e disse:

– Não é nada... não é nada...

Então, Aleksandr se encarniçou contra ele:

– Também você, corre-mundo profano, fica aí semeando palavras de lixo, mas com que proveito? Ora, sua aleluia de fancaria...

Lukian sorriu para ele e também foi para o terraço, e ele disse convicto ao caixeiro:

– Eles não conseguem suportar a minha alma, não conseguem! Desaparecem que nem fumaça da face da chama...

O caixeiro olhou-o de soslaio e observou secamente:

– Eu não entendo desses assuntos.

O homem pareceu confuso, empurrou mais uma vez o chapéu e murmurou:

– Como é que se pode não entender? Esses assuntos são... eles exigem que se entenda deles...

Ficou sentado por alguns instantes em silêncio, a cabeça baixa; depois, os velhos o chamaram e os três foram embora, sem se despedir.

Esse homem se abrasou diante de mim como uma fogueira dentro da noite, ardeu vivamente e se apagou, me obrigando a sentir certa verdade em sua negação da vida.

Tendo escolhido uma ocasião à noitinha, falei dele com entusiasmo ao primeiro mestre da oficina de ícones, o suave e carinhoso Ivan Lariônovitch; ele me ouviu e explicou.

– Deve ser um *biegun*,[1] há uns sectários assim, que não reconhecem nada.

– Mas como é que eles vivem?

– Vivem em correria, viajam por toda a terra, por isso é que lhes foi dado esse nome de corredores. Dizem eles que a terra e tudo o mais que vem com ela é alheio a nós e a polícia os considera nocivos, prende...

Embora eu levasse uma vida amarga, não compreendia como era possível correr de tudo. Na existência que me cercava então, havia muita coisa interessante, que me era cara, e logo Aleksandr Vassíliev desbotou em minha memória.

Mas de tempos em tempos, nas horas difíceis, aparecia diante de mim: caminhava pelo campo, sobre a estrada cinzenta, na direção da floresta, empurrava o bordão com o movimento convulsivo da mão branca, que não era de trabalhador, e balbuciava:

– Eu vou pela estrada certa, não aceito nada! Corte as amarras...

Ao seu lado, meu pai vinha à memória, tal como a vovó o vira em sonho: uma vareta de nogueira na mão, seguido por um cachorro de cor viva, que corria agitando a língua...

1 Literalmente, corredor. Trata-se de uma das seitas dos "velhos crentes". [N.T.]

13

A oficina de ícones estava alojada em duas salas de uma grande casa, metade de pedra, metade de madeira; uma das salas tinha três janelas dando para o pátio e duas para o jardim; a outra, uma janela para o jardim e uma para a rua. As janelas são pequenas, quadradas, as vidraças, de tão velhas, adquiriram as cores do arco-íris e deixam entrar na oficina, a contragosto, a luz difusa dos dias de inverno.

Ambas as salas estão atravancadas de mesas, diante de cada uma há um pintor de ícones, curvado, às vezes dois. Globos de vidro estão suspensos do teto, por meio de cordas; cheios de água, eles recolhem a luz da lâmpada, refletindo-a sobre a tábua quadrada do ícone com uma luz franca e fria.

Na oficina, o ar está quente e abafado; trabalham ali perto de vinte homens, "pintores de Deus" de Pálekh, Khólui, Mstiora; estão todos de camisa de chita, com gola desabotoada, de ceroulas de cotim, descalços ou de chinelos. Paira sobre as cabeças dos artesãos uma película azulada de fumaça de cigarro ordinário, há um cheiro denso de óleo de linhaça, verniz, ovos podres. Lentamente, feito piche, desliza a dolente canção de Vladímir:

Hoje em dia, as pessoas não têm mais consciência:
Diante de todos, um garoto seduziu uma menina...

Cantam outras canções, também tristes, mas essa com maior frequência que as demais. Sua melodia arrastada não impede de pensar, não impede de passar o fino pincelzinho de arminho sobre o traço do ícone, colorindo as dobras das vestes, sobrepondo aos rostos ósseos dos santos rugas fininhas de sofrimento. Sob as janelas, bate seu martelinho o cinzelador Gógolev, um velho bêbado, com enorme nariz azul; o bater seco do martelo irrompe incessante na corrente preguiçosa da canção – parece um verme corroendo uma árvore.

A pintura de ícones não entusiasma ninguém; algum sábio perverso dividiu esse trabalho numa longa série de atos destituídos de beleza, incapazes de despertar amor à obra, interesse por ela. Panfil, o marceneiro zarolho, malvado e malicioso, traz tábuas de cipreste e de tília, de diferentes dimensões, aplainadas e coladas por ele; Davidov, um rapaz tuberculoso, aparelha-as; seu companheiro Sorókin sobrepõe dourados; Miliáchin copia a lápis o desenho do original; o velho Gógolev doura mais e cinzela o traçado sobre o ouro; outros pintam a paisagem e as vestes do ícone, depois, sem semblante e sem as mãos, ele fica encostado à parede, à espera do trabalho dos pintores de semblantes.

É muito desagradável ver os grandes ícones, destinados a iconóstases e portas de altar, quando eles estão junto à parede, sem semblante, sem mãos nem pés, vendo-se apenas as casulas ou as armaduras e as camisolinhas curtas dos arcanjos. Essas tábuas pintadas de cores vivas exalam algo morto; falta aquilo que deve dar vida a elas, mas tem-se impressão de que isso já existiu e desapareceu milagrosamente, deixando apenas as suas pesadas casulas.

Depois que o pintor de semblantes termina o serviço, o ícone é passado para o mestre, que lhe aplica esmalte segundo o desenho de cinzelagem; as inscrições são pintadas por outro mestre, e depois a imagem é envernizada pelo próprio gerente da oficina, o quieto Ivan Lariônitch.

Tem rosto cinzento, a barbicha cinzenta igualmente, de fios finos e sedosos, os olhos cinzentos peculiarmente profundos e tristes. Sorri de maneira agradável, mas tem-se como que vergonha de sorrir para ele também. Lembra o ícone de Simão, o Estilita: como ele, é seco, esquálido, e seus olhos imóveis dirigem-se de maneira igualmente abstrata para alhures, para a lonjura, através de homens e muros.

Alguns dias depois que eu ingressei na oficina, o Kapiendiúkhin, um cossaco do Don, bonitão e forçudo, mestre em gonfalões, chegou bêbado e apertando com força os dentes, semicerrando os olhos de mulher, de expressão doce, pôs-se a bater em todos em silêncio, com os seus punhos de ferro. Não muito alto e de corpo ereto, ele se agitava pela oficina, como gato numa adega com ratos; os homens, perplexos, se escondiam nos cantos da sala e dali gritavam uns para os outros:

– Dá nele!

O pintor de semblantes Evguêni Sítanov conseguiu tontear o brigão enraivecido com um golpe de tamborete na cabeça. O cossaco sentou-se no chão, foi imediatamente derrubado e amarrado com toalhas e pôs-se a roê-las e rasgá-las com dentes de animal selvagem. Então, o Evguêni se enraiveceu também, pulou para a mesa e, apertando os cotovelos contra o corpo, preparou-se para saltar sobre o cossaco; alto, fibroso, ele teria esmagado inevitavelmente o peito do Kapiendiúkhin, mas nesse instante apareceu ao seu lado o Lariônitch, de capa e chapéu, ameaçou o Sítanov com o dedo e disse ao mestre, baixo e num tom eficiente:

– Levem ele para a entrada, para que volte a si...

Arrastaram o cossaco para fora da oficina, espalharam as mesas e cadeiras e tornaram a sentar-se ao trabalho, trocando observações lacônicas sobre a força do companheiro e predizendo que algum dia seria morto numa briga.

– É difícil matá-lo – disse Sítanov com absoluta tranquilidade, como se diz de um trabalho bem conhecido.

Eu olhava para Lariônitch, estupefato: por que esses homens fortes, brigões, o obedeciam com tamanha facilidade?

Mostrava a todos como se devia fazer o serviço, mesmo os melhores mestres ouviam de bom grado os seus conselhos; ele ensinava ao Kapiendiúkhin mais demoradamente e com maior abundância de palavras que aos demais.

– Você, Kapiendiúkhin, é pintor, isso quer dizer que deve pintar com vivacidade, à maneira italiana. A pintura a óleo exige unidade de cores quentes, e você exagerou no branco, e por isso Nossa Senhora saiu com uns olhinhos frios, de inverno. As faces ficaram coradas, umas maçãs, mas os olhinhos são estranhos a elas. E, além disso, foram colocados de maneira errada: um está espiando para a base do nariz, o outro foi deslocado em direção das têmporas, e assim o rostinho não saiu puro e santo, mas ladino, terrestre. Você não está pensando no trabalho, Kapiendiúkhin.

Ouvindo-o, o cossaco entorta o rosto, depois, sorrindo desavergonhadamente com os olhos de mulher, diz com voz agradável, um tanto enrouquecida de bebedeira:

– Eh, Ivan Lariônitch, pai, isso não é trabalho para mim. Eu nasci músico e me fizeram monge!

– Com esforço, pode-se vencer qualquer trabalho.

– Não, quem sou eu? Devia trabalhar de cocheiro e ter uma troica de cavalos fogosos, eh...

E, recurvando o pomo-de-adão, arrasta desesperadamente:

Eh, ah, eu prepa-aro a minha troica
De cavalos bem fogosos,
Corro em meio à noite fria
Para a casa, oi, de meu bem!

Ivan Lariônovitch sorri docemente, corrige os óculos sobre o nariz cinzento e triste e se afasta, enquanto uma dezena de vozes acompanham em uníssono a canção, dissolvendo-se numa vigorosa torrente, e, como que erguendo no ar a oficina inteira, balançam-na com impulsos ritmados.

Os cavalos já conhecem
Onde mora este meu bem...

O aprendiz Pachka[1] Odintzóv, tendo deixado de separar gemas de ovo e segurando uma casca em cada mão, dirige o contracanto, com o soprano magnífico.

Inebriados de sons, todos se distraíram, respirando com um só peito, vivem com um só sentimento, vigiando de viés o cossaco. Quando ele cantava, a oficina reconhecia-o como seu senhor; todos se arrastavam na sua direção, observando os gestos largos de seus braços: parecia querer voar. Estou certo de que se ele interrompesse bruscamente a canção e gritasse: "Quebrem tudo!" – todos, inclusive os mestres mais morigerados, reduziriam em poucos instantes aquela oficina a cacos.

Cantava raras vezes, mas o poderio das suas violentas canções era sempre igualmente triunfal e invencível; por mais penosa que fosse a disposição de ânimo daquela gente, ele a erguia e inflamava, todos ficavam tensos, transformando-se num órgão vigoroso, graças à ardente fusão de forças.

Essas canções despertavam em mim um sentimento ardente de inveja pelo cantor, por seu bonito poderio sobre as pessoas; algo perturbador, e que dava medo, vertia-se em meu coração, dilatando-o até causar dor, dava vontade de chorar e gritar aos que cantavam:

– Eu amo vocês!

O tísico e amarelo Davidov coberto de fiapos de cabelo, abria também a boca, lembrando estranhamente uma gralha que acabasse de sair do ovo.

1 Diminutivo de Páviel (Paulo). [N.T.]

Cantavam-se as canções alegres, arrebatadas, somente quando eram entoadas pelo cossaco, o mais frequente era cantarem outras, dolentes e arrastadas, sobre a "gente sem consciência", o "Junto ao mato, ao meu matinho", e aquela sobre a morte de Alexandre I: "Quando foi nosso Lexandre ver o exército formado".

Às vezes, seguindo a proposta do Jikhariόv, o melhor pintor de semblantes de nossa oficina, tentavam cantar algo de igreja, mas raramente dava certo. O Jikhariόv sempre conseguia uma elegância peculiar, que era o único a compreender, e estorvava o canto de todos os demais.

Era um quarentão seco, calvo, com uma semicoroa de cabelos negros, encaracolados, de cigano, com sobrancelhas pretas, grandes feito bigodes. A barbicha densa, em ponta, enfeitava muito seu rosto fino, moreno, não russo, mas sob o seu nariz corcovado despontavam bigodes ásperos, supérfluos devido às sobrancelhas. Seus olhos azuis eram desiguais: o esquerdo sensivelmente maior que o direito.

– Pachka! – gritava ele, com voz de tenor para o aprendiz, meu companheiro. – Vamos, comece: "Louvai!". Preste atenção, minha gente!

Enxugando as mãos no avental, o Pachka entoava:

– Louva-ai...

– ... o no-ome do Senhor – acompanhavam algumas vozes, e o Jikhariόv gritava em sobressalto:

– Evguêni, mais baixo! Desça essa sua voz até a profundeza da alma...

Com voz abafada, como se batesse num barril, o Sítanov apela:

– Escr-ravos do Senhor...

– Não é assi-im! Nesse ponto, é preciso cantar de maneira que a terra trema e se abram sozinhas as portas, as janelas!

O Jikhariόv estremecia todo, numa excitação incompreensível, suas surpreendentes sobrancelhas deslocavam-se sobre a fronte, para baixo e para cima, a voz interrompia-se e seus dedos tocavam guslas invisíveis.

– Escravos do Senhor, você compreende? – diz ele com ar significativo. – É preciso senti-lo até o caroço, através de toda a casca. Escravos, louvai o Senhor! Como é que vocês, gente esperta, não compreendem isso?

– Conosco, isso nunca dá certo, como você sabe muito bem – diz Sítanov, com delicadeza.

– Bem, vamos deixar isso!

Ofendido, Jikhariów põe-se a trabalhar. É o melhor mestre, sabe pintar semblantes à bizantina, à francesa, e "artisticamente" à italiana. Aceitando encomendas de iconóstases, Lariônitch se aconselha com ele; é fino conhecedor de ícones originais, todas as cópias caras de ícones miraculosos – de Fiódorov, de Smolensk, de Kazan e outros – passam por suas mãos. Mas, remexendo nas imagens originais, resmunga em voz alta:

– Nos enredaram esses originais... É preciso dizer francamente: nos enredaram!...

Apesar de sua posição importante na oficina, é menos arrogante que os demais, trata com carinho os aprendizes: o Páviel e eu; quer nos ensinar o ofício – ninguém mais se ocupa com isso.

É difícil compreendê-lo; de modo geral é um homem nada alegre, às vezes passa a semana inteira trabalhando calado, parecendo mudo; olha para todos com ar distante e surpreso, como se visse pela primeira vez aquela gente que conhecia. E embora goste muito do canto, nesses dias não canta e como que não ouve as canções. Todos o observam, indicando-o uns aos outros com um piscar de olhos. Ele se curva sobre o ícone colocado transversalmente, a tábua desse fica sobre os seus joelhos, a parte central se apoia no bordo da mesa, o pincel fino pinta aplicadamente um semblante escuro, distante, ele mesmo também está escuro e distante.

De repente, diz de maneira nítida, com ar de mágoa:

– O que quer dizer precursor? Cursor, à maneira antiga, quer dizer aquele que corre, que anda. Precursor é, pois, aquele que vem antes, e não outra coisa...[1]

A oficina se torna silenciosa, todos olham sorrindo, de viés, para o Jikhariów, e ressoam no silêncio palavras estranhas:

– Deve-se pintá-lo não com um casaco de carneiro, mas com asas...

– Você está falando com quem? – perguntam.

Permanece calado, não ouve a pergunta ou não quer responder, depois suas palavras tornam a cair num silêncio de expectativa:

– É preciso conhecer a vida dos santos, e quem a conhece? O que sabemos? Vivemos sem asas... Onde está a alma? Onde? Temos originais de ícones, sim! Mas não temos coração...

Esses pensamentos em voz alta suscitam em todos, com exceção do Sítanov, sorrisos zombeteiros; quase sempre, alguém murmura com maldade:

– Sábado, vai beber...

O comprido e fibroso Sítanov, jovem de vinte e dois anos, de rosto redondo sem bigodes nem sobrancelhas, olha triste e seriamente para um canto.

Lembro que, tendo concluído uma cópia de Nossa Senhora de Fiódorov, encomendada se não me engano para Kungur, Jikhariów pôs o ícone sobre a mesa e disse alto, perturbado:

– Está terminada a mãezinha! És como uma taça, uma taça sem fundo, para a qual deslizarão agora lágrimas amargas, sinceras, do mundo dos homens...

E, jogando sobre os ombros a capa de alguém, foi para o botequim. Os jovens se puseram a rir e a assobiar; os mais velhos o acompanharam com um suspiro de inveja, o Sítanov acercou-se do trabalho, olhou-o com atenção e explicou:

1 Alusão a São João Batista, que na tradição religiosa russa é Ioan Predtietcha (João, o Precursor, ou o Anunciador). [N.T.]

– Claro que vai se embebedar, porque tem pena de entregar o trabalho. Nem todos alcançam essa pena.

As bebedeiras do Jikhariów começavam sempre aos sábados. Provavelmente, não era a habitual doença dos artesãos alcoólatras; se iniciavam assim: de manhã, escrevia um bilhete, mandava o Páviel entregá-lo em alguma parte, e dizia ao Lariônitch antes do jantar:

– Hoje, vou aos banhos!

– Por muito tempo?

– Ora, meu Deus...

– Por favor, não volte depois de terça-feira!

Jikhariów fazia um aceno afirmativo com o crânio nu, as suas sobrancelhas tremiam.

Voltando do banho, se vestia com ostentação, punha uma camisa de peitilho, um lenço no pescoço, fazia descer sobre o colete de cetim uma corrente comprida de prata e saía em silêncio, ordenando a mim e a Páviel:

– À noitinha, façam uma boa limpeza na oficina; a mesa grande tem que ser lavada e raspada!

Todos ficavam numa disposição festiva, aprumavam-se, limpavam-se, corriam aos banhos, ceavam às pressas; e, depois da ceia, aparecia o Jikhariów, com embrulhos de frios, com vinho e cerveja, e, atrás dele, uma mulher, exagerada em todas as dimensões, quase até a disformidade. Tinha cerca de dois *archins* e doze *vierchókes* de altura,[1] todas as nossas cadeiras e tamboretes pareciam diante dela uns brinquedos, mesmo o comprido Sítanov era a seu lado um adolescente. Muito aprumada, tinha, porém, o peito erguido para o queixo, feito um monte, seus movimentos eram lentos, desajeitados. Apesar dos seus quarenta anos e pico, o ros-

1 Medidas russas tradicionais de comprimento: um *archin* equivale a 71 centímetros; um *vierchók,* a aproximadamente quatro centímetros. A mulher tinha, portanto, cerca de 1,90 metro de altura. [N.T.]

to redondo, imóvel, com olhos enormes de cavalo, era fresco e liso, a boca miúda parecia desenhada, como a de uma boneca barata. Sorrindo com afetação, empurrava para todos a palma da mão larga e quente, dizendo palavras desnecessárias:

– Bom dia. Faz frio hoje. Que cheiro pesado vocês têm aqui. É cheiro de tinta. Bom dia.

Era agradável olhar essa mulher tranquila e forte, como um rio grande e caudaloso, mas havia algo de soporífero nas suas falas, todas desnecessárias e cansativas. Antes de dizer uma palavra, ela se inflava, arredondando ainda mais as faces quase carmesins.

Os jovens sorriem, cochichando:

– Que máquina!

– Uma torre de igreja!

Dobrando os lábios como gravata-borboleta, as mãos sob os peitos, ela senta-se à mesa posta, junto ao samovar, dirige a todos, um por um, o olhar bondoso dos olhos cavalares.

Todos a tratam com respeito, os jovens a temem até, um pouco; chegam a dirigir os olhos ávidos para esse grande corpo, mas quando encontram o olhar de abraço apertado, que tem a mulher, baixam os olhos, encabulados. Jikhariόv é também respeitoso com a sua visita, trata-a de "senhora" e "comadrinha", e, ao servi-la, inclina-se, profundamente.

– Mas não se inquiete – arrasta ela com doçura –, como é inquieto, palavra!

Quanto a ela, vive sem se apressar, os braços se movem apenas entre os cotovelos e os punhos, e os cotovelos ficam fortemente comprimidos contra o corpo. Exala um cheiro alcoolado de pão quente.

O velho Gógolev soluça de entusiasmo, elogiando a beleza da mulher, como um diácono proferindo um acatisto, ela o ouve, sorrindo com benevolência, e, quando ele se confunde nas palavras, diz a si mesma:

– E, quando mocinha, nós éramos feias que só, isso tudo nos veio da vida de mulher. Por volta dos trinta, já ficamos tão notáveis, que até fidalgos se interessavam por nós, um chefe da nobreza[1] nos prometeu uma caleça com um par de cavalos...

Kapiendiúkhin, que está bêbado e tem os cabelos revoltos, dirige a ela um olhar de ódio e pergunta rudemente:

– Mas prometeu em troca do quê?

– Do nosso amor, é claro – explica a visita.

– Amor – balbucia Kapiendiúkhin, encabulado –, que espécie de amor?

– O senhor, um rapagão assim sacudido, sabe muito bem a respeito do amor – diz a mulher, com simplicidade.

A oficina se sacode de gargalhadas, e Sítanov resmunga para Kapiendiúkhin:

– Uma boba, ou coisa pior! Pode-se amar uma assim somente em angústia extrema, como todos sabem...

Empalidece por causa da bebida, o suor sai em pérolas sobre as suas têmporas, os olhos inteligentes ardem em sobressalto. E o velho Gógolev balança o nariz disforme, enxuga com os dedos as lágrimas junto aos olhos e pergunta:

– Quantos filhinhos você teve?

– Tivemos um filho...

Há um lampião suspenso sobre a mesa, um outro está além do canto do fogão. Dão luz escassa, sombras densas se acumularam nos cantos da oficina, de onde espiam figuras por terminar, sem cabeça. Pressente-se algo que assusta, nas manchas chatas e cinzentas, em lugar dos braços e das cabeças; mais que de costume, tem-se a impressão de que os corpos dos santos sumiram misteriosamente das vestes coloridas, desse porão. Os globos de vidro estão levantados até o teto, suspensos ali por ganchos, numa nuvenzinha de fumaça, e têm um brilho azulado.

1 Presidente do corpo da nobreza. Eram eleitos por três anos, em cada governo e cada distrito. [N.T.]

Jikharióv caminha inquieto ao redor da mesa, obsequiando a todos, seu crânio calvo se inclina ora para um ora para outro, os dedos finos não param de se mover. Ele emagreceu, o seu nariz rapace tornou-se mais agudo; quando fica de lado para o fogo, a sombra escura do nariz se imprime sobre a sua face.

– Bebam, comam, amigos – diz, com voz sonora de tenor.

E a mulher canta, com ar de dona-de-casa:

– Por que se agita, compadrinho? Cada qual com seu braço, com seu apetite; ninguém pode comer mais do que tem vontade!

– Descansa, gente! – grita Jikharióv, excitado. – Meus amigos, somos todos escravos de Deus, vamos cantar "Louvai o nome"...

O canto não dá certo; todos já estão amolecidos, ébrios da comida e da vodca. Kapiendiúkhin segura um acordeão de teclado duplo, o jovem Víktor Salaútin, preto e sério, como um pequeno corvo, apanha um pandeiro, passa o dedo sobre o couro retesado, este zune com som abafado, os guizos tilintam provocantes.

– A r-russa! – comanda Jikharióv. – Faça o favor, comadrinha!

– Ah – suspira a mulher, se levantando –, como você se agita!

Sai para um espaço vago e nele permanece firme, como uma capela. Usa uma larga saia marrom, blusa amarela de cambraia de linho e um lenço escarlate na cabeça.

O acordeão urra com insolência, soam as suas campainhas, tilintam os guizos; o couro do pandeiro emite um som pesado, um abafado suspirar; é desagradável ouvi-lo: parece um homem que perdeu o juízo e que, soltando "ohs", chorando aos soluços, bate a testa contra a parede.

Jikharióv não sabe dançar, vai simplesmente dando passos miúdos, batendo os saltos das botas lustrosas, pula como um bode, sempre fora do compasso da música desenfreada. Suas pernas parecem alheias, o corpo se retorce feio, ele se debate como vespa numa teia de aranha ou como peixe numa rede: isso não é alegre. Mas todos, mesmo os que estão bêbados, olham com atenção as suas convulsões, todos acompanham em silêncio seu rosto, seus braços. Esse rosto saltita de maneira surpreendente, tornando-se ora terno e encabulado ora altivo e carrancudo; eis que se espantou com algo, soltou um "ah", fechou por um segundo os olhos e, abrindo-os, ficou tristonho. Apertando os punhos, ele se esgueira para junto da mulher e, de repente, bate o pé e cai de joelhos diante dela, abrindo muito os braços, erguendo as sobrancelhas e sorrindo com sinceridade. Ela o olha de cima a baixo, com um sorriso benévolo, e o previne, tranquila:

– Vai ficar cansado, compadrinho!

Tenta cerrar com ternura os olhos, mas esses olhos, do tamanho de moedas de três copeques, não se fecham, e seu rosto, franzindo-se, adquire uma expressão desagradável.

Ela também não sabe dançar, apenas balança devagar o corpo imenso e o transfere, sem barulho, de um lugar a outro. Tem um lenço na mão esquerda e o agita preguiçosamente; seu braço direito apoia-se no quadril, o que a faz se assemelhar a um jarro enorme.

E Jikharióv anda em torno dessa mulher de pedra,[1] modificando contraditoriamente a expressão do rosto; tem-se a impressão de que não está dançando um só homem, mas dez, todos diferentes: um que é dócil e quieto; outro, zangado, assustador; um terceiro que, por sua vez, teme algo e, soltando quietos "ohs", quer se afastar imperceptivelmente da mulher corpulenta e desagradável. Eis mais um que surge: arreganhou os dentes e se contorce convulsivamente, feito um cão ferido. Essa dança enfadonha e feia acorda em mim uma tristeza pesada, desperta lembranças ruins de soldados, lavadeiras e cozinheiras, de bodas caninas.

Perpassam na memória as palavras plácidas de Sídorov:

– Todos mentem quando se trata disso, assim são as coisas: todos têm vergonha, ninguém gosta de ninguém, é tudo uma brincadeira...

1 Alusão a estátuas de pedra, na estepe, de um a quatro metros de altura, restos de antigos túmulos turcomanos. [N.T.]

Não quero acreditar que "todos mentem quando se trata disso"; pois, nesse caso, o que seria da Rainha Margot? Também Jikharióv não mente, está claro. Eu sei que Sítanov se apaixonou por uma moça "alegre", que transmitiu a ele uma doença vergonhosa, mas ele não a espanca por isso, como lhe aconselham os companheiros, alugou para ela um quarto, trata-a e sempre se refere a ela de modo particularmente carinhoso, encabulado.

A mulher corpulenta não para de se balançar, sorrindo, como que morta, e agitando o lencinho; Jikharióv saltita convulsivamente ao redor dela, eu olho e penso: será possível?

Eva, que enganou Deus, se pareceria com essa égua? Surge em mim um sentimento de ódio por ela.

Os ícones desprovidos de semblante espiam das paredes escuras, uma noite escura comprimiu-se contra as vidraças das janelas. Os lampiões ardem com luz baça no ar abafado da oficina; prestando-se atenção, percebe-se, em meio ao patear pesado e ao barulho das vozes, destacar-se um cair apressado de gotas de água, do lavatório de cobre para a tina com águas de despejo.

Como tudo isso é diverso da vida sobre a qual li nos livros! Assustadoramente diverso. Eis que, por fim, todos se aborreceram. Kapiendiúkhin empurra o acordeão para os braços de Salaútin e grita:

– Trabalha! Com fumaça!

Ele dança como Vanka, o Cigano, parece pairar nos ares; depois, Páviel, Odintzóv, Sorókin bailam com agilidade e ar de desafio; o tísico Davidov também arrasta os pés pelo chão, tossindo de poeira, fumaça e do cheiro forte de vodca e salame defumado, que recende sempre a couro curtido.

Dançam, cantam, gritam, mas cada um tem em mente que está se divertindo, e todos como que prestam exame uns aos outros, um exame de agilidade e resistência ao cansaço.

Já bêbado, Sítanov pergunta ora a um ora a outro:

– Pode-se amar uma mulher dessas, hein?

Tem-se a impressão de que vai chorar nesse instante.

Erguendo os ossos pontudos dos ombros, Lariônitch responde:

– É mulher como as outras; de que mais você precisa?

Aqueles de quem estão falando desapareceram imperceptivelmente. Jikharióv surgirá na oficina, dentro de dois ou três dias, irá aos banhos e trabalhará umas duas semanas em seu canto, calado, com expressão de importância, estranho a todos.

– Foram embora? – pergunta o Sítanov a si mesmo, examinando a oficina com olhos tristonhos, cinzento-azulados. Tem o rosto feio, como que senil, mas os olhos são claros e bondosos.

Sítanov me trata com amizade: devo-o ao meu grosso caderno, em que há versos anotados. Não acredita em Deus, mas, em geral, é muito difícil compreender quem na oficina, além de Lariônitch, ama Deus e acredita nele: todos falam a seu respeito levianamente, com mofa, da maneira como gostam de falar da patroa. No entanto, sentando-se para a janta ou a ceia, todos se persignam e, deitando-se para dormir, rezam; vão à igreja nos dias santificados.

Sítanov não faz nada disso, e é considerado um incréu.

– Deus não existe – diz ele.

– Como então surgiu tudo?

– Não sei...

Quando perguntei a ele como era possível não existir Deus, explicou:

– Sabe? Deus é o que há de elevado! Levantou sobre a cabeça o braço comprido, depois desceu-o até um *archin* do chão e disse:

– O homem é baixeza! Certo? Mas está escrito: "O homem foi criado à imagem e semelhança de Deus", como você sabe! E qual é a imagem e semelhança do Gógolev?

Isso me aniquila: o velho Gógolev, imundo e bêbado, pratica, apesar da idade, o pecado de Onan; me lembro também do soldadinho de Viatka, de Iermókhin, da irmã de vovó; o que existe neles de semelhante a Deus?

– Os homens são uns porcos, como se sabe – diz o Sítanov e, no mesmo instante, põe-se a me consolar:

– Não faz mal, Maksímitch,[1] existe gente boa também, existe!

Em sua companhia, tudo era leve, simples. Quando ele não sabia algo, dizia francamente:

– Não sei, não pensei no caso!

Isso também é extraordinário: antes de encontrá-lo, eu só vira gente que tudo sabia e de tudo falava.

Estranhava ver em seu caderninho, ao lado de bons versos, que comoviam a alma, muitas poesias porcas, que apenas suscitavam vergonha. Quando eu falava de Púchkin, me mostrava a "Gabrilíada",[2] copiada no caderninho...

– Quem é Púckhin? Simplesmente um brincalhão, mas Benediktov,[3] esse sim, Maksímitch, merece atenção!

E, fechando os olhos, dizia baixinho:

Eis da mulher formosa
O seio tentador.

E, não sei por quê, destacava particularmente três versos, dizendo-os com uma alegria orgulhosa:

E nem sequer os olhos da águia,
Atravessando o ardente obstáculo,
Vão espiar no coração.

– Compreende?

Eu ficava muito envergonhado de confessar que não compreendia a razão de sua alegria.

1 Corruptela de Maksímovitch. [N.T.]
2 Poema burlesco e obsceno de Púchkin, com temática bíblica. [N.T.]
3 G. Benediktov (1807-73), cujos versos grandiloquentes foram criticados duramente na época. [N.T.]

14

Não eram complicadas as minhas obrigações na oficina: de manhã, quando todos ainda estavam dormindo, eu devia preparar o chá para os artesãos, e enquanto eles tomavam chá na cozinha, Páviel e eu arrumávamos a oficina, separávamos gemas e claras de ovos, preparando tintas, em seguida eu ia para a loja. À noitinha, me obrigavam a misturar tintas e "prestar atenção" ao ofício. A princípio, "prestei atenção" com grande interesse, mas logo compreendi que quase todos os que se ocupavam com aquele ofício fragmentado não o amavam e sofriam um enfado terrível.

Tinha as noites livres, eu contava àquela gente a vida no navio, contava diferentes histórias dos livros e, imperceptivelmente para mim mesmo, ocupei na oficina um lugar peculiar: o de contador de casos e leitor.

Logo compreendi que toda essa gente via e sabia menos que eu; quase todos foram desde a infância presos na gaiola apertada do ofício, onde permaneciam desde então. Em toda a oficina, apenas Jikhariów estivera em Moscou, da qual falava com ar grave e taciturno:

– Moscou não acredita em lágrimas,[1] ali é preciso ter os olhos bem abertos!

1 Provérbio russo. [N.T.]

Todos os demais estiveram somente em Chuia, em Vladímir; quando se falava em Kazan, perguntavam-me:

– Ali há muitos russos?[1] Existem igrejas?

Para eles, Perm ficava na Sibéria, não acreditavam que esta ficasse além dos Urais.

– Não é do mar Cáspio que vêm os lúcios e esturjões dos Urais? Quer dizer que os Urais ficam à beira-mar!

Eu pensava às vezes que eles caçoavam de mim, ao afirmar que a Inglaterra ficava além do mar-oceano e que Bonaparte descendia de nobres de Kaluga.[2] Quando contava fatos da minha experiência, acreditavam com dificuldade, mas todos gostavam de histórias de terror e de enredos complicados; mesmo os mais velhos preferiam a invenção à verdade; bem que eu via: quanto mais inverossímeis eram os acontecimentos, quanto mais fantasia continha o relato, tanto mais atentamente o ouviam as pessoas. Em geral, a realidade não os divertia, e todos espiavam sonhadores para o futuro, não querendo ver a pobreza e disformidade do presente.

Isso me surpreendia, tanto mais que eu já sentia com bastante vivacidade as contradições entre a vida e os livros; eis diante de mim gente real, de um tipo que não se encontra nos livros: neles não existem o Smúri, o foguista Iákov, o corredor Aleksandr Vassíliev, o Jikhariόv, a lavadeira Natália...

No baú de Davidov, encontraram-se contos amarrotados de Golítzinski, o *Ivan Vijiguín* de Bulgárin, um voluminho do Barão de Brambeus;[3] li tudo isso em voz alta, todos gostaram, e Lariônitch disse:

– A leitura afasta as brigas e o barulho; isso é bom!

1 Tomada aos tártaros, em 1552, a cidade de Kazan conservou considerável população dessa etnia; mas, assim mesmo, a pergunta revela ignorância. [N.T.]

2 Cidade russa à margem do rio Oká. [N.T.]

3 Autores pouco importantes. F. V. Bulgárin (1789-1859) é, no entanto, famoso por suas polêmicas com Púchkin. Pertencia à polícia política e apresentou denúncia contra muitos escritores de tendência democrática. [N.T.]

Pus-me a procurar livros com afinco, e lia-os quase sempre à noitinha. Passavam-se horas boas; na oficina, tudo estava quieto, como de noite, os globos de vidro pendiam sobre as mesas; estrelas brancas e frias, seus raios iluminavam cabeças desgrenhadas e calvas, coladas às mesas; vejo rostos tranquilos, pensativos, ressoa às vezes uma exclamação elogiosa, em relação ao autor do livro, ao seu herói. Os homens atentos e dóceis não se parecem consigo mesmos; gosto muito deles nessas horas, e eles igualmente me tratam bem; me sentia em casa.

– Com a leitura de livros, estamos na primavera, quando se tiram os caixilhos de inverno e pela primeira vez se abrem as janelas para o espaço livre – disse um dia o Sítanov.[1]

Era difícil arranjar livros; não tiveram a ideia de se matricular na biblioteca, mas assim mesmo eu me tornava esperto e obtinha livros, pedindo-os em toda parte, como uma esmola. Certa vez, o comandante dos bombeiros me deu um volume de Lérmontov,[2] e eu senti então a força da poesia, sua poderosa influência sobre os homens.

Lembro-me, desde as primeiras linhas do *Demônio*,[3] Sítanov espiou para o livro, depois para o meu rosto, pôs o pincel sobre a mesa e, metendo os braços compridos entre os joelhos, balançou-se, sorrindo. A cadeira em que estava sentado rangeu.

– Mais quieto, meus irmãos – disse o Lariônitch e, deixando também o trabalho, acercou-se da mesa de Sítanov, junto à qual eu estava lendo. O poema me perturbava, torturante, com doçura, minha voz se interrompia, eu via mal as linhas dos versos, lágrimas apareciam nos meus olhos. Mas me perturbava ainda mais o movimento abafado, cauteloso, na oficina, toda ela se movimentava pesadamente, e era como se um ímã atraísse

1 É costume, na Rússia, calafetar bem as janelas para o inverno. [N.T.]
2 O poeta romântico M. L. Lérmontov (1814-41). [N.T.]
3 Poema narrativo de Lérmontov. [N.T.]

para mim as pessoas. Quando terminei a primeira parte, quase todos estavam parados ao redor da mesa, apertados uns contra os outros, abraçados, franzindo o cenho e sorrindo.

– Leia, leia – disse Jikharióv, inclinando minha cabeça sobre o livro.

Acabei de ler, ele tomou o livro, olhou o título e, metendo-o sob a axila, declarou:

– É preciso ler isso mais uma vez! Amanhã, você vai ler de novo. Vou esconder o livro.

Afastou-se, trancou Lérmontov na gaveta de sua mesa e pôs-se ao trabalho. Tudo estava quieto na oficina, os homens se dispersavam cautelosos, cada um para a sua mesa; Sítanov se aproximou da janela, encostou a fronte ao vidro e se imobilizou; Jikharióv pôs novamente de lado o pincel e disse, a voz severa:

– Isso é que é vida, escravos de Deus... sim!

Soergueu os ombros, escondeu a cabeça e prosseguiu:

– Sou até capaz de pintar o demônio: tem o corpo negro e cabeludo, as asas de um rubro de fogo podem ser pintadas com mínio, e o rostinho, as mãozinhas, as perninhas são tão brancas que parecem azuis, como a neve numa noite de luar.

Até o jantar, ele ficou pulando no tamborete, inquieto, de maneira que não lhe era própria, mexia os dedos e falava de modo incompreensível do demônio, das mulheres, de Eva, do paraíso e de como pecaram os santos.

– É tudo verdade! – afirmava. – Se os santos cometem pecado com mulheres perdidas, está claro que o demônio fica desvanecido de pecar com uma alma pura...[1]

Ouviam-no em silêncio; provavelmente, todos, como eu, não tinham vontade de falar. Trabalhavam contrariados, olhando de vez em quando o relógio, e, quando soaram as nove, largaram o serviço com muita unanimidade.

1 Alusão ao tema de *O demônio.* [N.T.]

Sítanov e Jikharióv saíram para o pátio, eu os acompanhei. Ali, olhando as estrelas, o Sítanov disse:

– As caravanas vagabundas
Dos astros soltos pelo espaço...

"Isso a gente não saberia inventar!"

– Eu não me lembro de nenhuma palavra – observou Jikharióv, estremecendo com o frio agudo. – Não me lembro de nada, mas eu o vejo! E espantoso: não é que um homem nos obriga a ter pena do diabo? Pois a gente tem pena, não é verdade?

– Sim, tem pena – concordou Sítanov.

– Aí está o que significa um homem! – exclamou Jikharióv de modo memorável.

Ao entrarmos em casa, ele me preveniu:

– Você, Maksímitch, não deve falar com ninguém na loja sobre esse livro: naturalmente, é proibido!

Fiquei contente: então, era sobre livros assim que o pope me interrogara na confissão!

Ceamos com moleza, sem o barulho e a conversa habituais, como se tivesse acontecido a cada um algo importante, em que era preciso pensar com afinco. E, depois da ceia, quando todos se deitaram para dormir, o Jikharióv apanhou o livro e me disse:

– Vamos, leia isto mais uma vez! Mais devagar, não corra...

Alguns homens ergueram-se em silêncio do leito, acercaram-se da mesa e sentaram-se em volta dela semidespidos, encolhendo as pernas.

E mais uma vez, quando acabei de ler, Jikharióv disse, batendo na mesa com os dedos:

– Isto é que é vida! Ah, demônio, demônio... então é assim, irmão, hein?

Sítanov balançou-se por cima do meu ombro, leu algo e riu, dizendo:

– Vou copiar no meu caderno...

Jikhariόv se levantou, levou o livro para a sua mesa, mas parou e, de repente, pôs-se a falar ofendido, a voz trêmula:

– Vivemos como uns cachorrinhos cegos, não sabemos como são as coisas, e não somos necessários a Deus nem ao diabo! Que escravos do Senhor somos nós? Jó era escravo, mas o próprio Senhor falou com ele! E com Moisés também! Chegou até a dar o nome dele: Moisés significa homem de Deus. E de quem somos nós?...

Trancou o livro na gaveta e começou a se vestir, depois de perguntar a Sítanov:

– Você vem para a taverna?

– Vou para a casa da minha – responde baixo Sítanov.

Depois que saíram, deitei no chão, junto à porta, ao lado de Páviel Odintzóv. Ele passou muito tempo se mexendo, fungando, e de repente se pôs a chorar baixinho.

– O que é isso?

– Tenho tanta pena de todos que dá vontade de morrer – disse. – Vivo com eles há mais de três anos, conheço todos...

Também eu tinha pena dessa gente; passamos muito tempo sem dormir, conversando num murmúrio a respeito deles, encontrando em cada um traços bons e algo que reforçava ainda mais a nossa comiseração pueril.

Eu vivia em muito boa harmonia com Páviel Odintzóv; depois, ele se tornou um bom mestre, mas não durou muito; por volta dos trinta anos, começou a beber selvagemente, depois o encontrei como vagabundo, na feira de Khítrovo em Moscou, e recentemente ouvi dizer que morreu de tifo. Dá medo lembrar quanta gente boa que eu conheci se perdeu estupidamente! Todas as pessoas se gastam e se perdem, é natural; mas em parte nenhuma elas se gastam com essa terrível rapidez, e tão sem sentido, como na nossa Rússia...

Ele era então um meninote, de cabeça redonda, uns dois anos mais velho que eu; desembaraçado, inteligentezinho, honesto, tinha talento: desenhava bem aves, gatos, cachorros, e fazia com espantosa habilidade caricaturas dos mestres artesãos, representando-os sempre como seres alados. Sítanov tornava-se uma tristonha narceja, apoiada numa perna só; Jikhariόv, um galo, de crista arrancada, desprovido de penas nas têmporas; o doente Davidov, um assustado pavoncino. Mas quem lhe saía melhor era o velho cinzelador Gógolev, em forma de morcego, com grandes orelhas, um nariz irônico e perninhas com seis garras. As rodelinhas brancas dos olhos espiavam do rosto redondo, escuro, as íris pareciam lentilhas e situavam-se nos olhos transversalmente, o que dava ao rosto uma expressão viva e muito ignóbil.

Os mestres não se ofendiam quando Páviel mostrava as caricaturas, mas a do Gógolev suscitou em todos uma impressão desagradável, e o artista recebeu conselhos severos:

– É melhor você rasgar isso, senão o velho vai ver e vai te bater!

Sujo e podre, eternamente bêbado, ele era importunamente devoto, sempre mau, e delatava todos os homens da oficina ao caixeiro, que a patroa ia casar com a sobrinha dele e que, por isso, já se sentia patrão de toda a casa e das pessoas. Os da oficina o odiavam, mas tinham medo dele, e por isso temiam também a Gógolev.

Páviel irritava de todos os modos e furiosamente o cinzelador, como se se tivesse colocado o objetivo de não conceder a Gógolev um instante de tranquilidade. Eu também o ajudava nisso, na medida das minhas forças, os da oficina se divertiam com as nossas saídas, quase sempre implacáveis e grosseiras, mas nos avisavam:

– Vocês vão apanhar, rapazes! Besourinho Kuzka[1] vai tocá-los daqui aos pescoções!

Besourinho Kuzka era o apelido que os da oficina deram ao caixeiro.

1 Nome vulgar russo de um coleóptero que ataca espigas de trigo e de outras gramíneas, na Rússia Europeia e na Ásia Central. Kuzka é também um diminutivo de Kuzmá, como se chamava o caixeiro. [N.T.]

Os avisos não nos assustaram, e nós pintávamos o rosto do cinzelador, quando ele dormia; certa vez, estava dormindo bêbado, e nós lhe douramos o nariz; durante uns três dias ele não conseguiu tirar o ouro das ravinas de seu nariz de esponja. Mas cada vez que conseguíamos irritar o velho, eu me lembrava do navio, do pequeno soldado de Viatka, e algo turvo aparecia na minha alma. Apesar da idade, Gógolev era tão forte que frequentemente nos espancava, nos atacando de supetão; e, depois de nos bater, ia se queixar à patroa.

Ela, que também estava diariamente bêbada e por isso era sempre bondosa e alegre, procurava nos assustar, batia as mãos inchadas sobre a mesa, gritando:

– De novo, são vocês, demônios, que fazem molecagem? Ele é velhinho, deve ser respeitado! Quem foi que encheu o cálice dele com tinta fluorescente no lugar da vodca?

– Fomos nós...

A patroa ficou surpresa:

– Ah, meu pai, eles ainda confessam! Ah, malditos... Deve-se respeitar os velhos!

Ela nos tocava para fora, e à noitinha se queixava ao caixeiro, que me dizia zangado:

– Que é isso com você? Lê livros, a Sagrada Escritura até, e faz tamanha molecagem, hein? Cuidado, irmão!

A patroa era solitária e tocantemente lastimável; às vezes, depois de beber muito licor doce, sentava-se à janela e cantava:

Quem de mim se compadece?
Ninguém tem pena de mim,
Ninguém conhece esta angústia.
Hei de contá-la por fim?

E, soluçando, arrastava com voz trêmula e senil:

– I-i-i-im...

Uma vez, eu vi, tendo apanhado um pote de leite fervido, ela se acercou da escada, mas, de repente, suas pernas dobraram, ela sentou-se e deslizou para baixo, chocando-se pesadamente contra cada degrau, sem soltar o pote. O leite salpicava o seu vestido, e ela estendia os braços, gritando zangada para o pote:

– Que é isso, demônio? Para onde vai?

Não era gorda, mas, macia até a flacidez, assemelhava-se a uma velha gata, que não pode mais caçar camundongos e, pesada em sua saciedade, apenas ronrona, recordando com doçura seus triunfos e prazeres.

– Aí está – dizia Sítanov, franzindo o cenho, pensativo –, existiu um dia um grande negócio, uma boa oficina, um homem inteligente se esforçou nesse trabalho, e agora está tudo indo à breca, tudo se dirige para as patas do Kuzka! Trabalhamos, trabalhamos, e foi tudo para um estranho! Quando se pensa nisso, de repente se rompe na cabeçorra não sei que mola: não se tem vontade de nada, a pessoa seria capaz de cuspir para todo trabalho, se deitar sobre um telhado e passar deitado o verão inteiro, olhando o céu...

Páviel Odintzóv também assimilara esses pensamentos de Sítanov e, fumando um cigarro, com maneiras de adulto, filosofava sobre Deus, a embriaguez, as mulheres e sobre o tema de que todo trabalho desaparece, pois enquanto uns fazem algo outros destroem a obra criada, não a compreendendo nem apreciando.

Em tais momentos, o seu rosto pontudo, simpático, franzia-se, envelhecia, ele sentava-se no leito preparado sobre o soalho, abraçava os joelhos e passava muito tempo olhando os quadrados azul-claros das janelas, o telhado do barracão, comprimido por montes de neve, as estrelas do céu hibernal.

Os artesãos roncam, mugem dormindo, alguém delira, engasgando com as palavras. Sobre o estrado de lona, Davidov expulsa com a tosse os restos de sua vida. Num canto, corpo contra corpo, estão jogados, acorrentados pelo sono e pela embriaguez, os "servos de Deus", Kapiendiúkhin, Sorókin, Piérchin; das paredes espiam ícones desprovidos de semblantes, de braços e de pernas. É sufocante o cheiro denso de óleo de linhaça, de ovo podre, de sujeira fermentada nas fendas do soalho.

– Tenho tanta pena de todos! – murmura Páviel. – Meu Deus!

Essa comiseração pelas pessoas me inquieta também cada vez mais. Conforme já disse, todos os artesãos nos pareciam a ambos gente boa, e a vida era má, indigna deles, intoleravelmente enfadonha. Nos dias das borrascas de inverno, quando tudo sobre a terra, casas, árvores, se sacudia, uivava, chorava, e os sinos dolentes repicavam anunciando o grande jejum, o enfado derramava-se na oficina, em forma de onda pesada como chumbo, comprimia os homens, matando neles tudo o que tinham de vivo, arrastando-os para o botequim, para as mulheres, que serviam tal como a vodca para se atingir o esquecimento.

Nessas noites, os livros não adiantavam, e então o Páviel e eu procurávamos divertir os homens com nossos próprios recursos; sujávamos a cara de fuligem, de tinta, nos enfeitávamos de ramos de cânhamo e representávamos toda espécie de comédias, por nós compostas, lutávamos heroicamente com o enfado, obrigando os homens a rir. Tendo lembrado a *Lenda de como um soldado salvou Pedro, o Grande,* contei esse livro em forma coloquial; subimos ao estrado de Davidov e ali ficamos representando, cortando alegremente cabeças de suecos imaginários; a assistência dava gargalhadas.

Agradava-me particularmente a lenda sobre o diabo chinês Tzing-Iu-Tong: o Pachka[1] representava o infeliz demônio, a quem dera na veneta praticar uma boa ação, e eu tudo o mais: as pessoas de ambos os sexos, diferentes objetos, o bom espírito e até a pedra sobre a qual descansava o diabo chinês, em profunda tristeza, após cada uma das suas tentativas infrutíferas de praticar o bem.

1 Diminutivo de Páviel (Paulo). [N.T.]

A assistência dava gargalhadas, e eu me espantava de como era fácil obrigá-la a rir: essa facilidade roçava em mim de maneira desagradável.

– Ah, palhaços! – gritavam para nós. – Ah, seus patifes!

Mas vinha-me, com insistência cada vez maior, o pensamento de que a tristeza falava mais à alma dessa gente que a alegria.

Em nosso meio, a alegria nunca vive por si, nem é apreciada como tal, mas é tirada intencionalmente de baixo do pano, como um meio de atenuar a sonolenta angústia russa. É suspeita a força interior da alegria que não vive por si, porque deseje viver, mas que só aparece a chamado dos dias tristonhos.

E com demasiada frequência a alegria russa se transforma inesperada e imperceptivelmente num drama cruel. Um homem dança como que rompendo os liames que o prendiam e, de repente, libertando em si um animal ferocíssimo, atira-se contra todos, numa angústia de bicho, e tudo despedaça, rói, aniquila...

Essa alegria forçada, despertada por golpes de fora, me irritava e, excitado até o autoesquecimento, eu começava a contar e representar fantasias criadas de repente: era muito grande o meu desejo de despertar nas pessoas uma alegria autêntica, livre e leve! Eu conseguia alguma coisa, me elogiavam, se espantavam comigo, mas a angústia, que eu como que conseguia abalar, novamente se adensava e se fortalecia, comprimindo as pessoas.

O cinzento Lariônitch dizia, carinhoso:

– Como você é engraçado, que Deus o proteja!

– Dá muita alegria – apoiava Jikharióv. – Você, Maksímitch, deve orientar-se para o circo ou para o teatro, deve dar um bo-om palhaço!

De toda a oficina, somente Kapiendiúkhin e Sítanov iam ao teatro no Natal e na *Máslienitza*; os artesãos mais velhos aconselhavam com seriedade que eles lavassem esse pecado num corte aberto no gelo, para batismo, como no Jordão. Sítanov procurava me convencer com particular frequência:

– Largue tudo, estude para artista!

E, perturbado, contava a triste *Vida do ator Iákovlev*.

– Aí está o que pode acontecer!

Gostava de contar fatos da vida da rainha Maria Stuart, chamando-a de "vagabunda", mas encantava-se principalmente com *O fidalgo espanhol*.

– Don César de Bazán, isso, Maksímitch, é um homem muito nobre! Admirável!

Ele mesmo tinha algo do *Fidalgo espanhol*: uma vez, na praça frente à torre de vigia, três bombeiros se divertiam espancando um mujique; um grupo de umas quarenta pessoas olhava o espancamento, elogiando os soldados. Sítanov lançou-se para o meio da briga, foi derrubando os bombeiros com golpes fustigantes dos braços compridos, levantou o mujique, empurrou-o na direção dos espectadores, gritando:

– Levem ele daqui!

E ali permaneceu, sozinho contra três; o quartel dos bombeiros ficava a dez passos, os soldados podiam ter gritado por socorro, e Sítanov seria por sua vez espancado, mas, para sua felicidade, os assustados bombeiros correram para o quartel.

Acompanhou-os com um grito:

– Cachorros!

Aos domingos, os moços iam para as lutas de soco, junto ao bosque, além do cemitério de São Pedro e São Paulo, onde enfrentavam os trabalhadores do comboio de saneamento e os mujiques das aldeias vizinhas.

Os do comboio destacavam para enfrentar os da cidade um lutador famoso, morduíno gigantesco, de cabeça pequena e olhos doentes, sempre lacrimejantes. Enxugando as lágrimas com a manga suja do cafetã curto, ele ficou parado diante de sua gente, as pernas muito abertas, e provocava com ar bonachão:

– Não querem vir de uma vez? Senão faz frio!

Do nosso lado, Kapiendiúkhin era quem lutava com ele, e o morduíno o vencia sempre. Mas, ensanguentado, perdendo o fôlego, o cossaco dizia:

– Não quero mais viver se não vencer esse morduíno!

Isso se tornou finalmente o objetivo da sua vida, deixou até de beber vodca, antes de dormir esfregava o corpo com neve, comia muita carne e, para desenvolver os músculos, todas as noites persignava-se vezes seguidas com um peso de dois *pudes*. Mas nem isto lhe adiantava. Então, ele escondeu dentro das luvas pedaços de chumbo e vangloriou-se diante de Sítanov:

– Agora, o morduíno está acabado!

Sítanov advertiu, com severidade:

– Deixe disso, senão te denuncio antes de começar a luta!

Kapiendiúkhin não acreditou nele, mas, quando chegaram ao local da competição, Sítanov disse de repente ao morduíno:

– Afaste-se, Vassíli Ivânitch, antes eu vou me atracar com o Kapiendiúkhin!

O cossaco ficou vermelho e gritou:

– Não vou lutar com você, vá embora!

– Você vai, sim – disse Sítanov, e avançou contra ele, dirigindo seu olhar compressor para o rosto do cossaco. Kapiendiúkhin foi pisando no mesmo lugar, arrancou as luvas, enfiou-as sob a axila e afastou-se rapidamente do local do encontro.

Tanto os do nosso lado como os do adversário ficaram desagradavelmente surpresos. Um homem de ar respeitável disse zangado a Sítanov:

– Isso, meu irmão, não está direito, resolver casos particulares num combate público!

Eles investiram contra Sítanov de todos os lados, xingando-o; ele ficou muito tempo calado, mas finalmente disse ao homem de ar respeitável:

– E se eu evitei um crime de morte?

O outro adivinhou tudo na hora, e até tirou o boné, dizendo:

– Neste caso, vai um agradecimento de nossa parte!

– Mas você, titio, não deve apregoar por aí!

– Para quê? O Kapiendiúkhin é um lutador raro, e os fracassos deixam uma pessoa irritada, nós compreendemos! Mas agora vamos sempre examinar as luvas dele, antes de um encontro.

– É da conta de vocês!

Depois que o homem de ar respeitável se afastou, os nossos puseram-se a xingar Sítanov:

– Precisava disso, seu pedaço de pau?! Era melhor deixar que o cossaco batesse em você, pois agora todos nós vamos andar por aí como quem apanhou...

Xingaram-no por muito tempo, com insistência e gosto.

Sítanov suspirou e disse:

– Eh, vocês, calhordas...

E, inesperadamente para todos, desafiou o morduíno para uma luta; o outro se colocou em posição, agitando alegremente os punhos e galhofando:

– Vamos lutar um pouco, para esquentar...

Alguns homens agarraram os braços uns dos outros e empurraram com as costas os que estavam atrás: formou-se, assim, um amplo círculo.

Os lutadores se examinavam atentamente e iam pisoteando o chão, a mão direita para a frente, a esquerda junto ao peito.

Os homens experimentados logo notaram que Sítanov tinha o braço mais comprido que o morduíno. Tudo se aquietou, a neve rangia sob os pés dos contendores. Alguém não suportou a tensão e murmurou ansioso, num queixume:

– Deviam começar de uma vez...

Sítanov levantou a mão direita num movimento largo, o morduíno soergueu a esquerda para se defender, recebendo um golpe direto na boca do estômago, dado por Sítanov com a mão esquerda, fungou, recuou e disse com satisfação:

– É novo, mas não é bobo!

Puseram-se a pular, atirando, com gestos largos, os punhos pesados um no peito do outro; depois de alguns instantes, tanto os nossos como os da parte contrária gritavam excitados:

– Mais vivo, santeiro! Pinta, recorta a cara dele!

O morduíno era muito mais forte que Sítanov, mas consideravelmente mais pesado; ele não podia bater com a mesma rapidez, e recebia dois a três golpes para cada um que dava. Mas o corpo espancado do morduíno não parecia sofrer muito, ele soltava "uhs" incessantes, ria e, de repente, com um soco pesado para cima, sob a axila, deslocou o braço de Sítanov do ombro.

– Separem, ninguém ganhou! – gritaram juntas algumas vozes e, rompendo o círculo, as pessoas separaram os lutadores.

O morduíno dizia bonachão:

– O santeiro não é lá muito forte, mas é ágil! Vai dar um bom lutador, isso eu digo na presença de todos.

Os adolescentes iniciaram um combate geral, e eu conduzi Sítanov para ser examinado por um enfermeiro algebrista; seu feito elevou-o ainda mais aos meus olhos, aumentou minha simpatia e consideração por ele.

De modo geral, era muito sincero, honesto e considerava isso como que uma obrigação, mas Kapiendiúkhin, que tinha sempre gestos largos, caçoava dele com habilidade:

– Eh, Gênia,[1] você vive para se mostrar! Limpou a alma, como se limpa um samovar, antes do feriado, e fica aí contando vantagem: como brilha bem! Mas você tem uma alma de cobre e é muito aborrecido ficar na sua companhia...

Sítanov calava-se tranquilo, trabalhando com afinco ou copiando versos de Lérmontov num caderninho: gastava nessa cópia todas as horas vagas, e, quando eu sugeri:

– Bem que você tem dinheiro, faria melhor em comprar um livro! – ele respondeu:

1 Diminutivo de Evguêni. [N.T.]

– Não, é melhor copiar do próprio punho!

Depois de encher uma página com a sua bonita letra miúda, enfeitada, esperava secar a tinta e lia baixinho:

Sem compaixão nem simpatia,
Hás de lançar o olhar à terra,
Onde não há ventura autêntica
E onde a beleza não perdura...[1]

E dizia, semicerrando os olhos:

– Isso é verdade! Eh, como conhece bem a verdade!

Eu ficava muito espantado com as relações entre Sítanov e Kapiendiúkhin: depois de beber, o cossaco sempre insistia em lutar com o amigo, e Sítanov convencia-o durante muito tempo:

– Não me amole! Não insista...

E depois punha-se a bater ferozmente no bêbado, com tamanha crueldade que os artesãos, que encaravam as brigas internas como um espetáculo, se intrometiam e separavam os amigos.

– Se a gente não detiver o Evguêni a tempo, vai matá-lo e não se poupará também – diziam.

Não estando bêbado, Kapiendiúkhin, a exemplo dos companheiros, zombava incansavelmente de Sítanov, ridicularizando sua paixão pelos versos e seu infeliz romance, suscitando porcamente, mas sem êxito, o seu ciúme. Sítanov ouvia as zombarias do cossaco em silêncio, sem se ofender, e às vezes até ria com Kapiendiúkhin.

Dormiam lado a lado e, de noite, palestravam prolongadamente sobre algo, em murmúrio.

Essas palestras não me deixavam sossegar: davam vontade de saber de que podiam conversar amistosamente pessoas tão diferentes. Mas quando eu me acercava deles o cossaco resmungava:

– O que você quer?

1 Versos de *O demônio*. [N.T.]

E Sítanov como que não me via.

Mas uma vez eles me chamaram, e o cossaco perguntou:

– Se você fosse rico, Maksímitch, o que faria?

– Compraria livros.

– E que mais?

– Não sei.

– Eh – Kapiendiúkhin voltou-se para o outro lado, com mágoa, e Sítanov disse tranquilamente:

– Você vê: ninguém sabe, nem o velho, nem o jovem! Pois eu te digo: a riqueza, por si só, não serve para nada! Tudo exige certo complemento...

Perguntei:

– De que vocês estavam falando?

– Estamos sem sono, por isso vamos conversando – respondeu o cossaco.

Mais tarde, tendo prestado atenção às suas conversas, fiquei sabendo que eles falavam à noite daquilo mesmo de que os homens gostam de conversar mesmo de dia: de Deus, da verdade, da felicidade, da estupidez e esperteza das mulheres, da avidez da gente rica e de que toda a vida era emaranhada, incompreensível!

Eu sempre ouvia essas conversas com sofreguidão, elas me perturbavam, me agradava o fato de que os homens quase todos falavam de maneira idêntica: a vida é ruim, é preciso viver melhor! Mas eu via ao mesmo tempo que o desejo de viver melhor não obrigava a nada, não mudava nada na vida da oficina e nas relações dos artesãos uns com os outros. Todas essas falas, iluminando diante de mim a vida, abriam além dela certo vazio tristonho, e nesse vazio, qual gravetinhos na água de um açude, quando há vento, nadavam os homens, desajeitados e irritados, os mesmos homens que diziam não ter sentido esse remexer-se no mesmo lugar, e que ele os ofendia.

Argumentando em profusão e com gosto, sempre condenavam alguém, arrependiam-se, vangloriavam-se e, provocando acirradas brigas por causa de bobagens, ofendiam muito uns aos outros. Tentavam adivinhar o que seria deles depois da morte; ao mesmo tempo, na entrada da oficina, onde estava a tina das águas de lavagem, havia uma tábua apodrecida, vinha de baixo do chão, através desse buraco úmido, podre, molhado, um frio e um cheiro de terra fermentada, as pernas se congelavam em consequência disto; Páviel e eu usávamos palha e panos para tapar esse buraco. Dizia-se com frequência que era preciso substituir a tábua, mas o buraco se alargava cada vez mais; e, nos dias de borrasca, vinha dele uma corrente de ar, como de uma chaminé; os homens se resfriavam, tossiam. O gonzo de lata da portinhola rangia detestavelmente, xingavam-no com obscenidade, mas, quando eu o untei de graxa, Jikhariόv ficou à escuta e disse:

– A portinhola não range mais, e isso aqui ficou mais aborrecido!

Voltando dos banhos, deitavam nas camas empoeiradas e sujas: em geral, a sujeira e o mau cheiro não indignavam ninguém. Havia inúmeras miuçalhas malignas, que impediam de viver, era fácil eliminá-las, mas ninguém o fazia.

Dizia-se muitas vezes:

– Ninguém se compadece das pessoas, nem Deus nem elas mesmas...

Mas, quando Páviel e eu lavamos o moribundo Davidov, comido de insetos e sujeira, fomos alvo de chacota, eles ficaram tirando as camisas, propondo que os revistássemos, nos chamaram de banheiros e, em geral, zombaram de nós como se tivéssemos feito algo vergonhoso e muito engraçado.

Davidov ficou estendido sobre o seu estrado, desde o Natal até a Quaresma, tossindo prolongadamente, cuspia para o chão fiapos de sangue fétido, não conseguindo acertar na tina com as águas de lavagem, o sangue estatelava no chão; de noite, acordava os homens com os seus gritos de delírio.

Dizia-se quase diariamente:

– Deviam levar ele para o hospital!

Mas, a princípio, verificou-se que o Davidov tinha no passaporte um prazo prorrogado de permanência no local. Depois ele passou melhor, e por fim decidiram:

– Não é preciso, de qualquer jeito não demora a morrer!

Ele mesmo prometia também

– Eu não demoro!

Era um tranquilo humorista e procurava sempre atenuar o cruel enfado da oficina com pequenas brincadeiras. Acontecia deixar pender o rosto escuro, ossudo, e proclamar com voz sibilante:

– Escuta, povo, a voz de quem foi erguido sobre um estrado...

Dizia harmoniosamente tristes disparates:

Vou vivendo nesse estrado,
Acordando cedo,
Mas, dormindo ou acordado,
Comem-me as baratas...

– Não entristece! – admirava-o a assistência.

Às vezes, o Páviel e eu subíamos até onde estava; ele brincava forçado:

– O que vou oferecer para vocês, minhas caras visitas? Aceitam uma aranha fresquinha?

Morria devagar, e estava muito enjoado disso; dizia com mágoa sincera:

– Não consigo morrer de jeito nenhum, uma verdadeira desgraça!

O seu destemor em face da morte deixava Páviel muito assustado, acordava de noite e murmurava:

– Parece que ele morreu, Maksímitch... E se ele morrer de noite, e nós estivermos deitados embaixo? Ah, meu Deus! Tenho medo de defuntos...

Ou então dizia:

– Ora, o que foi que ele viveu, para quê? Não fez nem vinte anos, e já está morrendo...

Acordou-me certa noite de luar e disse, os olhos assustadoramente arregalados:

– Ouça!

Davidov rouquejava sobre o seu estrado, dizendo rápida e nitidamente:

– Dá cá, dá-á...

Em seguida, pôs-se a soluçar.

– Está morrendo, juro por Deus, você vai ver! – inquietava-se Páviel.

Eu passara o dia inteiro carregando neve do pátio para o campo, estava muito cansado e com sono, mas Páviel me pediu:

– Não durma, por favor, pelo amor de Jesus Cristo, não durma!

E, pondo-se bruscamente de joelhos, gritou frenético:

– Levantem-se, o Davidov morreu!

Alguns acordaram, diversos vultos ergueram-se de seus leitos, ressoaram perguntas zangadas.

Kapiendiúkhin subiu para o estrado e disse, surpreso:

– De fato, parece morto... se bem que está quentinho...

Fez-se silêncio. Jikharióv persignou-se, enrolando-se no cobertor, proferiu:

– Bem, nesse caso, seja dele o reino dos céus!

Alguém propôs:

– Seria bom levá-lo para o corredor...

Kapiendiúkhin desceu do estrado e olhou pela janela.

– Que fique aí deitado até de manhã, mesmo quando estava vivo não atrapalhava ninguém...

Páviel escondeu a cabeça sob o travesseiro, soluçando.

Mas Sítanov nem acordou.

15

Derretia-se a neve no campo, derretiam-se as nuvens de inverno no céu, caindo sobre a terra em forma de neve molhada e chuva; o sol perfazia cada vez mais lentamente o seu trajeto diário, o ar tornava-se mais quente, parecia que já tinha chegado a alegria da primavera, que ela se escondera, brincalhona, em alguma parte nos campos, e logo fluiria sobre a cidade. Há uma lama ruiva nas ruas, riachos correm junto às calçadas, pardais saltitam alegremente sobre os trechos livres de neve da praça Arestântskaia.[1] Nota-se também nas pessoas uma agitação de pardal. Sobre o alarido primaveril, desliza quase incessantemente, de manhã à noite, o repicar de sinos da Quaresma, balançando o coração com suaves golpes; nesse repicar, tal como nas falas de um velho, esconde-se algo ofendido. Tem-se a impressão de que os sinos falam de tudo com uma fria tristeza:

> "Ho-ouve, houve isto, ho-ouve... "

No dia dos meus anos, o pessoal da oficina me presenteou com um pequeno ícone de Aleksiei, Homem de Deus, bem pintado, e

1 Praça dos Presidiários. [N.T.]

Jikhariόv pronunciou gravemente um longo discurso, que me é muito memorável.

– Quem é você? – disse, movendo os dedos, sobrancelhas erguidas. – Não mais que um moleque, um órfão com treze anos de idade, eu sou quase quatro vezes mais velho, mas elogio você porque encara tudo de frente, nunca de lado! É assim que você tem que fazer sempre, isso é bom!

Falou dos escravos de Deus e dos Seus homens, mas a diferença entre os homens e os escravos permaneceu incompreensível para mim, e, provavelmente, ele também não via com muita nitidez aquela diferença. Falava de maneira aborrecida, os da oficina caçoavam dele, eu estava em pé, segurando o ícone, muito comovido e confuso, não sabendo o que fazer. Finalmente, Kapiendiúkhin gritou com mágoa para o orador:

– Mas basta de rezar pela alma dele, ele já está até com as orelhas azuis.

Em seguida, bateu no meu ombro e me elogiou também:

– O que é bom em você é que você é como parente de toda a gente! E é difícil, já não digo bater, mas até xingar você, mesmo quando se tem motivo!

Todos me dirigiram olhares bondosos, caçoando com carinho do meu encabulamento, mais um pouco e eu decerto romperia em pranto, devido à alegria inesperada de me sentir um homem, necessário àquela gente. E justamente aquela manhã, na lojinha, o caixeiro dissera a Piotr Vassíliev, acenando a cabeça na minha direção:

– Um moleque desagradável, incapaz para qualquer coisa!

Como de costume, eu fora à lojinha de manhã, mas, depois do meio-dia, o caixeiro me dissera:

– Vá para casa, tire a neve do telhado do celeiro e encha com ela a adega...

Ele não sabia que eu fazia anos; estava certo de que também ninguém mais o sabia. Terminado o cerimonial das congratulações na oficina, eu me troquei, fugi para o pátio e trepei no telhado do celeiro, a fim de jogar no chão a neve comprimida, pesada, abundante naquele inverno. Mas, perturbado como estava, esqueci de abrir a porta do celeiro e a tapei com a neve. Pulando para o chão e vendo o meu erro, pus-me imediatamente a atirar a neve para longe da porta; ela estava úmida e ficara fortemente comprimida; a pá de madeira apanhava-a com dificuldade, não havia uma de ferro, e eu quebrei a ferramenta bem no momento em que o caixeiro aparecia ao portão; confirmou-se então o provérbio russo: "A aflição segue nas pegadas da alegria".

– A-assim – disse o caixeiro com zombaria, acercando-se de mim. – Eh, que trabalhador é você, diabo que o carregue! Espere que eu vou dar uma chapoletada nessa sua cabeça sem juízo...

Levantou contra mim o cabo da pá, eu me afastei para o lado e disse zangado:

– Mas eu não me empreguei aqui de zelador...

Jogou o pau aos meus pés, eu apanhei um punhado de neve e acertei no rosto dele; ele fugiu, fungando, e eu, abandonando o trabalho, fui para a oficina. Instantes depois, vejo de cima, correndo, a noiva dele, moça buliçosa, com espinhas no rosto vazio.

– Mandem o Maksímitch para cima!

– Não vou – disse eu.

Lariônitch perguntou baixo, surpreendido:

– Como é que não vai?

Contei do que se tratava; franzindo o cenho, preocupado, ele foi para cima, dizendo-me a meia-voz:

– Como você é atrevido, irmão...

A oficina pôs-se a rugir, xingando o caixeiro; Kapiendiúkhin disse:

– Bem, agora vão expulsar você!

Isto não me assustou. Havia muito que as minhas relações com o caixeiro tinham se tornado insuportáveis; ele me odiava com afinco e cada vez mais agudamente, eu também não o suportava, mas queria compreender por que ele me tratava de maneira tão absurda.

Espalhava moedas no chão da loja; varrendo-a, eu as encontrava e as arrumava numa xícara sobre o balcão, onde se deixavam níqueis para os mendigos. Quando adivinhei o que significavam aqueles achados frequentes, disse ao caixeiro:

– Faz mal em jogar dinheiro para eu apanhar!

Ele ficou vermelho e gritou, distraído:

– Não me ensine, eu sei o que faço!

Mas logo corrigiu:

– Como assim: jogando dinheiro? Ele cai sozinho...

Proibiu-me de ler na loja, dizendo:

– Isso não é para o seu bico! Pretende ser um exegeta, seu parasita?

Não cessaram as suas tentativas de me pilhar por meio de moedas de vinte copeques, e eu compreendia que, se uma moeda fosse parar numa fenda do soalho, quando eu estivesse varrendo, ele estaria certo de que eu a furtaria. Propus, então, mais uma vez, que ele deixasse de lado aquele jogo, mas, no mesmo dia, voltando da taverna com água fervente, ouvi como ele ensinava ao recém-contratado caixeiro do vizinho:

– Ensine a ele como roubar um saltério; vamos receber logo três caixas de saltérios...

Compreendi que falavam de mim; quando entrei na loja, ambos ficaram encabulados, mas, mesmo sem esse indício, eu tinha fundamentos para suspeitar de uma tola conspiração contra mim.

Não era a primeira vez que o caixeiro do vizinho trabalhava ali; tinha fama de hábil vendedor, mas sofria de bebedeira; o patrão mandava-o embora nessas ocasiões, mas depois tornava a contratar aquele homem fraco e mirrado, de olhos espertos. De aspecto dócil, obediente a cada gesto do patrão, ele sempre dirigia para dentro da barbicha o seu sorrisinho inteligente, gostava de dizer uma frase de espírito, e exalava o mau cheiro característico das pessoas com dentes podres, embora os tivesse brancos e fortes.

Um dia, ele me deixou muito espantado: acercou-se de mim com um sorriso carinhoso, mas de repente arrancou o meu chapéu e me agarrou pelos cabelos. Começamos a lutar, ele me empurrou da galeria para dentro da loja e se esforçou para me derrubar sobre os grandes oratórios que havia no chão; se ele o tivesse conseguido, eu quebraria os vidros, estragaria os entalhes de madeira e, provavelmente, arranharia ícones caros. Ele era muito fraco, e consegui dominá-lo; mas, para minha grande surpresa, o homem barbudo pôs-se a chorar amargamente, sentado no chão, enxugando o nariz machucado.

Na manhã seguinte, quando os nossos patrões saíram, nos deixando sozinhos, disse-me amavelmente, esfregando com o dedo o inchaço sobre a base do nariz e bem embaixo do olho:

– Pensa que foi por minha própria vontade que eu me atirei sobre você? Não sou bobo, e sabia que você havia de bater em mim, sou um homem fraco, dado à bebida. Foi o patrão que me mandou: "Provoque-o um pouco, e faça o possível para que ele quebre muitas coisas na loja durante a briga, será sempre um estrago para eles!". Mas, por mim mesmo, eu nunca teria começado, veja como você me enfeitou a carantonha...

Acreditei, e tive pena dele, eu sabia que passava fome, vivendo com uma mulher que o espancava. Mas, apesar de tudo, perguntei:

– E se quiserem obrigar você a envenenar uma pessoa, vai obedecer?

– Ele obrigaria – disse o caixeiro baixinho, com um lastimável sorrisinho. – Ele pode...

Tempos depois, me perguntou:

– Ouça, eu estou sem vintém, em casa não há o que comer, minha mulher anda esbravejando, roube, meu amigo, no depósito de vocês algum iconezinho, para eu vender, hein? Roube, sim? Ou então um saltério?

Lembrei-me da loja de calçados, do guarda da igreja, e pensei: esse homem vai me denunciar! Mas era difícil negar, e eu dei um ícone para ele, mas não ousei furtar um saltério, no valor de alguns rublos, isso me pareceu um crime vultoso. Que fazer? Na moral, está sempre oculta uma aritmética; a santa ingenuidade do Código Penal revela com muita nitidez esse pequeno segredo, atrás do qual se esconde a grande mentira da propriedade.

Quando ouvi o meu caixeiro convencer aquele homem lastimável a me ensinar a roubar um saltério, fiquei assustado. Era evidente que o meu caixeiro sabia como eu era bondoso por conta dele, e que o empregado do vizinho contara para ele o caso do ícone.

A ignomínia da bondade por conta alheia e essa vil armadilha contra mim suscitaram-me um sentimento de indignação, de repugnância por mim mesmo e por todos. Passei alguns dias cruelmente atormentado, esperando chegarem os caixotes de livros; finalmente, eles chegaram, eu os arrumo no depósito, o caixeiro do vizinho aproxima-se de mim e pede um saltério.

Pergunto a ele, então:

– E você contou ao meu sobre o ícone?

– Contei – respondeu ele, a voz dolente. – Eu, meu irmão, não sei esconder nada...

Isso me deixou perplexo, me sentei no chão, arregalei para ele os olhos, e o homem se pôs a balbuciar às pressas, encabulado, desesperadamente lastimável:

– Sabe? O caixeiro de vocês adivinhou sozinho, ou melhor, foi meu patrão que adivinhou e disse a ele...

Tive a impressão de estar perdido: essa gente me pregara uma peça, e agora estava reservado para mim um lugar numa colônia para menores criminosos! Se assim é, então, tanto faz! Se é para me afogar, que seja em águas profundas. Enfiei o saltério nas mãos do caixeiro, que o escondeu embaixo do sobretudo, foi embora, mas no mesmo instante se voltou, e o saltério caiu aos meus pés, enquanto ele se afastava, dizendo:

– Não vou pegar! Com você, é uma perdição...

Não compreendi essas palavras: por que a minha companhia era uma perdição? Mas estava muito contente pelo fato de que ele não tivesse levado o livro. Depois disso, o meu pequeno caixeiro passou a me olhar com desconfiança e braveza ainda maiores.

Lembrei-me de tudo isso quando Lariônitch foi para cima; ele permaneceu lá pouco tempo, voltou ainda mais abatido e quieto que de costume, e, antes do jantar, disse-me a sós:

– Procurei conseguir que você fosse dispensado da loja e deixado na oficina. Não consegui! O Kuzmá não quer. Tem por você grande antipatia...

Eu tinha um inimigo também naquela casa: a noiva do caixeiro, moça muito brincalhona; com ela brincavam todos os jovens da oficina, esperando-a no corredor para abraçá-la; não se ofendia, e somente soltava baixinho sons esganiçados, como um cachorrinho. Mastigava de manhã à noite, tinha os bolsos sempre cheios de pão-de-ló e pastilhas, seus maxilares moviam-se incessantemente: era desagradável ver o seu rosto vazio, de olhinhos cinzentos e inquietos. Vivia propondo a Páviel e a mim umas adivinhações, que sempre continham alguma grosseira obscenidade, nos comunicava frases que, pronunciadas depressa, formavam uma palavra indecente.

Um dia, um dos artesãos idosos disse a ela:

– Como você é sem-vergonha, moça!

Respondeu desabusadamente, com as palavras de uma canção maliciosa:

Mocinha que tem vergonha
Não serve para mulher...

Era a primeira vez que eu via moça desse tipo, ela me repugnava e assustava, me provocando grosseiramente, e, vendo que tais provocações não me encantavam, passou a me importunar cada vez mais.

Certa vez, na adega, quando Páviel e eu a ajudávamos a lavar com água fervente tinas esvaziadas de *kvás*[1] e de pepino azedo, ela nos propôs:

– Querem, meninos, que eu ensine a vocês como se beija?

– Eu sei melhor que você – respondeu Páviel, rindo –, eu disse a ela que fosse beijar-se com o noivo, e disse sem muita amabilidade. Ela se zangou.

– Ah, que grosseirão! Uma senhorita lhe diz amabilidades, e ele vira o nariz; vejam só que tipo!

E acrescentou, me ameaçando com o dedo:

– Vá esperando, vou lembrar isso a você!

Páviel também disse a ela, em meu apoio:

– Você vai apanhar do noivo, quando ele souber das suas molecagens.

Ela franziu com desdém o rosto espinhoso.

– Não tenho medo dele! Com o meu dote, posso achar dez noivos e muito melhores. Uma moça deve brincar antes do casamento.

Passou a brincar com Páviel, e desde então arranjei na pessoa dela uma incansável delatora.

Minha vida na loja se tornava cada vez mais difícil, eu já lera todos os livros de igreja, não me seduziam mais as discussões e conversas dos exegetas: falavam sempre do mesmo. Somente Piotr Vassíliev continuava a me atrair com o seu conhecimento da obscura vida humana, com a sua capacidade de falar de maneira apaixonada e interessante. Eu pensava às vezes que fora assim o profeta Elias, andando pelo mundo, solitário e vingador.

1 Bebida fermentada, muito popular na Rússia. [N.T.]

Mas cada vez que eu falava francamente com o velho sobre as pessoas, sobre os meus pensamentos, ele, depois de me ouvir com benevolência, transmitia tudo ao caixeiro, que então ora zombava de mim ofensivamente, ora me xingava zangado.

Um dia, eu disse ao velho que às vezes escrevia as suas palavras num caderno, onde já anotara também uns versos e frases de livros; isso o deixou muito assustado, inclinou-se rapidamente para mim e pôs-se a me interrogar alarmado:

– Para que isso? Isso não serve, meu menino! Para se lembrar? Não, deixe disso! Como você é esquisito! Me entregue esses apontamentos, sim?

Passou muito tempo a me convencer com insistência para que eu lhe entregasse o caderno ou que o queimasse, e depois ficou conversando com o caixeiro, num murmúrio zangado.

A caminho de casa, o caixeiro me disse, severo:

– Você está fazendo umas anotações; que isso não aconteça mais! Está ouvindo? Só tiras se ocupam disso.

Perguntei a ele com imprudência:

– E o Sítanov? Ele também faz anotações.

– Também? Esse imbecil comprido...

Depois de um silêncio prolongado, me propôs com severidade inusitada:

– Ouça, me mostre o seu caderno e também o do Sítanov, vou dar a você meio rublo! Mas faça isso de modo que ele não saiba, às escondidas...

Provavelmente, estava certo de que eu ia satisfazer a sua vontade e, não dizendo mais nenhuma palavra, correu na minha frente sobre as pernas curtinhas.

Em casa, contei a Sítanov a proposta do caixeiro, Evguêni ficou sombrio.

– Você fez mal em contar aquilo... Agora, ele vai ensinar alguém a roubar os cadernos de mim e de você. Me entregue o seu, para eu esconder... Não demora muito, ele vai tocá-lo daqui, veja bem!

Eu tinha certeza disso e resolvi sair dali assim que a vovó regressasse à cidade: estava passando todo o inverno em Balakhná, convidada por alguém para ensinar as moças a tecer rendas. O vovô morava novamente em Kunávino, eu não ia à casa dele, que, estando na cidade, também não me visitava. Uma vez, nos encontramos na rua; ele ia envolto numa peliça pesada de próclon, imponente e vagaroso como um pope; eu o cumprimentei; me olhando por baixo da palma da mão, ele disse, pensativo:

– Ah, é você... agora é santeiro, sim, sim... Bem, anda, anda!

Afastou-me do seu caminho e foi adiante, com a mesma imponência e lentidão.

Eu via raramente a vovó; ela trabalhava incansavelmente, sustentando o vovô, que estava sofrendo de decrepitude mental, e ocupava-se com os filhos de meus tios. Quem lhe dava mais cuidados era o Sacha, filho do Mikhail, um rapaz bonito, sonhador, amante de livros. Ele trabalhava em tinturarias, trocando frequentemente de patrão, e nos intervalos se pendurava no pescoço da vovó, aguardando tranquilamente que ela encontrasse um novo emprego para ele. Estava também pendurada ao seu pescoço a irmã do Sacha, que tivera a má sorte de se casar com um artesão bêbado, que a espancava e expulsava de casa.

Encontrando-me com a vovó, maravilhava-me cada vez mais conscientemente com a sua alma, mas eu já sentia que essa alma bela estava cegada pelos contos de fadas e era incapaz de ver, de compreender os fatos da amarga realidade, e que os meus alarmas, a minha perturbação, lhe eram estranhos.

– É preciso ter paciência, Oliocha!

Era tudo o que podia me dizer, em resposta aos meus relatos sobre as disformidades da vida, sobre o sofrimento das pessoas, sobre a angústia, enfim, tudo o que me deixava indignado.

Eu não estava bem preparado para a paciência, e se às vezes manifestava essa virtude do gado, da árvore, da pedra, manifestava-a para me experimentar, para verificar a reserva das minhas forças, o grau da minha firmeza sobre a terra. Às vezes, os adolescentes, por estúpida bazófia, por inveja à força dos adultos, tentam levantar e levantam pesos demasiados para os seus ossos e músculos, experimentam, vangloriando-se, persignar-se como os atletas adultos, com pesos de dois *pudes*.

Eu também fazia tudo isso, tanto no sentido direto como no figurado, física e espiritualmente, e foi somente graças a algum acaso que não sucumbi ao esforço, morrendo ou ficando deformado para o resto da vida. Pois nada deforma o homem tão terrivelmente como a paciência, a docilidade em face da força das condições externas.

E se, por fim, apesar de tudo, eu me deitar na terra deformado, direi, não sem orgulho, em minha hora derradeira, que a boa gente afanou-se seriamente uns quarenta anos em deformar a minha alma, mas que o seu trabalho teimoso não foi de todo bem-sucedido.

Com frequência cada vez maior, se apossava de mim um desejo impetuoso de fazer molecagens, de divertir as pessoas, obrigando-as a rir. Conseguia-o, pois sabia contar coisas sobre os comerciantes do mercado de Níjni, repetindo também sua expressão facial; representava mujiques e mulheres do povo vendendo e comprando ícones, o caixeiro enganando-os com agilidade, os exegetas discutindo.

Os da oficina davam gargalhadas, não raro os artesãos deixavam o trabalho, olhando a minha representação, mas sempre depois disso Lariônitch me aconselhava:

– É melhor você representar depois da ceia, pois desse jeito atrapalha o serviço...

Terminada a "representação", eu sentia certa leveza, como se tivesse tirado de mim uma carga pesada; por meia hora, por uma hora, vinha à cabeça uma tristeza agradável, e depois de novo tinha a impressão de que a cabeça estava repleta de pregos pequenos e pontudos, que se moviam ali, esquentando-se.

Ao redor, refervia não sei que mingau sujo, e eu sentia que, pouco a pouco, me cozinhava nele.

Pensava:

– Será possível que toda a vida é assim? E eu também vou viver como essa gente, não encontrarei, não verei nada melhor?

– Você está ficando zangado, Maksímitch – dizia-me Jikharióv, me examinando com atenção.

Sítanov me perguntava com frequência:

– O que há com você?

Eu não sabia responder.

A vida apagava da minha alma, com teimosia e rudeza, a sua própria escrita mais bela, substituindo-a aleivosamente por uma imundície desnecessária; eu me opunha zangada e insistentemente à sua coação, navegava no mesmo rio que todos, mas para mim a água era mais fria, e ela não me sustinha com a mesma facilidade que aos demais; por vezes, tinha a impressão de afundar em um abismo.

As pessoas me tratavam cada vez melhor, não gritavam comigo como faziam com Páviel, não abusavam com ordens, me tratavam pelo patronímico, a fim de sublinhar uma relação de respeito para comigo. Era bom, mas atormentava ver como os homens bebiam muita vodca, como eram repulsivos quando bêbados, e como eram mórbidas as suas relações com as mulheres, embora eu compreendesse que a vodca e a mulher eram os únicos divertimentos naquela vida.

Frequentemente, lembrava com tristeza que a própria Natália Kozlóvskaia, tão inteligente e corajosa, também chamava a mulher de divertimento.

Mas, o que haveria então com a vovó? E a Rainha Margot?

Lembrava-me da Rainha com um sentimento próximo do medo: ela era tão estranha a tudo como se eu a visse em sonho.

Passei a pensar em mulheres com demasiada frequência, e já estava às voltas com o problema: não valeria a pena ir, no próximo feriado, para o lugar aonde todos iam? Não era um desejo físico: eu era sadio e tinha as minhas repugnâncias, mas, por vezes, queria até a fúria abraçar algum ser carinhoso, inteligente, e falar sinceramente com ele, sem fim, como se fala com a própria mãe, dos alarmas do espírito.

Eu tinha inveja de Páviel quando, de noite, ele me falava do seu romance com a arrumadeira da casa em frente.

– Veja, irmão, que coisa: um mês atrás, eu atirava nela neve, não me agradava, e agora ficamos sentados no banquinho, eu me aperto contra ela, e ninguém me é mais caro!

– De que é que vocês conversam?

– De tudo, é claro. Ela me fala de si, e eu a ela também de mim. Bem, nos beijamos... Só que ela é direita... Uma desgraça, irmão, como ela é boa!... Ih, mas você fuma como um velho soldado!

Eu fumava muito; bêbado, o fumo atenuava os pensamentos inquietos, os sentimentos alarmados. Para minha felicidade, a vodca despertava em mim repugnância, por seu cheiro e gosto, enquanto Páviel bebia de bom grado e, embriagando-se, chorava queixoso:

– Quero ir para casa, para casa! Me deixem ir para casa...

Lembro-me de que ele era órfão; havia tempos que perdera pai e mãe, não tinha irmãos e desde uns oito anos vivia em casa de gente estranha.

Nesse estado de insatisfação e alarma, que os apelos da primavera exaltavam ainda mais, decidi me empregar novamente num navio e, chegando a Astracã, fugir para a Pérsia.

Não me lembro por que precisamente para a Pérsia, talvez unicamente porque me agradavam muito os comerciantes persas da feira de Níjni-Nóvgorod: ficavam sentados, uns ídolos de pedra, expondo ao sol as barbas pintadas, fumando tranquilamente narguilé, e os seus olhos grandes, escuros, tudo conheciam.

Certamente, eu teria fugido para alguma parte, mas, na Semana Santa, quando parte dos artesãos fora para casa, para as suas aldeias, e os que ficaram estavam se embriagando, passeando num dia de sol num campo junto ao Oká, encontrei o meu patrão, sobrinho da vovó.

Estava de sobretudo cinzento e leve, as mãos nos bolsos da calça, cigarro entre os dentes, o chapéu no occipício; seu rosto agradável me sorria com amizade. Tinha o aspecto sedutor de um homem livre, alegre, e não havia no campo mais ninguém além de nós dois.

– Ah, Piechkóv, Cristo ressuscitou!

Trocamos a saudação da Páscoa,[1] ele me perguntou como estava a minha vida, eu lhe contei francamente que a oficina, a cidade e em geral tudo me enjoara e que eu decidira ir para a Pérsia.

– Deixe disso – replicou com seriedade. – Que diabo de Pérsia quer você? Conheço isso, irmão, na sua idade eu também quis fugir para todos os diabos!...

Agradava-me a galhardia com que ele jogava os diabos contra alguém; saltitava nele algo bom, primaveril, estava todo descambado para um lado.[2]

– Você fuma? – perguntou, estendendo-me a cigarreira de prata com cigarros grossos.

Isso me deixou vencido de uma vez!

– Escute uma coisa, Piechkóv, venha novamente a minha casa! – propôs ele. – Eu arranjei este ano, irmão, empreitadas para a feira, no valor de uns quarenta mil, compreende? Pois bem, vou arrumar para você uma ocupação ali; vai ser uma espécie de capataz, receberá os materiais, cuidará para que

1 Segundo antiga tradição, durante a Páscoa, as pessoas amigas que se encontram beijam-se na face; uma exclama: "Cristo ressuscitou", e a outra responde, "Na verdade, ressuscitou". [N.T.]

2 A imagem tinha um sentido facilmente apreensível para o leitor da época, pois na Rússia constituía-se expressão de galhardia o chapéu descambado para a orelha. [N.T.]

tudo esteja a tempo no lugar adequado e que os operários não roubem, serve? Terá cinco rublos por mês de ordenado, além de cinco copeques diários para o jantar! Você não terá nada a ver com o mulherio, sairá de manhã para voltar de noite; as mulheres não têm nada com isso! Só não vá contar-lhes que estivemos juntos, mas simplesmente venha no domingo de São Tomás,[1] e pronto!

•••

Despedimo-nos como amigos, ele me apertou a mão e, indo embora, até agitou de longe o chapéu, amistosamente.

Quando eu disse na oficina que ia deixá-los, isso a princípio suscitou na maioria uma lástima lisonjeira para mim; o Páviel ficou particularmente perturbado.

– Ora, pense um pouco – disse ele, me censurando. – Como é que você vai viver com toda espécie de mujiques, depois de ter vivido conosco? Carpinteiros, pintores... Eh, você! Isso se chama: passar de diácono a sacristão...

Jikhariów resmungou:

– Um peixe procura lugar profundo, e um bom rapagão, como viver pior no mundo...

Foi triste e enfadonha a despedida que me prepararam os da oficina.

– Naturalmente, deve-se experimentar uma coisa e outra – disse Jikhariów, amarelo de embriaguez – mas o melhor mesmo é se agarrar logo, e da maneira mais forte, a uma coisa só...

– E para toda a vida – acrescentou Lariônitch com suavidade.

Mas eu sentia que falavam com esforço e como que por obrigação; o fio que me ligava a eles de certa maneira apodrecera num instante, rompendo-se.

Gógolev revirava-se bêbado em seu catre e rouquejava:

1 O primeiro domingo após a Semana Santa. [N.T.]

– Se eu quiser, todos irão para a prisão! Conheço o segredo! Quem daqui acredita em Deus? Aha-a...

Como de costume, ícones sem semblante, inacabados, apoiavam-se contra as paredes, globos de vidro estavam colados ao teto. Havia tempo que não se trabalhava com fogo e não se usavam os globos, eles estavam cobertos de uma camada cinzenta de fuligem e poeira. Tudo em volta se fixou tão fortemente na minha memória que, mesmo fechando os olhos, eu vejo no escuro todo o porão, todas essas mesas, as latinhas de tinta no parapeito das janelas, os maços de pincéis sobre os suportes, os ícones, a tina das águas de lavagem num canto, sob o lavatório de cobre, que lembrava um capacete de bombeiro e, descida do catre, a perna nua de Gógolev, azul como a perna de um afogado.

Tinha vontade de ir embora o quanto antes, mas na Rússia se gosta de prolongar os momentos tristes; despedindo-se, as pessoas parecem celebrar exéquias.

Jikharióv juntou as sobrancelhas e me disse:

– Não posso devolver a você esse livro, o *Demônio*; quer receber por ele vinte copeques?

O livro era minha propriedade; o velho comandante de bombeiros me presenteara com ele, dava pena entregar Lérmontov. Mas, depois que eu, um tanto ofendido, recusei o dinheiro, Jikharióv enfiou tranquilamente a moeda no porta-níqueis e declarou, imperturbável:

– Como queira, mas eu não vou devolver o livro! Não serve para você, é um livro tal que, com ele, não custa muito cometer um pecado...

– Mas ele é vendido nas livrarias, eu vi!

Replicou, num tom muito convincente:

– Isso não quer dizer nada, até pistolas se vendem nas lojas...

E não me devolveu Lérmontov.

Indo para cima, a fim de me despedir da patroa, me choquei no corredor com a sobrinha, que me perguntou:

– Dizem que você vai embora, é verdade?

– Vou, sim.

– Se não fosse, seria tocado embora – comunicou, sem muita amabilidade, mas bem sincera.

E a bêbada da patroa disse:

– Adeus, vá com Jesus Cristo! É um menino mau, insolente! É verdade que eu não vi em você nada de ruim, mas todos dizem que é mau!

E de repente rompeu em pranto, dizendo em meio às lágrimas:

– Se fosse vivo o meu defunto e doce maridinho do coração, daria a você uns piparotes, uns pescoções, mas o deixaria aqui conosco, não o tocaria embora! Mas hoje em dia tudo é diferente, é só alguma coisa não andar direito e: ande, vá embora! Ai, onde é que você, menino, vai parar, onde vai se encostar?

16

Estou viajando de barco, em companhia de meu patrão, pelas ruas da feira, entre as vendas de pedra, inundadas pelo degelo até a altura do segundo andar. Eu seguro os remos; o patrão, sentado na popa, maneja inabilmente a embarcação, afundando muito o remo; o barco se mexe desajeitado, volteando de rua em rua, sobre as águas tranquilas, turvas, pensativas.

– Eh, está alta a água, diabos! Ela vai atrasar o serviço – resmunga o patrão, fumando o charuto; sua fumaça cheira a pano queimado.

– Mais devagar! – grita, assustado. – Vamos nos chocar com o lampião!

Dominou a embarcação e vai xingando:

– Que barco eles nos deram, patifes!...

Mostra-me os lugares em que, após a descida das águas, começarão os trabalhos de reforma das lojas. Escanhoado até adquirir uma cor azul, de bigode aparado e charuto na boca, ele não parece um empreiteiro. Usa jaqueta de couro, botas até o joelho, uma bolsa de caçador a tiracolo, aos seus pés aparece uma cara espingarda Lebel de dois canos. A todo momento, mudava, inquieto, a posição do boné de couro: ora puxava-o sobre os olhos, inflava os lábios e, preocupado, olhava em torno; ora empurrava-o para a nuca, rejuvenescia e sorria para dentro dos bigodes, pensando em algo aprazível; nesses momentos, não se podia acreditar que tinha muito trabalho, que o lento baixar das águas o inquietasse: espraiava-se nele a onda de certos pensamentos, provavelmente não relacionados com o serviço.

Quanto a mim, estava esmagado por um sentimento de plácido espanto: era tão estranho ver aquela cidade morta, as fileiras retas de edifícios com janelas fechadas, uma cidade completamente inundada e que parecia deslizar frente ao nosso barco.

O céu está cinzento. O sol emaranhou-se nas nuvens, transparecendo apenas de vez em quando através da sua espessura com uma grande mancha prateada, à feição hibernal.

A água também está cinzenta e fria; não se percebe o seu movimento; tem-se a impressão de que ela se aquietou, adormeceu com as casas vazias, com os renques de vendas pintadas de amarelo sujo. Quando o sol branquicento espia através das nuvens, tudo ao redor se aclara um pouco, a água reflete o tecido cinzento do céu e o nosso barco fica suspenso no ar, entre dois céus; os edifícios de pedra também se soerguem e deslizam, quase imperceptivelmente, para o Volga, para o Oká. Ao redor do barco, balançam-se barricas quebradas, caixotes, cestos, gravetos e palha, por vezes uma vara ou trave passa flutuando como uma cobra morta.

Aqui e ali, aparecem janelas abertas, botas de feltro e roupas secando surgem nos telhados das galerias de lojas; uma mulher espia da janela para a água cinzenta, um barco está atracado à cimeira de uma coluninha de galeria, seus bordos vermelhos produzem reflexos gordurosos e cárneos.

Acenando a cabeça na direção desses indícios de vida, o patrão me explica:

– Aí vive o guarda da feira. De vez em quando, sai pela janela, trepa sobre o telhado, senta-se no barco, vai ver se não há ladrões, e, se não os encontra, começa por sua vez a roubar...

Fala preguiçoso, tranquilo, pensando em algo diferente. Em volta, tudo está quieto, deserto e inverossímil, como num sonho. O Volga e o Oká uniram-se num lago imenso; ao longe, sobre a montanha peluda, pavoneia-se a cidade colorida, repleta de jardins ainda escuros, mas as gemas das árvores já ficaram infladas e os jardins vestem as casas e as igrejas de uma quente peliça esverdeada. O repicar dos sinos da Páscoa estende-se densamente sobre a água, ouve-se zunir a cidade, mas aqui se tem a impressão de estar num cemitério abandonado.

Nosso barco circula entre duas fileiras de árvores negras, vamos pela Linha Principal, na direção da Velha Catedral. O charuto incomoda o patrão, toldando os olhos dele com uma fumaça cáustica, o barco a todo momento se choca com a proa ou com o bordo contra troncos de árvores, e o patrão se espanta, irritado:

– Que barco mais canalha!

– O senhor devia deixar de dirigi-lo.

– Mas, como é que se pode? – resmunga. – Se há duas pessoas no barco, sempre uma vai remando, e a outra governa. Agora veja: são as Vendas Chinesas.

Há muito que eu conheço a feira de cabo a rabo; conheço também essas vendas engraçadas, de telhados absurdos; ficam sentadas sobre estes, nos cantos, figuras de gesso de chineses, de pernas cruzadas; em outros tempos, eu ficava com os companheiros atirando pedras neles, e cabeças e braços de alguns dos chineses foram quebrados justamente por mim. Mas eu não me orgulho mais disso...

– Bobagem – diz o patrão, apontando as lojas. – Se me encarregassem de construir isto...

Assobia, empurrando o boné para a nuca.

Mas eu vou pensando, não sei por quê, que ele construiria esta cidade de pedra do mesmo jeito enfadonho, neste mesmo lugar baixo, inundado todos os anos pelas águas de dois rios. E teria inventado também as Vendas Chinesas...

Depois de afogar o charuto, acompanhou-o com uma cusparada de asco, dizendo:

– É aborrecido, Piechkóv! É aborrecido. Não há gente instruída, não se tem com quem conversar. Dá vontade de contar um pouco de vantagem; mas com quem? Não há gente. Só existem carpinteiros, pedreiros, mujiques, trapaceiros...

Olha para a direita, para a mesquita branca, que se ergue bonita num morro, sobre as águas, e prossegue, como que lembrando algo:

– Dei para tomar cerveja, fumo charutos, vivo que nem um alemão. Os alemães, meu irmão, são gente eficiente, umas ve-e-erdadeiras galinhas-feras! A cerveja é uma ocupação agradável, mas, quanto aos charutos, ainda não me acostumei! Quando se fuma bastante, a mulher depois resmunga: "Que cheiro é esse que vem de você, como de um seleiro?". Sim, irmão, a gente vai vivendo, sempre se dá um jeito... Vá lá, trate você do barco sozinho...

Tendo colocado o remo sobre a borda, apanha a espingarda e atira num chinês sobre o telhado; a figura não sofreu dano, o chumbo semeou o telhado e a parede, erguendo no ar fumacinhas de poeira.

– Não acertei – confessa, sem lástima, o atirador, e torna a armar a espingarda.

– O que há com você quanto a garotas? Já quebrou o jejum? Não? Pois eu, aos treze anos, já ficava apaixonado...

Conta, como um sonho, a história do seu primeiro amor com a arrumadeira do arquiteto em casa de quem morava como aluno. A água cinzenta marulha baixinho, lavando as quinas dos prédios, além da catedral a planície das águas tem um brilho embaciado, aqui e ali se erguem sobre ela varas negras de vime.

Na oficina dos ícones, entoava-se com frequência uma canção de seminário:

O mar azul,
Mar tormentoso...

Um enfado mortal, eis o que deveria ser aquele mar azul...

– Passava noites em claro – diz o patrão. – Levantava-me às vezes da cama e ficava parado junto à sua porta, tremendo como um cachorrinho; era fria aquela casa! Meu patrão a visitava de noite, podia me encontrar, mas eu não tinha medo, pois é...

Falava pensativo, como se examinasse uma roupa velha, usada, a fim de verificar se ainda podia ser aproveitada.

– Ela me viu, ficou com pena, abriu a porta e me chamou: "Vem cá, bobinho... ".

Eu ouvira muitas histórias no gênero, estava enjoado delas, embora tivessem uma particularidade agradável: quase todas as pessoas falavam do seu primeiro "amor" sem bazófia nem sujeira, mas frequentemente com tanto carinho e tristeza que eu compreendia: era o melhor na vida de quem contava. Muitos, parece, tinham somente isso de bom.

Meu patrão exclama espantado, rindo e balançando a cabeça:

– Mas você não vai contar isso a minha mulher, nada, nada! Ora, o que há nisso de importante? Mas não conte! Cada caso que acontece...

Não é a mim que ele conta, mas a si mesmo. Se ele se calasse, falaria eu: neste vazio e silêncio, é indispensável falar, cantar, tocar acordeão, senão vai-se adormecer para sempre, pesadamente, em meio à cidade morta, afogada em água cinzenta e fria.

– Em primeiro lugar, não case cedo! – me aconselha. – O casamento, irmão, é um caso de enorme importância! Pode-se viver onde se quer e da maneira que se julgar melhor, a pessoa é dona do seu nariz! Viva na Pérsia, como um muçulmaninho, ou em Moscou, como guarda-civil, pode-se ter aflição, pode-se roubar, tudo se corrige! Mas uma mulher com quem a gente casa, irmão, é como o tempo que faz, não se pode corrigi-la... não! Isso, irmão, não é uma bota fácil de descalçar...

Seu rosto se alterou, ele olhava a água cinzenta, o cenho franzido, esfregava com o dedo o nariz em corcova e murmurava:

– Si-im, irmão... Olhe bem! Admitamos que você se dobre para todos os lados, mas não se deixe quebrar... bem, apesar de tudo, há uma armadilha preparada para cada um...

Penetramos entre os arbustos do lago Mieschérskoie, que se unira ao Volga.

– Vá remando mais devagar – murmura o patrão, apontando a carabina para os arbustos.

Depois de matar algumas narcejas esquálidas, comanda:

– Vamos para Kunávino! Vou ficar lá até o anoitecer, e você dirá em casa que fiquei ocupado com os empreiteiros...

Deixando-o numa das ruas do arrabalde, também alagada pelo degelo, volto pelo mercado para Strielka, atraco o barco e, sentado nele, olho a confluência dos dois rios, a cidade, os navios, o céu. Qual asa magnífica de um pássaro enorme, ele está coberto das penas brancas das nuvens. Em meio a estas, um sol de ouro aparece nos abismos azuis, e com um simples olhar para a terra muda tudo sobre ela. Em volta, tudo se move com ânimo e esperança, a correnteza rápida do rio carrega facilmente os elos incontáveis das jangadas; em cima delas, ficam parados com firmeza mujiques barbudos, que reviram os remos compridos e gritam ora uns com os outros, ora para o navio que vem em sua direção. O navio pequeno arrasta contra a corrente uma barcaça vazia, o rio impele-o para baixo, sacode-o, ele mexe o nariz como um lúcio, e resfolega, fincando com teimosia as rodas na água, que corre velozmente ao seu encontro. Há quatro mujiques sentados na barcaça, as pernas pendidas sobre o bordo, ombro contra ombro, um deles de camisa vermelha, e entoam uma canção; não se distinguem as palavras, mas eu a conheço.

Tenho a impressão de que aqui, sobre este rio vivo, sei tudo, tudo me é próximo e sou capaz de compreender tudo. Enquanto a cidade, alagada atrás de mim, é um pesadelo, uma invenção do meu patrão, difícil de compreender como ele próprio.

Tendo-me fartado de olhar tudo, volto para casa, me sinto um adulto, capaz de qualquer trabalho. Pelo caminho, olho do alto do morro da cidadela para o Volga: de longe, da montanha, a terra parece imensa e promete dar tudo o que se queira.

Tenho livros em casa; no apartamento em que morou a Rainha Margot, reside agora uma família numerosa: cinco moças, cada qual mais bonita, e dois ginasianos – essa gente me fornece livros. Leio avidamente Turguêniev e me espanto como nele tudo é compreensível, simples, transparente à maneira outonal, como a sua gente é pura e como é bom tudo o que ele anuncia com doçura.

Leio *O seminário*, de Pomialóvski,[1] e também me espanto: isso se parece estranhamente com a vida na oficina dos ícones; conheço tão bem o desespero do enfado, o qual, referverdo, se transforma numa cruel molecagem.

Era bom ler livros russos, sentia-se neles sempre algo conhecido e dolente, como se entre as páginas se tivesse aquietado, às ocultas, um repicar de Quaresma; bastava abrir o livro, para que ele já soasse baixinho.

Li sem muita vontade *As almas mortas*; *Recordações da casa dos mortos*, também; *As almas mortas*, *A casa dos mortos*, *Morte*, *Três mortes*, *O esqueleto vivo*,[2] essa monotonia nos títulos chamava involuntariamente a atenção, suscitando uma vaga aversão por tais livros. O *Conhecimento do tempo*, *Passo a passo*, *Que*

1 Trata-se do livro de reminiscências *Notas sobre o seminário*, de N. G. Pomialóvski (1835-63). [N.T.]

2 *As almas mortas*, de Gogol; as *Recordações da Casa dos Mortos*, de Dostoiévski; "Morte" pode referir-se a vários livros, como, por exemplo, *A morte de Ivan Ilitch*, de Tolstói; *Três mortes* é também um conto de Tolstói; e o *Esqueleto vivo*, um conto de Turguêniev. [N.T.]

fazer?, *Crônica da vila de Smúrino*[1] igualmente não me agradam, como todos os livros no gênero.

Mas Dickens e Walter Scott me agradavam muito; lia esses autores com imenso prazer, duas a três vezes o mesmo livro. Os de Walter Scott lembravam missa de feriado numa igreja rica: um tanto compridos e enfadonhos, mas sempre solenes; Dickens continua sendo para mim um escritor diante do qual me inclino respeitoso; ele atingiu admiravelmente a dificílima arte do amor aos homens.

À noitinha, reunia-se à entrada do prédio um grupo numeroso: os irmãos K., todos adolescentes; Viatcheslav Siemachko, ginasiano de nariz arrebitado; às vezes, vinha a senhorita Ptítzina, filha de certo funcionário importante. Falava-se de livros, de versos: isso me era também próximo e compreensível; eu li mais que todos eles. Mais frequentemente, porém, contavam uns aos outros fatos ocorridos no ginásio, queixavam-se dos professores; ouvindo os seus relatos, eu me sentia mais livre que os meus companheiros, espantava-me muito com a sua paciência, mas, apesar de tudo, invejava-os: eles estudavam!

Eram mais velhos, mas eu parecia a mim mesmo mais adulto, mais maduro e experimentado; isso me confundia um pouco: eu queria me sentir mais próximo deles. Chegava em casa de noite, coberto de lama e poeira, repleto de impressões de outra ordem que as deles, estas em essência muito uniformes. Falavam muito de moças, apaixonavam-se ora por uma ora por outra, tentavam fazer versos; não raro, o meu auxílio tornava-se necessário nessa tarefa, eu me exercitava de bom grado em versificação, encontrava facilmente as rimas, mas por algum motivo os meus versos sempre saíam humorísticos, e a senhorita Ptítzina, a quem as minhas poesias se destinavam mais fre-

1 Obras ficcionais de tendência radical, a mais famosa das quais é *Que fazer?*, romance de N. G. Tychernichévski (1928-1889). [N.T.]

quentemente que às demais, era indefectivelmente comparada por mim a hortaliças, a uma cebola.

Siemachko me dizia:

– Isso é verso? São pregos numa bota!

Não querendo me atrasar em nada em relação a eles, apaixonei-me pela senhorita Ptítzina. Não me lembro como isso se manifestava em mim, mas acabou mal: havia uma tábua flutuando sobre a água podre e verde do açude Zviézdin, e eu me ofereci para proporcionar à moça um passeio sobre aquela tábua. Ela concordou, eu aproximei a tábua da margem e fiquei em pé sobre ela: estando só, ela me aguentava bem. Mas quando aquela senhorita garridamente vestida, coberta de fitas e rendas, se pôs graciosamente de pé na outra extremidade da tábua, e eu fiz um gesto altivo com a vara, afastando-nos da terra firme, aquela tábua maldita se agitou embaixo de nós, e a moça mergulhou no açude. Atirei-me cavalheiresco atrás dela e a retirei rapidamente para a margem: o susto e as algas verdes do açude anularam a beleza da minha dama!

Ela gritava, me ameaçando com o punhozinho molhado:

– Você me afogou de propósito!

E, não acreditando na sinceridade da minha defesa, passou a me tratar com hostilidade.

Em geral, não era muito interessante a vida na cidade; a velha patroa era, como antes, inamistosa comigo; a mais jovem me olhava com desconfiança; o Víktoruchka, que se tornara ainda mais ruivo, devido às sardas, fungava na direção de todos, incuravelmente ofendido por algo.

O patrão tinha muito serviço de desenho; não conseguindo dar conta dele com seu irmão, convidou o meu padrasto para seu ajudante.

Um dia, cheguei cedo da feira, a umas cinco horas, e, entrando na sala de jantar, vi junto à mesa de chá, ao lado do patrão, o homem que eu esquecera. Estendeu-me a mão.

– Boa tarde...

Fiquei atônito com o inesperado da situação, imediatamente o passado se ergueu em mim como um incêndio e me queimou o coração:

– Até se assustou! – gritou o meu patrão.

Meu padrasto me olhava com um sorriso no rosto extremamente esquálido; seus olhos escuros ficaram ainda maiores, todo ele estava puído, esmagado. Enfiei a mão entre os seus dedos finos, cálidos.

– Ora, aí está, nos encontramos de novo – disse ele, tossindo um pouco.

Afastei-me, enfraquecido como depois de uma surra.

Tiveram início entre nós umas relações cautelosas e pouco nítidas: ele me tratava pelo patronímico,[1] mas falava comigo de igual para igual.

– Quando for à venda, faça o favor de me comprar um quarto de libra de fumo Laferme, uma centena de filtros Victorson para cigarros e uma libra de salame cozido...

O dinheiro que me dava estava sempre desagradavelmente aquecido por sua mão cálida. Era evidente a sua condição de tísico e que não viveria muito. Sabia isso e dizia com tranquila vozinha de baixo, enrolando a barbicha negra e pontuda:

– Minha doença é quase incurável. Aliás, alimentando-se com muita carne, é possível curar-se. É provável que eu me cure.

Comia desmesuradamente, comia e fumava cigarros, soltando-os da boca unicamente no ato de comer. Eu comprava para ele diariamente salame, presunto, sardinhas, mas a irmã da vovó dizia convicta e, por algum motivo, com maldosa alegria:

– Não se pode nutrir a morte com quitutes, não se pode enganá-la, não!

1 O uso do patronímico indica tratamento respeitoso. [N.T.]

Os patrões tratavam meu padrasto com uma solicitude ofensiva, o aconselhavam com insistência a experimentar este ou aquele remédio, mas zombavam dele pelas costas.

– Um fidalgo! Diz que é preciso varrer mais vezes as migalhas das mesas, porque fazem aparecer moscas – contava a patroa mais jovem, e a velha fazia-lhe eco:

– Como não? De fato, é um fidalgo! O paletozinho já está todo gasto, puído, e ele continua a esfregá-lo com a escova. Esforça-se para não ficar nenhuma poeirinha!

O patrão como que as consolava:

– Esperem, galinhas-feras, ele não tarda a morrer!...

Essa hostilidade sem sentido de pequenos-burgueses contra um nobre me aproximava involuntariamente de meu padrasto. O agárico mata-moscas também é cogumelo nocivo, mas pelo menos é bonito!

Sufocando em meio àquela gente, meu padrasto lembrava um peixe que tivesse ido parar por engano num galinheiro – uma comparação absurda como era absurda toda aquela vida.

Comecei a encontrar nele traços do Coisa Boa, homem para mim inesquecível; enfeitava este e a Rainha Margot com tudo o que os livros me davam de melhor, entregava a eles o que possuía de mais puro, todas as fantasias suscitadas pela leitura. Meu padrasto era um homem tão estranho a todos e pouco amado como o Coisa Boa. Tratava de maneira uniforme todas as pessoas da casa, nunca era o primeiro a falar, respondia às perguntas com certa delicadeza e laconismo peculiares. Eu ficava muito satisfeito quando ele ensinava algo ao patrão: curvado em dois junto à mesa, e batendo a unha seca sobre o papel grosso, recomendava tranquilamente:

– Aqui, é indispensável ligar os caibros com uma chapa. Isso vai evitar que eles pressionem as paredes.

– Está certo, diabos! – murmurava o patrão, e a mulher dizia a ele, depois que meu padrasto se afastava:

– Fico simplesmente admirada como é que você permite que ele dê lições a você!

Não sei por quê, ficava particularmente irritada quando, depois da ceia, meu padrasto escovava os dentes e fazia bochecho, encurvando o pontudo pomo-de-adão.

– Eu acho, Evguêni Vassílitch – dizia ela, com voz azeda –, que lhe faz mal dobrar assim a cabeça!

Ele perguntava, com um sorriso delicado:

– Mas, por quê?

– Bem... assim...

Punha-se a limpar com uma vareta de osso as unhas azuladas.

– Veja só, ainda limpa as unhas! – inquietava-se a patroa. – Está morrendo, mas é para lá mesmo que ele vai...

– E-eh! – suspirava o patrão. – Quanta estupidez cresceu sobre vocês, galinhas-feras...

– Mas o que é que você está dizendo? – indignava-se a mulher.

E, de noite, a velha se queixava ardorosamente a Deus:

– Senhor, penduraram-me ao pescoço esse indivíduo podre, e o Víktoruchka foi posto de lado mais uma vez...

O Víktoruchka passou a imitar as maneiras de meu padrasto, seu passo lento, os movimentos convictos dos braços fidalgos, a sua capacidade de amarrar a gravata com certo jeito particularmente vistoso e de comer habilmente, sem fazer barulho. Com frequência, perguntava rudemente:

– Maksímov, como é joelho em francês?

– Eu me chamo Evguêni Vassílievitch – lembrava tranquilamente meu padrasto.[1]

– Vá lá, está bem! E peito?

À ceia, o Víktoruchka comandava à mãe:

1 Isto é, lembrava a conveniência de tratá-lo com respeito, dizendo o patronímico. [N.T.]

– *Ma mère, donnez-moi encore*[1] carne salgada!

– Ah, meu francesinho – comovia-se a velha.

Meu padrasto mastigava carne imperturbável como um surdo-mudo, sem olhar para ninguém.

Certa vez, o irmão mais velho disse ao mais novo:

– Agora que você, Víktor, já aprendeu francês, deve arranjar uma amante...

Foi a única vez em que lembro ter visto meu padrasto sorrir, calado.

A patroa, indignada, atirou a colher sobre a mesa, gritando para o marido:

– Como não se envergonha de dizer indecências na minha presença?!

Às vezes, meu padrasto vinha me ver nos fundos do apartamento; ali, eu dormia sob a escada para o sótão e lia sobre os degraus em frente da janela.

– Está lendo? – perguntava, expelindo fumaça; rolos dessa assobiavam no seu peito. – O que é isso?

Eu mostrava o livro.

– Ah – dizia ele, espiando o título –, parece que já li isso! Quer fumar?

Fumávamos, lançando olhares pela janela, para o pátio sujo; ele dizia:

– É uma grande pena que você não possa estudar, parece que tem capacidade...

– Mas eu estudo, vou lendo...

– É pouco, precisa-se de escola, de método...

Dava vontade de dizer:

– Mas o senhor teve escola e método, e deu algum resultado?

Mas, como que adivinhando os meus pensamentos, ele acrescentava:

1 Em francês, “minha mãe, dê-me mais...”. [N.T.]

– Havendo caráter, a escola educa bem. Apenas gente muito instruída pode fazer andar a vida...

Aconselhou-me mais de uma vez:

– Faria melhor indo embora daqui, não vejo sentido em sua permanência nesse meio, nenhum proveito...

– Eu gosto dos operários.

– Mas... por quê?

– É interessante a companhia deles.

– Pode ser...

Uma vez, ele disse:

– No fundo, que porcaria são esses nossos patrões, uma porcaria...

Lembrando a ocasião e a maneira pela qual minha mãe dissera a mesma palavra, me afastei involuntariamente dele, que me perguntou, sorrindo:

– Não pensa assim?

– Penso.

– Claro... estou vendo.

– O patrão me agrada, apesar de tudo...

– Sim, de fato, é boa praça... Mas ridículo.

Eu queria conversar com ele sobre livros, mas parecia não gostar deles e me aconselhou mais de uma vez:

– Não se entusiasme demais, nos livros está tudo muito enfeitado, adulterado num ou noutro sentido. A maioria dos que escrevem livros é gente parecida com o nosso patrão, gente miúda.

Tais afirmativas me pareciam ousadas e me conquistavam.

Uma vez, ele me perguntou:

– Leu Gontcharóv?

– *A fragata Palas.*

– A *Palas* é muito aborrecida. Mas, em geral, Gontcharóv é o mais inteligente dos escritores russos. Aconselho que leia o seu romance *Oblomov.* É o seu livro mais verdadeiro e corajoso. E, em geral, é o melhor livro da literatura russa...

Dizia de Dickens:

– É bobagem, eu lhe asseguro... Agora, no suplemento do jornal *Tempos Novos*,[1] estão publicando uma coisa muito interessante: *A tentação de Santo Antão*. Leia! Parece que você gosta da igreja e de todas essas coisas eclesiásticas, não? *A tentação* lhe será útil...

•••

Ele mesmo me trouxe um maço de suplementos, e eu li a sábia obra de Flaubert; ela me lembrou inúmeras vidas de santos, algo das histórias narradas pelo exegeta, mas não me suscitou impressão particularmente profunda; agradaram-me muito mais as *Memórias de Upiglio Faimali, domador de feras*, publicadas ao lado.

Quando confessei isso a meu padrasto, ele observou tranquilamente:

– Quer dizer que para você ainda é cedo ler essas coisas! Mas não se esqueça deste livro...

Às vezes, passava muito tempo sentado comigo, não dizendo palavra, apenas tossindo de quando em quando e soltando fumaça incessantemente. Os seus olhos bonitos ardiam de modo assustador. Eu o olhava devagarinho e esquecia que aquele homem, que morria tão honesta e singelamente, sem uma queixa, fora outrora íntimo de minha mãe e a ofendera. Sabia que ele estava vivendo com uma costureira, e pensava nela com perplexidade e comiseração: como ela não tinha repugnância de abraçar aqueles ossos compridos, de beijar aquela boca, da qual vinha um cheiro pesado de podridão? Tal como o Coisa Boa, em outros tempos, meu padrasto dizia inesperadamente algo muito peculiar:

1 *Nóvoie Vrêmia,* título tradicional, atribuído, no período soviético, a uma revista política. [N.T.]

– Gosto de cachorros de corrida, são estúpidos, mas gosto deles. São muito bonitos. As mulheres bonitas também são frequentemente estúpidas...

Pensei, não sem orgulho: Se você conhecesse Rainha Margot!

– Todas as pessoas que moram por muito tempo numa mesma casa passam a ter rostos iguais – disse ele uma vez; anotei em meu caderno.

Eu esperava essas máximas como uma bênção; era agradável ouvir uma combinação inusitada de palavras, naquela casa em que todos falavam uma língua incolor, ossificada em formas gastas, uniformes.

Meu padrasto nunca falava comigo de minha mãe, parece até que jamais proferiu o seu nome; isso me agradava muito, suscitando um sentimento próximo do respeito por ele.

Um dia, perguntei a ele algo a respeito de Deus, não me lembro exatamente o quê; me lançou então um olhar e disse muito tranquilo:

– Não sei. Não creio em Deus.

Lembrei-me de Sítanov e falei a seu respeito, e meu padrasto, depois de me ouvir com atenção, observou com a mesma tranquilidade:

– Ele argumenta, e quem argumenta acredita em alguma coisa, apesar de tudo... Eu simplesmente não acredito!

– Mas pode-se?

– E por que não? Está vendo: não creio...

Eu só via o seguinte: ele estava morrendo. Mal tinha pena dele, mas pela primeira vez senti um interesse agudo e natural por um próximo que morria, pelo mistério da morte.

Ei-lo sentado, tocando-me com o joelho, ardente, pensativo; agrupa as pessoas, convicto, segundo as linhas das suas relações com elas; fala de tudo como alguém que possui o poder de julgar e decidir; existe nele algo que me é necessário ou algo que destaca o que me é necessário. É uma criatura de inatingível complexidade, receptáculo de um turbilhão incessante de ideias; seja qual for a minha maneira de tratá-lo, ele constitui parte de mim mesmo, vive dentro de mim, eu penso nele e a sombra de sua alma fica depositada sobre a minha. Amanhã, ele desaparecerá por inteiro, como tudo o que se oculta em sua cabeça e coração, e que eu, parece-me, sei ler nos seus bonitos olhos. Quando ele desaparecer, um dos fios vivos que me ligam ao mundo vai se romper, ficará a lembrança, mas ela está inteira em mim, delimitada para sempre, imutável. E o que é vivo e mutável desaparecerá...

Mas isto são pensamentos, e por trás deles jaz o que é inexprimível por palavras, que as gera e alimenta, que obriga autoritariamente a prestar atenção aos fenômenos da vida, exigindo de cada um deles uma resposta: para quê?

– Sabe? Parece que vou me deitar em breve – disse meu padrasto num dia chuvoso. – Uma fraqueza tão estúpida! E não se tem vontade de nada...

No dia seguinte, por ocasião do chá noturno, ele varria com particular meticulosidade migalhas de pão da mesa e dos joelhos, afastava de si algo invisível, e a velha patroa, olhando para ele de soslaio, murmurou para a nora:

– Veja: está se limpando e depenando...

Passados dois dias, ele não veio trabalhar, e depois a velha patroa enfiou nas minhas mãos um grande envelope branco, dizendo:

– Tome isso aqui, foi ainda ontem ao meio-dia que uma mulherzinha trouxe isso, mas eu esqueci de entregar. Uma mulherzinha simpática, mas não sei, palavra, o que ela é de você!

No envelope, havia uma folha de papel com timbre de hospital, onde estava escrito, com letra graúda:

"Quando tiver uma hora vaga, venha visitar-me. Estou no Hospital Martínovski. E. M.".

Na manhã seguinte, eu estava sentado na enfermaria do hospital, na cama de meu padrasto; ele era mais comprido que a cama, e seus pés calçados de meias cinzentas, puídas, apareciam entre as varetas do espaldar. Os olhos bonitos vagavam turvos pelas paredes amarelas, detinham-se em meu rosto e nas mãos pequenas da moça que estava sentada num tamborete à cabeceira. Ela pusera as mãos sobre o travesseiro, e meu padrasto, a boca aberta, esfregava nelas uma face. A moça era gordinha, de vestido liso e escuro; lágrimas escorriam devagar pelo seu rosto oval; os olhos molhados, azul-claros, olhavam, sem se desviar, para o rosto de meu padrasto, para os ossos pontudos, o grande nariz que se aguçara e a boca escura.

– Seria preciso um sacerdote – murmurou ela –, mas ele não deixa... não compreende nada...

E, tirando as mãos do travesseiro, apertou-as contra o peito, como se rezasse.

Por um instante, meu padrasto voltou a si, olhou o teto, franzindo o cenho com seriedade, como que lembrando algo, depois empurrou para perto de mim o seu braço esquálido.

– Você? Obrigado. Está vendo... Tenho uma sensação... muito estúpida...

Isso o cansou, e ele fechou os olhos; afaguei os seus dedos compridos e frios, de unhas azuis, a moça pediu baixinho:

– Evguêni Vassílievitch, concorde por favor!

– Apresento-lhe – disse ele, apontando-a com os olhos. – Uma pessoa simpática...

Calou-se, abrindo cada vez mais a boca, de repente soltou um grito rouco, como um corvo; agitou-se na cama, empurrando o cobertor e apalpando tudo em volta de si; a moça gritou também, pondo a cabeça sobre o travesseiro amassado.

Meu padrasto morreu rapidamente; morreu e no mesmo instante ficou mais bonito.

Saí do hospital de braço com a moça. Ela se balançava como

uma doente, chorava. Segurava um lenço comprimido numa pelota; levando-o para junto ora de um ora de outro olho, ela comprimia cada vez mais o lenço, e olhava-o como se fosse o seu objeto derradeiro e mais precioso.

Parou de repente, apertando-se contra mim e dizendo numa censura:

– Não viveu nem até o inverno... Ah, meu Deus, meu Deus, o que é isso?

Estendeu-me depois a mão, molhada de lágrimas.

– Adeus. Ele elogiava muito você. O enterro é amanhã.

– Quer que a acompanhe até em casa?

Ela olhou em volta.

– Para quê? Agora é dia, não é noite.

Olhei-a da esquina do beco: caminhava devagarinho, como uma pessoa que não tem para onde se apressar.

Era agosto, a folhagem já caía das árvores.

Não tive tempo de acompanhar meu padrasto ao cemitério, e nunca mais vi aquela moça...

17

Às seis da manhã, eu sempre saía para o trabalho na feira. Ali me recebia gente interessante: o carpinteiro Óssip, grisalho, parecido com São Nicolau, um trabalhador ágil e espirituoso; o telheiro corcunda Iefímuchka;[1] o devoto pedreiro Piotr, homem pensativo que também lembrava um santo; o rebocador Grigóri Chíchlin, um rapagão bonito, de barba castanho-clara e olhos azul-claros, que irradiava uma tranquila bondade.

Conhecera essa gente no segundo período da minha vida na casa do desenhista; cada domingo, eles apareciam na cozinha, graves, imponentes, de fala agradável, com palavras saborosas, novas para mim. Todos aqueles mujiques de ar sério me pareciam então inteiramente bons; cada um era interessante a seu modo, todos se distinguiam com vantagem dos pequenos-burgueses maus, ladravazes e bêbados do arrabalde de Kunávino.

Quem me agradava mais naquele tempo era o estucador Chíchlin, eu até pedi para fazer parte da sua *artiel*,[2] mas ele me recusou isso com suavidade, coçando com o dedo branco a sobrancelha de ouro:

1 Diminutivo de Iefim. [N.T.]

2 Grupo de operários que formavam uma espécie de cooperativa de produção que distribuía entre eles os lucros de uma empreitada. [N.T.]

– É cedo para você, o trabalho não é fácil, espere um ano, dois...

Depois, sacudindo a cabeça bonita, perguntou:

– Ou você não vive bem? Ora, não faz mal, vá tolerando, se aperte mais forte dentro de você mesmo, então vai suportar!

Não sei o que me deu este bom conselho, mas eu o gravei, agradecido, na memória.

Também agora, eles vinham à casa de meu patrão, cada manhã de domingo, sentavam-se nos bancos ao redor da mesa da cozinha e, esperando por ele, mantinham entre si uma conversa interessante. O patrão os cumprimentava alegre e ruidosamente, apertando as fortes mãos, e sentava-se no canto da frente. Apareciam um ábaco, um maço de dinheiro, os mujiques punham sobre a mesa as suas contas, os amassados cadernos de notas – começava a contabilidade da semana.

Em meio aos gracejos e ditos de espírito, o patrão tentava enganá-los, e os mujiques a ele; às vezes, brigavam impetuosamente, mas o mais comum era rirem em uníssono.

– Eh, meu simpático, você nasceu trapaceiro! – diziam eles ao patrão.

Ele respondia, rindo um pouco, confuso:

– Ora, vocês também, suas galinhas-feras, são bastante bons na trapaça!

– Mas pode ser diferente, meu amigo? – confessava Iefímuchka, e o sério Piotr dizia:

– Vive-se com o que se rouba, pois o que se ganha no trabalho é para Deus e para o tsar...

– Pois eu também tenho prazer em engabelar vocês! – ria-se o patrão.

Eles o apoiavam, com bonacheirice:

– Vamos, então, forjar um pouco essas contas?

– Falsificar de uma vez?

Apertando contra o peito a barba magnífica, Grigóri Chíchlin pedia, com voz cantante:

– Meus irmãos, por que não fazer os negócios simplesmente, sem enganar? Pois se a gente vive honestamente, é tão bom, tão tranquilo, hein? Minha boa gente, hein?

Seus olhos azul-celeste escureciam, umedeciam; nesses momentos, era surpreendentemente belo; todos ficavam como que um pouco encabulados com o seu pedido, todos voltavam, confusos, o rosto para ele.

– Um mujique nunca enganará de muito – resmungava com suspiro Óssip, de ar venerável, como que tendo pena do mujique.

O pedreiro escuro dizia, encurvando os ombros sobre a mesa, a voz cheia:

– Pecado é que nem pântano: quanto mais se avança, mais se afunda!

Acertando o tom com eles, o patrão murmura:

– E eu então? Do jeito como me chamam, respondo...

Depois de filosofar, tentam novamente enganar uns aos outros, e, feitas as contas, suados e cansados com a tensão, vão tomar chá na taverna, depois de convidar também o patrão.

Na feira, eu devia cuidar para que essa gente não roubasse pregos, tijolos, tábuas; além de trabalhar para meu patrão, cada um deles tinha as suas empreitadas e cada qual procurava roubar coisas debaixo do meu nariz, para aplicá-las nos trabalhos particulares.

Receberam-me carinhosamente, e o Chíchlin disse:

– Você se lembra como pediu para entrar na minha *artiel*? E agora veja como progrediu, vai ser meu chefe, hein?

– Ora, ora – gracejava o Óssip – guarda as coisas do patrão, e Deus te ajude na promoção!

Piotr observou, com ar pouco amigo:

– Nomearam uma cegonha nova para dirigir ratos velhos...

As minhas atribuições me deixavam cruelmente confuso; me envergonhava perante aquela gente; cada um parecia conhecer algo peculiar, bom, desconhecido de todos os demais, e eu tinha que os vigiar como ladrões e embusteiros. Nos primeiros dias, eu me sentia mal com eles, mas o Óssip logo o notou e, um dia, me disse em particular:

– Ouça, rapazinho, você não deve ficar ressabiado, isso não adianta nada, compreendeu?

Naturalmente, não compreendi nada, mas senti que o velho percebia o absurdo da minha situação, e logo se estabeleceram relações francas entre nós dois.

Ele me instruía em algum canto:

– Em nosso meio, se você quer saber, o maior ladrão é o pedreiro Pietrukha;[1] é homem de família grande, comilão. Deve-se vigiá-lo bem, ele não desdenha nada, tudo serve: uma libra de pregos, uma dezena de tijolos, um saco de cal: passa tudo no bico! É uma pessoa boa, religiosa, alfabetizada e de pensamentos severos, bem, mas gosta de roubar! O Iefímuchka vive para as mulheres, é pacato, inofensivo para você. Também ele é inteligente, todos os corcundas não são gente boba! Agora, quanto ao Grigóri Chíchlin, esse é atoleimado, não só não tira o que é dos outros, mas é capaz de entregar o que é dele! Trabalha à toa, cada um pode enganá-lo, e ele não é capaz de enganar ninguém! Orienta-se sem inteligência...

– É bondoso?

Óssip me olhou como que de longe e disse estas memoráveis palavras:

– Está certo, é bondoso! Para um preguiçoso, ser bondoso é o que pode haver de mais simples; a bondade, meu rapaz, não exige inteligência...

– Bem, e você mesmo? – perguntei a Óssip. Ele sorriu e respondeu:

– Sou que nem uma moça; quando for vovô, vou contar tudo a meu respeito, e por enquanto aguarde! Ou então procure com a inteligência onde é que estou escondido; procure, ande!

1 Diminutivo de Piotr (Pedro). [N.T.]

Desmentia todas as minhas concepções a respeito dele e dos seus amigos. Era difícil, para mim, duvidar da veracidade das suas asserções: eu via que o Iefímuchka, o Piotr, o Grigóri consideravam o velho de aspecto venerável como mais inteligente que eles, e mais conhecedor de todos os assuntos relacionados com a vida. Aconselhavam-se com ele a respeito de tudo, ouviam atentamente os seus conselhos, manifestavam diferentes sinais de consideração a ele.

– Tenha a bondade, aconselhe-nos – pediam; mas depois de um desses pedidos, quando Óssip se afastou, o pedreiro disse baixo a Grigóri:

– Herege.

E Grigóri acrescentou, com um sorriso:

– Palhaço.

O estucador me prevenia amistosamente:

– Preste atenção, Maksímitch, com o velho é preciso viver cuidadosamente, ele é capaz de embrulhar uma pessoa num abrir e fechar de olhos! Esses velhotes viajeiros são perniciosos que é um Deus nos livre!

Eu não compreendia nada.

Tinha a impressão de que o pedreiro Piotr era o mais honesto e piedoso dos homens; falava de tudo sucinta e gravemente, seu pensamento detinha-se sobretudo em Deus, no inferno e na morte.

– Eh, rapaziada, meus irmãos, por mais que a gente se debata, por mais esperança que tenha, nem cemitério nem caixão pode evitar, é uma ilusão!

Tinha continuamente dor de barriga, e havia dias em que não conseguia comer nada; até um pedacinho de pão lhe provocava dores convulsivas e náuseas horríveis.

O corcunda Iefímuchka também parecia muito bondoso e honesto, mas sempre ridículo, por vezes um beato, até demente, uma espécie de imbecil manso. Apaixonava-se continuamente por diferentes mulheres e dizia de cada uma com as mesmas palavras:

– Vou falar com franqueza: não é mulher, mas uma florzinha em creme de leite, juro por De-e-us!

Quando as desembaraçadas pequenas-burguesas de Kunávino vinham lavar o chão das vendas, o Iefímuchka descia do telhado e, colocando-se em algum cantinho, ronronava, semicerrando os vivos olhos cinzentos e desabotoando até as orelhas a sua larga boca.

– Veja que mulherzinha taluda me mandou o Senhor Deus; que alegria desceu sobre mim; e então, que florzinha em creme de leite é essa, e como vou agradecer à sorte por esse presente? Uma beleza assim vai me fazer arder vivo!

A princípio, as mulheres caçoavam dele, gritando umas às outras:

– Vejam como esse corcunda se derrete, hein, meu Deus!

As zombarias não ofendiam nem um pouco o telheiro, seu rosto de maçãs salientes tornava-se sonolento, ele falava como num delírio, as palavras doces escorriam numa torrente inebriante e evidentemente estonteavam as mulheres. Por fim, alguma de mais idade dizia às amigas, surpresa:

– Ouçam como esse mujique se desmancha, direitinho um rapaz novo!

– Canta que nem passarinho...

– Ou como um mendigo no adro da igreja – não se rendia a teimosa.

Mas o Iefímuchka não parecia um mendigo; mantinha-se com aprumo, como um rapaz reforçado, a sua voz soava com apelo crescente, as palavras se tornavam cada vez mais sedutoras, as mulheres o ouviam caladas. Ele realmente como que se derretia naquela fala carinhosa, estonteante.

Isso terminava assim: durante o lanche ou depois de uma farra, ele dizia espantado aos companheiros, balançando a cabeça pesada e pontuda:

– Que doçura, que simpatia de mulherzinha, pela primeira vez na vida toquei uma assim!

Contando os seus triunfos, o Iefímuchka não se vangloriava, não zombava da vencida, como sempre faziam os demais, apenas se comovia com alegria e gratidão, e os seus olhos cinzentos se arregalavam de espanto.

Óssip exclamava, balançando a cabeça:

– Ah você, homem indestrutível! Quantos anos você já tem?

– Tenho quarenta e quatro. Mas isso não é nada! Hoje, remocei uns cinco anos, como se tivesse tomado banho no rio, na água da vida, fiquei todo cheio de saúde, no coração está tudo tranquilo! Não, que mulheres que existem, hein?

O pedreiro dizia-lhe com severidade:

– Quando passar o cabo dos cinquenta, tome cuidado, resultarão em amargura para você esses seus costumes indecentes!

– Você é um sem-vergonha, Iefímuchka – suspirava Grigóri Chíchlin.

Mas eu tinha a impressão de que o belo rapagão invejava os êxitos do corcunda.

Óssip olhava para todos de baixo das suas sobrancelhas de prata, enroladas regularmente, e gracejava:

– Cada Maria tem sua bizarria, uma gosta de pratos e talheres, outra de argolas e pulseiras, mas por fim todas as Marias serão um dia vovozinhas...

Chíchlin era casado, mas tinha a mulher na aldeia e também não deixava de espiar as lavadoras de chão. Todas elas eram facilmente acessíveis, cada uma "trabalhava por fora"; no arrabalde faminto, encarava-se essa espécie de ganho com a mesma simplicidade que qualquer outro trabalho. Mas o mujique bonitão não tocava as mulheres, apenas admirava de longe com um olhar peculiar, como se tivesse pena de alguém, isto é, de si mesmo ou delas. E, quando elas começavam a provocá-lo, ria confuso e ia embora...

– Ora, vocês...

– Que é isso, seu original? – espantava-se o Iefímuchka. – Pode-se perder uma ocasião dessas?

– Sou casado – lembrava Grigóri.

– Mas a mulher vai saber, acaso?

– A mulher sempre acaba sabendo se a gente vive desonestamente, não se consegue enganá-las, irmão!

– Mas como é que vai saber?

– Não sei como, mas o certo é que tem que ficar sabendo, se ela mesma vive honestamente. E se eu vivo com honestidade e ela peca, eu é que vou ficar sabendo...

– Como assim? – grita Iefímuchka, mas Grigóri repete tranquilo:

– Eu sei.

O telheiro sacode os braços, indignado.

– Vejam, por favor! Isso é honesto e ninguém sabe... Eh, sua cabeça!

Os operários de Chíchlin, sete homens ao todo, tinham com ele relações singelas, não sentindo nele um patrão, e pelas costas o chamavam de bezerro. Surgindo no local de serviço e vendo que eles tinham preguiça, ele apanhava a colher de pedreiro, a pá, e com ademanes artísticos punha-se pessoalmente ao trabalho, exclamando carinhoso:

– Vamos, rapazinhos, vamos!

Uma vez, cumprindo irritado um encargo de meu patrão, eu disse a Grigóri:

– Você tem operários ruins...

Ele pareceu espantado:

– É mesmo?

– Este trabalho deveria ter ficado pronto ainda ontem antes do meio-dia, e eles não o acabarão nem hoje...

– É verdade: não vão acabar – concordou ele e, depois de um silêncio, disse, cauteloso: – Eu naturalmente vejo tudo, mas não tenho coragem de empurrá-los com o serviço, é tudo gente de casa, da mesma aldeia que eu. Mas veja também o seguinte: foi determinado por Deus: comerás o teu pão com o suor de teu rosto, e isso foi determinado para todos, para você e para mim também. E você e eu trabalhamos menos que eles, bem, não dá muito jeito, depois disso, de tocá-los com o serviço.

Ele vivia de modo pensativo; caminhava às vezes pelas ruas desertas da feira e, de repente, detendo-se sobre uma das pontes do canal Circular, passava muito tempo parado junto ao corrimão, olhando a água, o céu, os longes além do Oká. Se alguém o alcançava e perguntava:

– O que está fazendo?

– Hein? – despertava ele, com um sorriso encabulado – Eu... assim... fiquei cansado... estou olhando um pouco...

– Deus arranjou bem as coisas todas, irmãos – dizia frequentemente. – O ceuzinho, a terra, os rios correndo, os navios trafegando. Uma pessoa embarca no navio e vai para onde quiser; para Riazan, para Ríbinsk, para Perm, até Astracã! Estive em Riazan, a cidadezinha não é ruim, só que é aborrecida, mais aborrecida que Níjni; essa nossa Níjni é batuta, alegre! Também Astracã é mais aborrecida. Em Astracã, sobretudo, há muitos calmucos, eu não gosto disso. Não gosto de nenhuns morduínos, calmucos, persas, alemães e todos esses outros povinhos...

Fala devagar, suas palavras apalpam cautelosamente, procurando um homem que pense de igual maneira, e sempre o encontram na pessoa do pedreiro Piotr.

– Eles não são povinhos, mas gente de outros caminhos – diz Piotr, convicto e zangado –, nasceram fora do caminho de Cristo e por esse caminho vão...

Grigóri se anima, irradiando alegria.

– Assim ou assado, irmãos, eu gosto de gente russa pura, e de olhos retos! Não gosto também de judeus e nem compreendo para que Deus precisa dos povinhos. Tudo se arranjou de maneira muito complicada...

O pedreiro acrescenta, sombrio:

– É muito complicado, e parece que existem demasiadas coisas desnecessárias!

Depois de prestar atenção à conversa, Óssip intervém, zombeteiro e venenoso:

– O desnecessário são essas falas de vocês – de todo desnecessário! Eh, vocês, seita! Deviam todos apanhar.

Óssip se comporta à sua própria maneira, mas não se pode compreender com o que ele concorda e contra o que vai discutir. Parece às vezes que ele concorda indiferentemente com todas as pessoas, com todas as suas ideias; mas o mais comum é ver-se que todos o enjoaram, olha as pessoas como uns meio loucos e diz ao Piotr, ao Grigóri e ao Iefímuchka:

– Eh, vocês, cachorrinhos mamando em porca...

Eles sorriem, não muito alegres nem com muita vontade, mas assim mesmo sorriem.

O patrão me dava cinco copeques por dia para comprar pão; era insuficiente, eu passava um pouco de fome; vendo isso, os operários me convidavam para almoçar e cear com eles, e às vezes também os empreiteiros me convidavam para tomar chá na taverna. Eu concordava de bom grado, agradava-me ficar sentado entre eles, ouvindo suas falas lentas, os relatos estranhos; dava-lhes prazer o meu conhecimento dos livros de igreja.

– Você bicou livros à vontade, encheu bem o papo – dizia Óssip, me olhando atentamente com seus olhos de centáurea-azul; era difícil apanhar a sua expressão; as meninas dos olhos estavam sempre como que se derretendo, fundindo.

– Você deve continuar cuidando disso, acumulando mais, isso serve; quando crescer, vá ser monge, para consolar o povo com as palavras, ou então milionário...

– Missionário – corrige-o o pedreiro, por algum motivo com um tom de ofensa.

– O quê? – pergunta Óssip.

– Diz-se missionário, você bem sabe! E não é surdo...

– Ora, está bem, vá ser missionário e discutir com os hereges. Ou então se inscreva entre os próprios hereges, é também um emprego rendoso! Com inteligência, pode-se viver da própria heresia...

Grigóri ri confuso, e Piotr diz, para dentro da barba:

– Não vivem mal também os feiticeiros e toda espécie de gente sem Deus...

Mas Óssip replica no mesmo instante:

– Um feiticeiro não vive alfabetizado, para um feiticeiro a instrução não é boa orientação...

E me conta:

– Veja, ouça uma coisa: vivia em nosso distrito um camponesinho sem terra, chamava-se Tuchka, era magricela, um tipo à-toa; vivia feito uma pena, pra cá, pra lá, ia aonde soprava o vento, não era nem operário nem desocupado de uma vez! Pois bem, um dia, não tendo o que fazer, foi a uma peregrinação e passou dois anos vagueando, e depois de repente apareceu com novo aspecto: cabelo até os ombros, barretinho na cabeça, o corpo coberto com uma sotaina ruivinha, de couro do diabo; olha para todos que nem uma perca e insiste com teimosia: arrependam-se, malditos! E por que não se arrepender, principalmente as mulheres? E as coisas se arranjaram a contento: o Tuchka está alimentado, bebido, satisfeito de mulher a mais não poder...

O pedreiro interrompe-o, zangado:

– Mas por acaso a coisa está em que ele ande nutrido e bêbado?

– E em que mais?

– Está na palavra!

– Ora, não prestei atenção às palavras dele; em matéria de palavras, eu mesmo sou muito rico.

– Nós conhecemos bastante bem o Dmítri Vassílitch Túchnikov[1] – diz Piotr, ofendido, e Grigóri baixa em silêncio a cabeça, olhando o seu copo.

1 Tuchka, no caso, foi empregado como diminutivo deste sobrenome. [N.T.]

– Não discuto – diz Óssip, apaziguador. – Estou é falando o tempo todo ao nosso Maksímitch sobre os diferentes caminhos para se alcançar o bocado suculento...

– Certos caminhos levam à prisão...

– E não é raro! – concorda Óssip. – Não é qualquer caminho que nos leva a ser um padrezinho, é preciso saber enveredar por um desvio...

Ele sempre caçoa um pouco dos devotos pedreiro e estucador; é possível que não goste deles, mas disfarça-o com habilidade. Em geral, é inapreensível a sua relação com as pessoas.

Parece olhar mais suave e bondosamente para o Iefímuchka. O telheiro não participa de conversas a respeito de Deus, da verdade, das seitas, da aflição que é a vida humana – as conversas prediletas dos seus amigos. Colocando a cadeira lateralmente à mesa, para que o espaldar não estorve a sua corcova, ele toma tranquilamente chá, copos e mais copos, mas de repente fica à espreita, examinando o quarto enfumaçado, o ouvido atento ao ruído indistinto de vozes, levanta-se num salto e desaparece depressa. Isso significa que chegou à taverna algum dos seus credores; tem uma boa dezena, e, como alguns batem nele, foge para não cometer pecado.

– Ficam zangados, esses originais? – surpreende-se. – Mas, se eu tivesse dinheiro, não ia pagar?

– Ah, seu graveto amargo... – alcança-o a voz de Óssip.

Às vezes, o Iefímuchka passa muito tempo sentado, pensativo, sem ver nem ouvir nada; o rosto de maçãs salientes se suaviza, os olhos bondosos têm uma expressão ainda mais terna.

– Em que pensa, meu valente? – perguntam.

– Penso que, se fosse rico, casaria com uma patroa de verdade, uma mulher da nobreza, juro por Deus, uma filha de coronel, por exemplo, e ia amá-la, meu Deus! Morreria de ardor ao seu lado... Pois, meus irmãos, um dia eu estava cobrindo o telhado da casa de campo de um coronel...

– E ele tinha uma filha viúva, já ouvimos isso! – interrompe-o Piotr, com ar de poucos amigos.

Mas o Iefímuchka esfrega as palmas das mãos nos joelhos, balança o corpo, perfurando o ar com a cordova, e prossegue:

– Acontecia ela sair para o jardim, toda branca e vaporosa, eu a olhava do telhado e, para que precisava eu do sol, da luz do dia? Só queria voar até seus pés, que nem um pombo! Ela era tal e qual uma florzinha azul em creme de leite! Com uma patroa dessas, podia-se fazer noite a vida inteira!

– E o que vocês iam comer? – pergunta Piotr, severo, mas isso não perturba o Iefímuchka.

– Meu Deus! – exclama ele. – Íamos precisar de muito? Além disso, ela seria rica...

Óssip ri:

– Mas quando é que você, Iefímuchka, acabará por se esbanjar todo nessas ocupações, seu esbanjador?

O Iefímuchka não fala de nenhum assunto além de mulheres, e é um trabalhador irregular: ora executa tudo admiravelmente, com ligeireza, ora as coisas não lhe vão bem, o martelo de madeira bate na cumeeira preguiçosa e descuidadamente, deixando falhas. Sempre cheira a óleo de baleia; mas ele possui também um cheiro próprio, saudável e aprazível, que lembra o cheiro de árvores recém-derrubadas.

É interessante conversar com o carpinteiro a respeito de tudo. Interessante, mas não muito agradável; suas palavras perturbam sempre o coração, e é difícil compreender quando ele fala sério e quando graceja.

Com Grigóri, o melhor é conversar a respeito de Deus; ele gosta disso e é conhecedor do assunto.

– Gricha[1] – pergunto –, sabe que existe gente que não acredita em Deus?

1 Diminutivo de Grigóri. [N.T.]

Ele sorri tranquilo:

– Como assim?

– Dizem: Deus não existe!

– Ora, isso! Eu sei.

E sacudindo o braço, enxotando uma mosca invisível, diz:

– Lembre-se do rei Davi: "Disse o néscio no seu coração: Não há Deus".[1] Aí você tem quando os néscios já falavam nisso! Sem Deus, não se pode passar de jeito nenhum...

•••

Óssip parece concordar com ele:

– Tire Deus a Pietrukha e vai ver o que acontece!

O rosto bonito de Chíchlin se torna severo; revolvendo a barba com os dedos, com cal ressecada nas unhas, ele diz misteriosamente:

– Deus existe em tudo o que é carne; a consciência e toda a matéria interior foram dadas por Deus!

– E os pecados?

– Os pecados são da carne, de Satanás! Os pecados existem por fora, que nem varíola, não mais que isso! Peca mais que todos aquele que pensa muito sobre o pecado; não se lembre do pecado e não vai pecar! É Satanás, o senhor da carne, quem inspira os pensamentos sobre o pecado...

O pedreiro duvida:

– Parece que não é bem assim...

– Assim é! Deus é sem pecado, e o homem é sua imagem e semelhança. Peca a imagem, a carne; e a semelhança não pode pecar, ela é semelhança, espírito...

Sorri em triunfo, e Piotr resmunga:

– Não é bem assim...

– E na sua opinião – pergunta Óssip ao pedreiro –, sem pecado, não há arrependimento, e sem arrependimento, não há salvação?

1 Salmos, XIV, I. [N.T.]

– Assim parece mais seguro! Se esqueceres o diabo, deixarás de amar Deus, diziam antigamente...

Chíchlin não é dado à bebida, fica bêbado com dois cálices apenas; então, seu rosto fica róseo, os olhos, infantis, a voz, cantante.

– Como tudo isso é bom, meus irmãos! A gente vive, trabalha um pouco, estamos alimentados, graças a Deus, ah, como é bom!

Chorava, as lágrimas escorriam sobre a sua barba e brilhavam sobre a seda dos cabelos feito miçangas.

Desagradavam-me os seus frequentes louvores à vida e aquelas lágrimas vítreas; a vovó louvava a vida de maneira mais convincente e singela, com menos insistência.

Todas essas conversas me mantinham numa tensão permanente, despertando um alarme confuso. Eu já lera muitas histórias a respeito de mujiques e via de que maneira aguda o mujique de livro não se parecia com o verdadeiro. Nos livros, todos os mujiques eram infelizes; bons e maus, eram todos mais pobres de palavras e pensamentos que os mujiques de verdade. Um mujique de livro fala menos a respeito de Deus, de seitas, da igreja, e mais sobre as autoridades, a terra, a verdade e as dificuldades da vida. A respeito de mulheres, ele também fala menos, sem tanta brutalidade, mais amistosamente. Para o mujique de verdade, a mulher é um divertimento, mas um divertimento perigoso, com a mulher é preciso sempre andar com esperteza, senão tirará vantagem e enredará o indivíduo para o resto da vida. Um mujique de livro é bom ou ruim, mas ele está sempre inteiro no livro; já os mujiques de verdade não são bons nem ruins, e sempre espantosamente interessantes. Por mais que um mujique de verdade tenha tagarelado com alguém, sempre se sente que nele ainda sobrou algo, mas esse resíduo é dele só, e talvez justamente nisso que não foi dito, que ficou oculto, esteja o mais importante.

De todos os mujiques de livro, quem mais me agradou foi Piotr de *Uma artiel de carpinteiros*; me deu vontade de ler esse conto aos meus amigos, e eu levei o livro para a feira. Frequentemente, precisava pernoitar junto a alguma *artiel*; às vezes, porque não tinha vontade de voltar à cidade sob a chuva, com mais frequência porque me cansava durante o dia e não me sobravam forças de ir para casa.

Quando eu disse que tinha um livro a respeito de carpinteiros, isso interessou a todos vivamente, mas sobretudo a Óssip. Tomou-me o livro das mãos, folheou-o, balançando com desconfiança a cabeça de ícone.

– Parece que foi mesmo escrito a respeito de nós! Que malandros! Quem foi que escreveu: um senhor? Ora, foi justamente o que pensei. Patrões e funcionários são capazes de tudo! Onde o Senhor não compreender, o funcionário há de completar o pensamento; é para isso que existem...

– Você fala com imprudência a respeito de Deus – observou Piotr.

– Não faz mal! Para o Senhor, minha palavra é menos que para mim um floco de neve ou uma gota de chuva sobre a careca. Não tenha dúvida, eu e você não conseguiremos nunca atingir Deus...

De repente, ficou agitado, espalhando palavras fortes e espirituosas como uma pedra de isqueiro espalha fagulhas, cortando com elas, como se fossem tesouras, tudo o que o contradizia. Perguntou algumas vezes no decorrer do dia:

– Vamos ler, Maksímitch? Ora, ora! Isso foi bem inventado.

Agitamo-nos um pouco, fomos cear junto à sua *artiel*, e depois da ceia apareceram Piotr com o seu operário Ardalión e Chíchlin, com o jovem Fomá. No barracão em que dormiam os da *artiel*, acendeu-se um lampião e eu comecei a leitura; ouviam-me em silêncio, sem um movimento, mas logo o Ardalión disse, zangado:

– Bem, por mim basta!

E foi embora. O primeiro a adormecer foi Grigóri, a boca aberta com espanto; depois dele, adormeceram os carpinteiros, mas Piotr, Óssip e Fomá se acercaram mais de mim e me ouviam tensos.

Mal acabei de ler, Óssip apagou o lampião; as estrelas indicavam que já era quase meia-noite.

Piotr perguntou no escuro:

– Para quem foi escrito? Contra quem?

– Agora, dormir! – disse Óssip, descalçando as botas.

Fomá se afastou um pouco, em silêncio.

Piotr repetiu, exigente:

– Eu pergunto: isso foi escrito contra quem?

– Eles é que sabem! – disse o Óssip, deitando-se para dormir sobre umas tábuas.

– Se foi contra as madrastas, então é uma bobagem: as madrastas não ficarão melhores por causa disso – dizia, com insistência, o pedreiro. – Se é contra Piotr, também é inútil; ele pecou, que responda por isso! Crime de morte se paga com a Sibéria, mais nada! O livro é desnecessário, num caso de pecado como esse... é desnecessário, não?

Óssip permaneceu calado. Então, o pedreiro acrescentou:

– Eles não têm o que fazer, por isso é que se ocupam dos negócios alheios! Que nem mulheres num velório. Mas agora até amanhã, temos que dormir...

Deteve-se por um instante no retângulo azul da porta aberta e perguntou:

– Que é que você acha, Óssip?

– Hein? – acudiu, sonolento, o carpinteiro.

– Ora, está bem, durma...

Chíchlin deixou-se simplesmente cair de lado. Fomá deitou-se junto de mim, sobre a palha amassada. O arrabalde dormia, vinham de longe o assobio das locomotivas, o pesado reboar das rodas de ferro, o barulho dos pistões. No barracão, roncava-se em diferentes tons. Eu não me sentia à vontade: tinha esperado umas conversas e não havia nada...

Mas, de repente, Óssip se pôs a falar baixo e com nitidez:

– Vocês, rapazes, não devem acreditar em nada disso, vocês são jovens, têm muito a viver, procurem acumular juízo! Juízo próprio vale dois alheios! Está dormindo, Fomá?

– Não – replicou ele, de bom grado.

– Isso, isso! Vocês dois são alfabetizados, pois leiam, mas não deem crédito a nada. Eles podem imprimir tudo, isso compete a eles!

Baixou as pernas das tábuas, apoiou os braços na beirada e, inclinando-se na nossa direção, prosseguiu:

– Como se deve compreender um livro? Um livro é uma denúncia contra gente! É como dizem: vejam que espécie de homem é um carpinteiro, ou outro qualquer, e vejam, um patrão já é pessoa bem diferente! Um livro não se escreve à toa, mas em defesa de alguém...

Fomá disse, pesadamente:

– O Piotr fez bem de matar o empreiteiro!

– Ora, nisso não tem razão, nunca está certo matar uma pessoa. Eu sei, você não gosta do Grigóri, mas deixe de lado esses pensamentos. Nós todos não somos gente rica, hoje sou patrão e amanhã de novo operário...

– Não é a respeito de você, tio Óssip...

– Dá na mesma...

– Você é justo.

– Espere, vou contar a você para que aquilo foi escrito – Óssip interrompeu as palavras irritadas de Fomá. – É um livro muito esperto! Aí você tem um patrão sem mujique, e aí está o mujique sem patrão! Agora, veja: o patrão está mal, e o mujique também não está bem. O patrão se enfraqueceu, ficou mais tolo, e o mujique se tornou presunçoso, beberrão, doente, sempre ofendido – aí está! Mas no tempo da servidão era melhor: o senhor se escondia atrás do mujique, este atrás do senhor, e ambos ficavam rodando no mesmo lugar, nutridos, tranquilos...

Eu não discuto, está certo, no tempo dos senhores a vida era mais sossegada; para os senhores, não é vantagem se o mujique é pobre; o que mais lhes convém é quando o mujique é rico e tolo. Sei isso por mim, eu mesmo vivi quase quarenta anos como servo, tenho muita coisa escrita sobre o couro.

Lembrei-me de que o cocheiro Piotr, que se suicidara com um punhal, falara dos senhores de maneira idêntica, e me era muito desagradável o fato de que os pensamentos de Óssip coincidissem com os daquele velho mau.

Óssip tocou a minha perna com a mão e prosseguiu:

– É preciso compreender os livros e toda espécie de escritos! Ninguém faz nada à toa, a gente apenas tem a impressão de que é assim. Os livros não se escrevem à toa, mas para fazer confusão na cabeça. Tudo se faz com o bestunto, sem bestunto nem se dá com o machado nem se amarra este calçado...

Passou muito tempo falando, deitava-se e tornava a pular do leito, espalhando baixinho, em meio à treva e ao silêncio, os seus ditos bem arranjados.

– Costuma-se dizer: os senhores são gente estranha ao mujique. Mas não está certo. Com senhores não me meço, sou apenas seu avesso. Se o patrão no livro estuda, e eu na rua, a coisa muda? O patrão tem o traseiro bem mais branco, eis toda a diferença, para ser franco. Nã-ão, meus rapazes, é tempo que o mundo viva à nova maneira, é preciso deixar de lado, abandonar uma vez os escritos! Que cada um pergunte a si mesmo: quem sou eu? Um homem. E ele quem é? Um homem também. E agora: Deus exige dele dois copeques a mais que seja? Nã-ão, em matéria de tributos, somos iguais perante Deus...

Finalmente, ao amanhecer, quando a aurora já apagara todas as estrelas, Óssip me disse:

– Você viu como eu sei inventar? Quanta coisa falei, coisas que nunca pensei! Vocês, rapazes, não devem acreditar em mim, foi mais de insônia que a sério. Fica-se deitado, e acaba-se inventando alguma coisa para divertir: “Em tempos que lá vão, existiu um corvo mau, que voou por campo e morro, e viveu à tripa forra, mas um dia veio o fim, Deus o castigou, meu corvo morreu, secou!”. Que sentido existe nisso? Nenhum... Ora, vamos dormir: temos que nos levantar daqui a pouco...

18

Tal como outrora o foguista Iákov, Óssip cresceu muito aos meus olhos, ocultando de mim todas as demais pessoas. Havia nele algo muito próximo ao foguista, mas, ao mesmo tempo, lembrava-me o vovô, o exegeta Piotr Vassíliev, o cozinheiro Smúri e, evocando todas as pessoas que se fixaram com força em minha memória, deixava nela o seu traço profundo, infiltrava-se nela, como azinhavre no bronze de um sino. Percebia-se que ele possuía duas espécies de pensamentos: de dia, ao trabalho, em presença de gente, seus pensamentos ousados e simples são práticos e mais compreensíveis que aqueles que lhe aparecem durante o descanso, à noitinha, quando ele vai comigo à cidade, à casa de sua comadre, vendedora de *oládi*, e de noite, quando está sem sono. Tem pensamentos peculiares, noturnos, multilaterais como a chama de um lampião. Eles luzem bem, mas qual é a sua face autêntica, que lado deste ou daquele pensamento é mais caro, está mais próximo de Óssip?

Parecia-me muito mais inteligente que todas as pessoas já conhecidas por mim, eu andava em volta dele na mesma disposição de ânimo que em volta do foguista Iákov: tem-se vontade de conhecer, compreender um homem, mas ele desliza, retorce-se, é intangível. Onde se esconde a sua verdade? Em que parte dele se pode crer?

Lembro-me de como ele me disse:

– Procure você mesmo onde é que estou escondido, procure, ande!

Meu amor-próprio foi atingido, mas também foi atingido em mim algo mais que o amor-próprio: compreender aquele velho constitui para mim uma necessidade vital.

Ele é firme, apesar de totalmente intangível. Ainda que ele vivesse mais cem anos, tinha-se a impressão, permaneceria o mesmo, conservar-se-ia inabalado em meio a gente espantosamente instável. O exegeta suscitava em mim a mesma impressão de estabilidade, mas esta não me era muito simpática; a estabilidade de Óssip é diferente, ela agrada mais.

A pouca firmeza dos homens atirava-se aos olhos com demasiada brusquidão, os seus saltos circenses de uma posição a outra me derrubavam; eu já estava me cansando de me espantar com aqueles saltos incompreensíveis, e eles apagavam pouco a pouco o meu vivo interesse pelas pessoas, confundiam o meu amor por elas.

Certa vez, no início de julho, chegou a toda a velocidade ao lugar em que trabalhávamos um desconjuntado carro de aluguel; estava sentado na boleia, emitindo soluços soturnos, um cocheiro embriagado, barbudo, de cabeça descoberta e lábio machucado; jogado no carro, bêbado, Grigóri Chíchlin era amparado pelo braço de uma rapariga corpulenta, de faces vermelhas, de chapéu de palha, uma fita encarnada e cerejas de vidro, com uma sombrinha na mão e galochas de borracha nos pés descalços. Agitando a sombrinha e balançando o corpo, ela dava gargalhadas e gritava:

– Sim, demônios! A feira não está aberta, não há feira, e eles me levam para a feira!

Todo amassado, judiado, Grigóri desceu do carro, sentou no chão e, com lágrimas, declarou a nós, espectadores:

– Estou de joelhos, pequei muitíssimo! Deu-me na telha e pequei, aí está! O Iefímuchka diz: Gricha! Gricha, ele diz... O que diz está certo, e perdoem-me vocês! Posso oferecer bebida a vocês todos. Ele diz certo: vivemos uma única vez... mais de uma vez, não se pode...

Possuída pelo riso, a rapariga batia os pés, perdia as galochas, e o cocheiro gritava taciturno:

– Vamos adiante, depressa! Vamos, vagabundos, o cavalo não pode ficar parado!

O cavalo, um triste e machucado sendeiro, todo coberto de espuma, estava parado, como que enterrado no chão, e em conjunto era tudo intoleravelmente ridículo. Os trabalhadores de Grigóri se torciam de rir, olhando o patrão, a sua elegante dama e o estonteado cocheiro.

Somente Fomá não ria, a meu lado, à porta da venda, e balbuciava:

– Soltou-se o porco... E em casa ele tem a esposa, um mulherão e tanto!

O cocheiro os impelia ainda a partir, a rapariga desceu do carro, soergueu Grigóri e, pondo-o aos seus pés, gritou, agitando a sombrinha:

– Vamos!

Caçoando com bonacheirice do patrão, invejando-o, os homens atacaram o trabalho, obedecendo a um grito de Fomá; provavelmente, ele não se sentia bem de ver Grigóri ridículo.

– E isso se chama um patrão! – murmurava. – Falta menos de um mês de trabalho, vamos então para a roça... Mas ele não suportou esperar...

Eu sentia mágoa pelo Grigóri: aquela rapariga das cerejas era tão ofensivamente absurda a seu lado.

Não raro, eu pensava: por que Grigóri Chíchlin é patrão e Fomá Tutchkóv, operário?

Rapaz reforçado, claro, cabelo em caracóis, nariz de abutre e olhos cinzentos, inteligentes, no rosto redondo, Fomá não parecia um mujique; se alguém o vestisse bem, ele passaria por um filho de comerciante, de boa família. Era um homem sombrio, falava pouco. Sendo alfabetizado, fazia as contas do empreiteiro, compunha os balancetes, sabia obrigar os companheiros a trabalhar com eficiência, mas ele mesmo trabalhava sem ânimo.

– Não se pode fazer o trabalho todo, nem que se trabalhe séculos – dizia tranquilamente. Referia-se aos livros com desdém.

– Pode-se imprimir tudo, eu inventarei para você o que quiser, isso são bobagens...

Mas prestava ouvido atento a tudo e, se alguma coisa o interessava, interrogava minuciosa e insistentemente, pensando sempre em algo seu, medindo tudo com seu próprio metro.

Um dia, eu disse a Fomá que ele é que deveria ser empreiteiro; replicou preguiçoso:

– Se fosse para manobrar com milhares de rublos, vá lá, ainda valia alguma pena... Mas lidar com gente por causa de uns vinténs não adianta nada. Não, eu vou olhar, olhar, e um dia irei para o mosteiro de Oranki. Sou bonito, sou rijo, quem sabe, talvez eu agrade a alguma viúva, do comércio! Essas coisas acontecem; um rapaz de Siergátch alcançou em dois anos a felicidade, e ainda casou com moça daqui, de Níjni; estava carregando o ícone pelas casas, e ela o escolheu...

Ele pensara no assunto e tinha muitas histórias sobre como o noviciado em mosteiros conduzia as pessoas a um êxito fácil. Suas histórias não me agradavam, desagradava-me também o rumo que tomava o pensamento de Fomá, mas eu tinha certeza de que ele iria para um mosteiro.

Inaugurou-se a feira e, inesperadamente para todos, Fomá se tornou garçom numa taverna. Não direi que isso tenha espantado os seus companheiros, mas todos eles passaram a tratá-lo com zombaria; nos feriados, preparando-se para ir tomar chá, diziam entre si, sorrindo:

– Vamos os seis ver o nosso rapaz!

E, chegando à taverna, gritavam autoritários:

– Eh, garçom! Cabelo cacheado, vem cá!

Ele acercava-se e perguntava, soerguendo a cabeça:

– O que mandam?

– Não reconhece a gente?

– Não tenho tempo de reconhecer...

Sentia que os companheiros o desprezavam, queriam se divertir à sua custa, e dirigia a eles olhares de enfadonha espera; seu rosto se lenhificava, mas parecia dizer:

– Ora, depressa, riam, vamos...

– Deixar uma gorjeta? – perguntavam; de propósito, passavam muito tempo revolvendo os porta-níqueis e não deixavam nada.

Perguntei a Fomá como foi que ele, que pretendia fazer-se monge, tornara-se garçom.

– Eu não pretendia ser monge – replicou – mas não vou ser garçom por muito tempo...

Uns quatro anos depois, eu o encontrei em Tzarítzin, ainda como garçom numa taverna; depois, li num jornal que Fomá Tutchkóv fora preso por tentativa de arrombamento e roubo.

Impressionou-me particularmente a história do pedreiro Ardalión, o mais velho e melhor operário da *artiel* de Piotr. Esse mujique quarentão, alegre, de barba negra, suscitava também a pergunta: por que o patrão era Piotr e não ele? Raramente tomava vodca e quase nunca se embriagava de vez; conhecia admiravelmente o ofício, trabalhava com amor, os tijolos voavam entre as suas mãos, como pombos vermelhos. A seu lado, o doente e esquálido Piotr parecia uma pessoa de todo supérflua na *artiel*. Dizia:

– Construo para os outros casas de pedra, preparando para mim mesmo um caixão de madeira...

Colocando os tijolos com uma ferocidade alegre, ia gritando:

– Eh, rapaziada, trabalhem para a glória de Deus!

Contava a todos que na primavera seguinte iria para Tomsk, onde um cunhado seu tomara uma grande empreitada, construía uma igreja, e chamava-o para ser capataz.

– Para mim é um caso resolvido. Gosto de construir igrejas! – dizia e me propunha: – Venha comigo! Na Sibéria, meu irmão, é fácil viver para quem é alfabetizado, conhecer o alfabeto é um trunfo ali!

Eu concordava, e Ardalión gritava triunfante:

– Muito bem! É negócio, não é uma brincadeira...

Tratava Piotr e Grigóri com zombaria bonachona, como crianças, e dizia a Óssip:

– Presunçosos, estão sempre mostrando um ao outro a inteligência, como quem joga baralho. Um diz: veja quantos pontos eu tenho, e o outro: e eu, veja quantos curingas!

Óssip observa, vagamente:

– Mas pode ser de outro modo? Contar vantagem é próprio do homem, todas as garotas andam de peito empinado...

– São "ihs" e "ohs", é Deus pra lá, Deus pra cá, mas eles mesmos estão juntando dinheiro! – o Ardalión não sossegava.

– Ora, Gricha é um que não vi juntar...

– Eu falo da minha gente. Eu devia ir com Deus para a mata, para o deserto... Eh, estou enjoado disso aqui, irei na primavera para a Sibéria...

Invejando Ardalión, os operários diziam:

– Se a gente tivesse um gancho para se dependurar, por exemplo ser cunhado do patrão, nós também não ficaríamos assustados com a Sibéria...

E de repente Ardalión desapareceu. Deixou a *artiel* um domingo, e por uns três dias ninguém teve notícias dele.

Faziam-se suposições alarmadas:

– Quem sabe alguém o matou?

– Ou então se afogou no rio?

Mas veio o Iefímuchka e declarou, encabulado:

– O Ardalión caiu na farra!

– Para que mentir? – gritou Piotr, desconfiado.

– Caiu na farra, na bebedeira. Simplesmente, ficou em fogo bem no meio, que nem uma secadeira de trigo. Parece que lhe morreu a esposa amada...

– É viúvo! Onde é que ele está?

Piotr saiu zangado, para ir salvar Ardalión, mas este o espancou.

Então, Óssip encolheu os lábios com força, meteu as mãos no fundo dos bolsos e declarou:

– Vou dar uma espiada: por que foi isso? É um mujique dos bons...

Fui com ele.

– Aí está como é o homem – dizia Óssip pelo caminho. – Vive-se, vive-se, parece que tudo vai bem, e de repente levanta o rabo que nem chaminé e toca a correr por tudo que é viela. Veja como são as coisas, Maksímitch, aprenda...

Chegamos a uma das casinholas baratas do "alegre povoado de Kunávino", onde fomos recebidos por uma velhinha de ar malandro. Óssip falou com ela num murmúrio, e a velha nos conduziu a um quarto pequeno e vazio, escuro e sujo como um boxe de estrebaria. Dormia ali, sobre um catre, uma mulher grande, corpulenta, que espalhara as cobertas; a velha a empurrou com o punho no quadril, dizendo:

– Sai daí! Eh, deitadeira, sai daí!

A mulher pulou assustada, esfregando o rosto com as palmas das mãos, perguntando:

– Meu Deus! Quem são? O que é isso?

– Chegaram os tiras – disse Óssip com severidade; soltando um "oh", a mulher desapareceu, ele cuspiu na sua direção e me explicou:

– Elas têm mais medo dos tiras que dos diabos...

Depois de tirar da parede um espelho pequeno, a velha soergueu o papel do forro da parede.

– Vejam; é esse?

Óssip espiou pela fenda do tabique.

– Ele mesmo! Mande embora aquela moça...

Espiei também: num cubículo tão acanhado como aquele em que nos encontrávamos, ardia sobre o peitoril da janela bem cerrada pelas venezianas um lampião de lata, junto ao qual estava uma tártara zarolha, nua, remendando uma camisola. Atrás dela, erguia-se do leito sobre dois travesseiros o rosto inchado de Ardalión, apontava sua barba negra, emaranhada. A tártara estremeceu, vestiu a camisola, passou junto ao leito e, de repente, apareceu no nosso quarto.

Óssip lançou-lhe um olhar e tornou a cuspir:

– Uh, sem-vergonha!

– Você que é, velho imbecil – respondeu ela, rindo.

Óssip riu também, ameaçando-a com o dedo.

Passamos para o cubículo da tártara, o velho sentou na cama, aos pés de Ardalión, e ficou muito tempo tentando em vão acordá-lo, enquanto o outro balbuciava:

– Ora, está bem... espere, vamos...

Finalmente acordou, olhou com expressão selvagem para Óssip, para mim, fechou os olhos vermelhos e grunhiu:

– Ora... ora...

– Que é isto? – perguntou Óssip tranquilamente, sem censura, mas com ar pouco alegre.

– Estou metido no embrulho – explicou Ardalión, rouquejando e tossindo.

– Como assim?

– Pois é, assim mesmo...

– Parece que não vai dar boa coisa...

– E o que pode haver de bom?

Ardalión apanhou sobre a mesa uma garrafa começada de vodca e pôs-se a beber pelo gargalo, depois a Óssip:

– Você quer? Aqui deve haver também uns frios...

O velho despejou bebida na boca, engoliu-a, fez uma careta e pôs-se a mastigar atentamente um pedacinho de pão, enquanto o turvo Ardalión dizia molemente:

– Aí está: me enredei com essa tártara. Tudo isso por causa do Iefímuchka; me dizia: a tártara é nova, uma órfã de Kassimov, veio para a feira.

Ouviu-se uma fala arrevesada, vinda do outro lado da parede:

– A tártara é um doce! Que nem galinha nova. Manda ele embora, não é seu pai...

– É essa mesma – murmurou o Ardalión, dirigindo um olhar embotado para a parede.

– Eu vi – disse Óssip.

O Ardalión se dirigiu para mim:

– Aí está como eu, irmão...

Eu esperava que Óssip fosse censurar Ardalión, doutriná-lo, enquanto o outro se arrependeria, encabulado. Mas nada disso aconteceu: ficaram sentados lado a lado, ombro contra ombro, e conversavam tranquilamente, com palavras curtas. Era muito triste vê-los nesse cubículo escuro e sujo: a tártara dizia coisas engraçadas pela fenda da parede, mas eles não a escutavam. Óssip apanhou sobre a mesa uma *vobla*,[1] bateu-a contra a bota e pôs-se a arrancar cuidadosamente a sua pele, perguntando:

– Você esbanjou todo o dinheiro?

– Pietrukha me deve algum...

– Você acha que vai se aprumar? Deveria ir agora para o governo de Tomsk...

– Mas fazer o quê?...

– Mudou de ideia?

– Se fosse gente estranha que me chamasse, iria.

– O quê?

– É que ali tenho uma irmã, cunhado...

1 Peixe do mar Cáspio, semelhante à carpa. [N.T.]

– E então?

– Não dá muita alegria começar a vida junto de gente da família...

– O começo é igual em toda parte.

– Assim mesmo...

Falavam tão amistosa e seriamente que a tártara deixou de zombar deles, entrou no quarto, apanhou em silêncio o vestido pendurado na parede e desapareceu.

– É jovem – disse Óssip.

Ardalión olhou para ele e disse, sem mágoa:

– Tudo isso foi por causa do desordeiro do Iefímuchka. Não sabe de nada a não ser mulheres... E essa tártara é alegre, está sempre fazendo brincadeira...

– Cuidado, senão você não se apruma – preveniu-o Óssip e, acabando de mastigar a *vobla*, começou a se despedir.

No caminho de volta, perguntei a Óssip:

– Para que você foi procurá-lo?

– Ora, para olhar. Vi muitos casos assim: uma pessoa vai vivendo, vai vivendo, e, de repente, é como se fugisse de uma prisão – repetiu o que já dissera. – É preciso tomar cuidado com a vodcazinha!

Um instante depois, disse, porém:

– Mas, sem ela, é chato!

– Sem vodca?

– Claro que sim! A gente bebe e é como se andasse por uma outra terra...

Ardalión não se aprumou. Alguns dias mais tarde, veio para o serviço, mas logo tornou a desaparecer, e na primavera eu o encontrei entre vagabundos: estava quebrando gelo em torno de barcaças bloqueadas. Tivemos um encontro amistoso e fomos tomar chá numa taverna, onde ele se vangloriou:

– Você se lembra que bom operário eu era, hein? Vou dizer a verdade: no meu ramo, era um verdadeiro químico! Podia ganhar centenas...

– Mas não ganhou.

– Isso mesmo: não ganhei! – gritou com orgulho. – Eu cuspo para o trabalho!

Tinha gestos largos, as pessoas na taverna prestavam atenção às suas palavras atrevidas.

– Você se lembra do que dizia o Pietrukha, aquele ladrão quieto, a respeito de trabalho? Construo para os outros uma casa de pedra, e para mim um caixão de madeira. Aí tem você todo o trabalho!

Eu disse:

– O Pietrukha é um homem doente, ele tem medo da morte.

Mas Ardalión gritou:

– Eu também sou doente, eu talvez não tenha a alma no lugar certo!

Nos feriados, eu descia frequentemente da cidade para a rua Miliônaia,[1] onde se alojavam os vagabundos, e via com que rapidez Ardalión estava se tornando uma pessoa de casa na "dourada companhia". Ainda um ano atrás alegre e sério, tornara-se barulhento, adquirira um passo peculiar, bamboleante, olhava com insolência, como se desafiasse todos para uma discussão e uma luta, e sempre se vangloriava:

– Veja como as pessoas me recebem; sou aqui uma espécie de atamã![2]

Não poupando o dinheiro ganho, obsequiava os vagabundos, nas brigas punha-se do lado do mais fraco, e, muitas vezes, exclamava:

– Não está certo, rapazes! É preciso agir certo!

Apelidaram-no o Certo, isso lhe agradou muito.

Eu observava diligentemente os homens, socados e apertados no velho e sujo saco de pedras que era a rua. Eram todos

1 Rua do Milhão, ou dos Milhões. [N.T.]

2 Chefe cossaco. [N.T.]

gente que se desprendera da vida à força, mas tinha-se a impressão de que eles criaram sua própria vida, independente dos patrões, uma vida alegre. Sem cuidado, ousados, eles me lembravam os relatos de vovô sobre os barqueiros que facilmente se transformavam em bandidos e anacoretas. Quando não havia trabalho, não desdenhavam furtos miúdos em navios e barcaças, mas isso não me confundia: eu via que toda a vida estava cosida de roubalheira, como um velho cafetã de linha cinzenta, e ao mesmo tempo, via que aquela gente trabalhava às vezes com um entusiasmo desmesurado, não poupando forças, como acontecia nas ocasiões de urgência, nos incêndios ou durante o degelo. E, em geral, sua existência era mais festiva que a das demais pessoas.

Mas, notando a minha amizade com Ardalión, Óssip me preveniu, paternal:

– Ouça uma coisa, meu pequeno, seu graveto amargo, por que é que você mantém relações muito íntimas com a Miliônaia? Cuidado, que isso não faça mal a você...

Disse a ele como pude que me agradava aquela gente: viviam alegremente, sem trabalhar.

– Que nem os pássaros celestes – me interrompeu com um sorriso. – Vivem assim porque são vadios, uma gente à-toa, trabalho para eles é desgraça!

– Mas o que é o trabalho? Costuma-se dizer: com trabalho honesto não se ganham casas de pedra!

Para mim, era fácil dizê-lo, eu ouvira esse provérbio com demasiada frequência e sentia a sua verdade. Mas Óssip zangou-se comigo e gritou:

– Quem é que fala assim? Os imbecis e os preguiçosos, e você, bichinho, não deve escutar isso! Que coisa! Quem diz essas tolices são os invejosos, os fracassados, e você crie asas antes de voar! E sobre essa amizade de você, vou contar ao patrão, não fique zangado!

E contou realmente. O patrão me disse, ainda na sua presença:

– Você, Piechkóv, deve deixar a Miliônaia! Lá só existem ladrões, prostitutas, e o caminho dali vai direto para a prisão, o hospital. Deixe disso!

Passei a ocultar as minhas visitas à Miliônaia, mas em breve fui forçado a desistir delas.

Um dia, eu estava sentado com Ardalión e o Criançāo, seu companheiro, sobre o telhado de um barraco, no pátio de um dos abrigos; o Criançāo estava nos contando de maneira divertida como ele fez caminhada de Rostóv-sobre-o-Don a Moscou. Era soldado do corpo de sapadores, cavaleiro de São Jorge,[1] manco: teve um joelho inutilizado na guerra turca.[2] Baixinho, reforçado, possuía um vigor desmesurado nos braços, uma força que lhe era inútil, pois não podia trabalhar devido à manqueira. Em consequência de alguma doença, caíram os seus cabelos do crânio e da face: sua cabeça lembrava realmente a de um recém-nascido.

Fazendo brilhar um pouco os olhos ruivos, dizia:

– Pois bem, foi em Siérpukhov; um pope estava sentado em seu jardim: meu padre, disse eu, dê uma esmola a um herói da guerra turca...

Balançando a cabeça, Ardalión diz:

– Ora, vá mentindo, vá mentindo...

– Por que acha que estou mentindo? – pergunta o Criançāo sem se ofender, e meu amigo resmunga preguiçosa e instrutivamente:

– Você é um homem errado! Devia pedir para ser guarda, os mancos todos trabalham de guarda, e você está sempre andando à toa e não para de mentir...

1 No regime tsarista, a Cruz de São Jorge era uma condecoração muito respeitada. [N.T.]

2 Guerra Russo-Turca de 1877-78. [N.T.]

– Mas eu minto para rir, para se ter alegria...

– Devia rir era de si mesmo...

No pátio escuro e enlameado, apesar do bom tempo, apareceu uma mulher e gritou, sacudindo um trapo:

– Quem me compra uma saia? Eh, amigas...

Mulheres esgueiraram-se das fendas da casa, rodeando num círculo apertado a vendedora; eu a reconheci no mesmo instante: era a lavadeira Natália! Pulei do telhado, mas, tendo vendido a saia pelo primeiro preço que conseguiu, ela já estava saindo do pátio à socapa.

– Boa tarde! – cumprimentei-a alegre, depois de alcançá-la além do portão.

– E o que mais vai me dizer? – perguntou, me lançando um olhar de viés, e de repente se deteve, gritando zangada:

– Meu Deus! O que é que você faz aqui?...

A sua assustada exclamação me comoveu e me deixou confuso; compreendi que ela se assustara por mim: o susto e a surpresa se expressaram com tamanha nitidez em seu rosto inteligente. Expliquei-lhe às carreiras que não morava naquela rua, e que só às vezes aparecia ali para olhar.

– Olhar?! – exclamou ela, zangada e zombeteira. – Mas o que é que você olha? Os bolsos das pessoas na rua e o dinheiro que as mulheres escondem debaixo da blusa?

Tinha o rosto amassado, sombras densas apareciam sob seus olhos, os lábios estavam flácidos, descaídos.

Parando à porta da taverna, ela disse:

– Vamos, venha tomar chá comigo! Tem a roupa limpa, não parece daqui, mas, não sei por quê, não acredito muito em você...

No entanto, na taverna, pareceu já acreditar em mim e, servindo o chá, pôs-se a falar enfadonhamente que acordara apenas uma hora atrás e ainda não bebera nem comera nada.

– E ontem me deitei bêbada de uma vez, e não me lembro mais onde foi que bebi e com quem.

Tive pena, me sentia pouco à vontade perante ela e queria perguntar onde estava a sua filha. E, tendo tomado vodca e chá quente, ela começou a falar de maneira desembaraçada e conhecida, grosseiramente como todas as mulheres daquela rua; mas, quando lhe perguntei pela filha, logo voltou a si e gritou:

– Mas, para que você quer saber isso? Não, meu caro, você não vai conseguir a minha filha, não!

Bebeu mais um pouco e contou:

– Minha filha não tem o que fazer comigo. Quem sou eu? Uma lavadeira. Que mãe sou eu para ela? É culta, sábia. Isso é que é, irmão! Ela me deixou, foi para casa de uma amiga rica, parece que vai ser professora...

Depois de uma pausa, perguntou baixo:

– Aí é que está! Lavadeira não lhe serve? E uma mulher à toa, serve?

Naturalmente, eu logo vira que ela era "à-toa": não havia naquela rua mulheres de outra espécie. Mas, quando ela mesma disse isso, lágrimas me apareceram, de vergonha e comiseração, como se ela me tivesse queimado com a consciência daquilo, ela que, havia pouco ainda, era tão corajosa, independente, que tinha tanta inteligência!

– Eh, você – disse ela, lançando-me um olhar e suspirando. – Vá embora daqui! Eu peço e aconselho a você: não apareça mais aqui, senão você se perde!

Em seguida, baixinho e como que para si mesma, começou a dizer com voz interrompida, inclinada sobre a mesa e desenhando com o dedo algo sobre a bandeja:

– Mas o que valem para você os meus pedidos e conselhos? Se a própria filha não me ouviu. Gritei para ela: "Você não pode abandonar a própria mãe". Ela me disse: "Vou me enforcar". Foi estudar em Kazan, quer ser parteira. Ora, está bem... Está bem... E eu? Aí está como eu fico... Onde é que vou me apoiar?... Na pessoa que passa na rua...

Calando-se, passou muito tempo pensando algo, movendo em silêncio os lábios e, parecia, esquecida de mim. Descaíram-lhe os cantos dos beiços, sua boca torcera-se como uma foice, e era uma tortura ver como estremecia a pele dos seus lábios e como as trêmulas rugas falavam, sem palavras, de algo. Tinha um rosto infantil, ofendido. Um tufo de cabelos escapara de baixo de seu lenço e estava sobre a sua face, curvando-se por trás da orelha pequena. Uma lágrima pingou na xícara do chá que esfriara; percebendo-o, a mulher afastou a xícara e cobriu fortemente os olhos, espremendo mais duas lágrimas, depois enxugou o rosto com o lenço.

Não tive paciência de ficar mais tempo sentado com ela, levantei devagarinho.

– Adeus!

– O quê? Vá, vá para o diabo! – fez um gesto me repelindo, sem me olhar, provavelmente esquecida de quem estivera em sua companhia.

Voltei para o pátio, para junto do Ardalión; ele queria ir apanhar lagostins comigo, e eu tinha vontade de falar para ele sobre aquela mulher. Mas ele e o Criançāo não estavam mais sobre o telhado; enquanto eu os procurava no pátio complicado, começou na rua um barulho de escândalo, como não raro acontecia.

Saindo pelo portão, logo topei com a Natália: soluçando, enxugando com o lenço da cabeça o rosto machucado, ajeitando com a outra mão os cabelos despenteados, ela caminhava cegamente pela calçada, e atrás dela iam o Ardalión e o Criançāo; este dizia:

– Dá nela mais uma vez, dá nela!

Ardalión alcançou a mulher, agitando o punho; ela se voltou de frente para ele; tinha o rosto terrível, os seus olhos ardiam de ódio.

– Toma, bate! – gritou.

Agarrei-me ao braço de Ardalión, ele me olhou, espantado.

– O que é isso?

– Não toque nela – mal pude dizer.

Ele soltou uma gargalhada.

– É sua amante? Viva a Natachinha, comeu nosso monginho!

O Criançāo também gargalhava, batendo nos quadris, e eles passaram muito tempo zombando de mim:[1] era uma tortura! Mas, enquanto se ocupavam disso, a Natália foi embora, e eu, perdendo finalmente o controle, bati com a cabeça no peito do Criançāo, derrubei-o e fugi.

Passei depois muito tempo sem aparecer na Miliônaia, mas vi Ardalión mais uma vez: encontrei-o numa balsa.

– Onde foi que você sumiu? – me perguntou com satisfação.

Quando lhe contei que tinha nojo de lembrar como ele espancara Natália e me ofendera porcamente, Ardalión soltou um riso bonachão.

– Mas você pensa que foi a sério? Foi por brincadeira que sujamos você um pouco! E quanto a ela, como é que não se vai bater, se é à-toa? Bate-se nas mulheres da gente, e de umas assim não se tem pena de uma vez! Mas tudo isso é brincadeira que não vale nada! Eu compreendo que soco não ensina coisa nenhuma!

– E o que é que você pode ensinar a ela? Em que você é melhor?...

Abraçou-me pelos ombros e, sacudindo-me, disse caçoando:

– Nisso é que está o mal da gente, que ninguém é melhor que ninguém... Eu, irmão, compreendo tudo, por fora e por dentro, tudo! Não sou da roça...

Bebera um pouco, estava alegre; olhava-me com a comiseração terna de um professor bondoso por um aluno insignificante...

... Às vezes, eu encontrava Páviel Odintzóv; tornara-se ainda mais desembaraçado, vestia-se com elegância, falava comigo com ar condescendente e sempre me censurava:

1 Literalmente, "fritando-me em lama quente". [N T.]

– O trabalho que você foi arranjar! Vai se perder! Esses mujiques...

Depois contava tristemente as notícias da oficina:

– Jikhariόv está sempre enredado com aquela vaca; Sítarov deve ter algum desgosto: começou a beber além da medida. Gógolev foi comido pelos lobos; foi passar o Natal em casa, e lá, quando estava bêbado, os bichos devoraram ele!

E, torcendo-se num riso alegre, Páviel inventava engraçado:

– Comeram, e também ficaram todos bêbados! Alegres, andaram pela floresta sobre as patas traseiras, que nem cachorros amestrados, ficaram uivando e, um dia depois, morreram todos!...

Ouvindo-o, eu ria também, mas senti que a oficina, com tudo o que eu sofrera ali, já estava longe. E isso entristecia um pouco.

19

No inverno, quase não havia trabalho na feira; em casa, eu era encarregado, como em outros tempos, de inúmeras obrigações miúdas; elas absorviam o dia todo, mas as noites ficavam livres, eu lia novamente em voz alta para os meus patrões os romances da *Seara* e da *Folha de Moscou*, que me eram desagradáveis, e, tarde da noite, me ocupava com a leitura de bons livros e tentava escrever versos.

Numa ocasião, tendo as mulheres ido às vésperas, o patrão, que ficara em casa, adoentado, me perguntou:

– O Víktor está caçoando, diz que você, Piechkóv, está escrevendo versos, é verdade, não? Ora, leia um pouco.

Não ficava bem recusar, li algumas poesias; parece que não lhe agradaram, mas apesar de tudo disse:

– Toque em frente, toque em frente! Talvez você se torne um Púchkin; você leu Púchkin?

É a um domovói *que enterram?*
Casamento de uma bruxa?

No tempo dele, ainda acreditavam no *domovói*, é possível que ele mesmo não acreditasse, mas estivesse simplesmente brincando!

– Si-im, irmão – arrastou, pensativo –, você deveria estudar, mas ficou atrasado! Diabo sabe como é que você vai viver... Esconda o mais longe que puder este seu caderno, senão as mulheres vão amolar você, vão caçoar... As mulheres, irmão, gostam de magoar uma pessoa bem no íntimo...

Desde algum tempo, o patrão se tornara quieto, pensativo, sempre olhava com receio para os lados e se assustava com os toques de campainha; às vezes, de repente, se irritava de maneira doentia por causa de alguma bobagem, gritava com todos e fugia de casa, voltando tarde da noite, bêbado... Percebia-se que em sua vida acontecera algo, que ele era o único a conhecer, algo que minara o seu coração, e agora vivia sem convicção, sem vontade, mas apenas como que por hábito.

Nos feriados, eu saía para passear, desde o jantar até as nove da noite, e ficava sentado na taverna da rua Iamskaia;[1] o dono da taverna, homem gordo e sempre suado, gostava extremamente de canto, e os membros de quase todos os coros de igreja se reuniam no seu estabelecimento; em pagamento pelas canções, servia-lhes vodca, cerveja e chá. Os cantores são gente bêbada e pouco interessante; cantavam a contragosto, apenas por causa do que lhes serviam, e quase sempre cantos de igreja, e, visto que os bêbados devotos achavam que uma taverna era lugar impróprio para gente de igreja, o patrão os convidava para o seu quarto, e eu podia ouvir o canto apenas através da porta. Mas, não raro, cantavam na taverna uns mujiques recém-chegados, artesãos, o próprio taverneiro procurava cantores pela cidade, interrogava sobre eles, em dias de feira, os camponeses de passagem na cidade, e os convidava para a sua taverna.

O cantor se sentava sempre na cadeira junto ao balcão, sob um barrilzinho de vodca: sua cabeça desenhava-se sobre o fundo do barril como numa moldura redonda.

1 Rua dos Cocheiros. [N.T.]

Quem cantava melhor, e sempre umas canções particularmente agradáveis, era o pequeno e esquálido seleiro Kleschóv, homem que parecia amassado, mastigado, todo coberto de mechas de cabelo ruivo; o seu narizinho brilhava como o de um defunto, os olhos minúsculos, sonolentos, ficavam imóveis.

Às vezes, cerrava-os, apoiava-se com a nuca ao fundo do barrilzinho e, empurrando o peito para a frente, entoava num canto rápido, com um tenorino suave, mas que tudo vencia:

Eh, quando desceu a neblina sobre o campo tão puro,
E escondeu essa neblina os caminhos tão distantes...

Nesse momento, erguia-se, apoiando o quadril contra o balcão, curvado para trás, e cantava com um acento sincero, o rosto levantado para o teto:

Eh, e aonde, aonde eu irei,
Onde encontrar a estrada larga?

Tinha voz pouco forte, mas incansável; atravessava com o vibrar de uma corda de prata a algazarra abafada, estonteante, da taverna, as palavras dolentes, as exclamações e gemidos venciam todos; mesmo os bêbados ficavam sérios, adquiriam uma expressão de surpresa, olhavam em silêncio para as mesas em frente, e o meu coração pungido enchia-se do sentimento vigoroso que sempre nos desperta a boa música, alcançando maravilhosamente as profundezas da alma.

Na taverna, tudo se aquietava como numa igreja, e o cantor parecia um bom sacerdote. Ele não faz pregação, mas de fato com toda a alma reza honestamente pelo gênero humano inteiro, pensa também honestamente, em voz alta, em todas as amarguras da pobre existência humana. De todos os lados, homens barbudos olham para ele, olhos infantis piscam pensativos nos rostos de feras; às vezes, alguém suspira, e isso sublinha bem a força triunfante da canção. Em tais momentos, eu tinha sempre a impressão de que todas as pessoas levavam uma vida falsa, inventada, e, quanto à verdadeira vida humana, ei-la!

Num canto está sentada a vendedora Lissukha, de carão gordo, mulher valentona, desavergonhadamente perdida; escondeu a cabeça entre os ombros obesos e chora, lava suavemente com lágrimas os olhos insolentes. Não longe dela, está caído sobre a mesa o baixo profundo Mitrópolski, um rapagão cabeludo, sombrio, parecendo um diácono que tivesse deixado as ordens, com olhos enormes no rosto bêbado; olha para dentro do cálice de vodca em frente, leva-o à boca e torna a colocá-lo sobre a mesa, cautelosamente e sem ruído: não consegue, por alguma razão, bebê-lo.

E todas as pessoas na taverna petrificaram-se, como que prestando ouvido a algo esquecido há muito, algo que já lhes foi próximo e querido.

Quando, terminada a canção, o Kleschóv se sentava modestamente na sua cadeira, o taverneiro servia-lhe um copo de bebida e dizia com um sorriso de prazer:

– Ora, claro que está bem! É verdade que você conta histórias mais do que canta, mas é um mestre, não há o que dizer! Ninguém dirá o contrário...

Kleschóv tomava vodca sem se apressar, soltava um grunhido cauteloso e dizia suavemente:

– Cantar pode cada um que tem voz, mas mostrar a alma que existe numa canção, isso só foi concedido a mim!

– Ora, conta vantagem!

– Não conta vantagem quem não tem com o quê – dizia o cantor, com a mesma suavidade, embora com teimosia maior.

– Você é presunçoso, Kleschóv! – exclama com mágoa o taverneiro.

– Não presumo voar mais alto que a minha alma...

A um canto, rosnava o sombrio baixo profundo:

– O que vocês compreendem do canto desse anjo horrendo, vocês que são vermes e mofo?

Nunca estava de acordo com ninguém, discutia com todos, a todos acusava, e quase sempre, nos feriados, era por isso cruelmente espancado pelos cantores e por todos os que podiam e queriam fazê-lo.

O taverneiro gosta das canções de Kleschóv, mas não suporta o próprio cantor; queixa-se deste a todos, e evidentemente procura humilhar o seleiro, zombar dele, os frequentadores habituais da taverna e o próprio Kleschóv sabem disso.

– É um bom cantor, mas arrogante, e é preciso baixar a sua crista – diz ele, e alguns frequentadores concordam.

– Está certo, o rapaz é mesmo orgulhoso!

– Mas do que se orgulha? A voz dele vem de Deus, não foi ele mesmo quem a obteve! E será grande essa voz? – insiste, teimoso, o taverneiro.

Os presentes concordam:

– De fato, o que ele tem não é tanto voz, como sabe cantar.

Uma vez em que o cantor, depois de vir a si da embriaguez, saiu do estabelecimento, o taverneiro procurou convencer a Lissukha:

– Você, Mária Ievdokímovna, devia farrear um pouquinho com Kleschóv, sacudir ele um pouco, hein? O que custa?

– Se eu fosse mais nova – disse a vendedora, com um sorriso.

O taverneiro gritou alto, arrebatado:

– O que sabe fazer a gente jovem? Encarregue-se disso! Gostaria de ver como ele rodaria em volta de você! Deixá-lo angustiado, então é que ele cantaria, hein? Comece, Ievdokímovna, vou recompensá-la, eh?

Mas ela não se decidia. Grande e gorda, dizia monótona e preguiçosamente, os olhos baixos, os dedos revolvendo as franjas do lenço sobre o peito:

– É preciso arranjar uma que seja nova. Se eu fosse mais jovem, bem, não ficaria pensando...

Quase sempre, o taverneiro procurava embebedar o Kleschóv, mas ele, depois de cantar duas ou três canções e tendo bebido para cada uma um copo, enrolava cuidadosamente o pescoço num xale de malha, apertava o boné sobre a cabeça com topete e ia embora.

Não raro, o taverneiro procurava encontrar rivais de Kleschóv; o seleiro cantava uma canção, e ele, depois de elogiá-lo, dizia, inquieto:

– Aqui apareceu mais um que canta! Ora, faça o favor, mostre do que é capaz!

O cantor às vezes mostrava ter uma boa voz, mas eu não sei de um caso em que algum dos rivais de Kleschóv cantasse com a mesma simplicidade e toque sincero como sabia cantar aquele pequeno e pouco apresentável seleiro...

– Si-im – dizia o taverneiro, com alguma lástima. – Isso é bom, sem dúvida! O principal que você tem é a voz, mas, quanto à alma...

Os presentes riam um pouco:

– Não, pelo que se vê, ninguém vence o seleiro!

Enquanto isso, Kleschóv espiava todos sob as suas sobrancelhas ruivas, em mechas, e dizia tranquilamente, e com bastante delicadeza, ao taverneiro:

– O senhor está brincando demais. Nunca vai encontrar um cantor que me faça frente, esse dom me vem de Deus...

– Todos nós saímos de Deus!

– Vai ficar pobre de tanto pagar bebida, mas não encontrará...

O taverneiro, todo vermelho, murmurava:

– Nunca se sabe, nunca se sabe...

E Kleschóv, insistente, procurava demonstrar para ele:

– Vou lhe dizer ainda que o canto não é, por exemplo, uma briga de galos...

– Sei muito bem! Por que você me amola?

– Eu não amolo, mas apenas procuro demonstrar: se uma canção é divertimento, isso vem do maligno!

– Mas chega! É melhor cantar mais...

– Cantar eu posso sempre, até dormindo – concordava o Kleschóv, tossia cautelosamente e punha-se a cantar.

E todas as insignificâncias, toda a ignomínia das palavras e intenções, tudo o que era vulgar, de taverna, desaparecia milagrosamente, que nem fumaça: soprava sobre todos uma outra vida, pensativa, pura, repleta de amor e tristeza.

Eu invejava aquele homem, invejava com algo tenso o seu talento, o poderio que exercia sobre as pessoas; ele usava tão maravilhosamente aquele poderio! Tinha vontade de travar relações com o seleiro, falar com ele prolongadamente, mas não me decidia a me aproximar dele: o Kleschóv olhava para todos de modo tão estranho, com os olhos brancacentos, como se não visse ninguém na sua frente. Havia nele algo que me era desagradável, que me impedia de amá-lo; e, no entanto, tinha-se vontade de amá-lo não somente quando cantava. Era desagradável ver como empurrava o boné sobre a cabeça, com ademanes de velho, e como embrulhava o pescoço, de maneira a ser visto por todos, com um xale vermelho de malha, do qual dizia:

– Isso foi a minha namorada que fez para mim, uma garotinha...

Quando não estava cantando, inflava-se com ar importante, esfregava com o dedo o nariz congelado, amortecido, e respondia às perguntas contrafeito, com monossílabos. Quando me sentei perto dele e perguntei alguma coisa, ele disse, sem me olhar:

– Sai daí, rapazinho!

Agradava-me muito mais o baixo profundo Mitrópolski; aparecendo na taverna, ia para um canto, com o passo de alguém que carregasse um grande peso, afastava a cadeira com um pontapé e sentava, espalhando os cotovelos sobre a mesa, colocando sobre as palmas das mãos a cabeça grande, cabeluda. Depois de beber em silêncio dois ou três cálices, fungava com estrépito; todos estremeciam e viravam-se para ele, que então apoiava o queixo nas palmas das mãos e olhava as pessoas em desafio; uma juba desgrenhada cobria de maneira selvagem o seu rosto inchado e pardo.

– Por que estão olhando? O que estão vendo? – perguntava de repente, e as suas palavras ressoavam ali.

Às vezes, respondiam:

– Estávamos vendo um *léchi*![1]

Havia noites em que bebia em silêncio e ia embora igualmente em silêncio, arrastando pesadamente os pés, mas algumas vezes o ouvi acusar os homens, à imitação do profeta:

– Sou um servo incorruptível de meu Deus, e por isso eu vos acuso, como Isaías! Ai da cidade de Ariel, onde embusteiros e toda espécie de gente vil, a imundície da terra, vivem na ignomínia, na lama da sua concupiscência! Ai das asas de navio da terra, pois conduzem pelos caminhos do universo uma gentinha bem suja; é a vocês que me refiro, bêbados, comilões, a escória deste mundo; vocês não têm fim, amaldiçoados, e a terra não vos aceitará em seu seio![2]

Sua voz rugia de tal modo que até tilintavam as vidraças das janelas; isso agradava muito aos frequentadores da taverna, que elogiavam o profeta:

– Ataca de rijo, esse cão cabeludo!

Era fácil travar relações com ele: bastava obsequiá-lo com bebida; mandava vir então uma garrafa de vodca e uma porção de fígado de boi com pimenta vermelha, sua comida predileta; ela dilacerava a boca e todas as entranhas. Quando pedi que me dissesse que livros era necessário ler, respondeu ferozmente, me encarando, com a pergunta:

1 O espírito das florestas, nas lendas russas. [N.T.]

2 Alusão ao Livro de Isaías (XXIX). [N.T.]

– Ler para quê?

Mas, tornando-se mais brando, ao ver minha confusão, rugiu:

– Leu o Eclesiastes?

– Li.

– Leia o Eclesiastes. Mais nada. Ali está toda a sabedoria do mundo, só os carneiros ao quadrado é que não o compreendem, quer dizer, ninguém compreende... Quem é você? Canta?

– Não.

– Por quê? É preciso cantar. É a mais absurda das ocupações.

Perguntaram, da mesa vizinha:

– E você mesmo, canta?

– Mas eu sou um desocupado! Então?

– Nada.

– Não é novidade. Todos sabem que você não tem nada na cachola. E nunca terá. Amém!

Falava nesse tom com todos, inclusive comigo, naturalmente; é verdade, porém, que, depois de obsequiado duas ou três vezes, passou a me tratar com mais brandura, e uma vez disse até com certo espanto:

– Olho para você e não compreendo: o que você é, quem é e para que existe. Aliás, o diabo que o carregue!

Tratava Kleschóv de maneira incompreensível: ouvia suas canções com evidente prazer, às vezes até com um sorriso terno, mas não travava relações com ele e falava a seu respeito com rudeza e desdém:

– É um imbecil! Sabe respirar, compreende o que canta, mas assim mesmo é um burro!

– Por quê?

– Por natureza.

Eu queria conversar com ele quando não estivesse bêbado, mas, em estado normal, apenas mugia, dirigindo para tudo os seus olhos enevoados, tristonhos. Alguém me contou que aquele homem bêbado para toda a vida estudara na Academia de

Kazan, podia ter se tornado arcebispo, e eu não acreditei. Mas uma vez, falando de mim mesmo, fiz uma referência ao bispo Khrissanf; o baixo profundo sacudiu a cabeça, e disse:

– Khrissanf? Conheço. Foi meu professor e me tratou bem. Foi em Kazan, na Academia, estou lembrado! Khrissanf quer dizer a flor de ouro, como escreveu muito bem Panva Bierinda. Sim, Khrissanf era todo flor de ouro!

– E quem é Panva Bierinda? – perguntei, mas Mitrópolski respondeu laconicamente:

– Não é da sua conta.

Em casa, anotei no meu caderno: "Ler sem falta Panva Bierinda"; tive a impressão de que justamente naquele Bierinda eu encontraria resposta a inúmeras dúvidas que me atormentavam.

O cantor gostava muito de empregar nomes que me eram desconhecidos, combinações estranhas de palavras; isso me deixava muito irritado.

– Vida não é Aníssia! – dizia.

Eu perguntava:

– Quem é Aníssia?

– A útil – respondia, divertindo-se com a minha perplexidade.

Essas palavrinhas e o fato de que tivesse cursado a Academia[1] me faziam pensar que ele sabia muito, e era extremamente ofensivo que não quisesse falar de nada, ou, no máximo, falasse de maneira incompreensível. Mas, quem sabe, talvez eu não soubesse interrogá-lo?

Apesar de tudo, ele deixava algo em meu espírito; me agradava a ousadia de bêbado das suas acusações, imitadas do profeta Isaías.

– Ó impureza e cheiro fétido da terra! – rosnava. – Os piores dentre vós estão em glória, e os melhores, perseguidos; chegará o dia do juízo, e vão se arrepender, mas será tarde, tarde!

1 Neste caso, precisamente um seminário. [N.T.]

Ouvindo aquele rugir, lembrei do Coisa Boa, da lavadeira Natália, que se perdera tão facilmente, de maneira tão ofensiva, da Rainha Margot numa nuvem de fuxicos porcos: eu já tinha o que recordar...

As minhas pouco prolongadas relações com aquele homem terminaram de maneira curiosa.

Na primavera, encontrei-o no campo, perto dos acampamentos militares; ele caminhava como um camelo, balançando a cabeça, solitário, inchado.

– Está passeando? – perguntou, rouquenho. – Vamos juntos. Estou passeando também. Estou doente, meu irmão, sim...

Caminhamos em silêncio alguns passos e, de repente, vimos um homem, na fossa deixada por uma barraca: estava sentado no fundo, inclinado para um lado, apoiando o ombro na parede da trincheira, a capa subira de um lado acima das orelhas, como se quisesse tirá-la e não pudesse.

– Bêbado – decidiu o cantor, parando.

Mas, sob a mão do homem, jazia sobre a erva nova um grande revólver, não longe dele o quepe, e ao lado deste uma garrafa de vodca mal começada; o gargalo vazio estava enterrado no capim verde. O rosto do homem ocultava-se, envergonhado, sob a capa.

Ficamos em silêncio perto de um minuto, depois o Mitrópolski escarranchou as pernas e disse:

– Se suicidou.

Compreendi imediatamente que o homem não estava bêbado, e sim morto, mas isso era tão inesperado que não dava vontade de acreditar. Eu não sentia, lembro, medo nem piedade, olhando para o crânio grande, liso, que sobressaía debaixo da capa, e para a orelha azul; era difícil acreditar que um homem pudesse se matar num dia tão carinhoso de primavera.

O baixo profundo esfregava fortemente com a palma da mão as faces não barbeadas, como se estivesse com frio, e rouquejava:

– Um homem de certa idade. A mulher dele fugiu ou gastou dinheiro que não era dele...

Mandou-me à cidade, para chamar a polícia, e sentou-se na beirada da fossa, baixando nela as pernas e enrolando-se, friorento, na capa puída. Tendo informado um guarda sobre o suicídio, voltei correndo, mas durante esse tempo o baixo bebera até o fim a vodca do defunto e me recebeu agitando a garrafa vazia.

– Aí está o que perdeu! – rosnava e, batendo furiosamente com a garrafa no chão, quebrou-a em pedacinhos.

O guarda chegou correndo atrás de mim, espiou para a fossa, tirou o quepe e, persignando-se indeciso, inquiriu o cantor:

– Quem é você?

– Não é da sua conta...

O policial refletiu um pouco e perguntou, mais delicado:

– Como é que faz isso? Aí há um defunto, e o senhor está bêbado?

– Faz vinte anos que estou bêbado! – disse com orgulho o cantor, batendo no peito com a palma da mão.

Eu estava certo de que ele seria preso por ter bebido a vodca. Gente vinha correndo da cidade, um severo comissário de quarteirão chegou num carro de aluguel, desceu dentro da fossa e, soerguendo a capa do suicida, espiou o rosto dele.

– Quem viu primeiro?

– Eu – disse Mitrópolski.

O comissário de quarteirão olhou para ele e arrastou sinistramente:

– A-ah, bom dia, meu senhor!

Reuniram-se espectadores, cerca de uma dezena e meia; ofegantes, animados, espiavam dentro da fossa, davam voltas; alguém gritou:

– É um funcionário da nossa rua, eu o conheço!

Balançando o corpo, o baixo ficou parado, sem quepe, diante do comissário, discutindo com ele indistintamente, soltando uns gritos abafados; depois o comissário deu-lhe um empurrão no peito, ele balançou o corpo e sentou; então, sem se apressar, o policial tirou do bolso uma cordinha, amarrou com ela as mãos do cantor, que estavam da maneira habitual e submissa escondidas às costas, enquanto o comissário punha-se a gritar, zangado, com os espectadores:

– Vão embora! Va-a-gabundos...

Veio correndo mais um guarda, um velhinho de olhos vermelhos e molhados, a boca aberta de cansaço, segurou a ponta da cordinha com que fora amarrado o baixo profundo e conduziu-o devagarinho para a cidade.

Deixei também o campo, acabrunhado; ressoavam na minha memória, num eco retumbante, as palavras fustigantes:

"Ai da cidade de Ariel!..."

Tinha diante dos olhos um quadro confrangedor: o policial tirava sem se apressar uma cordinha do bolso do capote, e o profeta severo tinha os braços vermelhos, cabeludos, dobrados submissamente atrás das costas, os punhos cruzados de maneira habitual, tão conhecida...

Soube pouco depois que o profeta foi enviado para fora da cidade, sob escolta. Depois dele, desapareceu também Kleschóv: fez casamento vantajoso e mudou-se mais para o interior, onde abriu uma selaria.

... Eu louvara com tamanho empenho as canções do seleiro ao meu patrão que ele disse uma vez:

– Temos que ir ouvir...

E ei-lo sentado junto a uma mesinha, em frente de mim, as sobrancelhas erguidas com espanto, os olhos muito arregalados.

No caminho para a taverna, foi caçoando de mim e, chegando ali, nos primeiros momentos, não parou de me azucrinar por causa dos frequentadores e do cheiro sufocante. Quando o seleiro começou a cantar, ele sorriu com mofa e pôs-se a encher um copo de cerveja, mas, ao chegar à metade, deteve-se e disse:

– Que coisa... diabo!

A mão dele tremeu, pôs devagarinho a garrafa sobre a mesa e começou a ouvir, tenso.

– Si-im, irmão – disse com um suspiro, quando Kleschóv deixou de cantar –, realmente, canta de um jeito tal... diabo que o carregue! Fiquei até com calor...

O seleiro tornou a cantar, depois de sacudir a cabeça, e olhando para o teto:

No caminho vinha de uma aldeia rica,
Pelo campo, uma bem jovem rapariga...

– Canta – murmurou meu patrão, balançando a cabeça e sorrindo. Enquanto isso, Kleschóv solta os seus trinados, que nem charamela:

E a bonita rapariga lhe responde:
– Órfã sou. Alguém me quer? Mas quando? Onde?

– É bom – murmura o patrão, piscando os olhos enrubescidos – pff, diabo... como é bom!

Olho para ele e me alegro; e as palavras soluçantes da canção, tendo vencido o barulho da taverna, ressoam cada vez mais fortes, mais bonitas, mais do íntimo:

As pessoas não se dão bem lá na aldeia.
Não me chamam pras noitadas. Mas sou feia?
Ai, sou pobre, ai, não ando bem vestida
E não sirvo a um rapagão bonito, ai vida!...
Um viúvo me pediu, o que ele quer
São meus braços no serviço, mas, mulher,
Tal destino nunca, nunca aceitarei!...

Meu patrão pôs-se a chorar sem pejo; sentado, a cabeça inclinada, faz mover o seu nariz corcunda, e lágrimas pingam sobre os joelhos.

Depois da terceira canção, disse, perturbado e como que amassado:

– Não posso mais ficar aqui, estou sufocado, que cheiros, diabo... Vamos para casa!...

Mas, na rua, ele me propôs:

– Vamos, Piechkóv, para um hotel, comer um pouco e tudo o mais... Não tenho vontade de voltar para casa!...

Sem discutir preço, sentou-se num trenó de aluguel, ficou calado durante todo o trajeto, e no hotel, tendo ocupado uma mesa de canto, logo começou a meia-voz, olhando para os lados, numa angústia irritada:

– Aquele bode me deixou fora de mim... fez vir tanta tristeza... Não, você que lê, você que pensa nas coisas, me diga: que diabo é isso aqui? Vive-se, vive-se, já vivi quarenta anos, tenho mulher, filhos, e não há com quem conversar. Umas vezes, seria capaz de abrir tanto a alma toda, de falar a respeito de tudo, mas não se tem com quem! Se começo a falar com a mulher, a coisa não chega até ela... E quem é ela? Tem filhos... bem, a casa, suas próprias ocupações! Ela é estranha à minha alma. A mulher é amiga até nascer a primeira criança... é sempre assim. Além disso a minha mulher em geral... ora, você mesmo vê... o passo não acerta com a música .. um pedaço de carne sem alma, diabo que carregue a vocês todos! Dá uma angústia, irmão...

Bebeu convulsivamente a cerveja fria, amarga, calou-se um pouco, puxando para cima o cabelo comprido, e tornou a falar:

– Em geral, meu irmão, as pessoas são uns canalhas! Por exemplo, você lá conversa com os mujiques, uma coisa e outra... eu compreendo, há muita coisa errada, vil, está certo, meu irmão... São todos uns ladrões! E você pensa que as suas falas chegam até eles? Nem um grãozinho! Sim. Todos, Piotr, Óssip, são todos uns vigaristas! Eles me contam tudo, como você fala a meu respeito, e tudo o mais... O que há, irmão?

Eu estava quieto, espantado.

– Isso! – disse o patrão, sorrindo. – Você tinha razão de pensar em ir para a Pérsia, lá pelo menos não se compreende nada: uma língua estranha! Pois, na língua da gente, só se ouve canalhice!

– O Óssip conta coisas a meu respeito? – perguntei.

– Claro que sim! E o que é que você pensava? Ele fala mais que todos, o tagarela. Ele é um tipo ladino, meu irmão... Não, Piechkóv, as palavras não chegam até as pessoas. A verdade? Mas para que diabo se precisa dela? É o mesmo que a neve no outono: cai sobre a lama e logo se derrete. Hoje em dia, existe mais lama. Mas é melhor você ficar calado...

Tomava cerveja, copos e mais copos, e, sem se embebedar, falava cada vez mais depressa, mais zangado:

– Diz o provérbio: a palavra não é um formão, e o silêncio é de ouro. Eh, irmão, que angústia, que angústia... Ele cantou certo: "As pessoas não se dão bem lá na aldeia". A orfandade humana...

Lançou um olhar ao redor, baixou a voz e disse:

– Aí está: cheguei a encontrar para mim... uma pessoa do coração, encontrei uma mulher; uma viúva, o marido dela foi condenado à Sibéria, moedeiro falso, está na prisão daqui da cidade. Eu a conheci... não tem um copeque, bem, ela então, você compreende... uma intermediária me apresentou a ela... Prestei atenção: que pessoa simpática! Uma beleza, sabe, moça ainda... enfim, uma criatura simplesmente adorável! Uma vez, duas... depois, eu disse a ela: "O seu marido é um vigarista, você mesma não se comporta honestamente; nesse caso, por que vai com ele para a Sibéria?". Pois ela – sabe? – vai com ele para o povoamento, si-im... E então me disse: "Seja ele como for, eu o amo, para mim ele é bom! Quem sabe se não pecou por minha causa? E, se eu estou pecando com você, é para o bem dele, diz ele que precisa de dinheiro, é um nobre e está acostumado a passar bem. Se eu fosse sozinha, viveria honestamente. Você, disse ela, também é uma pessoa boa e me agrada muito, mas, por favor, não fale comigo a respeito disso... ". Diabo! Dei a ela tudo o que tinha comigo, oitenta rublos e pico, e disse: "Desculpe... não posso mais ficar com você, não posso!". Deixei-a, e aí está...

Calou-se e, de repente, bêbado, arriando, balbuciou:

– Estive seis vezes em casa dela... Você não pode compreender o que é isso! É possível que me tenha aproximado daquela casa mais seis vezes... não me decidia a entrar... não podia! Agora, ela já partiu daqui...

Pôs as mãos sobre a mesa e disse num murmúrio, movendo os dedos:

– Não queira Deus que eu a encontre mais uma vez... não queira Deus! Então, tudo iria para o diabo! Vamos para casa... vamos!

Fomos; ele se balançava, resmungando:

– Assim é que é, meu irmão...

Não me espantei com a história que me contou: fazia muito tempo, tinha a impressão de que algo incomum ia acontecer a ele.

Mas fiquei acabrunhado com tudo o que me contou da vida, e particularmente com as suas palavras sobre Óssip.

20

Vivi três anos como "capataz" na cidade morta, em meio aos edifícios vazios, observando os operários derrubarem no outono desengonçadas vendinhas de pedra e construírem outras iguais na primavera.

O patrão preocupava-se muito com que eu ganhasse condignamente os seus cinco rublos. Se na venda substituíam o assoalho, eu devia retirar terra de toda a sua superfície, numa profundidade de um *archin*; os vagabundos cobravam um rublo por esse serviço, eu não recebia nada, mas, ocupado com ele, não conseguia acompanhar o trabalho dos carpinteiros, que desmontavam as fechaduras das portas, as maçanetas, roubavam toda espécie de miudezas.

Tanto os operários como os empreiteiros procuravam me enganar de todas as maneiras e roubar alguma coisa, fazendo-o quase às claras, como que se sujeitando a uma obrigação enfadonha, e não ficavam nem um pouco zangados quando eu os surpreendia, mas, ao mesmo tempo, se espantavam:

– Você se esforça por cinco rublos como se fosse por vinte, é até engraçado olhar!

Expliquei mais de uma vez ao patrão que, lucrando um rublo com o meu trabalho, sempre perdia dez vezes mais, mas ele me dizia, piscando um olho:

– Está bem, vá fingindo!

Compreendi que suspeitava da minha cumplicidade nos roubos; isso suscitou em mim um sentimento de repugnância por ele, mas não me ofendi; era uma regra geral: todos roubavam, e o próprio patrão também gostava de abocanhar o alheio.

Examinando, depois da feira, as lojas que ele se encarregara de reformar, e vendo um samovar esquecido, louças, um tapete, uma tesoura, às vezes um caixote ou alguma peça de mercadoria, o patrão dizia, com um sorriso:

– Faça uma relação dos objetos e leve tudo para a despensa!

E, da despensa, transferia as coisas para casa, me obrigando a modificar algumas vezes a relação.

Eu não gosto de objetos, não tinha vontade de possuir coisa nenhuma, até os livros me constrangiam. Não tinha nada, com exceção de um voluminho de Béranger e das canções de Heine; dava vontade de comprar um Púchkin, mas o dono do único sebo da cidade, um velhinho mau, exigia demais por ele. Desagradavam-me a mobília, os tapetes, os espelhos e tudo o que atravancava o apartamento de meu patrão, irritando com o seu peso e aspecto desengonçado, com o cheiro de tinta, de verniz; em geral, não me agradavam os aposentos dos patrões, lembrando baús repletos de coisas desnecessárias. E era repugnante que o patrão carregasse da despensa objetos alheios, sempre aumentando o supérfluo em torno de si. Nos aposentos da Rainha Margot, havia igualmente pouco espaço, mas, em compensação, era bonito ali.

A vida em geral me parecia desconexa, absurda, havia nela em demasia algo francamente estúpido. Eis-nos reformando as vendas, e na primavera o degelo vai inundá-las, soerguerá o assoalho, torcerá as portas externas; e, descendo a água, apodrecerão as vigas. Ano após ano, no decorrer de decênios, a água inunda a feira, estragando os edifícios, as calçadas; esses dilúvios anuais trazem prejuízos imensos aos homens e todos sabem que eles não acabarão por si.

Cada primavera, o gelo em movimento estraga barcaças, dezenas de pequenos navios; os homens soltam uns "ohs" e constroem novos navios, que tornam a ser quebrados pelo degelo. Que pisotear absurdo no mesmo ponto!

Interrogo Óssip a respeito disso, ele se espanta e dá gargalhadas.

– Ah, você, cegonha, veja a bicada que deu! O que lhe importa tudo isso? O que lhe importa, hein?

Mas logo em seguida diz com mais seriedade, não apagando, no entanto, o fulgor da mofa nos olhos azul-celeste, de uma limpidez nada senil:

– Você observou isso com justeza! É verdade que isso não te serve para nada, mas, quem sabe?, talvez um dia possa servir! Presta atenção a mais isso...

E relata com palavras sequinhas, condimentando-as em abundância com ditos de espírito, comparações inesperadas e toda espécie de brincadeiras:

– As pessoas se queixam: há pouca terra, e o Volga na primavera rompe as margens, carrega terra, deposita-a em seu leito, formando bancos; então, as pessoas se queixam: o Volga está ficando raso! As torrentes de primavera e as chuvas de verão escavam ravinas, e novamente a terra vai para o rio!

Fala sem comiseração, sem rancor, mas como que se deliciando com o seu conhecimento das queixas contra a vida, e, embora as suas palavras repitam coerentemente o que eu penso, me desagrada ouvi-las.

– E observe também os incêndios...

Lembro-me de que, provavelmente, não existia verão em que não ardessem matas além do Volga; todos os anos, em julho, o céu nublava-se de uma fumaça amarela fosca; um sol encarnado, tendo perdido os raios, olhava para a terra como um olho doente.

– As matas... é bobagem – diz Óssip –, são bens dos patrões, do governo; o mujique não possui matas. Se as cidades ardem, também não tem muita importância; nas cidades vive gente rica, não se deve ter pena! Veja melhor os povoados, as aldeias, quantas aldeias não se incendeiam num verão! Talvez não menos de cem, isso é que é prejuízo!

Ri baixinho.

– Tem-se a propriedade, mas não habilidade! E o que se conclui dessa nossa conversa, ao que parece, é que o homem não trabalha para si, nem para a terra, mas para o fogo e a água!

– Mas por que você está rindo?

– Como não? Incêndio não se apaga com lágrima, a inundação do degelo se torna ainda maior com ela.

Sei que esse velho de ar venerável é a pessoa mais inteligente que eu já conheci, mas do que ele gosta, o que odeia?

Penso nisso, enquanto ele continua a acrescentar palavrinhas secas à minha fogueira.

– Veja como as pessoas cuidam pouco da sua força e da alheia, hein? Como o patrão judia de você? E o que não custa ao mundo a vodcazinha? E impossível calcular, isso está acima de qualquer inteligência sábia... Se uma isbá se queima, pode-se construir outra, mas quando um bom mujique se perde à toa, isso ninguém vai corrigir! O Ardalión, por exemplo, ou o Gricha; veja como o mujique se incendiou! Esse Gricha é meio bobo, mas é um mujique com alma! Fumega que nem um feixe de palha. As mulheres caíram em cima dele que nem vermes sobre um assassinado na mata!

Pergunto de maneira nada ofensiva, com curiosidade:

– Por que você conta os meus pensamentos ao patrão?

Ele explica tranquila, e até carinhosamente:

– Para que ele saiba que maus pensamentos tem você; é preciso que ele o instrua, quem vai instruir você, a não ser o patrão? Não é por mal que eu digo isso a ele, mas por causa da pena que tenho de você. Você é um rapazinho nada tolo, mas o diabo está arranjando alteração na sua cachola. Se você roubar, vou me calar, se procurar raparigas, também vou calar, se tomar uma bebedeira, ainda assim não vou dizer nada! Mas vou sempre transmitir ao patrão as suas impertinências, saiba disso desde já...

– Não vou mais conversar com você!

Calou-se um pouco, esgaravatando com a unha o piche que se prendera à palma da sua mão, depois dirigiu para mim os olhos carinhosos e disse:

– É mentira, você vai conversar, sim? Com quem mais você pode falar? Não há com quem...

Limpinho, cuidadoso, Óssip me parece, de repente, semelhante ao foguista Iákov, indiferente a tudo.

Às vezes, lembra o exegeta Piotr Vassíliev, às vezes o cocheiro Piotr, de quando em vez surge nele algo comum com o vovô: de uma ou de outra maneira, parece-se com todos os velhos que eu conheci. Eram todos surpreendentemente interessantes, mas eu sentia que não se podia viver com eles: era difícil, repugnante. Eles como que corroem a alma, suas falas interessantes cobrem o coração de uma ferrugem ruiva. Óssip é bom? Não. Mau? Também não. Ele é inteligente, eis o que me é claro. Mas, me surpreendendo com a sua agilidade, essa inteligência me mortificava, e por fim comecei a sentir que ele me era muito hostil.

Pensamentos negros ferviam na minha alma:

"Todas as pessoas são estranhas umas às outras, apesar das palavras e sorrisos carinhosos, e sobre a terra em geral todos são estranhos; parece que ninguém está ligado a ela pelo sentimento robusto do amor. Somente a vovó ama viver e ama tudo. Vovó e a magnífica Rainha Margot".

Às vezes, esses pensamentos e outros semelhantes condensavam-se numa nuvem escura, viver tornava-se penoso, abafado, mas como viver de outra maneira, para onde ir? Até falar não havia com quem, a não ser com o Óssip. E eu conversava com ele cada vez com maior frequência.

Ouvia a minha ardente tagarelice com evidente interesse, me interrogava, pedindo que repetisse umas passagens, procurava saber algo, e dizia tranquilo:

– O pica-pau é teimoso, mas ninguém tem medo dele! Eu aconselho a você de coração: vá para um mosteiro e viva lá até criar mais idade; vai consolar os peregrinos com a boa prosa, viverá tranquilo e dará lucro aos monges! É um conselho de coração. Parece que você não tem muita capacidade para as coisas profanas...

Não dava vontade de ir para um convento, mas eu sentia que me emaranhava e rodava no círculo encantado do incompreensível. Estava angustiado. A vida se tornara semelhante a uma floresta no outono: os cogumelos já desapareceram, não há o que fazer na mata erma e tem-se a impressão de conhecê-la toda.

Não bebia vodca, não andava com raparigas: os livros substituíam essas duas formas de embriaguez do meu espírito. Mas, quanto mais eu lia, mais difícil era viver da maneira vazia e desnecessária pela qual, parecia-me, viviam as pessoas.

Mal completara os quinze, mas às vezes me sentia entrado em anos; eu como que inchara por dentro e me tornara pesado com o que sofrera e lera, e em que pensava inquieto. Espiando para dentro de mim, eu achava o meu receptáculo de impressões semelhante a uma cafua escura, enchido ao deus-dará com toda espécie de objetos. Não havia força nem capacidade de encontrar neles um nexo.

E todos os pesos, não obstante a sua abundância, estavam pouco firmes, se balançavam e me faziam vacilar, como a água a um vaso não muito firme.

Eu não gostava, tinha asco até, de desgraças, doenças, queixas; quando via algo cruel, como sangue, pancadas, mesmo uma zombaria contra uma pessoa, isso me suscitava uma repugnância orgânica; ela se transformava rapidamente em certo furor frio, e eu lutava como uma fera, depois do que ficava envergonhado até doer.

Às vezes, vinha um desejo tão apaixonado de bater num torturador, e eu me lançava tão cegamente numa briga, que mesmo agora lembro com vergonha e angústia aqueles acessos de desespero, provocados pela impotência.

Duas pessoas viviam dentro de mim: uma delas, tendo conhecido demasiada imundície e ignomínia, assustara-se um tanto com isso e, acabrunhada com o conhecimento das coisas terríveis de cada dia, passava a tratar com desconfiança, com suspeita, a vida, os homens, com uma piedade impotente em relação a tudo, inclusive a si mesma. Esse homem sonhava uma vida quieta, solitária, com livros, sem gente perto, sonhava com o mosteiro, com uma guarita de guarda-florestal ou de vigia ferroviário, com a Pérsia, com um emprego de guarda-noturno, nos arredores da cidade. Ver menos gente, viver o mais longe possível de todos...

O outro, batizado com o espírito santo dos livros honestos e sábios, observando a força triunfal do terrível cotidiano, sentia com que facilidade essa força podia arrancar a cabeça dele, esmagar o seu coração com o pé imundo, e defendia-se com esforço, cerrando os dentes, apertando os punhos, sempre pronto a qualquer discussão ou combate. Este amava e se compadecia ativamente e, como devia fazer um herói valente dos romances franceses, à terceira palavra arrancava a espada da bainha e colocava-se em posição de combate.

Naquele tempo, eu possuía um inimigo pérfido, zelador de uma das casas de mulheres da rua Málaia Pokróvskaia.[1] Conhecera-o certa manhã, quando ia à feira; junto ao portão da casa, ele estava puxando de cima de um carro de aluguel uma rapariga inconsciente de tão bêbada; agarrando-a pelas pernas de meias descidas, depois de desnudá-la até a cintura, dava-lhe desavergonhadamente puxões, soltando "uhs" e rindo, cuspia

1 Rua Menor do Sudário. [N.T.]

sobre o corpo dela, e ela, descendo do carro aos trambolhões, amassada, cega, a boca aberta, tendo atrás da nuca os braços macios e como que destroncados, batia com as costas, a nuca e com o rosto azul sobre o assento do carro, sobre o estribo, e por fim caiu sobre a calçada, batendo com a cabeça nas pedras.

O cocheiro fustigou o cavalo e partiu, enquanto o zelador se atrelava às pernas da rapariga, e, dando marcha à ré, arrastou-a para o passeio, como se estivesse morta. Perdi a cabeça, corri e, para minha felicidade, na corrida, joguei fora ou deixei cair sem querer um nível de bolha de uma sajene, o que salvou o zelador e a mim de um caso muito desagradável. Em plena corrida, golpeei-o, derrubando-o, pulei para a entrada de uma casa e me pus a puxar desesperadamente o cordão da sineta; saíram correndo uns homens de ar selvagem, não pude explicar nada a eles e fui embora, levantando o nível de bolha.

Alcancei o cocheiro junto a uma descida; ele me olhou do alto da boleia e disse, num tom aprobatório:

– Você deu uma boa chapoletada nele!

Perguntei zangado por que ele permitira ao zelador zombar assim daquela rapariga. Respondeu tranquilamente, com asco:

– Quanto a mim... que vão para todos os cachorros! Uns senhores me pagaram, quando a puseram no carro. Tenho eu alguma coisa a ver se alguém bate em alguém?

– E se a matassem?

– Ora, matar depressa uma dessas... – disse o cocheiro, como se tivesse tentado mais de uma vez matar raparigas bêbadas.

Desde então, eu via aquele zelador quase todas as manhãs; eu ia pela rua, e ele varria a calçada ou estava sentado à entrada da casa, como que à minha espera. Acercava-me dele, que se erguia, arregaçando as mangas, e me prevenia:

– Bem, vou rebentar com você neste instante!

Devia ter mais de quarenta anos; pequeno, de pernas tortas, com uma barriga de mulher grávida, dirigia para mim, sorrindo, os olhos irradiantes, e era estranho, horrorizava até, ver que tinha os olhos bondosos, alegres. Não sabia lutar, e os seus braços eram mais curtos que os meus; depois de duas ou três investidas, ele cedia, apertava as costas contra o portão e dizia surpreendido:

– Ora, espere, seu valentão!...

Fiquei enjoado dessas lutas, e um dia disse:

– Escuta, imbecil, faça o favor de me deixar em paz!

– Nesse caso, por que é que você luta? – perguntou ele, numa censura.

Perguntei também por que ele zombara, de maneira tão ruim, daquela rapariga.

– E o que você tem com isso? Tem pena dela?

– Tenho, é claro.

Calou-se um pouco, enxugou os lábios e perguntou:

– E de uma gata, você tem pena também?

– Sim, também de uma gata...

Então, ele me disse:

– Você é um imbecil, um vigarista! Espere um pouco, vou te mostrar uma coisa...

Eu não podia deixar de andar por aquela rua: era o caminho mais curto. Mas passei a me levantar mais cedo, a fim de não me encontrar com aquele homem, e mesmo assim, uns dias depois, eu o vi: estava sentado à entrada da casa e afagava uma gata cor de fumaça, deitada nos seus joelhos, e quando me acerquei até uns três passos dele, ergueu-se de um salto, agarrou o animal pelas pernas, agitou-o com toda a força e bateu a sua cabeça contra um marco de pedra, de tal maneira que fui borrifado por algo quente; em seguida, atirou a gata aos meus pés e, colocando-se junto ao portão, perguntou:

– O quê?

Ora, o que fazer no caso?! Rolamos pelo pátio como dois cães; depois, sentado em meio ao mato que crescia, junto à ladeira, louco de uma angústia inexprimível, fiquei mordendo os lábios, a fim de não romper em pranto, não berrar. Lembrando isso, estremeço numa repugnância torturante: como foi que não perdi a cabeça, como foi que não matei ninguém?

Por que estou contando essas ignomínias? Para que saibam, meus prezados senhores: isso não acabou, não acabou! Os senhores gostam de temores inventados, de horrores narrados de maneira bonita, o que é fantasticamente terrível os perturba com sensação agradável. Mas eu conheço o realmente terrível, o terrível cotidiano, e tenho o direito inegável de perturbá-los de maneira desagradável com relatos sobre isso, para que se lembrem de como vivem e dentro do quê.

Todos nós levamos uma vida ignóbil e imunda, nisso é que está o caso!

Gosto muito das pessoas e preferiria não atormentar ninguém, mas não se pode ser sentimental, não se pode ocultar a verdade terrível com palavrinhas coloridas de bonitinha mentira. À vida, à vida! É preciso abrir nela tudo o que existe de bom, de humano, em nossos corações e cérebros.

... O que me fazia mais perder a cabeça era o tratamento dispensado à mulher; tendo lido muitos romances, eu olhava a mulher como o melhor e o mais importante na vida. Asseguravam-me isso a vovó, com os seus relatos sobre Nossa Senhora e sobre Vassilissa, a Mui Sábia,[1] a infeliz lavadeira Natália, e as centenas, os milhares de olhares e sorrisos que eu notara, e com os quais as mulheres, mães da vida, enfeitam essa vida, pobre de alegrias, pobre de amor.

Os livros de Turguiêniev cantavam a glória da mulher, e eu enfeitava, com tudo o que sabia de bom sobre as mulheres, a imagem da Rainha, memorável para mim; Heine e Turguiêniev me forneciam para isso preciosidades sobremaneira numerosas.

1 Personagem de um conto popular russo. [N.T.]

•••

Voltando à tardinha da feira, eu parava sobre a montanha, junto às muralhas da cidadela, e olhava o sol descer além do Volga, correrem no céu rios de fogo, ficar purpúreo e azular o rio terreno e amado. Às vezes, em tais momentos, a terra inteira parecia uma imensa barcaça de prisioneiros; assemelhava-se a um porco e era arrastada preguiçosamente para alguma parte por um navio invisível.

Mas com mais frequência pensava sobre a grandeza da terra, sobre as cidades que eu conhecia pelos livros, sobre as terras estranhas, onde se vivia de maneira diferente. Nos livros dos escritores estrangeiros, pintava-se uma vida mais limpa, mais simpática, menos difícil que aquela que fervia lentamente, com monotonia, ao redor de mim. Isso acalmava o meu alarme, suscitando sonhos insistentes sobre a possibilidade de uma outra vida.

Sempre tinha a impressão de que, mais um pouco, e ia encontrar algum homem simples e sábio que me conduziria a um caminho largo e luminoso.

Certa vez, quando estava sentado num banco sob a muralha da cidadela, apareceu ao meu lado o tio Iákov. Não percebi como ele se acercara e não o reconheci no primeiro instante; embora vivêssemos há alguns anos na mesma cidade, nos encontrávamos raramente, por acaso e de relance.

– Como você espichou! – disse em tom galhofeiro, depois de me dar um empurrão, e começamos a conversar como gente estranha, mas que se conhecesse há muito tempo.

Pelos relatos da vovó, eu sabia que, nesses anos, o tio Iákov ficara definitivamente na miséria, gastara, dissipara tudo; trabalhara de ajudante de administrador num alojamento para prisioneiros em trânsito, mas aquele emprego acabou mal: o administrador adoecera, e o tio Iákov passou a organizar em seu apartamento alegres noitadas para os prisioneiros. O fato se tornou conhecido, ele perdeu o cargo, sendo também processado, sob a acusação de que soltava os presos na cidade, de noite, para "passearem um pouco". Nenhum dos presos fugira, mas um deles foi apanhado justamente no instante em que se aplicava com diligência à tarefa de asfixiar certo diácono. As sindicâncias levaram muito tempo, mas o caso não foi para o tribunal: presos e guardas conseguiram inocentar o meu bom tio nessa história. Agora, estava desempregado, vivendo por conta do filho cantor do coro da igreja de Rukavíchnikov, famoso na época. Falava do filho de modo estranho:

– Ficou sério, importante! É solista. Se não se consegue servir a tempo o samovar ou limpar a roupa, fica zangado! Um rapaz cuidadoso. E asseado...

Quanto ao tio, envelhecera muito, cobrira-se de sujeira, molhara-se, desbotara. Seus alegres cachos de cabelo rarearam muito, as orelhas ficaram mais separadas, uma densa rede de veias vermelhas apareceu nos claros dos seus olhos e no marroquim das faces barbeadas. Falava em tom brincalhão, mas tinha-se a impressão de que um corpo estranho em sua boca estorvava a sua língua, embora tivesse os dentes intactos.

Fiquei contente com a possibilidade de conversar com uma pessoa que sabia viver alegremente, que vira muita coisa e devia saber muito. Lembrei com vivacidade das suas canções ousadas, cômicas, e ressoaram-me na memória as palavras do vovô a seu respeito:

– Nas canções é um rei Davi, mas nas obras é pérfido como Absalão.[1]

Um público distinto passava perto de nós na avenida: senhoras elegantes, funcionários, oficiais; meu tio usava uma capa de outono, esgarçada, um quepe amassado, botas ruivinhas, e encolhia-se, parecendo encabulado com o seu traje. Fomos para

1 Filho de Davi que lutou contra o pai, e cuja história vem narrada no segundo livro de Reis. [N.T.]

uma das tavernas da ravina de Potcháinsk e ocupamos um lugar junto à janela, aberta sobre a feira.

– Lembre-se de como o senhor cantava:

Um mendigo pôs seus panos pra secar,
E outro pobre estes seus panos surrupiou...

Proferindo as palavras da canção, percebi de repente, pela primeira vez, o seu sentido sarcástico, e tive a impressão de que meu alegre tio era mau e inteligente.

Mas, enchendo um cálice de vodca, ele disse, pensativo:

– Sim, eu vivi, fiz estripulias, mas ainda é pouco! Essa canção não é minha, foi escrita por um professor de seminário; como é que se chamava o defunto? Esqueci. Éramos amigos. Solteiro. Passou a beber e morreu congelado na rua. É difícil calcular quanta gente de que me lembro se perdeu por causa da bebida! Você não bebe? Não beba, espere um pouco. Vê muitas vezes o vovô? O velhote não é lá muito alegre. Parece que está ficando louco.

Tendo bebido, tornou-se mais vivo, aprumou-se, rejuvenesceu e passou a falar com mais desembaraço.

Interroguei-o sobre o que acontecera àqueles prisioneiros.

– Você ouviu falar? – espiou ao redor e, baixando a voz, disse: – Ora, os presos? Não sou juiz deles. Vi: uma gente como outra qualquer, e disse a eles: vamos, meus irmãos, viver como amigos, viver alegremente; existe, falei para eles, uma canção que diz:

O fado não vence a alegria!
Que ele nos torça numa roda,
Jamais fará que não se ria.
Só a um imbecil pra vida toda...

Riu, espiou pela janela para a ravina obscurecida, com barracas de comércio no fundo, e continuou, acertando os bigodes:

– Eles, é claro, ficaram contentes, é aborrecida a vida na prisão. Pois bem, quando acabávamos a chamada, eles iam ao meu apartamento; havia vodca, frios; umas vezes, era por minha conta, outras vezes, por conta deles, e eis que se balança, eis que se solta, a nossa mãe Rússia! Eu gosto de canções, de dança, e entre eles havia uns cantores e dançarinos de espantar! Alguns usavam grilheta; ora, assim não dá para dançar, e eu permiti que tirassem as grilhetas, é verdade. Eles mesmos sabem tirá-las, sem nenhum ferreiro, é gente esperta, de espantar! Quanto ao que se disse de eu deixá-los ir à cidade, para roubar, é bobagem, nem ficou provado...

Calou-se e olhou pela janela, para a ravina, onde os vendedores de roupa velha estavam trancando os seus barracos; ressoava ali o ferro das trancas, zuniam as aldravas enferrujadas, caíam tábuas, batendo sonoramente. Depois, piscou alegre o olho para mim e prosseguiu a meia-voz:

– Para dizer a verdade, havia um que realmente saía de noite, mas não era dos acorrentados, um simples ladrão, de Níjni-Nóvgorod; tinha uma amante perto, na Pietchorka. E aquela história com o diácono também aconteceu por engano: tomaram o diácono por um comerciante. Era no inverno, de noite, numa tormenta de neve; estando todos de peliça, podia-se distinguir, com aquela pressa, quem era comerciante, quem era diácono?

Isso me pareceu engraçado, ele também riu, dizendo:

– Juro por Deus! O diabo que os distinga...

Nesse momento, inesperadamente, com estranha facilidade, meu tio ficou zangado, empurrou o prato dos frios, fez uma careta de asco e, acendendo um cigarro, murmurou abafadamente:

– Eles roubam uns dos outros, depois agarram uns aos outros, escondem nas prisões, mandam para a Sibéria, para os trabalhos forçados, bem, e que é que eu tenho com isso? Eu cuspo para todos eles... Tenho minha própria alma!

Apareceu diante de mim o cabeludo foguista: também ele dizia com frequência: "Cuspo para tudo". E também se chamava Iákov.

– Em que está pensando? – perguntou meu tio, com suavidade.

– Tinha pena dos presos?

– É fácil ter pena deles, entre eles há tão bons rapazes, de espantar! Olha-se às vezes e pensa-se: bem que eu não sirvo nem para a sola do seu sapato, embora seja seu chefe! São inteligentes, os demônios, espertos...

A bebida e as reminiscências de novo o excitaram agradavelmente; apoiado no peitoril da janela, agitando a mão amarela, uma guimba entre os dedos, disse com vivacidade:

– Um deles, zarolho, que era gravador e relojoeiro, foi processado como moedeiro falso e tentou fugir; pois você devia ouvir como ele falava! Que fogo! Simplesmente cantava como um solista. "Explique-me, dizia, por que o Estado pode imprimir dinheiro e eu não posso? Explique!". Ninguém consegue explicar isso a ele. Ninguém, e eu muito menos. E sou seu chefe! Um outro, um famoso ladrão de Moscou, era bem sossegadinho, almofadinha, limpinho, falava com delicadeza. "As pessoas", dizia, "trabalham até ficarem embotadas, e eu não quero isso. Eu, dizia, já passei por isso: trabalha-se, trabalha-se, vira-se um bobalhão de tanto cansaço, aí a gente se embriaga por uns níqueis, perdem-se dois copeques no carteado, pagam-se cinco a uma mulher pelo carinho, depois de novo se fica pobre e faminto. Não, diz ele, não vou nesse jogo... ".

O tio Iákov se inclinou sobre a mesa e continuou, vermelho até a raiz dos cabelos, excitado a tal ponto que até as suas orelhas miúdas estremeciam:

– Eles não são bobos, irmão, eles julgam certo! Que vá ao diabo toda essa lenga-lenga. Por exemplo, como era que eu vivia? Dá vergonha lembrar: tudo vinha aos bocadinhos, às escondidas; a aflição era minha, e a alegria, roubada! Um dia, é o pai que grita: não se atreva, outro dia a mulher: não se atreva, ou então acontecia eu mesmo ter medo de usar um rublo à vontade. Aí está: deixei escapar a vida, e na velhice sou lacaio de meu filho. Para que esconder? Eu trabalho, irmão, bem quietinho, e ele grita comigo como um grão-senhor. Diz: pai, e eu ouço: lacaio! Foi para isso que eu nasci, foi para isso que passei sofrimentos, para no fim ser criado de meu filho? E mesmo que isso não existisse: para que vivi, tive muitos prazeres?

Eu o ouvia sem muita atenção. Sem vontade e não esperando uma resposta, disse assim mesmo:

– Também eu não sei como viver...

Ele sorriu.

– Ora... e quem é que sabe isto? Não encontrei gente que soubesse! É assim, as pessoas vão vivendo, cada um com aquilo a que está acostumado...

E novamente se pôs a falar, ofendido e zangado:

– Tive ali um homem de Oriol, condenado por estupro, um nobre, excelente dançarino; pois bem, ele às vezes fazia todos rir, cantando:

Vanka andou no cemitério.
Isto é muito fácil!
Mete agora o teu nariz
Para além das tumbas!...

Mas eu penso que isso não é nada engraçado, que é pura verdade! Por mais que se deem voltas, não se consegue espiar além do cemitério. Mas, nesse caso, me é indiferente: viver como prisioneiro ou como vigia de presos...

Cansou-se de falar, bebeu toda a vodca e espiou à maneira dos pássaros, com um olho, para dentro da garrafa vazia, acendeu em silêncio mais um cigarro, enviando fumaça para dentro do bigode.

Por mais que a gente se debata, por mais esperança que tenha, nem cemitério nem caixão pode evitar, é uma ilusão – dizia, não raro, o pedreiro Piotr, que não se parecia sequer com meu tio Iákov. Eu já conhecia tantos provérbios no gênero!

Não tinha vontade de perguntar mais nada ao tio. Era triste estar na sua companhia, e tinha-se pena dele, isso lembrava o tempo todo as canções arrebatadas e aquele som de guitarra, que se infiltrava com alegria através da suave tristeza. Não esqueci também o alegre Cigano, e, olhando a figura amassada do tio Iákov, pensava involuntariamente: Será que ele se lembra de como esmagaram o Cigano com aquela cruz?

Não dava vontade de perguntar isso a ele.

Eu olhava a ravina, inundada, até as bordas, da treva acinzentada de agosto. Erguia-se do seu fundo um cheiro de maçãs e melões. Lampiões incendiavam-se na entrada estreita da cidade, tudo era completamente conhecido. Daqui a um instante, vai apitar o navio para Ríbinsk, logo depois outro para Perm...

– Agora, temos que ir – disse meu tio.

À porta da taverna, sacudiu a minha mão e aconselhou, brincalhão:

– Não fique desalentado; parece que isso acontece agora a você, hein? Deixe disso! Você ainda é moço. E lembre-se, sobretudo: "O fado não vence a alegria!". Bem, adeus, eu vou no caminho de Uspiênie.[1]

Meu alegre tio foi embora, me deixando ainda mais confuso com as suas falas.

Subi para a cidade, saí para o campo. Era lua cheia, nuvens pesadas deslizavam pelo céu, apagando da terra, com as suas sombras, a minha. Contornando a cidade pelo campo, cheguei

1 Assunção. [N.T.]

ao Volga, ao Talude, me deitei sobre a erva empoeirada e passei muito tempo olhando, além do rio, os campos, a terra imóvel. Sombras de nuvens arrastavam-se lentamente sobre o Volga; passando para os campos, elas se tornavam mais claras, como que lavadas pela água do rio. Em volta, tudo está meio adormecido, tudo foi tão abafado, tudo se move com certo ar sem ânimo, por uma necessidade penosa, e não por um amor ardente ao movimento, à vida.

E tem-se tanta vontade de dar um bom pontapé em toda a terra e em si mesmo, para que tudo, inclusive eu, passe a girar num alegre turbilhão, na dança festiva de pessoas apaixonadas uma pela outra, por essa vida, iniciada em prol de uma outra, bonita, animosa, honesta...

Pensava: Tenho que fazer alguma coisa comigo mesmo, senão estou perdido...

Nos dias sombrios de outono, quando não apenas não se vê, mas também não se sente e se esquece o sol, nesses dias de outono me aconteceu mais de uma vez ficar vagando pela mata. Nessas ocasiões, perde-se a direção, sai-se de toda trilha e, por fim, cansado de procurá-la, apertam-se os dentes e caminha-se diretamente pelo bosque, sobre árvores apodrecidas e sobre os cômoros oscilantes do pântano: por fim, sempre se sai para a estrada!

Tomei, pois, resolução semelhante.

No outono do mesmo ano, fui para Kazan, confiando secretamente em que talvez conseguisse estudar ali.

APÊNDICE

POR ÁGUA, FOGO E CANOS DE COBRE

Boris Schnaiderman

Nos anos estranhíssimos que se seguiram à Revolução bolchevique, na Rússia, ouvi com frequência esta frase feita, proferida por alguém sobre as vicissitudes que havia sofrido. "Eu asseguro a vocês: já passei por água, fogo e canos de cobre" – costumava dizer então um primo adolescente (por razões de eufonia em russo, esses substantivos seguiam-se em ordem um pouco diferente).

Essa frase ressoa com insistência em meus ouvidos, sempre que volto à trilogia autobiográfica de Górki. Pois, na realidade, é um texto a que devemos voltar sempre, dada sua vitalidade e exuberância. E isso passa realmente por um caminho de paus e pedras.

A meu ver, pouquíssimos escritores souberam extrair tanto, diretamente, da experiência vivida. Não se tem aí "um homem em toda a verdade da natureza", como queria Rousseau, nem a luta incessante com o "pecado", que nos relata Santo Agostinho nas *Confissões*. Tudo é visto com aparente naturalidade, tudo parece mais simples, mais direto, e a grande verdade vem do mundo externo.

O jovem Górki vê a maldade que existe em volta e ele a apresenta sem rebuço ou qualquer propósito moralizante. Estamos longe do teorizador do realismo socialista, que o escritor se tornaria mais tarde, e para quem o povo simples seria o depositário das maiores virtudes.

O que se tem na trilogia é o ritmo solto da narrativa, o grande relato que se espraia no livro, como se repetisse em termos literários a vastidão das estepes. Ou as cheias periódicas do Volga, em sua confluência com o Oká.

Se existe pureza e virtude altiva numa pessoa, ela se revela na trilogia pelas ações, mais do que por um comentário do autor. E essa pureza e altivez podem estar encarnadas, por exemplo, em mulher que se prostituiu, como é o caso da lavadeira Natacha, de *Ganhando meu pão*.

Chega a ser surpreendente a intensidade da simpatia de Górki pelos que se desviaram da senda previsível. Isso aparece de modo franco e desabusado, bem diferente da comiseração quase melosa, como se lê em alguns de seus contos, sobretudo "Certa vez, no outono".[1] E, de modo geral, o ritmo largo da narrativa marca muito bem a superação daquela prosa próxima da poesia, no mau sentido, que havia provocado a reação bem negativa do escritor Vladímir Korolenko, muito conhecida na época. E que também suscitava fortes críticas de Tchekhov,[2] que se tornara seu amigo e revelava por ele sincera admiração. Aliás, Tolstói também lhe fazia muitas observações sobre seus escritos, conforme o então jovem escritor registrou mais de uma vez.[3]

Estes três livros autobiográficos estão certamente no ápice do que Maksim Górki produziu. Mas temos de reconhecer: eles não estão sozinhos. Desigual, às vezes até contraditória,

1 Máximo Górki, "Certa vez, no outono", in *Contos*, seleção, tradução, prefácio e notas de Boris Schnaiderman, 2ª ed. Rio de Janeiro: Philobiblion, 1985.

2 Incluídas em Sophia Angelides, *Carta e literatura: correspondência entre Tchekhov e Górki*. São Paulo: Edusp, 2001.

3 Sobretudo em seu livro de reminiscências sobre ele, do qual existem várias traduções para o português, entre as quais: Máximo Górki, *Leão Tolstói*, trad. Rubens Pereira dos Santos. São Paulo: Perspectiva, 1983.

sua obra tem momentos intensos, que devem ser valorizados justamente agora, quando a velha adoração deu lugar a uma condenação em bloco. Certamente, poucas vezes um autor teve a sua imagem atirada com tanta violência na lama, depois de glorificada ao extremo.

Sem dúvida, não podemos deixar de lado outros textos autobiográficos de Górki. Em conjunto, eles parecem um coro múltiplo e variado, tão variado que às vezes custa acreditar que tenham sido escritos pelo mesmo autor. Mas dá gosto acompanhar o jovem Górki, e depois o escritor maduro, em suas andanças e desventuras, não só nesses momentos de entrega a um ritmo largo, e também na abordagem de outras vivências e estados de ânimo.

Como contraponto à trilogia, penso sempre num livro que não foi muito traduzido e provavelmente não existe em português. Chama-se *Notas de um diário – Reminiscências* e contém uma narração de episódios, alguns referentes aos dias incríveis que se seguiram à Revolução de 1917. Aliás, Górki me parece insuperável nessa capacidade de captar o essencial de um momento histórico e nos dar a impressão de projetá-lo numa tela. Deste modo, o que parecia episódico e jornalístico se torna realmente grande literatura.

Assim como no livro há pouco citado, isso aparece de modo impressionante numa série de escritos realmente para jornal, neste caso o diário *Nóvaia Jizn* [Vida Nova], dirigido por ele em 1917. Publicou ali artigos políticos, de oposição frontal aos bolcheviques, dos quais fora adepto e que financiara com seus direitos autorais. Eles foram reunidos no livro *Pensamentos extemporâneos*, publicado então por uma editora russa de Berlim, e que só pôde sair na Rússia após a *glasnost*. Ele expressa aí claramente o temor de uma revolução social, dado o embrutecimento em que vivia a população pobre, e que aparece expresso com tanta veemência na trilogia.

Mas, além desses artigos políticos, publicou no mesmo jornal uma série de crônicas com um quadro bem vivo do cotidiano nas vésperas da Revolução de 1917. São particularmente impressionantes as páginas sobre o acirramento das tensões, que houve então, como as que descrevem o linchamento de um larápio numa feira de Moscou.

Evidentemente, são textos que não podiam ser incluídos em suas obras completas do período soviético.

Que eu saiba, nada disso existe em português, com exceção de "Nove de janeiro", escrito que não é propriamente um conto, mas assim mesmo foi incluído por mim na antologia de Górki, *Contos*, que organizei para a editora Civilização Brasileira na década de 1960,[1] e que descreve o *Domingo sangrento*, isto é, os acontecimentos de 9 de janeiro de 1905, o início da Revolução daquele ano, quando uma verdadeira multidão de operários em greve, acompanhados de suas mulheres e filhos, foram pedir ao tsar melhores condições de vida e foram massacrados pelos cossacos. Górki participou de uma tentativa de evitar o massacre, contra o qual protestou com veemência, o que lhe valeu mais de um mês de prisão.

Agora, depois de tantos anos, o que nos parece postiço é o toque ufanista que o próprio Górki procurou imprimir depois à literatura soviética, inclusive sua própria, e que destoa tanto do tom geral da trilogia. Basta lembrar, nesse sentido, a exclusão das suas obras, pelas editoras soviéticas, de um livro em que ele registrou as brutalidades do cotidiano do camponês russo. Nos anos em que me dediquei mais à obra de Górki, acabei lendo esse livro em francês, pois era impossível encontrá-lo em russo.[2] Mas, pensando bem, ele apenas detalha, embora com muita

1 Cf. p. 440, nota 1.

2 Maksim Gorki, *Lénine et le paysan russe*, trad. Michel Dumesnil de Gramont. Paris: Kra, 1924.

emoção e inegável toque pessoal, determinados aspectos da vida russa para os quais Górki já havia aportado na trilogia.

Esta me parece absolutamente indispensável também para compreender melhor suas reminiscências sobre personalidades com que ele conviveu, pois sempre as examina em função de sua experiência pessoal. Assim, a veemência e a profunda penetração com que soube ver a personalidade de Tolstói têm tudo a ver com o que deixou escrito nesses três livros.[1]

Para um leitor inveterado de Górki, eles estão presentes em tudo o que escreveu de melhor, mesmo quando fala em terceira pessoa. Um romance como *O negócio dos Artamonov*, certamente um dos pontos altos da ficção gorkiana, tem relação direta com os textos da trilogia. E o próprio teatro que escreveu tem também como pano de fundo aquele vasto painel.

Na obra tão extensa de Górki, tão cheia de altos e baixos, a trilogia constitui, pelo menos no meu entender, um conjunto homogêneo e rico e que faz eco a tudo o que ele produziu de melhor.

1 Cf. p. 440, nota 3.

GÓRKI ENTRE O CASAL STANISLAVSKI

SOBRE O AUTOR

Aleksiei Maksímovitch Piechkóv, que se consagrou na literatura com o pseudônimo de Maksim Górki, isto é, Máximo, o Amargo, nasceu em Níjni-Nóvgorod, em 1868, e morreu em 1936.

Sendo um daqueles autores que mais escreveram sobre sua experiência pessoal, é, ao mesmo tempo, um dos menos compreendidos em várias passagens de sua biografia, pois as tormentas do século parecem ter se encarregado de apagar as pistas para uma compreensão cabal.

Filho de um estofador, viveu até os dez anos com o avô materno, sofrendo, então, profunda influência da avó, cuja imagem fixaria com tanto carinho em *Infância* e em *Ganhando meu pão*. Frequentou escola em 1876-77, executando pequenos serviços para ganhar a vida. Os passos seguintes são bem conhecidos pelos leitores de *Ganhando meu pão*, o segundo livro desta trilogia autobiográfica: seu emprego numa sapataria, aos dez anos; o trabalho no escritório de um arquiteto; a vivência como lavador de pratos num navio do Volga e, depois, a volta à casa do arquiteto.

(Quer antes da Revolução de Outubro, quer depois, foi-lhe apontado mais de uma vez que ele não era propriamente de origem operária, como se esta fosse absolutamente indispensável para alguém atingir a sua posição de escritor revolucionário.)

Transferiu-se em 1884 para Kazan, na esperança de ingressar na universidade local, o que não conseguiu, sofrendo, naqueles dias, grandes privações, que narraria em *Minhas universidades* e vários contos. Foi jardineiro, estivador, cantor de coro e, finalmente, padeiro. Na mesma época, ligou-se a um grupo de populistas, mas, desde cedo, não parecia muito inclinado a aceitar a exaltação do mujique, típica daquele movimento, o mesmo camponês que ele conhecia bem e que lhe parecia longe de encarnar as maiores virtudes humanas.

Não conseguindo encontrar um sentido para a existência, tentou suicidar-se, perfurando um pulmão a bala. Internado, conseguiu restabelecer-se, mas aquele ferimento contribuiu para o aparecimento da tuberculose, da qual sofreria pelo resto da vida.

Passou os três anos seguintes em andanças pelo sul do Império, quando conheceu de perto os vagabundos que seriam personagens de suas primeiras obras. Regressou a Níjni-Nóvgorod em 1890, sendo então preso, devido a vagas suspeitas de atividade revolucionária. Solto, passou a interessar-se pelo nascente movimento marxista russo. Mostrou, na época, um poema a Korolenko, que o criticou severamente. Reiniciando as suas andanças, desceu o Volga, atravessou a Ucrânia, em direção à Bessarábia, dirigiu-se a Odessa, dali à Crimeia e, costeando o mar Negro, chegou a Tiflis (hoje Tbilíssi, nome autóctone de que Tiflis é a forma russificada), na Geórgia, percorrendo milhares de quilômetros a pé. Um jornal de Tiflis publicou, em 1892, o seu primeiro conto. Em pouco tempo, tornou-se conhecido como escritor e jornalista.

Passando a residir em Samara, constituiu família, mas, pouco depois, perderia o emprego, devido à amargura e franqueza com que escrevia. De regresso à cidade natal, foi secretário de um advogado e colaborou na imprensa, sendo a rebeldia dos seus escritos notada tanto pela censura como pelos revolucionários. Em março de 1898, saiu o seu primeiro livro de contos, rejeitado anteriormente por diversas editoras. Conheceu, então, um êxito estrondoso e tornou-se, do dia para a noite, uma das figuras literárias mais famosas do país.

As consideráveis somas que recebeu como direitos autorais foram quase inteiramente dedicadas ao movimento revolucionário, que ajudou também com a pena e com as facilidades advindas de sua imensa popularidade. Em 1901, foi preso pela terceira vez, mas obteve a liberdade pouco depois, graças à intercessão de Tolstói, sendo, porém, proibido de residir em sua cidade natal. Eleito membro honorário da Academia de Ciências, a eleição foi anulada por um ato do tsar, após o qual Tchekhov e Korolenko se demitiram da mesma academia, em sinal de protesto.

As primeiras peças de Górki, *Os pequenos-burgueses* (tão importante no Brasil a sua encenação pelo Teatro Oficina, dirigida por José Celso Martinez Corrêa e tendo num dos principais papéis o russo-brasileiro Eugênio Kusnet) e *No fundo* (conhecida em nosso país pelo título antigorkiano de *Ralé*), estrearam na Rússia com grandes restrições por parte da polícia, e a segunda dessas duas foi autorizada somente porque o governo esperava um fracasso completo. No entanto, a sua apresentação pelo Teatro de Arte de Moscou foi um grande êxito de público, e em pouco tempo tornou-se uma das peças russas mais representadas internacionalmente.

Preso mais uma vez em 1905, na esteira dos acontecimentos revolucionários, o governo se viu obrigado a soltá-lo, depois de protestos no mundo inteiro. Participou das manifestações de outubro em Moscou. Após o fracasso da rebelião de dezembro, deixou o país e foi para o estrangeiro coletar fundos para a revolução.

Sua chegada aos Estados Unidos, em abril de 1906, constituiu um triunfo. No entanto, a embaixada russa em Washington, que não conseguira impedir a sua entrada no país, divulgou a notícia de que a atriz Andréieva, que o acompanhava, não era sua esposa, e, em pouco tempo, a imprensa norte-americana mudou de atitude. O casal foi expulso do hotel no meio da noite, o presidente da República Theodore Roosevelt cancelou a recepção para Górki na Casa Branca e houve outras consequências desagradáveis, até ele regressar à Europa. Suas impressões dos Estados Unidos resultaram no livro *A cidade do diabo amarelo* (no caso, Nova York).

De passagem por Paris, teve uma polêmica violenta com intelectuais que o haviam defendido contra a prepotência tsarista, mas que se mostraram indignados com os termos de um artigo seu contra a concessão, pelo governo francês, de um empréstimo ao governo russo.

Estabeleceu-se em Capri em fins de 1906. No ano seguinte, participou, com a facção bolchevique, do congresso de Londres do Partido Social-Democrático dos Operários Russos. Em Capri, organizou uma escola para revolucionários, mas esta foi, pouco depois, desaprovada por Lênin, pois Górki estava então sob a influência de vários ativistas políticos que tendiam a uma concepção religiosa do movimento revolucionário. Esta marca se percebe claramente nos livros que escreveu então. Manteve correspondência com Lênin sobre esse assunto.

Após o início da Primeira Guerra Mundial, voltou à Rússia e apoiou a luta com a Alemanha, enquanto os bolcheviques moviam campanha contra a guerra.

Com o advento do regime de Kérenski, dirigiu o diário *Nóvaia Jizn* (Vida Nova), no qual fez críticas violentas a Lênin e seus companheiros. Mostrava-se então muito assustado com o caráter violento que teria uma revolução social na Rússia, e considerava os bolcheviques duros, prepotentes, implacáveis.

Deflagrada a Revolução de Outubro, dedicou-se particularmente à preservação dos valores culturais, em meio ao caos, e dirigiu-se frequentemente ao governo, pedindo medidas para a proteção de obras de arte, auxílio material a intelectuais, comutação de penas de morte etc. Devotou-se também à orientação de atividades literárias sob o novo regime. Em 1919, passou a chefiar uma coleção de obras internacionais, a serem publicadas pelo Estado. Por insistência de Lênin, viajou para o estrangeiro em 1921, a fim de tratar da saúde, estabelecendo-se então em Sorrento, na costa Amalfitana.

Residindo no exterior, sua atitude era a de um defensor da Rússia soviética, para a qual viajou várias vezes. Na época, foi bastante hostilizado pelos russos emigrados, e geralmente respondia-lhes no mesmo tom. Mas, por outro lado, mantinha relações de amizade e de troca intelectual com escritores e poetas que se estabeleceram no Ocidente.

Regressou à Rússia em 1928, sendo recebido com grandes festividades. Nessa fase, mostrou-se particularmente preocupado com a situação internacional e procurou estimular a formação de uma frente internacional de intelectuais, contra a guerra e o fascismo. Poucos anos depois, a situação seria completamente diversa, com a guerra inevitável contra o fascismo, mas, naqueles anos, ainda se erguia o lema antibélico e antifascista.

Tornou-se um defensor extremado das instituições soviéticas, passando a considerar necessária mesmo a violência para a eliminação dos vestígios do passado. No período dos processos de Moscou, chegou a pedir publicamente mais repressão, e é sabido o que isso significava.

A partir de 1934, ano do Primeiro Congresso de Escritores da União Soviética, foi considerado o grande teorizador do realismo socialista, definido geralmente como o método da arte e da literatura que exigiria uma representação verídica e historicamente correta da realidade e de seu desenvolvimento revolucionário. E isso levou a extremos, no esmagamento de quaisquer atividades culturais que se afastassem do modelo exigido.

Ao mesmo tempo, as últimas obras de Górki eram apresentadas como o ideal em literatura. Um episódio ilustra bem o clima que se criou em torno dele. Numa visita que Vorochilov e Stálin lhe fizeram, leu para ambos um poema de sua mocidade, "A jovem e a morte". Pois bem, o chefe supremo escreveu então sobre a página do livro: "Esta coisinha é mais forte que o *Fausto* de Goethe (o amor vence a morte)". Depois de tanto lugar-comum e das estátuas de bronze que eram erguidas em sua homenagem, custa a crer que se tratava do mesmo Górki de *Ganhando meu pão* e tantos outros livros marcados pela exuberância de temperamento e pela veemência humana.

Todavia, houve quem interpretasse de modo diferente a sua posição. Assim fez Ievguêni Zamiátin, o grande ficcionista do romance *Nós* e de tantos contos, obras de uma lucidez extraordinária, e que conseguira deixar a Rússia em 1931 para residir em Paris, graças à intervenção de Górki. Zamiátin escreve em 1936 (!), após a morte do autor de *Infância*, que ele havia exercido uma influência benéfica sobre Stálin nos longos passeios a pé que faziam juntos, cada um com a sua casa de campo a uns cem quilômetros de Moscou. Dois anos depois, foi anunciado que Górki havia morrido em consequência de tratamento intencionalmente errado, devido a uma conspiração de inimigos internos, ligados (a acusação de sempre!) a potências estrangeiras.

Nos últimos anos, têm saído na Rússia muitos materiais sobre Górki, inclusive livros que não foram incluídos nas edições soviéticas de obras completas. Pessoas que o conheceram ou tiveram relação direta com sua atuação têm publicado trabalhos e mais trabalhos, mas certas passagens de sua biografia continuam sendo um enigma.

Em *O arquipélago Gulag*, Soljenítzin apresenta Górki como conivente com o terror stalinista e não vê nenhuma atenuante em sua atuação. Aliás, refere-se a ele sobretudo a propósito de uma visita feita a Solovki, ilhas do extremo Norte, onde estava instalada uma prisão terrível. Mas o importante historiador da cultura, Dmítri Likhatchóv, que esteve aprisionado ali, escreveu recentemente sobre aquela visita: "Deram-lhe a entender que, se ele não fizesse nenhuma crítica ao regime vigente na prisão, este seria abrandado. [...] Górki cumpriu a palavra, e os carrascos, não".[1]

Surgiram também nos últimos anos muitas versões sobre a sua morte. A que aparece com mais insistência é a de que Stálin mandou envenená-lo. Há também suposições de que ele estaria implicado numa conspiração.

B. S.

1 *Rossíiskaia Gazeta*, 27/1/1992, apud Vadim Baranov, *Górki sem maquiagem* (*Górki biez grima*). Moscou: Agráf, 1996.

CRÉDITO DAS IMAGENS

P. 15: vista de Níjni-Novgórod, c. 1896
Slavic and Baltic Division, The New York Public Library, Astor, Lenox and Tilden Foundations

P. 444: Maksim Górki entre o casal Konstantin Stanislavski, 1900.
© Hulton Archive/Getty Images

ORELHA: Maksim Górki
© Corbis/LatinStock

CAPA Ilustração baseada em gravuras *lubok* russas

Coordenação editorial PAULO WERNECK
Projeto gráfico FLÁVIA CASTANHEIRA
Preparação MALU RANGEL
Revisão MARCELA VIEIRA e RAUL DREWNICK
Tratamento de imagens WAGNER FERNANDES

1ª *reimpressão,* 2009

Nesta edição, respeitou-se o novo Acordo Ortográfico da Língua Portuguesa

Dados Internacionais de Catalogação na Publicação (CIP)
(Câmara Brasileira do Livro, SP, Brasil)

Górki, Maksim [1868-1936]
Ganhando meu pão: Maksim Górki
Título original: *V liúdiakh*
Tradução, prefácio e posfácio: Boris Schnaiderman
São Paulo: Cosac Naify, 2009
456 pp.

Caixa Górki ISBN 978-85-7503-652-5
ISBN 978-85-7503-650-1

1. Escritores russos – Memórias autobiográficas 2. Górki, Maksim, 1868-1936 I. Schnaiderman, Boris II. Título III. Série

07-6623 CDD 891.7803

Índices para catálogo sistemático:
1. Escritores: Memórias: Literatura russa 891.7803
2. Memórias: Escritores: Literatura russa 891.7803

COSAC NAIFY
Rua General Jardim, 770, 2º andar
01223-010 São Paulo SP
Tel [55 11] 3218 1444
www.cosacnaify.com.br

Atendimento ao professor [55 11] 3218 1473

FONTES Dextor e ITC Esprit
PAPEL Pólen soft 80 g/m^2
IMPRESSÃO Geográfica
TIRAGEM 3000